OPERATIONS MANAGEMENT

생산경영

정 현 석 저

經文社

머리말

제품 및 서비스를 생산하는 활동은 기업의 경영활동에서 가장 핵심적인 활동 중 하나이며 이러한 생산을 고객에게 좀 더 효율적이고 효과적으로 전달하기 위한 과정을 다루는 학문이 바로 생산운영관리이다. 최근에는 산업 전반에서 4차 산업혁명, 디지털 전환(DT: Digital Transformation), 인공지능(AI: Artificial Intelligence) 등의 확산으로 생산의 효율이 극대화되고 있다.

이처럼 최근 사용되는 자동화 기술 등은 생산운영관리의 의사결정 및 생산의 효율에는 도움을 주지만 예상치 못한 상황이 발생한다면 충분한 대응이 어렵다. 그 이유는 생산운영관리의 성과가 자동화 기술과 같은 부분적 활동의 독립적인 기여에 의해 나타나기보다는 여러 부분 활동의 조화와 균형에 의해 나타나기 때문이다. 즉, 생산운영관리에 대한 전체적 흐름과 원리를 제대로 이해하지 못한다면 문제의 원인과 해결 방향을 정확히 파악하기 어렵다. 이에 본서는 생산운영관리의 핵심 내용을 전반적인 구축 흐름에 맞추어 구성하고자 노력했다.

본서에서는 생산운영관리에 대한 주요 개념과 이론을 기반으로 생산운영관리가 어떻게 구축되고 활용되는지 그리고 실제 환경에서 사용할 수 있는 다양한 경영기법에 대해 소개하고자 한다. 특히, 각 장의 핵심 개념에 대해 그림 및 표를 활용하여 학습자가 시각적으로 이해하고 내용을 빨리 파악하도록 하였으며 각 장의 마지막에는 요약 및 학습 문제를 통해 학습 내용을 복습하도록 구성하였다.

본서는 생산운영관리의 기본적 흐름에 맞추어 생산시스템의 초점, 설계, 운영 및 관리의 순으로 구성하였다. 먼저 생산운영관리의 개념을 다루는 1장을 시작으로 생산운영관리의 초점 설정 방법론인 2장 생산운영전략을 설명한다. 이어서 생산시스템의 설계 방법을 다루는 3장 제품 개발 및 설계, 4장 공정설계 및 설비배치, 5장 수요예측, 6장 생산능력계획, 7장 입지, 8장 적시생산시스템을 구성하였다. 또한 생산의 운영 및 관리에 관한 9장 총괄생산계획, 10장 일정계획, 11장 프로젝트계획, 12장 재고관리, 13장 자재소요계획을 소개하였다. 마지막으로 생산운영관리의 지속적 개선을 위한 품질경영을 14장에 구성하여 현대 기업이 지속가능한 생산운영관리를 위한 기본적인 방안을 제시하는 데 주력하였다.

저자가 그동안 공부하고 연구한 생산운영관리의 기초 개념에 대해 최대한 쉽게 작성하고자 노력했지만 아직은 부족함이 많이 있을 것이라 생각된다. 이러한 부분에 대해 독자분들과 소통하고 연구에 매진하여 보완하고자 한다.

마지막으로 본서의 출간에 조언과 도움을 아끼지 않은 지도교수 홍관수 교수님께 감사의 인사를 드리며 함께 연구하고 응원해준 가족 및 동료 교수진, 학생들에게도 감사를 전하고자 한다. 또한, 원고의 편집과 제작 과정에서 세심한 노력을 기울여 주신 출판사 관계자 여러분께도 진심으로 감사드린다.

2025년 12월

저자

차례

Chapter 01

생산운영관리의 이해

학습목표

생산은 기업이 보유한 유형 및 무형의 자원을 사용하여 고객 만족을 충족시키는 제품이나 서비스를 창출하는 활동이다. 과거에는 제품이나 서비스를 얼마나 효율적으로 생산했는지, 즉 최소 자원으로 최대 효과를 얻는 데 그 목적을 두었다. 하지만 오늘날과 같이 급변하는 고객의 요구와 치열한 경쟁 시대에서는 고객이 이를 얼마나 만족하는지가 기업의 생존이 좌우된다. 따라서 기업은 고객 만족을 실현하기 위해서는 생산을 핵심 기능으로 인식해야 한다. 이러한 측면에서 본 장에서는 생산운영관리의 개념, 범위, 발전과정, 목표 등을 살펴본다.

생산의 목적

생산의 목적은 고객 만족(Customer Value)과 사회적 책임(Corporate Social Responsibility: CSR)의 이행을 통한 지속 가능한 성장이다. 여기서 고객 만족이란 고객이 지불한 가격에 비해 고객이 인식한 제품이나 서비스의 가치가 큰 경우를 의미한다. 따라서 생산 목적을 달성하기 위해서는 제품이나 서비스의 가치를 높이는 노력뿐 아니라 적정 가격이 되도록 하여야 한다. 한편 사회적 책임(CSR)은 기업이 지속 성장을 위한 이윤 추구 활동 외 사회적, 윤리적, 환경적 책임을 다하려는 노력을 말한다. 따라서 생산은 고객 및 사회의 요구를 정확히 파악하여 이들의 만족을 실현하는 가치 증식의 변환 활동을 가장 경제적이고 효과적인 방식으로 제품 또는 서비스를 창출하는 활동으로 정의할 수 있다.

생산은 [그림 1-1]에서 제시되듯이 마케팅, 재무와 더불어 기업의 세 가지 핵심 기능 중 하나로 인식된다. 생산은 다양한 생산요소를 투입하여 유형의 제품 또는 무형의 서비스를 산출하는 일련의 가치 증식의 변환 활동을 의미한다. 또한 [그림 1-2]에 나타난 바와 같이 회계, 구매, 인사, 제품개발, 산업공학(IE), 설비보존 등의 다양한 지원 기능이 생산활동을 효과적으로 지원하는 역할을 수행한다.

그림 1-1 기업의 3대 기본 기능

그림 1-2 생산 지원 기능

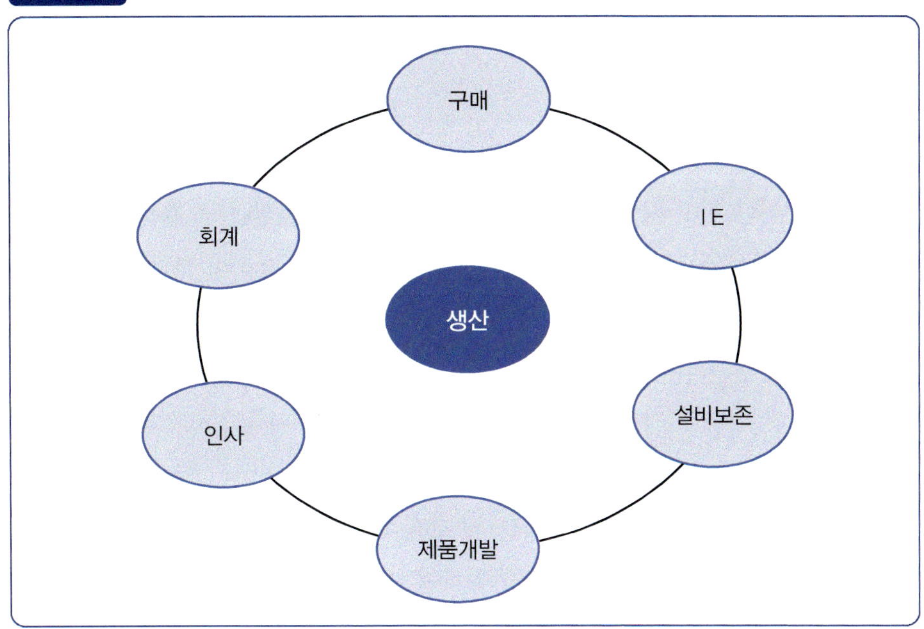

애덤 스미스(Adam Smith)의 분업론에 근거하여 기업 내의 각 기능은 고유한 역할을 수행하는 동시에 다른 기능들과 유기적으로 협력하여 기업의 목표를 효율적으로 달성한다. 이처럼 분업화된 여러 기능은 기업의 목적을 중심으로 다시 통합되어야 기업 목적을 효과적으로 수행하는 기반이 된다. 그러므로 [그림 1-1]과 같이 생산 기능도 기업 목적을 중심으로 마케팅 재무 등의 다른 기능과 유기적인 관계에서 수행되어야 한다.

이처럼 생산이 제품이나 서비스를 만드는 데 그치지 않고 다른 기능과 연계하여 고객 가치와 사회적 가치를 실현하여 기업의 지속 가능한 성장을 가능하게 하는 기업 활동에서 핵심적인 기능이 되어야 한다. 예컨대 테슬라는 수익을 창출하는 친환경 차량 개발을 통해 지속 가능성과 사회적 가치 실현을 동시에 추구한다. 그러므로 현대의 생산은 고객과 사회에 대한 새로운 인식에서부터 출발하여야 한다.

생산운영관리의 개념

생산은 투입요소를 고객이 가치 있게 여기는 제품이나 서비스로 변환하는 일련의 활동이며, 이러한 가치 창출 기능을 관리하는 것이 생산운영관리(Operations Management)이다. 생산운영관리는 시스템 이론의 관점에서 투입(Input), 변환과정(Process), 산출(Output)로 이루어진 I-P-O 구조를 기반으로 한다. 즉 생산시스템은 다양한 생산요소를 투입해 변환과정을 거쳐 고객이 요구하는 제품이나 서비스를 산출하는 체계로 볼 수 있다. [그림 1−3]은 이러한 생산시스템의 개념을 시각적으로 나타낸 것이며, 생산운영관리는 생산시스템을 효과적이고 효율적으로 관리하는 활동을 의미한다.

[그림 1−3]에서 보는 바와 같이 생산시스템은 투입, 변환과정, 산출, 그리고 통제시스템으로 구성된다. 구성요소별 특징에 대해 살펴보면 다음과 같다.

① **투입** : 생산 과정에 사용되는 다양한 물적 및 비물적 자원을 의미하며, 일반적으로 생산요소 또는 투입요소라고도 불린다. 이러한 생산요소는 일반적으로 4M 즉 Man(사람), Machine(설비), Material(재료), Method(방법)로 분류되며, 그 내용은 <표 1−1>에 정리되어 있다.

그림 1-3 생산시스템의 기본 구조

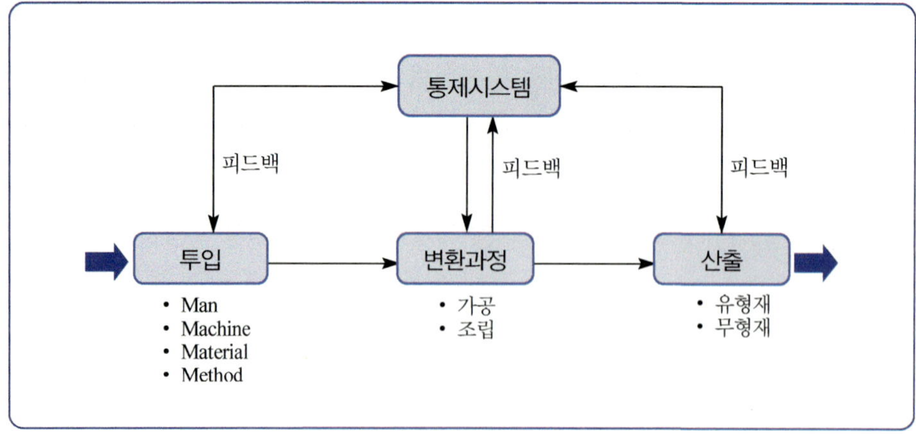

<표 1-1> 생산요소의 구성

요소	의미	예시
Man(사람)	인적자원	작업자, 연구개발자, 엔지니어 등
Machine(설비)	기계 및 장비	절단기, 로봇, 자동포장기 등
Material(재료)	원재료 및 부품	원유, 철광석, 원목 등
Method(방법)	작업방식 및 표준절차	작업지침서, 작업표준화, 감사방법 등

② **변환과정** : 투입물을 사용하여 제품이나 서비스를 창출하는 일련의 과정을 의미한다. 변환과정의 핵심 목표는 단순한 투입물의 사용이 아니라 투입물에 새로운 유용성을 부여하여 새로운 부가가치를 창출하는 것이다. 일반적으로 변환과정을 생산공정이라 한다.

③ **산출** : 변환과정의 결과물로서 유형의 제품이나 무형의 서비스를 포함한다. 이는 소비자에게 전달될 생산시스템의 성과를 직접적으로 반영하는 결과물이다.

④ **통제시스템** : 실현하려는 생산목표와 차이가 있는지를 감시하고 이에 적절한 조치를 하기 위해 투입, 변환과정, 산출을 통제하는 것이다. 즉 산출물을 측정하여 이를 목표와 비교하여 편차가 발견되면 투입이나 변환과정 또는 산출물을 조절하여 그 편차를 제거하는 활동이다. 따라서 생산과정 중 발생할 수 있는 고장, 불량, 지연, 예기치 못한 변화 등을 적기에 감지하여 이에 적절히 대처하여 생산시스템의 안정성을 확보하는 것이 통제시스템의 주요 목표이다.

시스템 접근법

시스템 접근법(Systems Approach)은 사회를 구성하는 모든 조직을 하나의 시스템으로 간주하고, 그 구성요소들이 상호 연결되어 있다고 가정한다. 기업 또한 생산, 마케팅, 재무 등과 같이 유기적으로 상호작용하는 여러 기능이 모여 하나의 시스템을 구성한다고 볼 수 있다. 따라서 의사결정을 시스템 관점으로 접근하면 중요한 변수와 그들 간의 상호관계를 더 명확하게 규명할 수 있게 해준다.

예를 들어 기업이 적정 재고수준을 결정할 때, 생산기능은 규모의 경제 실현을 위해 높은 재고를, 재무기능은 자금 운용 효율성을 위해 낮은 재고를, 판매기능은 원활한 고객 대응을 위해 일정 수준의 재고를 요구한다. 이처럼 이해관계가 상충할 경우에는 개별 기능의 관점이 아닌 기업 전체의 관점에서 의사결정을 내려야 한다. 즉 구성요소 간의 상호작용을 분석하여 부분 최적화보다 전체 최적화를 지향하여 문제를 전체 시스템 차원에서 이해하고 해결하려는 방식이 시스템 접근법이다. 이러한 시스템적 사고가 중요한 이유는 전체의 모습을 볼 수 있는 능력을 제공하기 때문이다. 생산시스템 내 구성요소가 어떻게 상호작용하는지를 분석하여 전체 생산시스템의 변화를 예측하는 시스템적 사고 능력이 중요하다.

예를 들어 변환과정을 성공적으로 이끌기 위해서는 변환과정의 개선에만 노력을 집중해서는 궁극적인 성과를 달성하기 어렵다. 왜냐하면 공급자나 고객과 같은 외부 이해관계자의 관리에도 노력해야 하는데 이는 변환과정이 투입과 산출에 밀접하게 연결되어 있기 때문이다. 그러므로 변환과정에만 초점을 두고 생산시스템을 단편적으로 이해하기보다는 공급자, 투입물, 변환과정, 산출물, 고객 간 상호관계를 이해하면서 변환과정을 개선하려는 것이 시스템적 접근법이다. 이러한 시스템 접근법의 주요 이점은 다음과 같다.

1. 해당 문제를 전체 시스템의 관점에서 정의할 수 있다.
2. 시스템 구성요소 간 상호 관련성을 파악할 수 있다.

3. 문제의 원인과 결과 간의 인과관계를 분석할 수 있다.

4. 시스템 전체의 효율성과 효과성을 극대화할 수 있다.

생산운영관리의 발전

과거의 생산운영관리는 산출된 제품이나 서비스가 사전에 설정된 목표에 부합하는지를 측정하여, 편차가 발견되면 투입, 변환과정, 산출을 조정하는 통제 중심의 활동에 초점을 두었다. 이러한 접근은 협의의 생산운영관리, 즉 생산통제(Production Control)라 불리며 주로 생산시스템 내부의 효율성 향상에만 집중하고 외부 환경 요인은 상대적으로 간과되었다.

[그림 1-4]에서 보듯 생산시스템의 밖에는 외부환경이 있으므로 생산시스템은 외부환경과 계속해서 상호작용해야 하는데, 이때 생산목표를 실현하는 활동이 외부 환경으로부터 수용되고 지원받지 못하면 결국 시장에서 생존할 수 없게 된다. 따라서 생산시스템이 기업의 경쟁적 무기가 되기 위해 현대의 생산운영관리는 생산시스템 자체뿐 아니라 기업의 내부 및 외부 환경을 계속 관찰하여 이들의 변화에 적절히 대처할 수 있어야 한다. 따라서 광의의 생산운영관리는 외부 환경과의 상호작용하에서 생산 기능을 기업 전략과 유기적으로 결합하여 운영하는 전반적 활동을 의미한다.

최근에는 제품 중심에서 벗어나 서비스 중심으로 전환하는 서비타이제이션(Servitization) 현상이 가속화되고 있다. 이는 제조기업의 가치사슬(Value Chain)에 서비스를 융합함으로써 제품을 구매한 고객의 만족도를 극대화하는 전략이다. 초기에는 제조업체가 제품과 서비스를 결합하여 고객에게 제공하는 제품의 서비스화(Product Servitization) 형태를 의미했으나 반대로 서비스업체가 고객의 욕구에 부합하는 제품을 제작하여 공급하는 서비스의 제품화(Service Productization) 개념도 등장하고 있다. [그림 1-5]는 제품의 서비스화와 서비스의 제품화를 보여준다.

예를 들어 전자 회사가 정수기, 건조기, 스타일러 등 주요 가전제품을 단순 판매가

그림 1-4 생산시스템과 외부환경

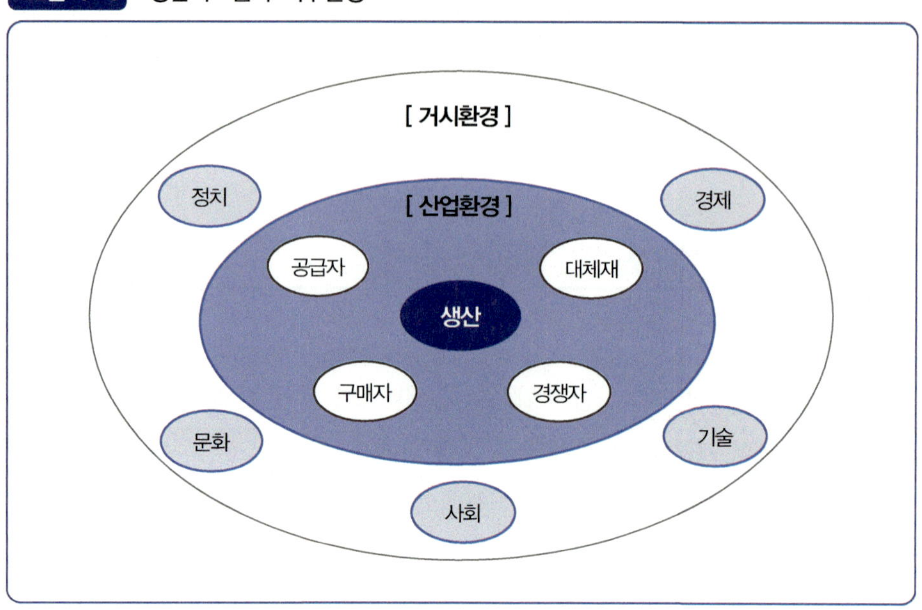

그림 1-5 서비타이제이션

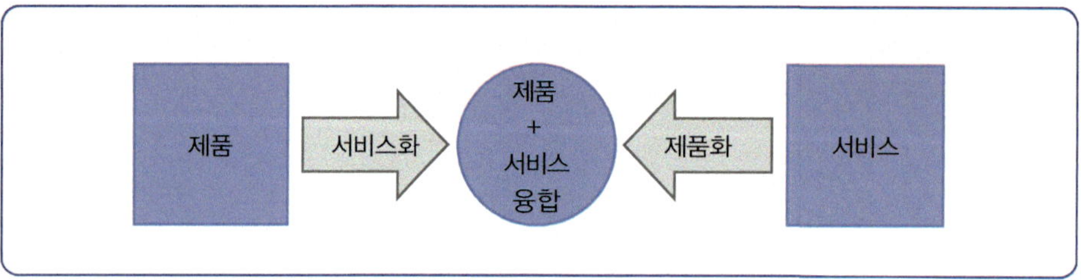

아닌 장기 렌탈 및 정기 방문 케어 서비스와 결합한 서비타이제이션 전략을 도입한다면, 고객은 초기 구매 비용에 대한 부담 없이 제품을 사용할 수 있고 기업은 장기적인 수익 확보는 물론 고객의 사용 데이터를 근거로 한 맞춤형 서비스 제공과 동시에 관계 마케팅이 가능해진다.

제품과 서비스의 차이

서비스와 제품은 [그림 1-6]에서 보듯 무형성(Intangibility), 동시성(Simultaneity), 소멸성(Perishability), 이질성(Heterogeneity)이라는 네 가지 속성에서 다른 특성을 지닌다. 이러한 특성들은 서비스의 기획, 설계, 제공, 관리에 있어 제품과는 차별화된 접근을 요구하므로 서비스만의 고유한 전략과 프로세스가 필요하다.

첫째, 무형성이란 서비스는 눈에 보이거나 만질 수 있는 형태가 없어 인지하기 어렵다는 뜻이다. 이는 구매 전에는 만지거나 보거나 들을 수 없는 특성 때문에 품질을 평가하기 어렵다는 의미이다. 반면 제품은 유형적인 물품으로 가시적이고 인지가 쉽다.

둘째, 동시성이란 서비스의 생산과 소비가 시간적·공간적으로 동시에 이루어진다는 뜻이다. 즉 서비스는 생산지와 소비지가 같고 생산 시기와 소비 시기도 같다는 의미이다. 따라서 서비스는 생산과 소비가 동시에 이루어져 재고로 보관하거나 후에 소비하는 것이 불가능하다. 예를 들어 미용이나 연극은 제품처럼 미리 생산하여 저장해 두었다가 나중에 판매할 수 있는 것이 아니라 고객에게 서비스가 제공되는 순간에 소비가 이루어진다. 반면 제품은 생산 후 판매하고 판매 후 소비라는 분리된

그림 1-6 제품과 서비스의 차이

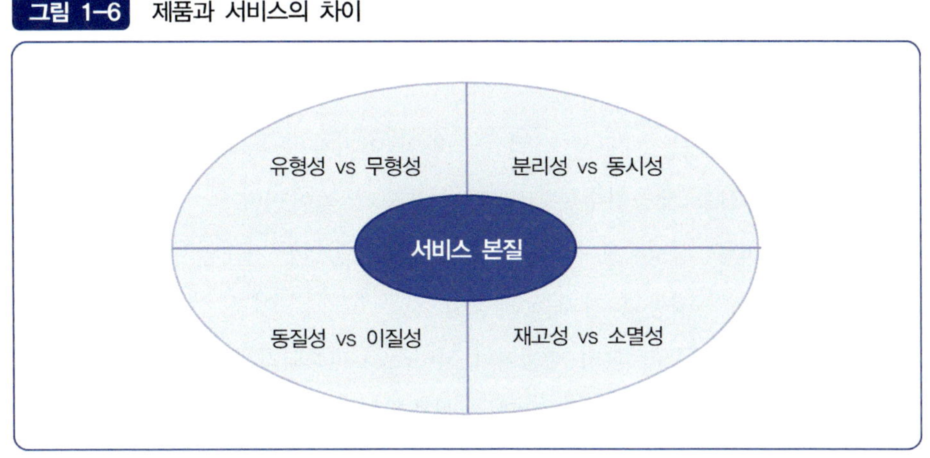

단계를 가진다.

셋째, 소멸성이란 서비스는 제공 시점에서 판매되지 않으면 저장하거나 재활용할 수 없다는 의미이다. 예컨대 항공기의 빈 좌석이나 병원의 예약 공백 시간은 해당 시점에 사용되지 않으면 다시 활용할 수 없는 손실로 이어진다. 반면 제품은 미래 수요에 대비하여 미리 생산할 수도 있고 또한 재고로 저장해 놓을 수도 있다.

넷째, 이질성이란 서비스의 품질이 균일하지 않다는 의미이다. 같은 서비스라도 서비스제공자의 숙련도나 제공되는 시점의 조건과 상황에 따라 품질수준이 변동될 수 있다. 이는 서비스의 전달은 거의 사람에 의해 이루어지므로 일관되고 표준화된 서비스를 제공하기 어렵다는 의미이다. 또한 고객의 주관적인 기대나 지각에 따라 서비스에 대한 평가 역시 다양하게 나타날 수 있다. 반면 제품은 생산 과정에서 품질검사와 기계화 등을 통해 품질이 비교적 균일하게 유지된다.

생산운영관리의 목표

현대의 경영환경에서는 고객 만족이 기업의 경쟁우위를 결정하는 핵심 요소로 작용한다. 따라서 고객의 요구를 명확하게 파악하고 이에 적합한 제품이나 서비스를 생산하는 데 역량을 집중해야 한다. 일반적으로 [그림 1-7]과 같이 고객이 경쟁력 있는 제품이나 서비스로 인식하는 주요 요소는 다음과 같다.

- **높은 품질** : 성능, 기능, 내구성, 신뢰성, 디자인, 이미지 등 다양한 측면에서 우수한 품질을 제공할수록 고객의 선호도가 높아진다.
- **경쟁력 있는 비용** : 경쟁사보다 저렴한 가격이거나, 동일한 가격일지라도 더 우수한 성능과 가치를 제공할 경우 고객은 이를 선호한다.
- **짧은 리드타임** : 주문으로부터 제품이나 서비스가 제공되기까지의 기간 즉 조달시간이 짧을수록 고객은 선호한다.

그림 1-7 생산운영관리의 목표

- **높은 유연성** : 생산량을 신속히 조절하는 생산 유연성과 다양한 제품을 제공하는 제품 유연성이 높을수록 고객은 선호한다.
- **낮은 변동성** : 품질, 납기, 성능 등 고객과 약속한 요소들이 일관되게 제공될수록 고객은 신뢰하고 선호한다.
- **높은 서비스** : 고객의 편익과 만족을 위해 제공되는 지원, 정보, 사후관리 등 전반적인 서비스 품질이 우수할수록 고객의 만족도는 높아진다.

현대 생산운영관리의 궁극적인 목표는 고객 요구에 일치하는 제품이나 서비스를 제공하기 위해 지속적으로 노력하는 것이다. 그러나 고객이 원하는 여섯 가지 경쟁요소를 동시에 만족시키는 것은 현실적으로 거의 불가능하다. 왜냐하면 기업의 자원과 역량이 제한되어 있을뿐 아니라 경쟁요소들 사이에 상충관계(Trade-off)가 존재하기 때문이다.

따라서 기업은 경쟁요소 가운데 어느 부분에 중점을 두어야 경쟁사보다 우위를 확보할 수 있는지를 결정하여야 한다. 이를 바탕으로 선택과 집중의 전략을 실행하여야 한다. 이러한 생산운영전략의 구체적인 수립 방식은 다음 장에서 보다 상세히 다루게 될 것이다.

생산운영관리의 범위

현대의 생산운영관리는 고객 만족을 실현하기 위해 고객의 요구를 제품이나 서비스에 정확히 반영해야 한다. 이는 단순한 변환과정을 넘어, 투입물의 확보에서부터 산출물의 판매에 이르기까지 고객과의 연결고리(Customer Chain)를 구축하는 전 과정을 부가가치 창출 활동으로 이해해야 한다. 결국 생산운영관리는 독립된 기능이 아니라 고객 가치를 창출하는 종합적 경영활동으로 인식되어야 한다.

이처럼 생산활동은 기업 전체 관점에서 종합적으로 계획, 조직, 관리되어야 하므로 현대 생산운영관리를 종합적 생산경영(Total Operations Management)이라고 한다. 종합적 생산경영의 주요 영역은 [그림 1-8]에 정리된 바와 같이 세 가지 범주로 구분할 수 있다.

첫째는 생산시스템의 초점 설정에 관련된 영역이다. 이 범주에는 기업의 지속가능한 성장과 생존을 도모하기 위한 방향 설정과 이를 실현하기 위한 생산운영전략의 수립과 실행 방안 등이 포함된다.

둘째는 생산시스템의 설계와 관련된 영역이다. 이 범주에는 장기적 관점에서 의사

그림 1-8 생산운영관리의 범위

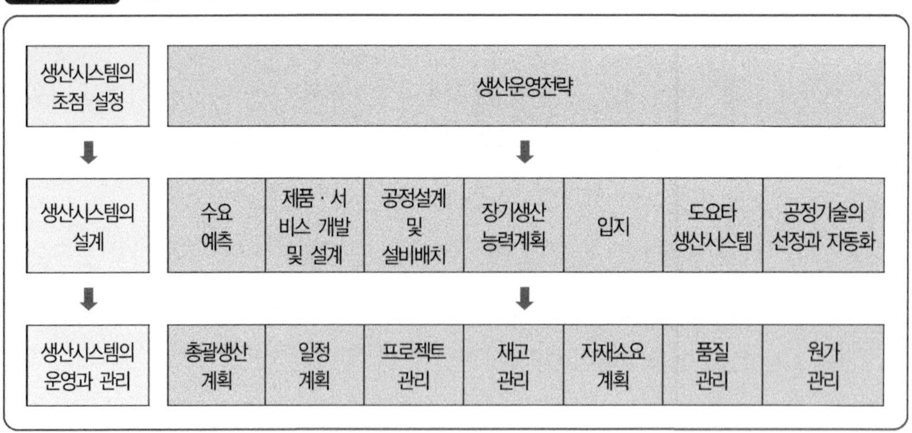

결정을 요구하는 수요예측, 제품개발 및 설계, 공정설계, 설비배치, 장기생산능력계획, 입지선정, 도요타 생산시스템, 공정 기술의 선정과 자동화 등이 포함된다.

셋째는 생산시스템의 운영과 관리에 관련된 영역이다. 이 범주에는 중 · 단기적 의사결정을 요구하는 총괄생산계획, 주생산일정, 일정계획, 프로젝트관리, 재고관리, 자재소요계획(MRP), 능력소요계획(CRP), 품질관리, 원가관리 등이 포함된다.

요약

- 생산이란 생산요소를 고객에게 가치 있는 제품이나 서비스로 변환하는 활동을 의미한다.
- 생산시스템은 투입, 변환과정, 산출, 그리고 통제시스템으로 구성되며, 이러한 생산시스템을 계획하고 통제하는 것이 생산운영관리이다.
- 투입요소 또는 생산요소는 4M, 즉 Man(사람), Material(재료), Machine(설비), Method(방법)로 표시하기도 한다.
- 변환과정은 투입물의 가치를 높여 고객이 만족하는 산출물로 전환하는 가치 증대 활동이다.
- 통제시스템은 산출물을 측정하고 계획과 비교하여, 편차가 발생할 경우 그 원인을 제거하는 활동이다.
- 시스템 접근법은 구성요소 간 상호작용이 전체 시스템에 미치는 영향을 종합적으로 고려하는 사고방식이다.
- 생산운영관리는 초기에는 생산시스템 자체의 관리에만 초점을 두는 생산통제에서 출발하였으나, 외부 환경과 연계하여 기업전략과 유기적으로 전개하는 생산운영관리를 거쳐 서비스를 생산관리영역에 포함하는 운영관리로 발전되었다.
- 서비스는 제품과 다른 무형성, 동시성, 소멸성, 이질성이라는 특성을 가진다.
- 서비타이제이션은 '제품 + 서비스', '서비스 + 제품'이라는 제품과 서비스의 융합을 통해 지속적인 경쟁력을 확보하려는 전략이다.
- 일반적으로 고객은 높은 품질, 낮은 비용, 높은 유연성, 짧은 조달기간, 낮은 변동성, 높은 서비스 수준을 기대하므로, 현대 생산운영관리의 궁극적인 목표는 이러한 고객 요구에 일치하는 제품이나 서비스를 제공하기 위해 지속적으로 노력하는 것이다.

- 고객의 요구를 모두 만족시키는 것은 현실적으로 어렵기 때문에, 경쟁우위를 확보하기 위해서는 선택과 집중 전략이 필요하다.
- 생산운영관리에서 다루는 내용은 생산운영관리의 초점 설정, 설계, 운영과 관리의 분야로 구분된다.
- 생산시스템의 초점 설정은 기업의 지속 가능한 성장과 생존을 도모하기 위한 방향 설정과 이를 실현하기 위한 생산운영전략의 수립과 실행 방안 등이 포함된다.
- 생산시스템의 설계는 장기적인 관점에서의 의사결정을 요구하는 수요예측, 제품개발, 공정설계, 설비배치, 장기생산능력계획, 입지선정, 도요타 생산시스템, 공정기술의 선정과 자동화 등이 속한다.
- 생산시스템의 운영과 관리는 중·단기적인 의사결정을 요구하는 총괄생산계획, 주생산일정, 일정계획, 프로젝트관리, 재고관리, 자재소요계획(MRP), 능력소요계획(CRP), 품질관리 등이 포함된다.

학습문제

01. 생산이란 무엇을 의미하며, 생산운영관리의 목적은 무엇인가?

02. 생산시스템이란 무엇이며, 생산운영관리에 시스템의 개념이 필요한 이유는?

03. 호텔, 슈퍼마켓, 은행의 투입물과 산출물을 제시하라.

04. 생산시스템을 구성하는 네 가지 주요 요소는 무엇인가?

05. 생산에 필요한 투입요소인 4M을 설명하라.

06. 변환과정은 어떤 활동이며, 그 목적은 무엇인가?

07. 통제시스템의 역할은 무엇인가?

08. 시스템 접근법이란 무엇을 의미하는가?

09. 생산운영관리는 어떻게 발전하였는가?

10. 제품과 구별되는 서비스의 4가지 주요 특성은 무엇인가?

11. 서비타이제이션이란 무엇이며, 그 목적은 무엇인가?

12. 고객이 일반적으로 요구하는 여섯 가지 요소는 무엇인가?

13. 현대 생산운영관리의 목표는 고객 요구에 어떻게 대응하는 것인가?

14. 고객 요구를 모두 만족시키는 것이 어려운 이유는 무엇이며, 이때 필요한 전략은 무엇인가?

15. 생산운영관리의 주요 내용은 크게 어떤 세 분야로 구분되는가?

16. 생산시스템의 전략적 초점 설정은 무엇을 위한 것인가?

17. 생산시스템의 설계가 장기적 관점이 필요한 이유는 무엇인가?

18. 생산시스템 설계에 포함되는 요소들을 나열하라.

19. 생산시스템의 운영과 관리가 중·단기적 의사결정과 관련되는 이유는?

Chapter

02

생산운영전략

학습목표

생산기능은 단순히 효율적인 제품이나 서비스의 생산에 그치지 않고, 무한경쟁 시대에 기업전략과 연계하여 시장에서 경쟁우위를 확보하는 핵심 역할을 담당해야 한다. 이를 위해 생산의 전 과정이 기업전략과 일관되도록 의사결정의 방향과 지침을 설정하는 역할을 수행하는 것이 바로 생산운영전략이다. 기업은 이 전략을 기반으로 경쟁환경에 효과적으로 대응함으로써 기업의 전반적인 경쟁력을 강화하여야 한다. 본 장에서는 기업전략과의 연계성을 중심으로 생산운영전략을 수립할 때 고려해야 할 주요 요소들을 살펴본다.

생산운영전략과 환경

기업 환경의 급격한 변화, 글로벌화의 심화, 새로운 경쟁자의 출현, 공급망의 복잡성과 불안정성, 첨단 기술의 발전에 따른 고객 요구의 다변화는 지속 가능한 경영을 추구하는 기업에게 경영전략은 선택이 아닌 필수로 요구되고 있다. 즉 치열한 시장 경쟁에서 경쟁우위를 선점하려면 경쟁사와 차별화되는 강점을 파악하고 활용하여 조직이 환경 변화에 유연하고 선제적으로 대응할 수 있도록 전략적 사고에 기반한 경영을 수행하여야 한다.

경영전략이란 기업이 경쟁환경에서 우위를 확보하고 지속적인 성과를 창출하기 위한 구체적인 행동 방향을 설정하는 계획을 의미한다. 이러한 경영전략은 기업이 직면한 내외부 환경을 고려하여 수립되어야 한다. 최근의 내외부 경영환경의 특성과 그에 따른 생산운영전략의 방향을 살펴보면 다음과 같다.

- 고객 요구의 다변화

기술발전이나 글로벌화의 영향으로 고객의 요구는 한층 더 다양화되고 세분화되고 있다. 이에 따라 고객 데이터를 정교하게 분석하여 품질, 가격, 서비스 측면에서 맞춤형 제품과 서비스를 제공하는 역량, 고객 요구에 신속하고 정확하게 대응하는 역량 등 주요 경쟁요소를 차별화함으로써 경쟁우위를 확보해야 한다.

- 지속 가능성 및 ESG 경영의 부상

ESG(환경, 사회, 지배구조) 기준에 대한 사회적 요구 증대는 기업의 사회적 책임의 이행을 촉구하고 있다. 환경 규제 강화, 친환경 생산, 윤리적 조달, 소비자의 환경 인식 변화, 종업원의 공정한 대우, 사회 문제해결 등 기업의 사회적 책임이 확대되고 있으며 이에 따른 소비자 단체의 활동과 정부의 규제도 강화되고 있다. 따라서 지속 가능한 성장을 실현하기 위해서는 기업의 사회적 책임을 필수적인 전략 요소로 고려하여야 한다.

• 디지털 전환의 가속화

인공지능, 빅데이터, 사물인터넷, 로봇공학, 클라우드 컴퓨팅 등과 같은 첨단 생산 기술에 대한 투자가 이루어지지 않는다면 경쟁우위 확보가 어렵다는 점을 인식하고 첨단 생산기술에 대한 투자를 생산운영전략의 핵심 요소로 적극 고려해야 한다.

• 제품에 대한 서비스 욕구 확산

구매 용이성, 사용 편의성, 유지보수, 사후관리 등 제품 관련 서비스에 대한 고객 요구가 증가하고 있는데, 이는 서비타이제이션(Servitization)에 대한 고객의 기대가 지속적으로 확대되고 있음을 보여준다. 이에 따라 제조 부문의 운영시스템을 서비스 부문에 적용해 왔으나, 서비스 고유의 특성과 수요 증가에 따라 서비스에 특화된 고유의 운영시스템의 개발이 요구되고 있다.

경영전략의 분류

경영전략은 조직의 계층적 수준에 따라 기업전략, 사업전략, 기능전략으로 구분된다. [그림 2-1]은 이러한 전략의 계층적 구조를 나타낸 것이다.

기업전략은 어떤 사업에 진출할지와 그에 필요한 자원을 어떻게 획득하고 배분할지를 결정하는 전략으로, 조직의 전반적인 방향을 제시하는 최상위 전략이다. 한편 사업전략은 각 사업 단위가 경쟁우위를 확보하기 위해 수립하는 구체적인 실행 전략이며, 기능전략은 생산, 재무, 마케팅 등 각 기능 부문이 사업전략을 효과적으로 지원하고 실행하기 위해 마련하는 하위 전략이다.

이러한 기업전략은 사업전략의 방향을 제시하고, 사업전략은 기능전략의 방향을 설정한다. 이처럼 세 전략은 상호 유기적으로 연계되므로 기업의 전체적인 목표 달성을 위해서는 전략 간의 일관성이 확보되어야 한다.

그림 2-1 조직의 수준에 따른 경영전략의 분류

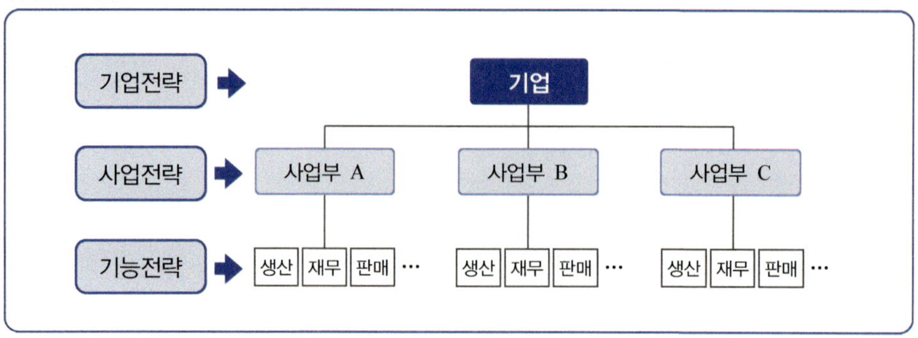

기업전략(Corporate Strategy)

기업전략은 기업의 비전과 이념을 바탕으로 기업이 나아갈 방향을 정립하여 사업 포트폴리오를 구성하며, 각 사업 수행에 필요한 기술, 자본, 인력 등의 자원을 어떻게 확보하고 배분할지를 결정하는 최상위 전략이다. 예를 들어 "사람을 행복하게 만드는 일"을 기업 이념으로 내세운 월트 디즈니(Walt Disney)는 이를 토대로 디즈니랜드, 애니메이션 및 영화 제작, 방송, 콘텐츠 스트리밍 등 다양한 오락 산업에 진출해 왔다. 이처럼 기업전략의 핵심은 기업이 "어떤 사업에 참여할 것인가?"와 "그에 따른 자원을 어떻게 확보하고 배분할 것인가"에 대한 방향을 제시하는 데 있다.

사업전략(Business Strategy)

사업전략은 기업전략의 하위 전략으로, 기업전략에 의해 선정된 특정 사업이 어떻게 경쟁하여 지속 가능한 경쟁우위를 달성할 것인지를 규정하는 전략이다. 대표적인 사업전략으로는 마이클 포터(Michael Porter)가 제시한 세 가지 기본 전략이 있으며, 그 개요는 [그림 2-2]를 통해 확인할 수 있다.

- 차별화 전략(Differentiation Strategy)

자사 제품이나 서비스가 가격이 아닌 디자인, 품질, 브랜드, 서비스, 성능 등에서

그림 2-2 포터의 본원적 경쟁전략

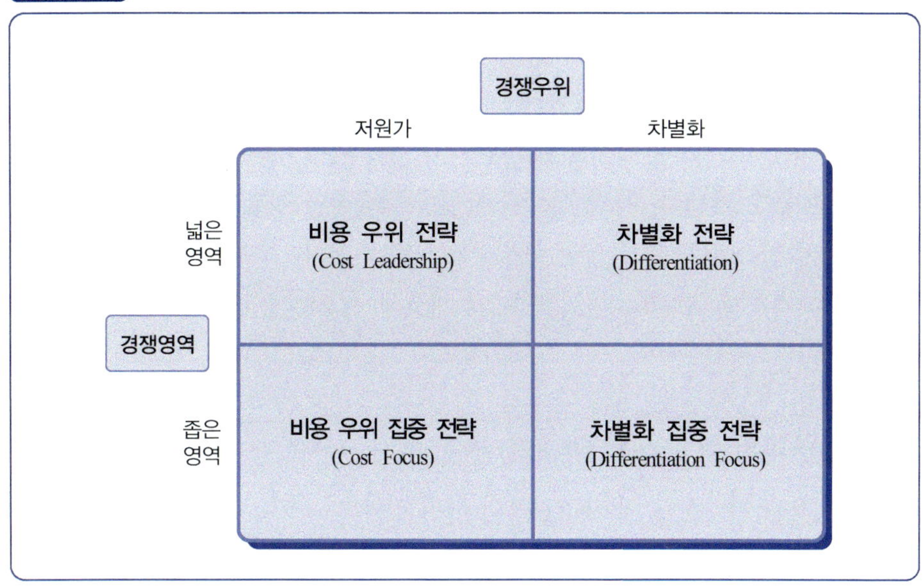

경쟁사들과 뚜렷이 구별되는 독특한 가치를 창출하여 경쟁우위를 확보하려는 전략을 말한다. 성공적인 차별화는 모방이 어렵기 때문에 기업은 경쟁업체보다 높은 가격으로 제품을 판매할 수 있고 고객 충성도를 높여 시장 지배력을 확대할 수 있다. 예로 애플, 롤렉스, 메르세데스-벤츠, 스타벅스가 대표적인 차별화 전략을 구사하는 기업이다.

- 비용 우위 전략(Cost Leadership Strategy)

비용 우위 전략은 제품이나 서비스를 경쟁사보다 낮은 원가로 제공하여 경쟁우위를 확보하는 전략을 말한다. 동일한 품질의 제품을 경쟁사보다 저렴한 비용에 생산하여 박리다매 방식으로 매출 극대화를 도모할 수 있다. 따라서 비용 우위 전략을 추구하는 기업은 저비용 생산구조와 효율적 유통 구조를 확보하기 위해 규모의 경제, 경험의 축적, 표준화, 자동화를 실현하고 비용 절감을 위해 설비투자, 연구비, 간접비, 광고비 등의 비용을 통제한다. 예를 들어 대형할인마트와 저가 항공사는 대표적인 비용 우위 전략을 구사하는 기업에 해당한다.

• 집중화 전략(Focus Strategy)

집중화 전략은 전체 시장 대신 틈새 시장(Niche Market)이나 특정 제품군에 한정된 자원을 집중하여 효과적으로 차별화를 실현하거나 비용 우위를 확보하려는 전략이다. 이 전략은 특정 산업 전체를 대상으로 하지 않고 특정 대상(고객, 제품, 지역)의 요구를 잘 충족시키도록 특정 대상에 자원을 집중하여 차별화 또는 비용 우위를 달성하려는 전략이다. 예를 들어 마을버스, 산악자전거, 스포츠카, 여성 전문병원 등은 대량 시장을 겨냥하기보다는 특정 대상에 집중하는 전략을 구사한다.

기능전략(Functional Strategy)

기능전략은 기업전략 및 사업전략의 하위 전략으로, 기업전략이나 사업전략을 실행하기 위해 생산, 재무, 마케팅 등 각 기능 부서에서 수립하는 구체적인 실행 전략을 의미한다. 예컨대 생산운영전략, 마케팅전략, 재무전략 등이 이에 해당하며, 따라서 생산운영전략은 기능전략 중 하나이다. 생산운영전략을 포함한 모든 기능전략은 기업전략 및 사업전략의 지배와 제약을 받는다. 그러므로 생산운영전략은 기업전략이나 사업전략이 먼저 수립된 후에 마련되어야 한다.

예를 들어 사업전략이 비용 우위를 선택하면 생산운영전략도 비용 절감에 맞추어져야 한다. 즉 규모의 경제, 설비 자동화, 효율적 공정, 통계적 공정관리, 재고 감축, 수직적 통합 강화, 인건비 절감, 공정 표준화, 공급망 최적화, 지속적 개선 등에 노력을 기울여야 한다. 한편 사업전략이 제품 혁신을 통한 차별화에 초점을 둔다면 생산운영전략 역시 이에 부합하도록 탁월한 제품 개발, 유연 자동화, 범위의 경제, 제품개발팀 활용, 신속한 변화 대응, 숙련된 인력 확보, 맞춤형 생산 체계 구축, 첨단 생산기술 활용, 모듈화 설계, 오픈 이노베이션 등에 중점을 두어야 한다.

생산운영전략의 개념

생산운영전략의 정의

생산운영전략이란 생산과 관련된 의사결정의 방향을 안내하는 비전으로서 생산 의사결정이 사업전략과 일관되도록 하여 기업의 경쟁우위를 확보하는 데 기여한다. 따라서 생산은 단순히 제품이나 서비스를 만들어 내는 기능을 넘어 기업의 경쟁적 우위를 창출하는 원천이 될 수 있음을 인식해야 한다.

헤이즈(Hayes)와 휠라이트(Wheelwright)는 생산운영전략을 생산 관련 의사결정에 나타나는 일관된 패턴으로 정의하였다. 그들은 생산 관련 의사결정 간의 일관성이 높을수록 기업전략 또는 사업전략을 보다 효과적으로 지원할 수 있다고 보았다. 슈로드(Schroeder)는 생산운영전략을 생산기능이 지향할 방향 또는 비전으로서 생산 사명, 차별적 능력, 생산목표, 생산정책으로 구성된다고 설명한다.

메이어(Mayer)와 무어(Moore)는 생산운영전략이란 제품의 생산 및 유통 방식에 대한 계획으로 공정 기술의 선택, 수직적 통합, 설비와 입지, 집중화 공장, 생산 하부구조를 결정하는 것이라 하였다. 스키너(Skinner)는 생산운영전략을 기업 내 다양한 전략 간의 연계성으로 보고, 만일 생산운영전략이 기업전략과 연계되지 않으면 생산 관련 의사결정이 일관되지 않고 단기적 관점에 치우쳐 기업전략 수행을 저해할 수 있다고 하였다.

이러한 학자들의 생산운영전략의 정의에 대해서는 학자나 실무자 간에 통일된 정의는 존재하지 않지만, 생산운영전략과 사업전략 간의 일관성 그리고 생산 관련 의사결정의 일관성이 반드시 확보되어야 한다는 점에서 일치한다. 따라서 생산운영전략은 생산 관련 의사결정의 방향을 제시하는 비전으로서, 생산운영 의사결정이 기업전략, 사업전략, 그리고 기타 기능전략과의 일관성을 유지하도록 하여 기업이 경쟁우위를 확보할 수 있도록 지원하는 접근법으로 정의할 수 있다. 생산운영전략이 수립되면 다음과 같은 주요 이점이 있다.

- 역량 집결

기업에 전략이 없다면 기능 부서 간 활동은 제각기 다른 방향으로 움직일 가능성이 높다. 하지만 전략 수립을 통한 방향 설정은 여러 기능 부서의 노력을 한곳으로 집중시켜 준다. 즉 전략을 통해 구성원은 자신이 수행해야 할 일을 명확히 이해하고, 그 일이 기업 목표에 어떻게 기여하는지, 그리고 어떤 기준으로 자신이 평가받는지를 이해할 수 있게 해준다. 따라서 전략은 구성원들의 역량을 집결시키는 수단이 된다.

- 효율성 제고

전략 수립은 의사결정의 방향을 제시함으로써 일관된 의사결정을 가능하게 하여 한정된 자원을 효율적으로 활용할 수 있도록 해준다. 따라서 전략은 제한된 자원을 사용하는 과정에서 어떤 과업이 중요한지 그리고 어떤 순서로 수행해야 하는지를 명확히 제시해 주므로 효율성을 제고할 수 있다.

생산운영전략의 구성요소

기업전략과 사업전략에 영향을 받는 생산운영전략은 [그림 2-3]에서 보듯 다음의 세 가지 핵심 구성요소를 통해 결정된다.

- 경쟁우위요소(차별적 능력)
- 생산목표
- 생산정책

생산운영전략의 구성요소 역시 기업의 사업전략 및 타 기능전략과의 일관성을 전제로 수립되어야 한다. 이러한 일관성은 경쟁우위 확보뿐 아니라 전략 실행의 성공 여부를 좌우하는 핵심 요소이다. 이처럼 중요한 생산운영전략의 수립은 철저한 내부 및 외부 환경 분석을 선행 과제로 요구한다.

그림 2-3 생산운영전략의 수립

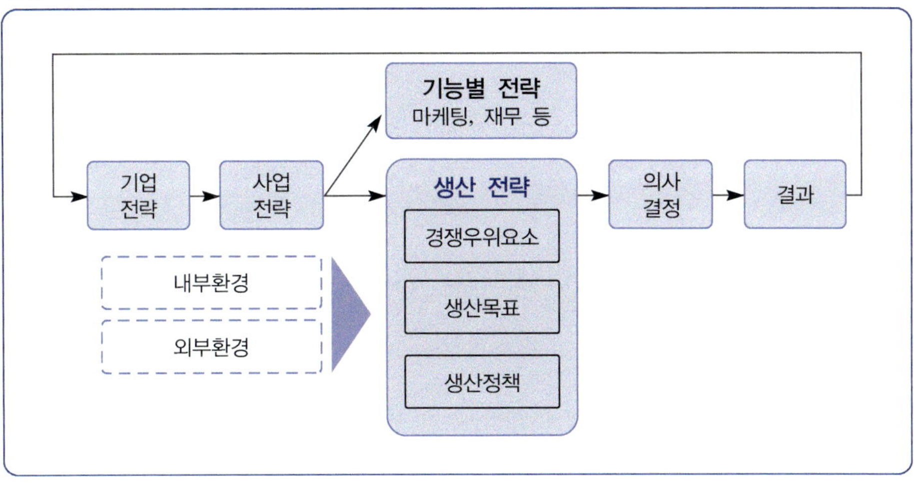

내 · 외부환경분석

기업전략이나 사업전략과 마찬가지로 생산운영전략 역시 내 · 외부 환경에 대한 면밀한 분석에서 출발해야 한다. 고대 병법서인 손자병법에서 "지피지기면 백전불태(知彼知己 百戰不殆)"라 하였듯, 전략의 성공은 외부 환경에 대한 이해와 내부 자원에 대한 통찰에 달려있다. 이러한 맥락에서 널리 활용되는 대표적인 분석 도구가 바로 SWOT 분석이다. 생산운영전략의 SWOT 분석은 [그림 2-4]와 같이 내부 요인 2가지와 외부 요인 2가지를 결합하여 다음과 같은 네 가지 전략을 수립할 수 있다.

- 강점-기회(SO) 전략 : 강점을 활용하여 기회를 활용하는 전략
- 약점-기회(WO) 전략 : 약점을 보강하여 기회를 활용하는 전략
- 강점-위협(ST) 전략 : 강점을 활용하여 위협을 극복하는 전략
- 약점-위협(WT) 전략 : 약점을 보강하여 위협을 극복하는 전략

그림 2-4 SWOT분석

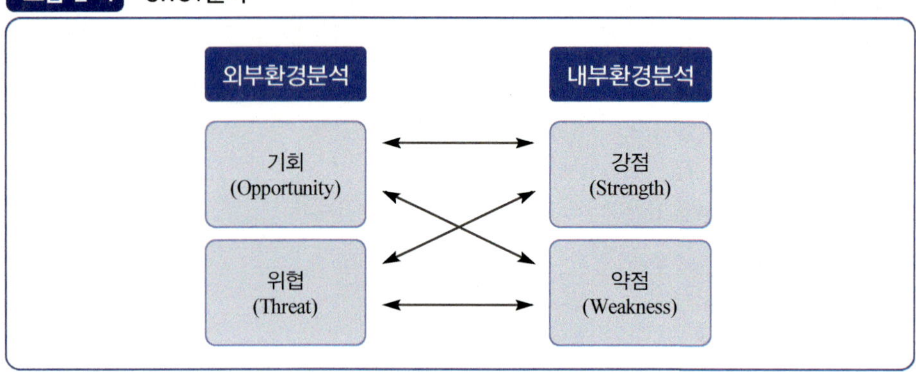

외부환경요인은 기업이 직접 통제할 수 없지만 생산활동에 기회 또는 위협으로 작용할 수 있는 변화 요인을 의미하며, 대표적인 외부환경요인은 다음과 같다.

- 고객 요구의 변화
- 기술 혁신
- 공급망의 변화
- 산업 내 경쟁구조의 변화

이러한 외부환경요인을 체계적으로 분석함으로써 기업은 생산활동의 기회를 극대화하고 위협에 대한 대응 방안을 미리 수립할 수 있게 해준다. 반면 내부환경요인은 생산기능의 강점과 약점을 규명하는 데 초점을 둔다. 주요 내부환경요인은 다음과 같다.

- 가용 자원의 양과 질
- 조직문화 및 의사소통 체계
- 인적자원의 기술력 및 숙련도
- 생산시설의 입지 조건

이러한 내부환경의 분석을 통해 기업은 약점을 보완하고 강점을 강화하여 전략적 실행 기반을 구축할 수 있다.

경쟁우위요소

사업전략이 수립되면 [그림 2-5]에 제시된 경쟁요소 중 어느 부분에 우선순위를 두고 타 기업 대비 경쟁우위를 확보할지에 대해 결정하여야 한다. 왜냐하면 기업이 가진 자원과 역량이 한정되어 있고 경쟁요소들은 상충관계에 있으므로 [그림 2-5]의 모든 경쟁요소를 동시에 충족하기는 어렵기 때문이다. 예를 들어 일반적으로 품질이나 서비스를 높이려면 비용이 증가하고 반대로 비용을 절감하려면 품질이나 서비스는 낮아진다. 그러므로 기업은 [그림 2-5]의 경쟁요소들의 우선순위를 설정하고 이에 기반한 선택과 집중 전략을 실행하여야 한다.

사업전략과 내 · 외부 환경 분석을 바탕으로 각 경쟁요소의 상대적 중요도를 설정한 뒤, 우선순위가 높은 요소에 자원과 역량을 더 집중하는 방식으로 운영되어야 한다. 이와 같은 경쟁요소의 명확한 우선순위 설정과 이를 기반으로 한 자원의 전략적 배분은 기업이 경쟁자보다 차별화된 경쟁력을 확보하고 지속 가능한 경쟁우위를 실현하는 데 필수적인 전략이다.

우선순위를 결정할 때 기업은 주문자격요건을 충족하고 동시에 주문획득요건을 강화함으로써 시장 경쟁력을 높여야 한다. 여기서 주문자격요건이란 고객이 주문하

그림 2-5 경쟁요소

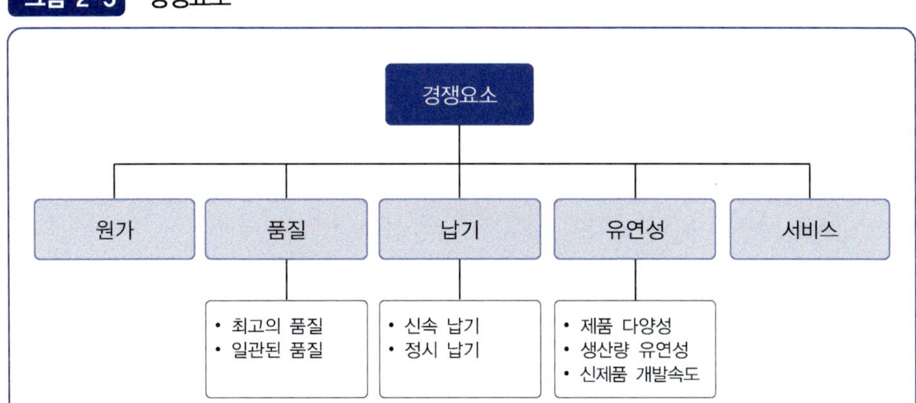

〈표 2-1〉 세계적인 우량기업들의 운영정책

경쟁수단 \ 기업	고객응대	속도/편의	가격	다양성	기술/품질
페덱스	◉	◉			
월마트	◉		◉	◉	
코스트코			◉		
디즈니랜드	◉				◉
맥도널드		◉	◉		
도미노피자		◉	◉		
사우스웨스트항공사		◉	◉		
싱가포르항공사	◉				

는데 기업이 최소한으로 갖추어야 할 기본 조건을 뜻하고, 주문획득요건은 기업이 목표시장에서 고객의 주문을 실제로 확보하게 만드는 경쟁우위요소를 의미한다.

체이스(Chase)와 동료 교수들은 세계적 우량기업들의 차별적 능력을 <표 2-1>과 같이 제시하였다. 예를 들어 사우스웨스트항공사는 표준화된 서비스를 통한 저렴한 가격 전략을 선택하여 집중하였고, 반대로 싱가포르항공사는 고객화된 서비스를 통한 고품질 전략을 선택하여 집중하였다. 이와 같이 동일한 산업 내에서도 기업이 설정한 경쟁요소의 우선순위에 따라 생산운영방식은 달라질 수 있으며, 이는 궁극적으로 기업의 핵심 경쟁우위를 형성하는 중요한 기반이 된다.

생산운영전략에서 각각의 경쟁요소는 다음과 같은 방식으로 기업의 차별적 능력 확보에 기여한다.

첫째, 원가는 기업이 제품이나 서비스를 경쟁사보다 더 저렴하게 제공할 수 있도록 하는 경쟁우위요소이다. 제품 간 품질 차이가 비슷하다면 가격이 주요 선택 요인이 되기 때문에 경쟁력 있는 원가는 차별적 능력이 된다. 제품이나 서비스를 경쟁사보다 경제적으로 공급하기 위해서는 노무비, 재료비, 감가상각비 등을 포함한 단위당 생산비용을 낮추기 위한 노력이 필요하다. 동시에 기업은 규모의 경제, 아웃소싱, 신기술 도입, 폐기물 감소, 생산공정의 합리화, 재고 감축 등의 방법이 생산비용의 절감에 이용될 수 있다.

둘째, 품질이 확보되지 않으면 납기, 유연성, 원가 등 다른 요소들의 경쟁우위는 실현될 수 없으므로 품질은 기업의 경쟁우위 요소 중 가장 기본이 되는 핵심 요인이다. 균일한 품질이나 높은 수준의 품질을 확보하기 위해서는 불량률의 지속적 감소, 성능과 기능의 개선, 내구성 향상, 사후서비스(A/S) 강화 등의 방법이 이용될 수 있다.

셋째, 납기는 고객이 원하는 제품이나 서비스를 원하는 시점에 제공할 수 있는 능력을 의미하는 주요한 경쟁요소이다. 높은 수준의 재고 보유, 생산율의 증대, 현실적인 납기일 제시, 효율적인 주문생산의 통제, 신속한 수송 수단의 활용, 더 나은 정보시스템 등과 같은 방법을 이용하여 신속하고 정시 배송을 실현할 수 있어야 한다.

넷째, 유연성은 고객 요구의 변화에 대한 기업의 대처 능력 및 적응 속도를 의미하는 중요한 경쟁우위요소이다. FMS(Flexible Manufacturing System) 도입, 산업용 로봇 이용, GT(Group Technology) 도입, JIT(Just-In-Time) 도입, 다기능 작업자 육성 등과 같은 방법이 유연성 확보에 이용될 수 있을 것이다.

다섯째, 제품만으로는 다른 제품과 차별화하는 것이 어려워지므로 제품과 서비스의 융합을 통해 새로운 시장의 개척과 부가가치 창출의 필요성이 대두된다. 제품과 서비스의 융합은 크게 제품에 서비스를 추가하는 제품의 서비스화와 서비스 강화를 위해 제품을 추가하는 서비스의 제품화가 있다. 사물인터넷(IoT)에 의한 제품 다양화, 제조업과 서비스업의 파트너십, 제품 + 서비스 또는 서비스 + 제품의 통합 제공, A/S 개선, 유지보수, 원격 모니터링, 맞춤형 정보 제공 등과 같은 다양한 방법을 통해 가치 있는 서비스를 제공하기 위해 지속적으로 노력해야 한다.

결론적으로 원가, 품질, 납기, 유연성, 서비스의 다섯 가지 경쟁요소는 생산운영전략에서 차별적 능력을 결정짓는 핵심 요소이며, 이들 요소에 대한 전략적 선택과 집중은 기업이 지속 가능한 경쟁우위를 실현하는 데 필수적인 기반이 된다. <표 2-2>는 생산운영전략에서 경쟁우위요소 즉 차별적 능력을 구성하는 다섯 가지 경쟁요소의 특징을 요약한 내용이다.

〈표 2-2〉 경쟁우위요소별 전략

경쟁요소	설명	경쟁력 확보 방법
원가	경쟁사보다 낮은 비용으로 제공	- 아웃소싱 - 생산기술 혁신 - 폐기물 감소 - 생산공정 합리화 - 재고 최소화
품질	고품질과 균일 품질 제공	- 지속적 불량감소 - 내구성 향상 - 성능 · 기능 개선 - A/S 개선
납기	고객이 원하는 시점에 신속하고 정확하게 제공	- 생산율 증가 - 정시 배송 체계 - 빠른 운송수단 활용 - 현실적 납기 설정 - 정보시스템 개선
유연성	고객 요구 변화에 양과 질로 빠르게 대응	- GT - 산업용 로봇 - 셀 생산방식 - FMS, JIT - 다기능 작업자
서비스	제품 외 제공되는 부가가치 서비스	- IoT 기반 제품 다양화 - 제품+서비스 통합 제공 - A/S 서비스 강화 - 패키지 상품 개발 - 고객 맞춤형 지원

생산운영목표

생산운영목표란 생산기능이 일정한 계획 기간 동안 달성하고자 하는 다섯 가지 경쟁요소, 즉 원가, 품질, 납기, 유연성, 서비스의 목표를 의미한다. 생산운영목표는 경쟁요소의 우선순위에 따라 자원을 어떻게 배분할지와 결과를 어떻게 평가할지를 결정하는 실행기준이자 성과측정의 지표로 작용한다. 따라서 경쟁요소별로 설정되는 목표는 반드시 측정 가능하고 구체적이며 실현 가능한 계량적 형태로 수립되어야 한다. <표 2-3>은 생산운영목표의 예를 보여준다.

〈표 2-3〉 생산운영목표의 예

경쟁요소	측정항목	현재	3년 후 목표	현재 경쟁사 수준
원가	재고 회전율 매출액에 대한 제조원가의 비율	3.8 54%	5.2 50%	4.8 52%
품질	고객만족도 매출액 대비 품질보증비용 폐기물과 재작업비율 품질인증 획득률	75% 1% 15% 90%	85% 0.5% 5% 100%	75% 1% 10% 96%
시간	재고로 주문을 충족하는 비율 재고 보충 리드타임 납기 지연 일수	90% 3주 3일	95% 1주 1일	95% 3주 4일
유연성	생산능력의 20% 증설 시간 신제품 도입 시간 고객 요구사항 충족률	6개월 12개월 70%	3개월 6개월 90%	3개월 8개월 90%
서비스	A/S 요청 응답 속도 만족도 서비스 만족도	4점 65%	5점 80%	3점 85%

생산운영정책

생산운영정책은 생산운영목표를 달성하기 위한 구체적 행동지침으로, 그에 따라 생산시스템을 운영하는 것을 의미한다. 따라서 생산운영정책은 [그림 2-6]에서 제시된 바와 같이 상위 전략인 경쟁우위요소와 생산운영목표와의 일관성을 유지해야 한다. 이러한 일관성은 생산 관련 모든 의사결정이 동일한 방향을 공유하도록 하여 생산기능이 경쟁우위 확보에 실질적으로 기여할 수 있도록 한다. 그러므로 생산운영정책은 단순한 일상 운영 지침에 그치지 않고 사업전략을 실행하는 핵심 수단으로 인식되어야 한다.

생산목표의 달성을 위해 아래의 여덟 가지 요소에 대한 방향을 설정하는 것이 생산운영정책의 핵심이며, 이에 대한 주요 내용과 선도기업들이 추구하는 정책 방향은 다음과 같다.

그림 2-6 경쟁우위요소, 목표 및 정책 간의 관계

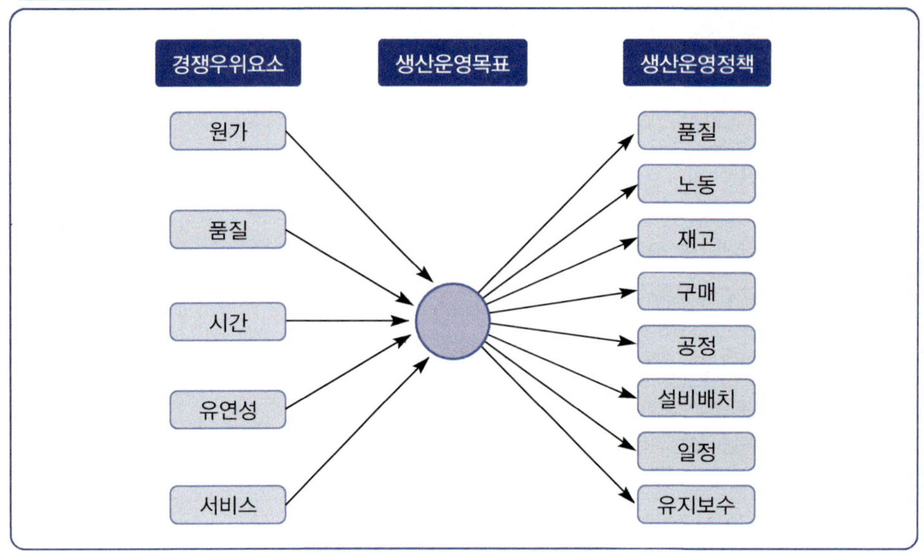

첫째, 품질 정책은 고객이 기대하는 품질수준의 정확한 이해와 더불어 기업의 사명이나 마케팅 목표와 일치하는 품질수준이 달성하도록 수립되어야 한다. 선도기업들은 종업원에게 권한을 부여하여 품질개선과 불량률 감소를 동시에 실현하고 있다.

둘째, 노동 정책은 종업원의 헌신적인 참여를 유도하기 위해 작업환경개선, 고용안정, 공정한 보상체계를 구축하도록 수립되어야 한다. 선도기업들은 다기능 작업자 육성, 상호 신뢰와 존중을 통한 사기 진작, 우수 인재 양성에 중점을 두고 있다.

셋째, 재고 정책은 고객 서비스 수준과 설비이용률을 유지하면서도 재고에 대한 불필요한 투자를 줄일 수 있도록 수립되어야 한다. 선도기업들은 수요예측의 정확도 향상, 재고비용의 관리, 공급 탄력성 확보 등을 통해 재고수준의 최적화를 달성하고 있다.

넷째, 구매 정책은 투입요소를 안정적이고 효율적으로 공급받기 위해 공급자와 상호 협력을 촉진하는 방향으로 수립되어야 한다. 선도기업들은 공급자 평가, 공급자 개발, 공급자와 생산시스템의 전략적 통합, 동시 공학, 장기적 파트너십 구축 등을 통해 공급망의 경쟁력을 확보하고 있다.

다섯째, 공정 정책은 원재료나 부품을 투입하여 완제품을 생산하기까지의 일련의 과정이 고품질, 저비용, 우수한 작업환경 등의 조건을 만족하도록 수립되어야 한다. 선도기업들은 독특하고 효율적인 공정 및 설비 개발, 경쟁사보다 상대적으로 낮은 자본투자로 생산성과 품질을 동시에 확보하고 있다.

여섯째, 설비배치 정책은 종업원에 대한 우수한 작업환경을 제공함과 동시에 생산의 효과성과 효율성을 얻을 수 있도록 수립되어야 한다. 선도기업들은 셀 생산, 유연 생산시설 이용, 원자재 흐름의 원활화 등을 통해 배치의 효율성을 달성하고 있다.

일곱째, 일정 정책은 생산설비의 활용률을 높일 수 있도록 수립되어야 한다. 선도기업들은 납기 준수, 설비 이용률 제고, 안정적 생산을 위한 정교한 일정계획을 수립한다.

여덟째, 유지보수 정책은 설비의 신뢰성과 가동률이 향상되도록 체계적인 예방과 신속한 보수를 할 수 있도록 수립되어야 한다. 선도기업들은 설비 점검, 고장 예방 활동, 종업원의 유지보수 능력 향상을 위한 훈련을 통해 설비 안정성을 달성하고 있다.

<표 2-4>는 생산운영목표를 달성하기 위한 생산운영정책이 포함해야 할 주요 내용을 나타낸다.

사업전략과 생산운영전략의 일관성

생산운영전략은 기업전략 및 사업전략과 긴밀한 일관성을 유지해야 하며, 더불어 마케팅전략과 재무전략 등 다른 기능전략들과도 조화를 이뤄야 전략적 경영이 효과적으로 작동할 수 있다. <표 2-5>는 비용 우위 전략과 차별화 전략을 중심으로 생산운영정책의 구성요소를 구체적으로 예시하고 있다.

〈표 2-4〉 생산운영목표와 생산운영정책 연관표

생산기능	생산운영목표	생산운영정책 예시
품질관리	제품 불량률 최소화	- 예방 중심 품질관리(QA) - 품질 표준화 - 6시그마, TQM 도입
노동관리	유연한 인력 운용	- 다기능 작업자 배치 - 성과 기반 보상제 - 유연 근무제 도입
재고관리	재고 비용 절감	- JIT 시스템 도입 - 안전 재고 최소화 - ABC 재고 분석
구매관리	공급 안정성 및 품질 확보	- 전략적 구매 파트너십 - 공급자 성과 평가 시스템 운영 - 장기계약 및 구매 협상 강화
공정관리	낭비 제거	- 표준작업 공정 설계 - Lean 생산 - 공정 자동화
설비배치	작업 흐름 최적화	- 라인 배치 - 셀 배치 - 설비 재배치
일정관리	납기 준수	- 우선순위 기반 스케줄링 - 유연한 생산 일정 운영 - 수요예측 연계 계획 수립
유지보수관리	설비 가동률 향상	- 예방정비(PM) - 전사적 생산 유지보수(TPM) - 실시간 설비 검사 시스템 운영

먼저 기업이 비용 우위 전략을 사업전략으로 채택하는 경우, 생산기능의 경쟁우위 요소는 원가절감에 집중된다. 이에 따라 설비 자동화 확대, 인건비 절감, 규모의 경제, 수직적 통합 강화, 품질보증을 통한 원가절감 등의 정책이 생산운영정책의 핵심이 된다. 이러한 전략 방향에 발맞추어 마케팅전략은 대량판매, 반복 구매 유도, 전국적 유통망 확보, 저비용 광고 등에 초점을 맞추게 된다. 또한 재무전략은 대규모 자본 조달과 낮은 자본 리스크 그리고 낮은 이윤 폭을 수용하는 방향으로 설정된다.

반면 신제품 도입과 같은 차별화 전략을 선택하는 경우, 경쟁의 초점이 가격보다는 소량 주문과 짧은 납기에 고품질 제품을 제공하는 역량에 맞춰진다. 이러한 전략하에서는 신속하고 유연한 신제품 도입이 생산기능의 최우선 목표가 되므로 경쟁의 핵심 변수는 가격이 아니라, 신속하고 효율적인 신제품 출시를 가능하게 하는 유연성이 된다. 따라서 생산정책은 신제품 개발팀의 활용, 유연 자동화, 유연성을 확보하기 위한 아웃소싱의 확대 등이 될 것이다. 마케팅전략과 재무전략 역시 이러한 방향성과 일치하는 전략적 대안을 <표 2-5>에 따라 채택하게 될 것이다.

결론적으로 생산운영전략은 기업전략 및 사업전략과의 긴밀한 일관성을 바탕으로 마케팅전략, 재무전략 등 기타 기능전략들과 조화를 이루어야만 전략적 경영이 실질적으로 효과를 발휘할 수 있다.

〈표 2-5〉 생산운영전략의 전개 내용

사업전략	비용 우위	차별화
시장조건	가격에 민감 성숙시장 소품종대량생산	제품특성에 민감 진입시장 다품종소량생산
생산사명	만족스러운 품질과 납기 유지 저가격을 강조	높은 가격, 품질, 납기를 유지 유연성을 강조
차별적 능력	우수한 공정기술 수직적 통합	유연자동화 신속하고 신뢰성 있는 신제품
생산정책	중심 상권 입지 정밀 재고 통제 비숙련 노동자 첨단 자동화 규모의 경제 우수한 공정 통계적 공정관리	탁월한 제품 변화에 신속 대응 유연자동화 숙련된 노동자 범위의 경제 제품팀의 이용 낮은 자동화
시장전략	대량유통 대량판매 전국적 판매 저 비용 광고	신시장 개발 제품설계 선택적 유통 고 비용 광고
재무전략	낮은 이윤 폭 대량자본 낮은 자본위험	높은 이윤 폭 소량 자본 높은 자본위험

요약

- 생산기능은 단순히 제품이나 서비스를 생산하는 역할을 넘어서 기업의 지속적인 경쟁우위를 창출하는 전략적 원천이 되어야 한다.
- 조직 수준에 따라 경영전략은 기업전략, 사업전략, 기능전략으로 구분되고, 생산운영전략은 기능전략 중 하나이다.
- 기업전략은 기업의 장기적 목표를 달성하기 위해 어떤 사업에 참여할지와 그에 따른 필요 자원의 확보와 배분 방향을 제시하는 최상위 전략이다.
- 사업전략은 기업전략에 따라 선택된 특정 사업이 시장 내에서 어떻게 지속 가능한 경쟁우위를 달성할 것인지를 규정하는 전략이다.
- 생산운영전략은 생산과 관련된 의사결정의 방향을 제시하는 비전으로, 생산 관련 의사결정이 사업전략 및 다른 기능전략과 일관성을 유지하도록 하여 궁극적으로 기업의 경쟁우위를 확보하는 데 목적을 두고 있다.
- 포터(M. Porter)는 경쟁전략의 유형으로 차별화 전략, 비용 우위 전략, 집중화 전략을 제시하였다.
- 차별화 전략은 자사 제품이나 서비스가 경쟁사와 뚜렷이 구별되는 독특한 가치를 제공함으로써 경쟁우위를 확보하는 전략이다.
- 비용 우위 전략은 경쟁사보다 낮은 원가로 제품이나 서비스를 제공함으로써 경쟁우위를 확보하는 전략이다.
- 집중화 전략은 틈새시장이나 특정 제품군에 집중하여 차별화 또는 비용 우위 전략을 실행하는 전략이다.
- 생산운영전략은 경쟁우위요소(차별적 능력), 생산운영목표, 생산운영정책이라는 세 가지 핵심요소를 설정하는 과정이다.

- 생산운영전략은 원가, 품질, 시간, 유연성, 서비스와 같은 경쟁요소들의 우선순위를 정하고, 이를 근거로 생산운영의 목표와 정책을 설정한다.
- 차별적 능력, 즉 경쟁우위요소는 경쟁요소들에 대한 우선순위를 부여하고 집중함으로써 달성할 수 있다.
- 생산운영관리에서 경쟁요소의 우선순위를 정해야 하는 이유는 기업의 한정된 자원과 경쟁요소들의 상충관계로 인해 모든 경쟁요소를 동시에 최적화할 수 없기 때문이다.
- 생산운영목표는 경쟁우위요소를 실현하기 위해 생산기능이 일정 기간 내에 달성하고자 하는 구체적이고 계량 가능한 목표로서 성과 평가 및 자원 배분의 기준이 된다.
- 생산운영정책은 설정된 생산운영목표를 효과적으로 달성하기 위해 품질, 노동, 재고, 구매, 공정, 배치, 일정, 유지보수 등 생산운영의 주요 요소에 대한 구체적인 행동 지침을 수립하는 것이다.

학습문제

01. 생산기능이 기업의 전략적 원천으로 간주되는 이유는 무엇인가?
02. 조직 수준에 따른 세 가지 전략은 무엇인가?
03. 기업전략의 주요 기능은 무엇인가?
04. 사업전략의 주요 기능은 무엇이며, 그것이 기업전략과 어떤 관계를 갖는가?
05. 생산운영전략은 왜 수립되어야 하는가?
06. 생산운영전략이 기업전략 및 사업전략과 일관성을 가져야 하는 이유는 무엇인가?
07. 마이클 포터(M. Porter)가 제시한 세 가지 일반적 경쟁전략은 무엇인가?
08. 차별화 전략으로 경쟁우위를 확보하는 방안은 무엇인가?
09. 비용 우위 전략으로 경쟁우위를 확보하는 방안은 무엇인가?
10. 집중화 전략은 어떤 방식으로 경쟁우위를 추구하는가?
11. 생산운영전략 수립 시 고려되어야 할 세 가지 핵심 요소는 무엇인가?
12. 생산의 경쟁요소에는 어떠한 것이 있는지 살펴보라.
13. 생산운영전략을 수립할 때 경쟁우선순위를 정해야 하는 이유를 알아보라.
14. 생산운영목표는 어떤 역할을 수행하는가?
15. 자동차 대리점 운영에서 경쟁우선순위가 비용 우위 중심인지 차별화 중심인지에 따라 생산운영정책에는 어떤 차이가 있는가를 설명하라.
16. 세계적 수준의 우량기업들이 채택한 생산운영정책을 살펴보라.
17. 다음 각 사업에 가장 적합한 생산운영전략의 유형과 그 이유를 설명하라.
    a. 긴급의료 서비스
    b. 표준모델의 노트북 생산
    c. 제품수명주기가 짧은 가전제품의 생산
    d. 패스트푸드 프랜차이즈

Chapter 03

제품 개발 및 설계

학습목표

4차 산업혁명의 진전에 따라 사물인터넷, 빅데이터, 인공지능, 로봇 등 첨단 기술의 발전이 가속화되고 있으며, 동시에 소비자의 요구도 한층 더 다양하고 정교해지고 있다. 이러한 변화로 인해 기업이 고품질의 혁신적인 신제품을 신속히 개발하고 기존제품을 지속적으로 개선하지 않으면 시장 경쟁력 상실과 도태의 위험이 커지고 있다. 이에 따라 변화하는 경영환경에 효과적으로 대응하려면 제품 개발 과정 전반이 엔지니어링이나 마케팅과 밀접하게 연계되더라도 생산 기능을 함께 반영해야만 실제 작업환경에서 개발의 효율성을 극대화할 수 있다. 본 장에서는 이러한 변화에 대응하기 위한 제품 개발 및 설계의 이론적 기반과 전략적 접근 방식을 고찰하고자 한다.

제품수명주기

고객에게 공급되는 제품이나 서비스에는 각각의 수명주기가 있다. 제품수명주기(Product Life Cycle)는 [그림 3-1]에서 보듯 도입기, 성장기, 성숙기 그리고 쇠퇴기의 네 단계로 구분된다. 이 수명주기의 단계에 따라 제품이나 서비스를 생산·판매하는 과정에서 판매량, 이익, 손실은 달라지기 때문에 제품 및 서비스 개발은 도입기 이전부터 쇠퇴기 이후까지 생산운영 계획 전반에 영향을 미친다. 각 단계는 고유한 시장 특성과 전략적 대응 방향을 요구하는데, 이에 대한 주요 특징은 다음과 같다.

1. 도입기(Introduction)

시장 진입 단계이므로 기술적 불확실성, 소비자의 인지 부족, 미흡한 유통 인프라 등으로 인해 성장이 매우 느리게 진행된다. 경쟁자는 거의 없고, 제품은 아직 초기 단계이고, 낮은 생산성 및 유통비용과 판매촉진비용 부담으로 인해 가격은 일반적으로 높게 책정된다. 이 단계에서는 유통비용과 판매촉진비용이 매출액에 비해 상대적으로 높아 수익이 낮거나 손실이 발생하는 경우가 많다.

그림 3-1 제품수명주기

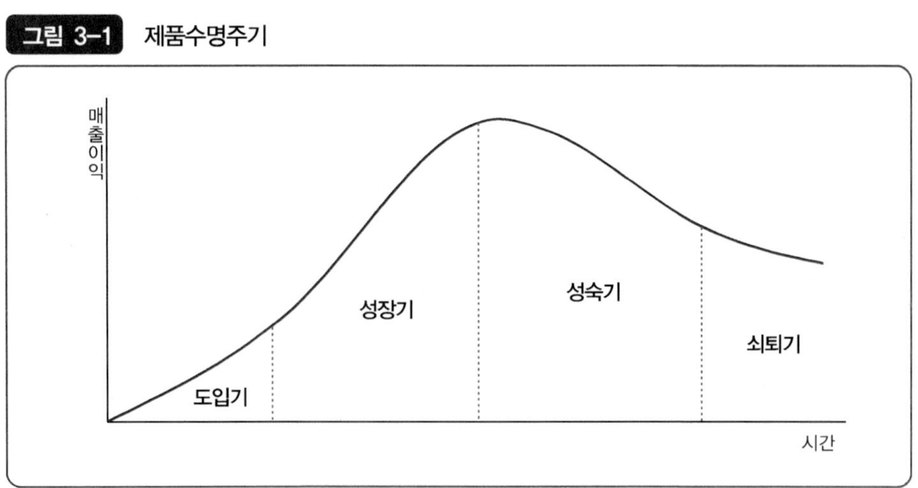

2. 성장기(Growth)

제품에 대한 시장의 인식이 확산되어 수요가 상당히 증가하므로 매출과 수익성이 크게 향상되는 단계이다. 다양한 모델과 새로운 기능의 도입으로 시장이 확대되고 경쟁자의 증가로 유통망도 점차 확산된다. 경험곡선 효과로 단위당 생산비용이 하락함에 따라 가격 인하보다 원가절감이 더 빠르게 이루어지는 경우도 많다. 이 단계에서는 매출성장률이 초기에는 급속히 증가하지만 이후 점차 둔화되는 경향을 보인다.

3. 성숙기(Maturity)

매출액 증가율이 점차 둔화되다가 시장이 포화 상태에 이르면서 일정 수준을 유지하게 되고, 이후 대체재의 등장으로 매출액이 감소세로 전환된다. 매출성장률 둔화는 생산능력의 과잉을 초래하여 시장 내 경쟁이 심화된다. 경쟁력이 약한 기업들은 시장에서 도태되고 결국 경쟁력을 갖춘 소수의 기업만이 생존하게 된다.

4. 쇠퇴기(Decline)

매출액이 감소하는 수명주기의 마지막 단계이다. 기술 진보, 고객 기호 변화, 경쟁 심화 등으로 인해 생산능력 과잉, 이익 감소, 가격 하락이 초래되어 그 결과로 매출액이 감소하게 된다. 시장에서 살아남은 기업들도 제품라인을 축소하거나 경쟁력이 낮은 시장과 유통채널은 포기하고 판매촉진 예산도 축소한다. 쇠퇴기에는 제품 유지보다 철수 또는 틈새 집중이 자원 효율성 측면에서 유리하다.

제품의 수명주기와 관련이 있는 제품 개발 전략의 핵심 과제는, 기업이 신제품 개발에 주력할 것인지 또는 기존제품의 개량에 집중할 것인지를 결정하고 이에 효과적으로 접근하는 방안을 수립하는 데 있다.

- 신제품 개발

일반적으로 제품수명주기의 도입기 초반이나 기존제품이 성숙기 후반에 접어들었을 때는 신제품을 개발하여 시장에 도입하는 것이 유리하다. 또한 패션제품과 같이 제품수명주기가 짧은 경우, 기술변화가 빠른 시장, 소비자 요구가 급변하는 경우에는 시장 변화에 신속히 대응하기 위해 신제품 개발 전략이 보다 바람직하다.

• 기존제품 개량

가전제품과 같이 제품수명주기가 긴 경우, 기술변화가 상대적으로 완만한 시장, 고객 충성도가 높고 제품 브랜드가 강한 경우에는 기존제품의 기능 개선이나 성능 향상과 같은 지속적인 개량이 보다 바람직한 전략이 된다.

제품 및 서비스 개발

제품 개발 접근법

제품 및 서비스의 특성은 생산공정, 설비투자, 품질관리, 공정 유연성 등에 직접적인 영향을 미치므로 제품 개발은 생산운영관리의 출발점이다. 제품 및 서비스 개발에 적용 가능한 접근 방식으로는 시장지향 접근, 기술지향 접근, 그리고 통합 접근의 세 가지가 있다.

1. 시장지향(Market Pull) 접근법

[그림 3-2]에 나타나듯이 고객 요구를 신제품 도입의 유일한 근거로 보는 접근법이다. 따라서 고객의 요구에 부합하는 제품을 개발해야 한다는 마케팅 중심의 고객지향적 접근법이다. 기존의 기술이나 생산공정을 고려하지 않고 고객 요구를 제품 개발의 출발점으로 삼는 것이다. 예를 들어 건강증진, 노화방지 등과 같은 고객 요구에 기반하여 개발된 기능성 식품이나 웰빙 제품은 시장지향 접근의 사례이다. 이 방식은 고객조사를 바탕으로 신제품의 유형을 결정하는 것이다. 하지만 이 접근법은 기술적 생산 가능성을 고려하지 못하는 한계를 내포하고 있다.

그림 3-2 시장지향과 기술지향 제품 개발

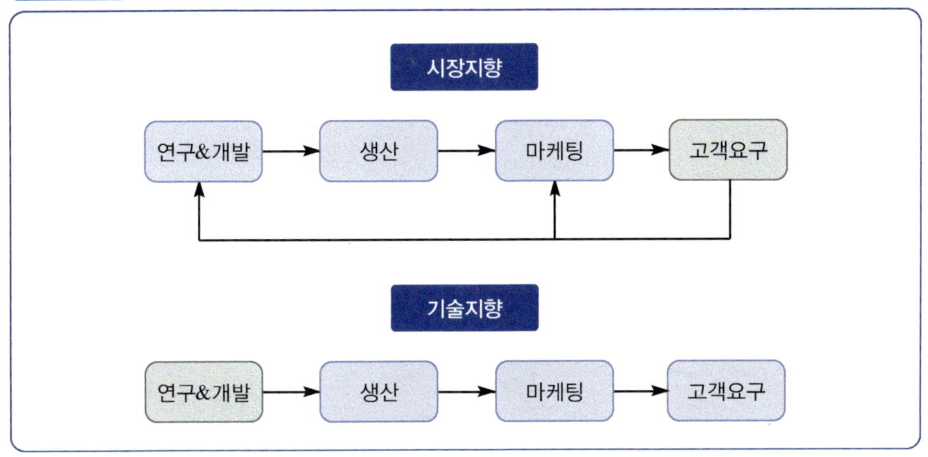

2. 기술지향(Technology Push) 접근법

[그림 3-2]와 같이 R&D 또는 생산을 통해 신제품에 대한 시장의 잠재수요를 창출하자는 R&D 또는 생산 주도의 기술혁신에 초점을 둔 접근법이다. R&D와 생산을 통한 기술혁신이 신제품 도입의 유일한 근거로 보는 접근법이다. 고객 요구와는 무관하게 기술혁신을 제품 개발의 출발점으로 삼는다. 그러나 이 접근법은 고객의 실제 요구를 충분히 반영하지 못할 수 있다는 한계를 지닌다.

3. 통합(Interfunctional) 접근법

시장지향 접근과 기술지향 접근의 한계를 극복하기 위해 이들 두 접근법을 통합한 방안으로 마케팅, R&D, 생산 기능의 통합이 강조되는 접근법이다. 신제품 개발은 어느 하나의 기능에만 초점을 맞춘 접근으로는 한계가 있기 때문에 각 기능 간의 유기적인 협동과 협업을 통한 통합적 전략이 바람직하다.

신제품 개발 과정

신제품의 개발 과정은 일반적으로 [그림 3-3]과 같은 단계를 거쳐서 이루어진다.

그림 3-3 신제품 개발 과정

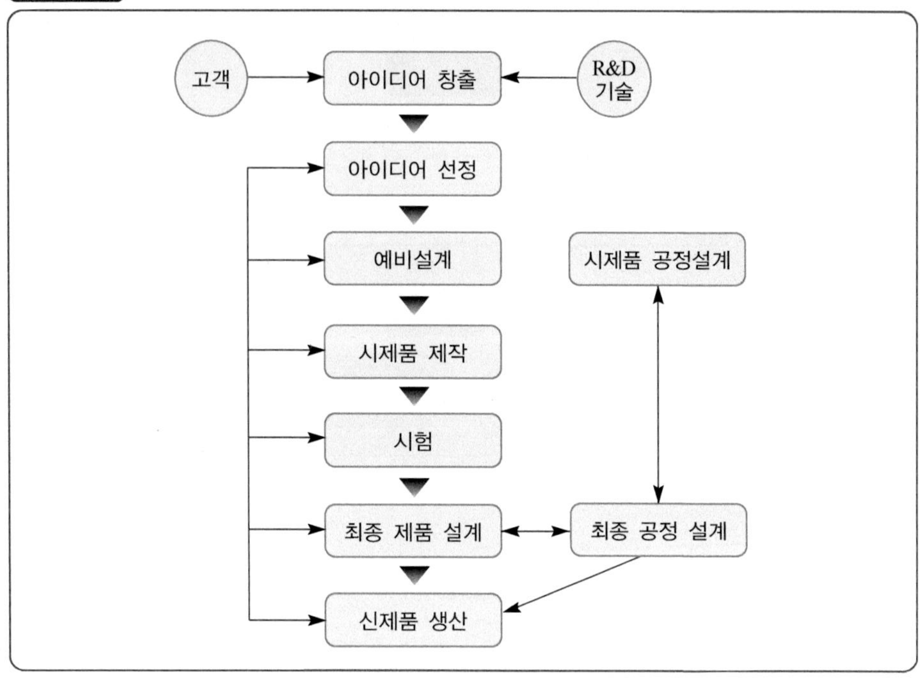

1. 아이디어 창출

신제품이나 신기술에 대한 아이디어는 고객 요구나 R&D 부문의 연구 결과가 주요 원천이 된다. 예를 들어 무병장수 식품이나 노화 방지 피부관리 제품에 대한 고객 요구가 신제품과 신기술 개발로 이어진다. 또한 R&D 분야의 연구 성과나 기존제품 및 기술로부터도 신제품 개발에 대한 아이디어를 도출할 수 있다. 스마트폰, 자율주행차, 민간 우주여행(스페이스X) 등이 이에 해당한다. 따라서 이 단계에서는 시장조사, 소비자 인터뷰, 설문조사, 고객 피드백, 벤치마킹, R&D 활동, 기초 연구 등 다양한 방법을 활용하여 아이디어를 생성한다.

2. 아이디어 선정

새로운 아이디어가 모두 신제품으로 개발되는 것은 아니다. 아이디어가 제품 개발로 이어지기 위해서는 다음 세 가지 측면에서 유망한 것이어야 한다.

• 시장 잠재력(Market Potential)
• 재무적 타당성(Financial Feasibility)
• 생산 적합성(Operations Compatibility)

그러나 아이디어의 평가는 결코 쉬운 일이 아닌데, 이는 평가자의 주관을 배제하기 어렵고 미래의 불확실성이 크기 때문이다. 이러한 평가를 위해 요인평정법(Factor Rating Method)이 사용될 수 있다. 먼저 아이디어를 선정할 때 고려해야 할 요인과 요인의 가중치를 부여한 <표 3-1>과 같은 요인평정표를 만든다.

다음으로 각 요인에 대해 등급을 매기고 이 값에 가중치를 곱하여 해당 요인의 점수를 계산한 다음, 각 항목의 값을 합산하여 해당 아이디어의 총점수를 산정한다. 총점수가 특정 점수 이상일 경우 신제품 개발 아이디어로 선정할 수 있다. <표 3-1>에서 아이디어 A의 총점수는 다음과 같다.

$$4 \times 15 + 5 \times 10 + 3 \times 20 + 3 \times 10 + 4 \times 10 + 2 \times 15 + 4 \times 20 = 350$$

3. 예비설계

아이디어 선정이 제품의 기본 틀을 정하는 과정이라면, 예비설계는 이를 구체화하는 단계이다. 크기, 형태, 색상, 성능 등 제품의 윤곽을 설계하며, 이 단계에서는 원가, 품질, 성능 간의 트레이드오프(Trade-off)를 통해 경쟁력 있는 제조 가능 제품이

〈표 3-1〉 요인평정법에 의한 아이디어 A의 평가

제품특성	아주 나쁘다	나쁘다	보통	좋다	아주 좋다	가중치
가격경쟁력				✔		15%
판매수량					✔	10%
생산적합성			✔			20%
안정성			✔			10%
경쟁적우위				✔		10%
환경영향		✔				15%
사업전략과의 일치성				✔		20%
아주나쁘다=1, 보통=3, 아주좋다=5						100%

도출된다.

4. 시제품 제작

예비설계를 바탕으로 시제품을 제작(Prototyping)한다. 상상 속의 아이디어를 실물로 확인하는 과정인데, 시제품을 직접 보고 만지고 사용해 보면서 미처 예상하지 못했던 문제들을 발견하고 이를 개선하는 데 사용된다.

5. 시험

기술적 성능 및 판매 가능성의 점검이 시험단계의 목적이다. 시험 과정을 엄격하게 반복 수행할수록 제품의 완성도는 향상되나, 이에 비례하여 개발에 투입되는 시간 및 비용 역시 증가하게 된다. 시험의 결과는 최종 설계에 반영된다.

6. 최종제품설계

시험 결과를 반영한 설계도와 시방서가 작성된다. 또한 공정 설계가 병행하여 이루어진다. 신제품의 생산 가능성을 확실히 알 수 있도록 신제품 생산에 요구되는 공정기술, 품질관리 데이터, 제품성능의 시험절차 등이 세부적으로 문서화된다.

순차적 공학

순차적 공학(Sequential Engineering)은 제품 개발 단계를 선형적(Linear)으로 수행하는 접근법이다. 이와 같은 방식은 설계 초기 단계에서 발생한 오류가 후속 단계에서 발견되면 전체 설계를 재작업해야 하는 구조적 한계를 갖는다. 예를 들어 마케팅 부서가 파악한 고객 요구가 설계 부서에 제대로 전달되지 않거나, 설계 부서가 생산 현장을 충분히 이해하지 못한 채 설계를 진행함으로써 제품 개발의 효율성이 떨어진다. 순차적 공학에서 이러한 문제가 발생하는 이유는 각 부서가 분리되어 운영되면서 부서 간 의사소통의 부족과 협업의 결여에 있다.

수많은 제품 개발 아이디어가 지금까지 살펴본 일련의 단계를 거쳐 결국 시장에 도입되는 것은 극소수에 불과하다. 이처럼 위험이 큰 제품 개발을 보다 효과적으로 추진하기 위해서는 다음 사항들을 고려해야 한다.

- 생산과의 협력

신제품 설계가 성공적인 생산으로 이행되기 위해서는 제품 설계자는 생산기술에 대해 충분히 이해하고 있어야 한다. 이에 따라 IBM은 조기 제조 참여(Early Manufacturing Involvement) 프로그램을 도입하여, 제조 기술자가 제품 개발 프로젝트에 팀원으로 참여함으로써 생산현장 정보를 제품 설계자에게 제공하고 있다.

- 마케팅과의 협력

제품 개발자는 마케팅을 통해서 외부고객과 밀접한 관계를 유지해야 한다. 예로 크라이슬러는 설계 기술자와 마케팅 담당자와의 협력을 통해 선택사양을 대폭 축소하였으나 고객에게는 더 다양한 선택지가 있는 것처럼 보이는 제품라인을 개발하여 고객 만족도를 높였다. 이처럼 마케팅이 파악한 고객 요구가 설계자에게 올바르게 전달되어 제품 설계에 반영되어야 한다. 최근에는 고객을 직접 제품 개발 과정에 참여시켜 고객 요구를 사전에 반영하고 있다.

- 공급자와의 협력

제품 개발자는 자사뿐 아니라 공급자의 생산 현장도 이해하고 있어야 한다. 또한 제품 개발 과정에 공급자를 조기 개입시킴으로써 공급자의 제품 기능을 개선하는 데 필요한 좋은 제안을 유도할 수 있다. 따라서 공급자와 구매자의 제품 개발자가 협업으로 설계 프로젝트를 수행하는 것이 바람직하다. 나아가 구매자는 핵심 성과 기준(Critical Performance Criteria)만 명시하고 상세한 시방은 공급자가 마련하기도 한다. 이를 실행하기 위해서는 공급자와의 장기적 파트너십의 구축이 요구된다.

전통적인 순차적 설계 과정의 문제점을 개선하기 위해서는 다음의 동시 공학의 도입이 필수적이다.

동시 공학

동시 공학(Concurrent Engineering: CE)은 기업의 각 분야에서 모인 전문가로 구성된 다기능 팀(Multi-functional Team)이 제품의 디자인 및 개발을 담당하는 것을 말한다. 동시 공학은 직렬 방식의 순차적 공학을 병렬 방식으로 바꾸어 놓는다. 즉 동시 공학은 제품 아이디어 개발 단계부터 생산 단계까지를 동시에 고려하여 병행함으로써 제품의 개발과 생산이 통합적으로 이루어지는 방식이다.

[그림 3-4]는 순차적 공학과 동시 공학의 구조적 차이를 보여준다. 순차적 공학에서는 제품 기획, 제품 설계, 시제품 제작 및 검증, 생산의 단계가 순차적이고 독립적으로 진행되므로 각 단계는 이전 단계가 완전히 완료된 후 시작할 수 있다. 이 방식은 제품 기획 단계에서 실제 생산 가능성이나 판매 가능성 등을 고려하지 않고 아이디어 차원의 성능이나 디자인 등 일부 요소만 고려하기 때문에, 이후 설계나 생산 단계에서 문제가 발견되면 다시 시작하는 비효율이 초래된다.

반면 동시 공학은 제품 기획 단계부터 관련 모든 기능 부서, 예컨대 마케팅, 설계, 생산, 고객, 공급자 등이 공동 참여하여 병렬적으로 동시에 작업함으로써 각 기능 부문이 고려해야 할 요소들을 조기에 동시에 반영한다. 따라서 개발 과정에서 발생 가능한 문제를 사전에 식별하고 사전에 조율할 수 있어 불필요한 설계 반복의

그림 3-4 동시 공학과 순차적 공학의 차이

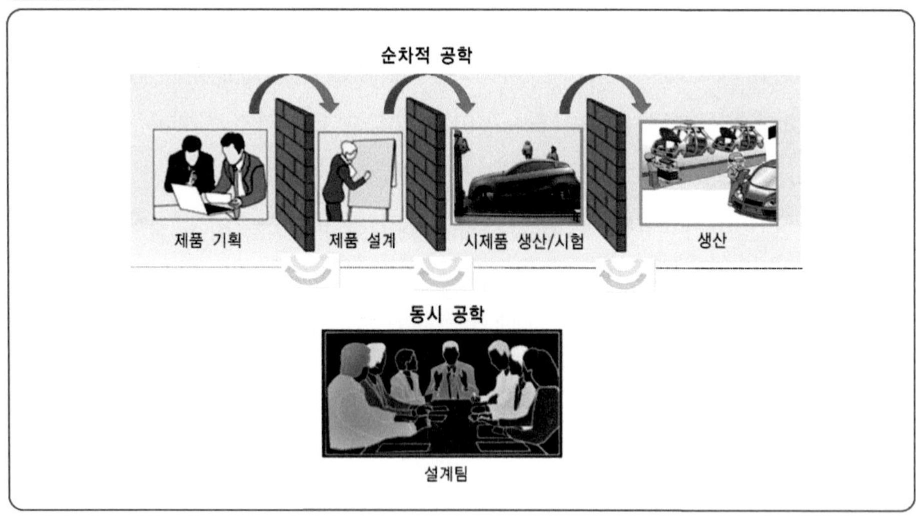

필요성을 감소시켜 전체 제품 개발 과정이 더 유기적으로 연결된다.

치열해지는 글로벌 경쟁환경에서 생산 가능한 제품설계, 품질을 위한 제품설계, 환경친화적 제품설계 등에 관심을 갖게 되었고 동시에 시간이라는 변수의 중요성이 부각됨에 따라 제품 개발 시 동시 공학의 필요성이 더 증가하게 되었다. 이러한 동시 공학의 도입은 다음과 같은 이점을 제공한다.

- 제품 개발 기간의 단축

제품 개발 과정들이 동시에 진행됨으로써 개발시간이 단축되어 시장에 신제품의 신속한 도입이 가능해진다.

- 문제의 조기 발견 및 해결

제품 개발 초기 단계에서부터 내부 및 외부 고객의 요구를 충실히 반영하므로 신제품이 생산되기 전에 문제를 발견하여 해결할 수 있게 해준다.

- 지식의 공유와 융합

다양한 분야의 전문가들이 참여하기 때문에 지식의 공유와 융합을 통한 창의적인 아이디어 창출을 가능하게 해준다.

대량생산의 원칙

포드시스템

물자 부족과 전반적인 경제적 빈곤이 지속되던 20세기 초에 자동차는 수작업으로 제작되는 고가의 소비재로, 일반 대중이 쉽게 접근할 수 없는 상류층의 전유물로 여겨졌다. 그럼에도 자동차는 산업화와 근대화의 상징으로 간주되었으며, 이에 따라 대중의 소유에 대한 욕망은 오히려 점차 고조되었다.

이러한 시대적 배경에서 등장한 것이 바로 포드시스템(Ford System)이다. 이는 동일한 제품을 대량생산함으로써 저렴하고 균일한 품질의 자동차를 신속하게 공급하고자 한 헨리 포드(Henry Ford)의 경영철학에 기반한 생산방식이었다. 그 성과는 실증적으로 입증되었다. [그림 3-5]에서 보듯 포드사의 대표 모델인 T형 자동차(Model T)는 출시 이후 5년 만에 가격이 950달러에서 450달러로 약 53% 하락하였으며, 같은 기간 노동자의 일일 임금은 2.34달러에서 5달러로 두 배 이상 증가하였다. 이러한 성과를 달성할 수 있었던 포드시스템의 핵심 수단은 이동식 조립법(Conveyor Belt)과 3S라는 대량생산의 원칙(단순화, 표준화, 전문화)으로 요약된다.

포드는 원가절감을 달성하기 위해 제품의 단순화, 부품의 표준화(호환성), 기계공구의 전문화를 토대로 컨베이어 벨트를 구축하여 대량 생산방식을 도입하였다. 작업순서에 따라 작업자를 일렬로 배열하고 작업 대상물을 컨베이어 벨트를 이용하여 운반함으로써 작업자의 이동시간을 줄여 작업 능률 향상을 도모하였다. 그러나 작업자를 기계에 예속시켜 인간을 생산시스템의 한 부분으로 전락시켰다는 비난의 소리도 있었다.

하지만 포드의 생산 개념은 소비자의 욕구가 비슷하고 단순한 경우에는 성공할 수 있지만 소비자의 욕구가 다양해질수록 실패할 가능성이 높아짐을 보여준다. 즉

그림 3-5 포드시스템의 초기 성과

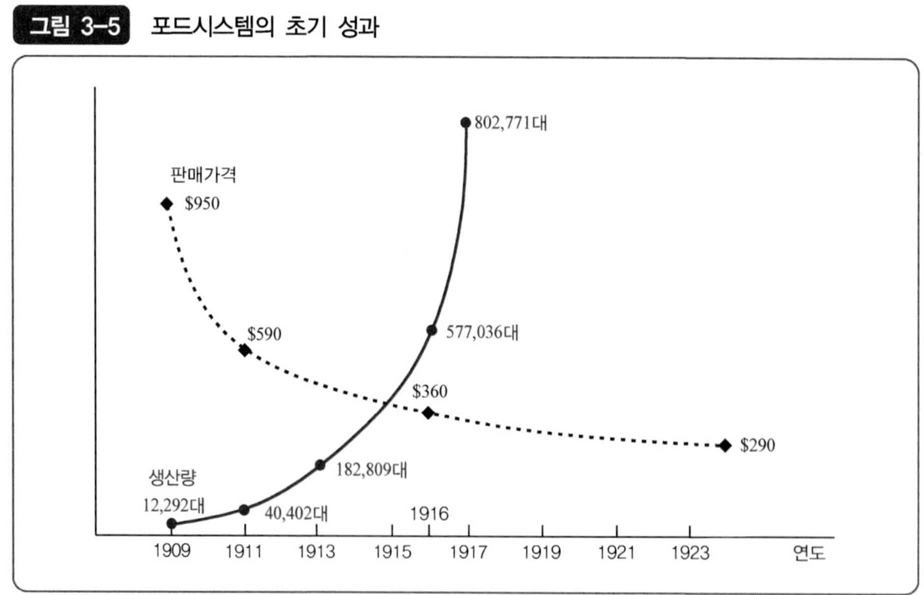

포드는 획일화된 제품만을 제공함으로써 고객의 다양한 수요를 반영하지 못하였다. 이러한 문제는 결국 포드 시스템의 해체와 새로운 생산 패러다임의 필요성을 야기하는 계기가 되었다.

대량생산의 규범

대량생산의 원칙을 의미하는 [그림 3-6]의 3S는 생산운영관리의 합리화 원칙이라고도 한다. 단순화는 제품라인을 축소하거나 불필요한 요소를 제거하여 생산을 합리화하는 것이고, 표준화는 선택된 제품의 품질, 기능, 작업방법 등에 대해 기준을 설정하는 것을 의미한다. 단순화와 표준화를 통해 전문화가 가능해지며, 전문화는 기계나 작업자가 분업된 특정 작업에만 집중하는 것을 뜻한다. 이 같은 3S가 생산관리에 적용되면 대량생산체제가 구축된다.

- 단순화(Simplification)

단순화는 제품라인을 축소하거나 불필요한 절차, 부품, 작업요소를 제거하여 생산과정을 간소화하여 효율을 높임으로써 생산, 설계, 작업을 더 간단하고 직관적으로 만들기 위한 활동이다. 즉 단순화는 생산하는 데 필요한 절차, 부품, 혹은 제품의

그림 3-6 3S

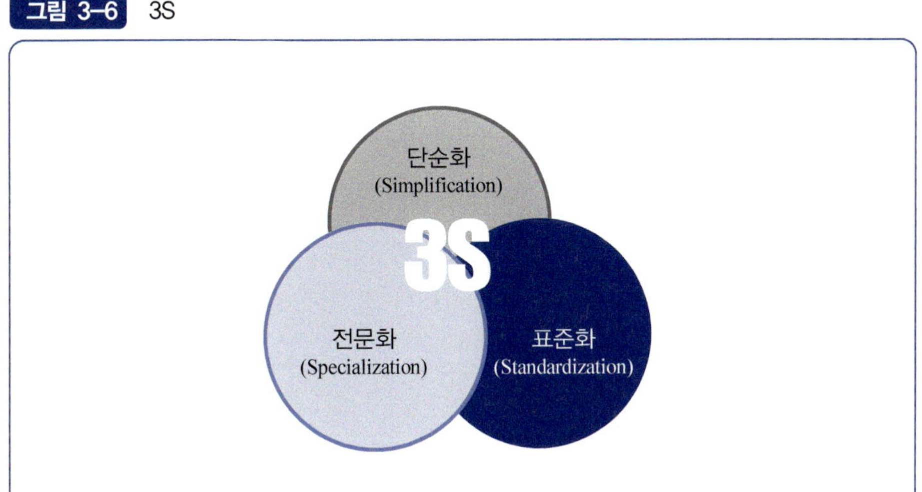

수를 줄이는 것이다. 이러한 단순화는 불필요한 복잡성의 예방을 주요 목표로 한다. 예를 들어 고객 욕구는 매우 다양하므로 이를 모두 충족시키려면 자원의 낭비와 운영상의 혼란을 초래할 수 있다. 따라서 다양성과 복잡성을 조절하기 위한 단순화 작업이 필수적이다. 하지만 단순화는 복잡성을 줄여 대량생산과 원가절감에는 유리하지만 고객의 다양한 요구를 세밀하게 반영하는 데에는 일정한 한계가 있다.

- 표준화(Standardization)

포드시스템은 제품 및 부품의 표준화를 통해 상호 호환성을 확보함으로써 검은색 T형 자동차를 대량으로 생산할 수 있었다. 이처럼 제품, 부품, 작업의 표준화는 T형 자동차에 국한된 부품의 집중생산을 가능하게 하여 원가절감에 성공하여 결과적으로 현저한 매출성장률을 달성하였다. 한편 맥도날드는 표준화를 통해 전 세계 어디에서나 동일한 고객 경험을 제공하는 브랜드 가치를 창출하였다. 오늘날 슈퍼마켓이나 레스토랑과 같은 프랜차이즈 산업에서도 상품, 점포, 판매방식, 경영방침 등 경영 전반에 걸친 표준화가 이루어지고 있다.

이처럼 표준화는 대량생산, 대량구매, 운영의 일관성, 과학적 관리, 품질보증 등을 가능하게 하는 기준을 정립하고 실행하는 활동을 의미한다. 이러한 표준화의 효과를 생산자와 소비자 측면에서 정리한 내용은 <표 3-2>에 제시되어 있다.

- 전문화(Specialization)

전문화는 분업을 통하여 작업자나 기계가 특정한 전문적 기능만을 수행하도록 하는 원리를 말한다. 이러한 전문화는 단순화와 표준화를 기반으로 한다. 왜냐하면 부품의 호환성(규격화)을 확보하기 위해서는 부품의 정밀도를 높여야 하므로 이에 따라 모든 작업을 단순 작업으로 분해하여 기계나 작업자가 그 특정 작업에만 집중하도록 해야 하기 때문이다. 이를 통해 기계나 작업자는 한 가지 단순 작업에 전용하게 되어 작업의 효율성이 향상될 수 있다. 그러나 특정 작업의 단순 반복은 기계나 작업자가 다른 작업을 수행할 수 없게 만들어 변화에 대한 유연성을 저하시킨다. 또한 작업자에게 권태감을 유발하여 장기적으로는 생산성 저하와 함께 직무 만족도 하락으로 이어질 수 있다.

〈표 3-2〉 표준화의 효과

생산자 측면	소비자 측면
• 작업자 교육 및 훈련 비용 절감 • 단순 반복 작업으로 숙련도가 향상 • 대량생산으로 원가절감 • 품질의 균일성이 향상 • 부품 간 호환성 및 교체 용이 • 공정 자동화 및 디지털화 용이	• 저렴한 비용, 신속한 생산, 균일한 품질의 제품 확보 • 부품 및 제품 호환성으로 경제성과 안전성 확보 • 언제 어디서나 똑같은 경험 확보 • 안전기준 충족으로 제품 사용의 안정성 확보 • 공정한 경쟁을 촉진하므로 가격 인하 유도 • 표준화로 소비자 선택권 확대

모듈화 설계

제품과 부품의 표준화는 반복성(Repeatability)과 호환성(Interchangeability)의 수준을 결정짓는다. 반복성이 높을수록 단위당 원가는 낮아지고 생산 속도는 빨라지며 품질은 균일해진다. 따라서 표준화는 원가절감, 균일품질, 납기단축 등 효율성 측면의 경쟁력은 높여주지만, 제품 다양성은 제한될 수 있다. 모듈화(Modularization) 설계는 이러한 효율성과 제품 다양성을 동시에 확보할 수 있는 대안이 된다.

모듈화 설계란 저렴하면서 다양한 제품을 원하는 고객의 요구를 충족시키기 위해 완제품의 최종 조립에 사용되는 중간 조립품(Subassembly)을 모듈 단위로 설계하는 방식이다. 이 설계의 기본 개념은 다양한 제품으로 조립될 수 있도록 중간 조립품, 즉 모듈을 체계적으로 개발하는 것이다.

일반적인 생산방식은 [그림 3-7]의 왼쪽과 같이 중간 조립품들을 완성품 업체에서 구매하여 가공하고 조립하여 완제품을 만드는 방식이지만, 모듈화 생산방식은 [그림 3-7]의 오른쪽과 같이 모듈 공급회사는 중간 조립품들을 가공하고 조립하여 좀 더 큰 단위의 중간 조립품을 만들고 완성품 업체는 이 큰 단위의 중간 조립품들을 조립하여 완성품을 만드는 방식이다.

그림 3-7 일반 생산방식과 모듈 생산방식

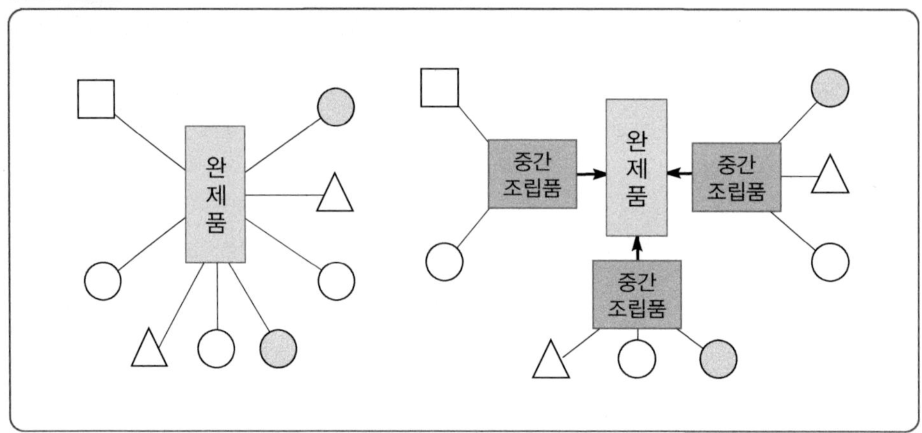

자동차에 사용되는 2만여 개의 작은 부품을 대형 모듈 공급회사가 몇 개의 덩어리로 묶어 중간 조립품 즉 모듈 형태로 공급하면, 자동차 완성업체는 이를 조립하여 최종제품을 완성한다. 따라서 자동차는 약 2만 개의 부품이 모듈화되어 있어 최종 조립시간이 몇 분에 불과하다.

자동차산업에서 대표적 모듈에는 엔진과 변속기 등이 포함된다. 모듈화 설계 방식의 예를 들어 설명하면 [그림 3-8]과 같이 엔진 3종류, 변속기 2종류, 외부색상 5종류일 경우, 모듈 수는 3+2+5=10가지에 불과하지만 이를 조합하여 생산 가능한 제품의 수, 즉 고객이 선택 가능한 제품의 수는 3×2×5=30가지가 된다.

이는 모듈화 설계를 적용하면 제조업체가 생산해야 하는 구성품의 수는 제한되지만, 고객에게 제공할 수 있는 제품의 수는 다양해진다는 의미이다. 따라서 모듈화 설계는 제품 다양성과 효율성(예: 낮은 원가, 균일 품질, 빠른 납기)을 동시에 만족시키는 경쟁 전략으로 해석할 수 있다.

이처럼 모듈화 설계의 가장 중요한 속성 중 하나는 다른 모듈과의 결합이나 분리가 가능하다는 점이다. 모듈은 독립적으로 기능하지만 함께 결합하여 기능을 확장할 수도 있고 부분 교체로 새로운 기능을 가질 수도 있다. 모듈화 설계의 주요 장점은 다음과 같다.

그림 3-8 모듈의 수와 조합 가능한 제품 수

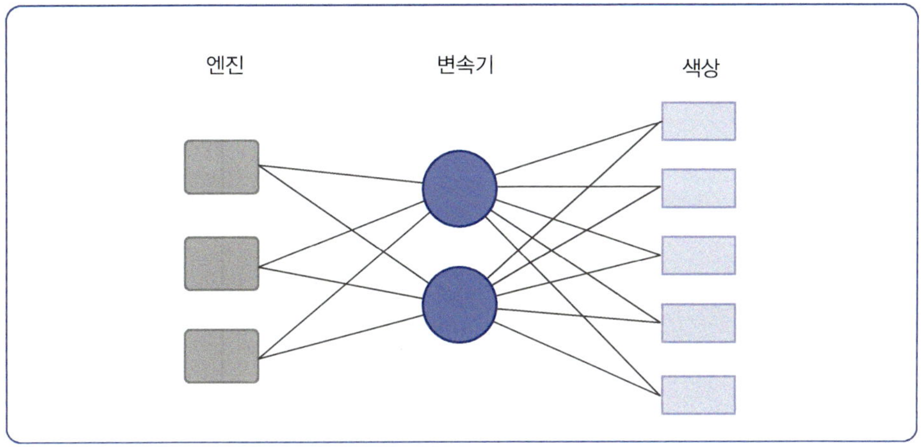

① 제품 다양성과 효율성(낮은 부품 다양성)을 동시에 실현할 수 있다.
② 고장이 발생하면 해당 모듈만을 교체함으로써 수리가 용이하다.
③ 종업원에 대한 교육 및 훈련이 간편해진다.
④ 완성품 제조업체의 조립시간과 설비 투자비용이 절감된다.

모듈화 설계의 주요 단점은 다음과 같다.

① 모듈의 표준화로 인해 각 제품의 고유한 특성을 반영하기 힘들어 모든 제품이 유사하게 느껴질 수 있으므로 진정한 의미의 제품 다양화는 어려워진다.
② 자동차 조립 시 개별 부품을 직접 장착하지 않고 관련 부품을 하나로 묶은 모듈 단위를 조립해 생산하므로 기업의 입장에서는 부품 수와 조립공정을 크게 줄여 원가를 절감할 수 있다. 하지만 문제는 고장 날 경우 개별 부품이 아닌 모듈화로 생산된 전체 부품을 교체해야 하므로 고객의 입장에서는 개별 부품만을 교체할 경우보다 수리비용이 더 클 수 있다.

일반적인 부품 호환성이 동일한 부품 간의 교체 가능성을 의미한다면, 모듈화는 서로 다른 제품 간에도 모듈 단위로 호환이 가능하도록 설계된다는 점에서 차별화된다. 오늘날 모듈화 설계는 자동차산업뿐 아니라 다양한 산업 분야로 확장되고 있다.

건축산업의 모듈형 주택, 가구산업의 모듈형 가구, 냉장고, 세탁기, 컴퓨터 등의 모듈형 가전제품 등이 그 예이다. 이러한 모듈화 개념은 서비스산업 전반에도 적용되고 있다. 고객의 선택에 따라 구성되는 맞춤형 여행상품, 맞춤형 건강검진 서비스 등이 그 예이다.

이처럼 기업이 일방적으로 정한 서비스를 제공하는 것이 아니라, 고객이 선택할 수 있도록 상품 구성을 모듈화한 것이다. 고객은 자신의 소비 스타일에 따라 자신만의 서비스를 선택하여 사용하고 또한 선택한 서비스는 언제든지 변경할 수 있다. 서비스에 모듈화 설계를 적용함으로써 기업은 변화하는 고객 요구에 유연하게 대응하여 고객과의 장기적 관계를 지속적으로 유지할 수 있다.

가치분석/가치공학

가치분석(Value Analysis: VA) 및 가치공학(Value Engineering: VE)은 제품이나 서비스의 기능을 체계적으로 분석하여 불필요한 기능을 제거하거나, 기능을 보다 경제적인 방식으로 개선하거나, 생산과 조립 과정을 단순화함으로써 가치를 극대화하려는 기법이다. 즉 동일한 기능을 더 낮은 비용으로 실현하거나, 동일한 비용으로 더 우수한 기능을 제공하는 것을 목표로 하고 있다.

예를 들어 자동차 회사가 손잡이의 재질을 금속에서 내구성 있는 플라스틱으로 변경함으로써 기능을 유지하면서 생산비용을 절감할 수 있다. 즉 비용을 절감하면서도 동일한 기능을 유지함으로써 가치 향상을 달성하게 된다. 가치 분석/공학에서 제품 또는 서비스의 가치는 다음과 같은 수식으로 정의된다.

$$\text{가치(value)} = \frac{\text{기능(function)}}{\text{비용(cost)}}$$

이 수식에 따르면 기능이 일정할 경우 가치는 비용에 반비례하며, 비용이 일정할 경우 가치는 기능에 비례한다. 따라서 다음의 경우에 가치가 향상된다.

- 기능을 유지하면서 비용을 인하하는 경우
- 비용을 유지하면서 기능을 높이는 경우
- 기능은 향상시키고 비용을 인하하는 경우
- 기능을 크게 향상시키고 비용은 소폭 인상된 경우
- 기능은 소폭 높이고 비용은 크게 인하된 경우

가치분석/가치공학에서 품질개선을 위해 활용되는 대표적인 대조표(Checklist) 항목은 다음과 같다.

- 불필요한 부품이 있는가?
- 동일한 성능을 다른 방식으로 구현할 수 있는가?
- 두 개 이상의 부품을 하나로 통합할 수 있는가?
- 제거 가능한 비표준품이 있는가?
- 현재 부품의 비용은 적절한가?
- 현재 공급자는 최선의 선택인가?
- 과도하게 정교하거나 고급화된 부품은 없는가?

가치 분석/가치공학이 특히 유용하게 적용되는 대상은 다음과 같은 제품 또는 서비스들이다.

- 불량률이 높은 제품 또는 서비스
- 표준절차를 벗어난 제품 또는 서비스
- 유휴시간이 긴 제품 또는 서비스
- 대기시간이 과도한 제품 또는 서비스
- 과도한 비용이 소요되는 제품 또는 서비스
- 고객 불만이 빈번하게 발생하는 제품 또는 서비스

설계와 품질

설계 중요성

우수한 설계는 고객의 요구를 충족시키면서 동시에 최소 비용으로 제품을 생산할 수 있도록 하는 것이다. 연구에 따르면 제품 생산과정에서 발생하는 문제의 약 50%는 설계 단계에서 비롯되며, 30%는 제조 단계, 그리고 나머지 20%는 외주 단계에서 발생하는 것으로 나타났다(그림 3-9의 왼쪽 참조).

또한 설계의 실제 비용(Actual Cost)은 전체 비용의 약 5%에 불과하지만 비용에 미치는 영향력(Cost Influence)은 70%에 달하고, 외주 자재는 실제 비용의 50%를 차지하지만 전체 비용에 대한 영향력은 20%에 불과하며, 노동은 실제 비용이 15%임에도 영향력은 5%에 그친다. 간접비 역시 실제 비용은 30%이나 전체 비용에 미치는 영향력은 5%로 나타난다(그림 3-9 가운데 참조).

그리고 품질개선에 미치는 영향이 설계 단계가 100일 때 공정 단계는 10, 제조 단계는 1 수준에 불과하다(그림 3-9의 오른쪽 참조). 이러한 연구 결과는 품질 문제의 주요 원인이 외주나 제조가 아니라 설계 과정에 있음을 강조한다.

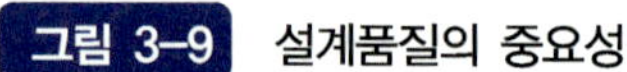
그림 3-9 설계품질의 중요성

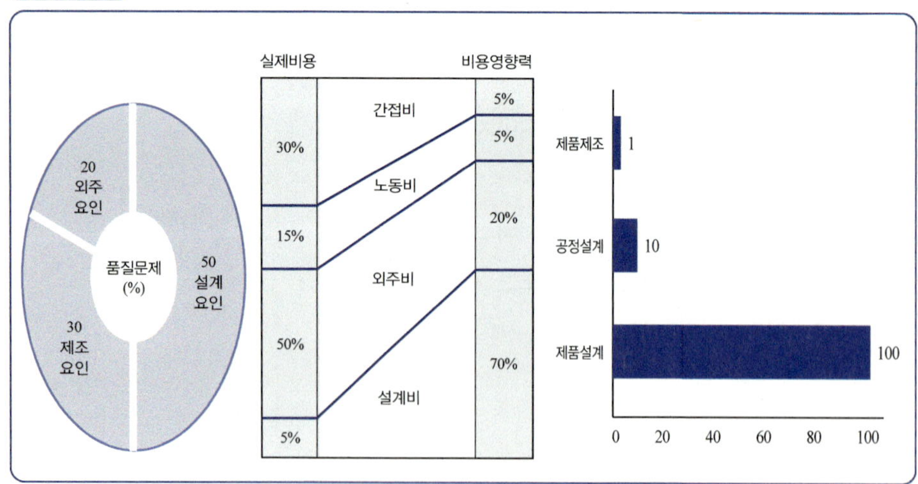

품질 사이클

고객 기대의 이해에서부터 실제 제품 사용에 이르기까지의 경영활동은 일련의 품질 사이클을 형성하며, 이는 [그림 3-10]과 같이 구조화될 수 있다. [그림 3-10]에 따르면 고객 기대를 반영하는 목표품질은 해당 목표를 달성하기 위한 설계품질로 이어지며, 설계품질에서 조달품질, 제조품질, 사용품질로 이어지는 각 단계는 순차적으로 고객의 지각 품질에 영향을 준다.

고객 지각은 사용품질, 제조품질, 조달품질, 설계품질, 목표품질 순으로 영향을 받으므로 고객 지각의 첫 출발점은 목표품질이다. 따라서 고객 지각과 고객 기대의 차이에 의해 결정되는 고객 만족을 위한 품질개선 효과 측면에서 보면 목표품질, 설계품질, 조달품질, 제조품질, 사용품질 순으로 더 바람직한 영향을 미칠 것이다. 이는 품질개선 활동을 위한 가장 효과적인 접근은 설계 이전의 단계, 즉 고객 기대를 정확히 반영하는 목표품질을 설정하는 데 있음을 의미한다.

목표품질(Target Quality)

목표품질이란 고객이 요구하는 기대품질을 의미한다. 이는 시장조사를 통해 파악된 고객 요구를 바탕으로 제품이나 서비스가 갖추어야 할 품질 특성을 설정하는 과정을 말한다. 즉 고객이 원하는 제품이나 서비스의 품질 특성과 그에 해당하는 우선순위 및 만족도를 파악하여 반영함으로써 제품이나 서비스가 갖추어야 할 특성을 구체적으로 정의하는 품질수준을 말한다. 여기서 품질 특성이란 제품이나 서비스의 품질을 보증하기 위해 품질의 양부를 판정하는 데 사용되는 다양한 성질을 의미한다.

그림 3-10 품질 사이클

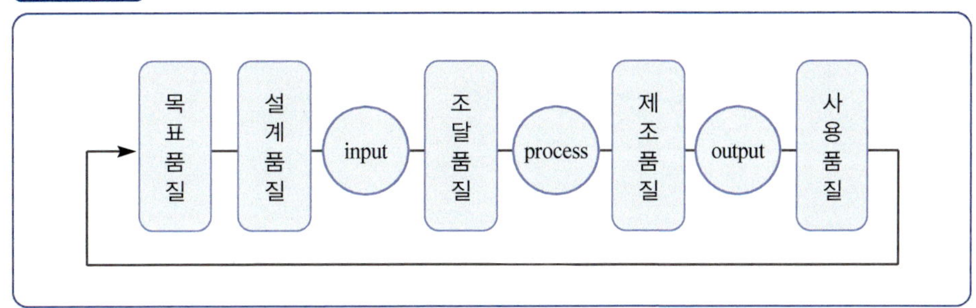

설계품질(Design Quality)

목표품질을 기반으로 제품이나 서비스의 설계가 이루어질 때 요구되는 품질 수준을 설계품질이라 한다. 따라서 설계품질이란 제품 생산 이전에 고객 요구와 제조 능력을 반영하여 설계 부서가 도면이나 명세서로 제품 사양을 구체화하는 것을 의미한다.

[그림 3-11]은 설계품질 수준과 원가 및 가격, 이윤 간의 관계를 도식화한 것이다. 일반적으로 설계품질 수준이 높아질수록 제품 원가는 증가하며, 이와 동시에 시장 가격도 일정 수준까지는 상승시킬 수 있다. 그러나 가격 상승은 원가 증가에 비례하지 않기 때문에 일정 수준 이상부터는 오히려 이윤이 감소할 수 있다. 구체적으로 다음과 같다.

- 설계품질 수준이 a에서 b로 높아지면, 가격 상승 폭이 원가 상승 폭보다 커서 이윤이 증가한다.
- 반면 설계품질 수준이 b를 넘어 c로 높아지면, 원가 증가 폭이 가격 상승 폭보다 커져 이윤이 감소하게 된다.
- 따라서 b는 이윤 극대화를 달성하는 최적 설계품질 수준으로 볼 수 있다.

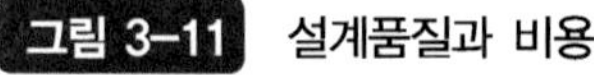
그림 3-11 설계품질과 비용

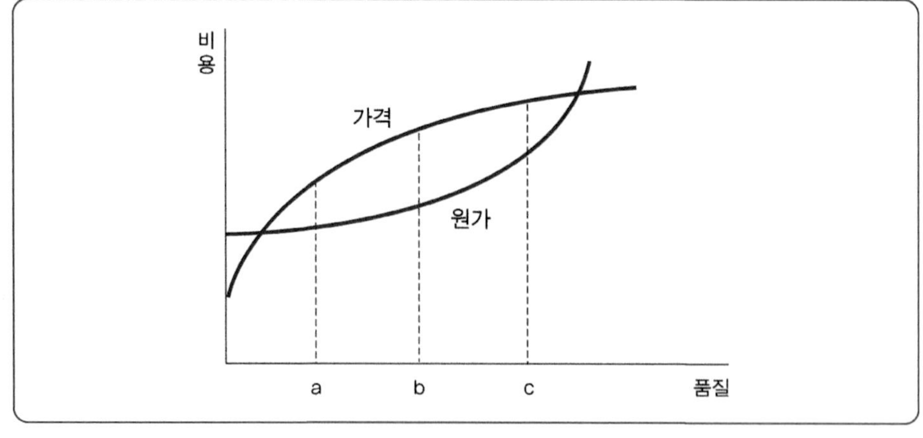

대량생산을 통한 비용 우위 전략을 추구하는 보급형 제품에는 낮은 설계품질 수준 a가, 고급 제품에는 높은 설계품질 수준 c가 적합할 수 있다. 그러나 실제로 최적의 설계품질 수준은 시장수요, 경쟁상황, 생산능력 등 여러 요인을 다각적으로 고려하여 결정되어야 한다.

조달품질(Outsourcing Quality)

제품생산에 필요한 투입물은 자체적으로 생산하거나 외부에서 조달할 수 있다. 조달품질은 공급자가 구매자의 요구사항을 충족시키는 정도를 뜻하고, 조달품질관리란 구매자와 공급자가 협력해서 구매자의 품질 요구를 달성하려는 활동을 의미한다. 공급자의 품질은 구매자의 품질에 지대한 영향을 미치므로 단순히 가격만으로 공급자를 선정하는 방식은 바람직하지 않다. 가격 외에도 품질, 기술력, 유연성, 신뢰 등 다양한 요인을 종합적으로 고려하여 선정한 다음, 공급기업과 장기적인 파트너십을 구축하기 위해 공급기업에 대한 품질 교육, 성과 평가, 품질인증제도, 공급자 개발 등 체계적인 관리 활동이 필요하다.

제조품질(Manufacturing Quality)

제조품질은 생산된 제품이 설계명세서에 명시된 기준을 얼마나 충족하는지를 의미한다. 즉 생산된 제품이 설계규격에 적합하게 제조된 정도를 말하는데, 이를 합치품질 또는 적합품질이라 한다. 한편 제조품질관리는 설계품질과 일치하도록 제조 과정에서 품질을 관리하는 활동을 말한다.

[그림 3-12]는 제조품질 수준과 생산비용 및 실패비용 간의 관계를 설명하고 있다. 여기서 생산비용은 설비 정밀도, 고정밀 공구, 검사 장비, 숙련된 작업자 등의 확보를 위한 비용을 의미하며, 실패비용은 제품 불량으로 인한 재작업, 폐기, 고객 불만 처리 등과 관련된 비용을 말한다.

생산비용을 많이 투입하여 제조품질 수준이 향상될수록 설계품질에 부합하는 제품을 안정적으로 생산할 수 있게 되어 불량률이 감소하므로 이에 따라 실패비용이 줄어드는 효과가 발생한다. 반대로 생산비용을 적게 투입하여 제조품질 수준이 낮아지

그림 3-12 제조품질과 비용

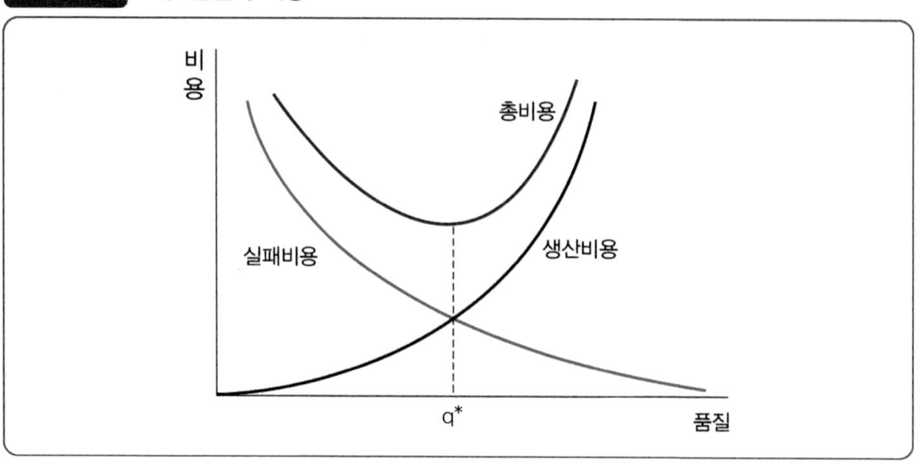

면 불량률이 상승하여 실패비용이 증가하게 된다. 이러한 상호작용을 고려할 때, 최적 제조품질 수준은 생산비용과 실패비용의 총합이 가장 작아지는 지점 q*에서 결정되어야 한다.

사용품질(Usage Quality)

사용품질은 고객의 사용 목적에 대하여 고객에게 어느 정도의 만족을 제공했느냐의 수준으로 결정된다. 따라서 사용품질은 시장에서 고객들에 의하여 결정되는 품질을 말한다. 설계품질과 제조품질의 수준이 높아도 고객의 욕구에 맞지 않는 제품, 즉 사용품질이 낮으면 품질관리의 근본 목적은 이룰 수 없다. 일반적으로 품질보증기간동안 고객의 사용 목적에 관해 규정된 기능을 충분히 발휘하는가에 따라 사용품질의 수준이 결정된다.

[그림 3-13]은 품질에 대한 생산자와 고객의 비용 관계를 나타내 주고 있다. 사용품질을 낮추면 생산자비용은 감소하지만 고객비용이 증가하게 된다. 반대로 사용품질을 높이면 고객의 만족도가 높아져 고객비용은 감소하지만 생산자비용은 증가하게 된다. 따라서 사용품질 수준은 생산자비용과 고객비용의 총합이 가장 작아지는 q* 수준에서 결정되어야 한다. 고객은 사용 중 불만이 컸던 제품에 대해 해당 제품뿐만 아니라 그 제품을 생산한 제조회사의 다른 제품 구매도 꺼리는 경향이

그림 3-13 사용품질과 비용

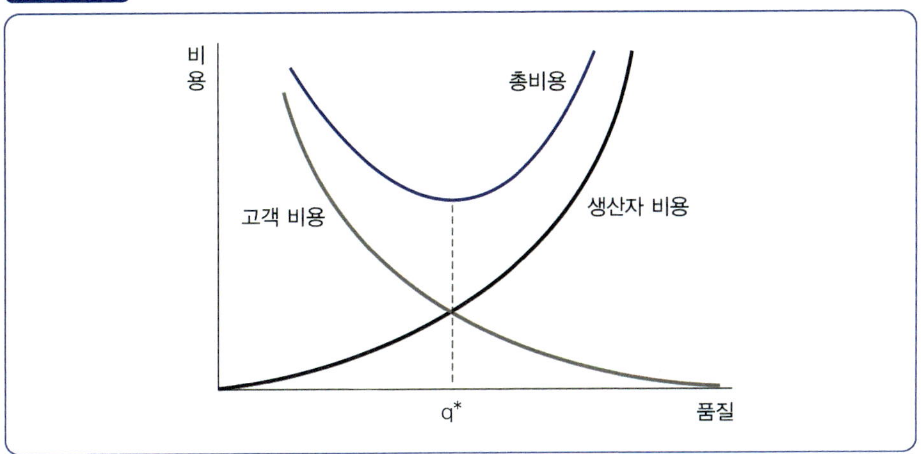

있으므로, 생산자는 더 큰 기회손실을 겪게 된다. 따라서 사용품질 수준은 기업의 장기적인 안목에서 결정되어야 한다.

품질기능전개

품질기능전개(Quality Function Deployment: QFD)는 고객의 요구사항(Voice of the Customer: VOC)을 설계, 제조, 서비스 등의 기술적 요구사항으로 전환하여 제품이나 서비스의 품질을 향상시키는 기법이다. QFD는 제품 개발 기간의 단축, 팀워크의 지향, 고객지향적 사고 향상, 디자인 변경의 최소화 등의 효과가 있다. 이러한 QFD의 구현 절차는 다음과 같은 단계로 구성된다.

1. 고객 요구 파악(What)
   고객이 기대하는 기능이나 특성을 1차 항목으로 도출한 후 이를 다시 2차 항목으로 세분화한다.

2. 기술적 특성 파악(How)

고객 요구를 실현하기 위한 기술적 요소를 도출한 다음 이를 구체적인 하위 특성으로 분해한다.

3. What과 How 간의 관계 강도 표시

각 고객 요구와 기술적 특성 간의 관련성을 다음 기호로 표현한다.
◎: 강한 관계, ○: 중간 관계, △: 약한 관계, 빈칸: 관계 없음

4. 기술적 항목 간의 상호관계 분석

How 항목 간의 관계를 다음 기호로 나타낸다.
◎: 강한 양의 관계, ○: 양의 관계, ×: 음의 관계

5. 경쟁사 제품과의 비교 분석

단계 1과 2에서 파악된 항목별 자사 제품 및 경쟁사 제품의 고객 평가를 기록한다. 고객 요구 항목과 기술 특성 항목 모두에 대해 자사 제품 및 경쟁사 제품의 고객 평가를 수치화하여 비교한다.

6. 우선순위 결정

고객 요구의 우선순위 결정은 항목별로 중요도, 개선 가치, 판매 가능성 등의 점수를 부여하고 이들 세 가지 항목을 곱하여 그 값이 클수록 우선적으로 고려해야 할 항목이다. 기술 특성 항목의 우선순위는 각 항목에 기술적 난이도와 목표치를 부여한 뒤 절대 가중치와 상대 가중치를 계산하여, 두 값이 모두 큰 항목을 우선적으로 고려함으로써 결정된다.

QFD의 주요 효과는 다음과 같다.

- 제품 개발 기간의 단축
- 품질 향상 및 고객 만족도 제고

- 원가절감 및 생산성 향상
- 부서 간 협업 촉진 및 의사소통 개선
- 고객 중심의 제품 · 서비스 설계 실현

특히 QFD는 제품 개발의 초기 단계부터 고객의 목소리를 구조화하여 설계 전반에 반영함으로써 시장 지향적 경쟁력 강화에 기여한다. [그림 3-14]는 QFD의 예를 보여준다.

그림 3-14 QFD의 예

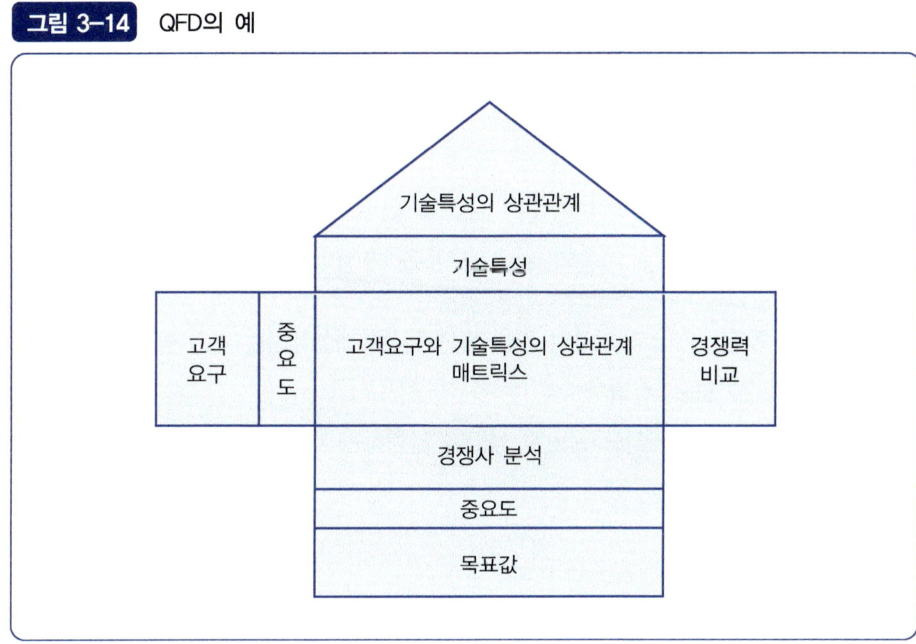

다구치 품질공학

강건 설계

일본의 다구치 겐이치(Genichi Taguchi)에 의해 개발된 강건 설계(Robust Design)는 제품이나 공정이 다양한 노이즈(Noise)에 영향을 받더라도 목표 성능을 일정하게 유지하도록 설계하는 기법이다. 여기서 노이즈란 제품이나 서비스의 생산과정에서 품질 특성의 일관성을 저해하는 변동 요인을 말하는데, 주요 예로는 진동, 소음, 온도, 먼지, 작업자 실수, 공구 마모, 기계 고장 등이 된다.

강건 설계는 노이즈를 제거하는 것이 아니라 노이즈가 존재하더라도 제품이 이에 둔감하게 되도록(Robust) 설계하는 것을 의미한다. 그러므로 노이즈를 제거하지 않고 그 영향력을 최소화하여 제품의 품질을 안정화하는 것이 강건 설계의 핵심 목적이다. 이러한 접근은 다음과 같은 장점을 가진다.

- 노이즈를 차단하거나 제거하기 위해 생산공정을 재설계하는 기존 방법보다 비용은 적게 들고 효과는 더 크다.
- 불안정한 작업환경에서도 일관된 성능을 발휘하는 제품이나 서비스를 지속적으로 생산할 수 있다.

손실함수

양품과 불량품을 판정할 때 발생하는 손실을 [그림 3-15]와 같이 전통적인 손실함수와 다구치 손실함수로 구분하여 나타낼 수 있다. 전통적 기준에서는 제품의 특성치가 규격 상한과 하한 사이에 있으면 모두 합격품으로, 그렇지 않으면 불합격품으로 간주한다. 이를 '골대 방식(Goal Posting)'이라 하며, 규격 범위 내의 제품은 손실이 없는 것으로 간주하는 개념이다.

그러나 특성치가 규격 범위를 조금이라도 벗어나면 모두 불합격품으로 처리되어 재작업, 수리, 폐기, 고객 손실 등과 같은 다양한 손실 비용이 발생한다고 본다.

그림 3-15 전통적 관점과 다구치의 손실함수

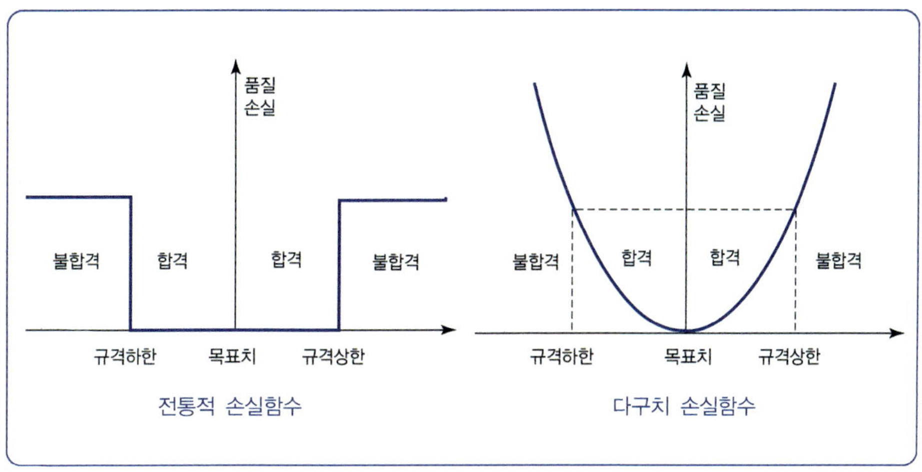

이에 따라 생산자는 규격 범위 내에 품질을 유지하는 것을 주된 품질관리 목표로 삼게 된다.

반면 다구치의 손실함수는 제품의 특성치 즉 측정값이 목표치와 같으면 손실은 0(Zero)이지만, 목표치로부터의 편차가 클수록 낭비, 고객 불만, 환경 오염 등 사회적 손실이 이차 함수적으로 증가함을 나타내는 개념이다. 이는 단순히 규격 범위 내에 있는지를 기준으로 삼는 전통적인 품질관리 방식과 달리, 특성치가 목표치에서 조금만 벗어나도 손실로 간주한다는 점에서 혁신적인 개념이다. [그림 3-15]에서와 같이 실제로 특성치가 목표치와 정확히 일치할 때만 손실이 0(Zero)이 되며, 그로부터 멀수록 손실은 이차 함수적으로 증가한다. 이때 손실은 특성치가 규격 범위 내에 있든 밖에 있든 관계없이 발생하며, 그 크기는 목표치로부터의 거리만큼 증가한다.

따라서 기업의 품질관리 목표는 전통적 관점의 불량률 최소화가 아니라, 품질 특성의 변동으로 인한 사회적 손실의 최소화가 되어야 한다. 결국 품질 향상이란 특성치의 목표치로부터의 편차를 줄이는 것으로, 이는 고객 만족과 사회적 손실을 동시에 고려한 품질 전략이다. 이상을 요약하면 <표 3-3>과 같다.

〈표 3-3〉 손실함수의 비교

구분	전통적 손실함수	다구치 손실함수
기준	규격 범위 만족	목표치와의 편차 최소화
손실 발생	규격 범위 벗어날 때	목표치 벗어날 때
손실 형태	불연속(0 또는 일정 손실)	연속(이차 함수적 증가)
관리 목표	합격품 비율 증가	사회적 손실 최소화
소비자 관점 반영	낮음	높음

제조물 책임법과 리콜제도

제조물 책임법

제조물 책임법(Product Liability: PL)은 결함이 있는 제품으로 인해 소비자가 손해를 입었을 경우, 제조업자나 공급업자가 과실 여부와 상관없이 책임을 지도록 규정한 무과실책임 중심의 제도이다. 이 법은 소비자 보호를 강화하고 기업이 더 안전한 제품을 생산하도록 유도하기 위해 제정되었다.

과거에는 소비자가 제품의 결함을 발견하더라도 기업의 고의나 과실이 입증된 경우에만 손해배상이 가능했다. 그러나 제조물 책임법 시행 이후에는 제품에 결함이 있다는 사실만으로도 제조업자가 배상책임을 진다. 즉 제품 결함으로 발생한 물적, 인적, 정신적 피해에 대해 제조업체가 부담해야 하며, 이는 기업이 결함 있는 제품을 시장에 출시하지 않도록 엄중한 책임을 부과하는 제도이다. 여기서 말하는 제조물 결함이란 일반적으로 기대되는 통상의 안전성을 갖추지 못한 경우로, 이는 [그림 3-16]과 같이 설계, 제조, 표시상의 결함으로 구분된다.

그림 3-16 제조물 결함

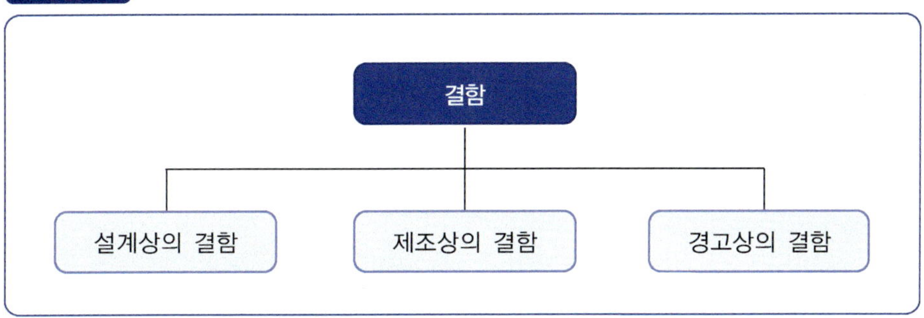

• 설계상의 결함(Design Defects)

제품의 설계 단계에서 구조나 성능상 안전하지 않은 요소가 존재하여 사용 중 소비자에게 피해를 초래할 수 있는 경우를 말한다. 이는 제조업자가 더 안전하고 위험이 적은 합리적인 대체 설계를 할 수 있었음에도 하지 않아 위험이나 피해가 발생한 경우에 해당한다.

• 제조상의 결함(Manufacturing Defects)

제조업자의 주의 의무 이행 여부와 관계없이 해당 제품이 설계 의도와 다르게 제조되어 문제를 일으킨 경우를 말한다. 즉 설계는 적절했으나 제조 과정에서 발생한 오류로 인해 제품이 안전성을 잃게 되는 경우이다.

• 표시상의 결함(Warning Defects)

제품의 사용 방법, 주의 사항, 위험 요소 등에 대해 충분한 경고나 설명을 제공하지 않아 발생한 피해를 의미한다. 즉 사용자가 올바르게 이해하고 사용할 수 있도록 충분한 정보를 제공하지 않아 발생한 결함이다.

이러한 제조물책임법은 1960년대 미국에서 적용되기 시작한 이후 전 세계적으로 확산되었으며, 우리나라는 OECD 국가 중 가장 늦은 2002년 7월 1일부터 이 법이 시행되었다. 제조물책임법의 제정 목적은 소비자 보호에 있으나 실제 적용 과정에서는 여러 가지 문제점이 드러나고 있다. 가장 큰 문제점은 소비자 입증 부담이다. 손해배상을 청구하려면 결함의 존재, 손해의 발생, 그리고 이 둘 사이의 인과관계를 소비자가 반드시 입증해야 한다는 문제가 있다. 특히 복잡한 제품 또는 결함 원인이 제품의 내부 설계 자료와 같이 고객이 접근하기 어려운 정보일 경우에는 고객의 결함 입증이 더욱 어려워 피해 구제가 쉽지 않다. 따라서 제조물 결함으로 인한 사고 발생 시 제조업자가 입증책임을 부담할 필요성이 대두된다.

리콜제도

리콜제도는 사업자의 스스로 실시하는 자발적인 리콜(Voluntary Recall)과 정부나 규제기관에 의해 이루어지는 강제적인 리콜(Mandatory Recall)로 구분된다. 자발적인 리콜제도는 사업자가 공급한 상품 또는 용역이 소비자보호법의 안전기준을 위반하였거나 소비자의 신체 및 재산에 위해를 초래하거나 초래할 우려가 있을 때 사업자 스스로 결함을 시정하는 제도를 말한다. 미국의 경우 거의 대부분의 리콜이 자발적으로 이루어질 정도로 자발적인 리콜제도가 잘 정착되어 있다.

반면 강제적 리콜제도는 위험 상품에 대한 자발적인 리콜이 실행되지 않거나 부족한 경우 또는 중앙행정기관의 장이 필요하다고 판단할 때 소비자보호법에 따라 사업자에게 필요한 조치를 명하는 강제적인 결함 시정 제도이다. 리콜은 신문이나 방송 등 공개적인 매체를 통해 반드시 공표하고, 소비자에게 안내문을 발송하여 특별점검을 받도록 통지해야 한다. <표 3-4>는 제조물 책임법과 리콜제도의 주요 차이점을 비교한 것이다.

〈표 3-4〉 제조물 책임법과 리콜제도의 비교

구분	제조물 책임법	리콜제도
법적 성격	사후적 책임 법제	사전적 예방 제도
적용 조건	제품에 결함이 존재하고 이로 인해 손해 발생 시 인과관계 입증 필요	결함 제품이 위해를 초래했거나 초래할 우려가 있는 경우 적용됨
주체	소비자가 피해 입증 시 제조업자·판매자가 무과실책임을 짐	제조업자, 유통업자 등이 자발적 또는 정부 명령으로 시행
조치 내용	손해배상	제품 수거, 수리, 교환, 환불 등의 실질적 시정조치
적용 시점	피해가 발생한 후	피해가 발생하기 전 또는 위험이 인지된 시점
강제성 여부	법률에 의한 책임, 소송을 통해 강제 가능	자발적 리콜은 임의, 강제 리콜은 법령에 따라 명령 가능
주요 법률	제조물 책임법	소비자기본법, 전기용품 및 생활용품 안전관리법 등

요약

- 생산 관련 의사결정은 제품 및 서비스와의 일관성을 유지해야 하므로 제품 및 서비스의 개발은 생산운영관리의 출발점이 된다.
- 기업은 신제품 개발에 집중할지 기존제품의 개량에 집중할지를 결정해야 한다. 패션제품처럼 수명주기가 짧은 경우에는 신제품 개발이 바람직하며, 가전제품과 같이 수명주기가 긴 제품은 기존제품의 지속적인 개량이 효과적이다.
- 제품 개발에는 시장지향 접근법, 기술지향 접근법, 통합 접근법의 세 가지 주요 방식이 있다. 마케팅, R&D, 생산 기능이 유기적으로 협력하는 통합 접근법이 가장 효과적인 방법으로 간주된다.
- 신제품 개발 과정은 아이디어 창출, 아이디어 선정, 예비설계, 시제품 제작, 시험, 최종 제품 설계의 단계로 구성된다.
- 동시 공학은 제품 개발 과정에서 설계, 제조, 마케팅, 공급자, 고객 등 여러 이해관계자가 초기에 협력하여 제품을 신속히 시장에 출시함으로써 경쟁우위를 확보하는 방식이다.
- 모듈화 설계는 제품을 기능별로 분리 가능한 모듈 단위로 설계하여 다른 모듈과 결합함으로써 다양한 제품 구성을 가능하게 하여 제품 다양성과 효율성을 동시에 추구하는 설계 방식이다.
- 가치분석 또는 가치공학은 제품이나 서비스의 불필요한 기능을 제거하거나 필요한 기능을 더 경제적으로 실현하여 제품의 가치를 높이는 방법이다.
- 품질기능전개는 고객의 요구사항을 기술 특성으로 변환하여 고객 만족을 실현하려는 방법론이다.
- 강건 설계는 노이즈가 있어도 안정적으로 목표 성능을 발휘할 수 있도록 설계하는 방법론이다.

- 다구치의 손실함수는 제품이 목표치에서 벗어날수록 손실이 커진다는 점을 강조하면서 정확히 품질 목표치에 부합하는 제품을 생산하는 것을 지향한다.
- 제조물책임법은 제품 결함으로 발생하는 손해에 대해 제조업자나 공급업자가 과실 유무와 상관없이 책임을 지도록 한 무과실책임 제도이다.
- 리콜제도는 제품에 결함이나 안전 문제가 발견되었을 때 자발적 또는 강제적 리콜에 따라 제조업자가 수리, 교환, 환불 등의 조치를 하는 제도이다.

학습문제

01. 제품 및 서비스의 개발이 생산운영관리의 출발점이 되는 이유를 설명하라.
02. 신제품 개발과 기존제품 개량에 각각 적합한 환경은 무엇인가?
03. 신제품 개발의 적절한 시기를 제품수명주기와 연관지어 설명하라.
04. 신제품 개발의 과정에 대하여 설명하라.
05. 시장지향 접근법, 기술지향 접근법, 통합 접근법의 차이점은 무엇인가?
06. 통합 접근법이 제품 개발에서 효과적인 이유를 설명하라.
07. 신제품 개발 과정의 주요 단계를 순서대로 나열하라.
08. 순차적 공학과 동시 공학의 차이점을 설명하라.
09. 동시 공학의 개념을 설명하고, 이 방식이 제품 개발에 주는 주요 이점을 서술하라.
10. 모듈화 설계의 개념을 설명하고, 이 설계 방식이 갖는 주요 장단점을 설명하라.
11. 가치공학의 목적과 핵심 원리를 설명하라.
12. 가치공학을 적용한 제품 설계는 어떻게 이루어지는가?
13. 강건 설계가 제품 품질과 신뢰성 확보에 기여하는 방식에 대해 설명하라.
14. 다구치 손실함수가 기존 품질관리 개념과 다른 점은 무엇인가?
15. 다구치 손실함수에 따르면 제품 특성치가 목표치에서 약간만 벗어나도 손실이 발생하는 이유를 설명하라.
16. 품질기능전개가 고객 요구를 제품 설계와 생산에 반영하는 방식에 대해 서술하라.
17. 제조물 책임법의 주요 내용과 책임 대상이 되는 결함의 세 가지 유형을 설명하라.
18. 리콜제도의 두 가지 유형을 비교하라.
19. 제조물 책임법에 따라 기업이 과실이 없더라도 배상책임을 지는 이유를 설명하라.

Chapter 04

공정설계 및 설비배치

학습목표

제품 또는 서비스의 생산 목표가 효과적으로 달성되도록 하기 위해서는 공정흐름과의 적합성을 확보하는 물리적 시설 배치가 요구된다. 이와 관련하여 공정설계는 제품이나 서비스를 어떤 방식으로 생산할지를 결정하는 활동으로 무엇을, 어떻게, 어떤 순서로 만들지를 계획하는 과정이다. 한편, 설비배치는 생산공정에 필요한 기계, 작업장, 인력, 자재 등의 요소를 효율적으로 배치하여 작업의 흐름과 생산성을 최적화하는 활동이다. 본 장에서는 공정설계의 전반적인 개요, 공정의 유형, 생산 흐름에 따른 공정 결정 방법, 공정 유형에 맞는 물리적 설비배치 방법에 대해 살펴본다.

공정설계

공정설계의 개념

공정(Process)이란 [그림 4-1]에서 볼 수 있듯이 투입물을 원하는 산출물로 바꾸는 데 필요한 변환 과정을 의미하며, 이 변환 과정의 기술적 개념이 곧 공정이다. 따라서 공정은 투입물이 최종 제품으로 완성되기까지 거치는 일련의 작업(Operation)이나 절차를 말한다.

한편 공정설계(Process Design)는 제품을 생산하는 데 필요한 변환 과정 즉 공정을 계획하고 구조화하는 활동이다. 예를 들어 원자재 → 반제품 → 완제품으로 이어지는 일련의 생산 절차를 어떤 순서와 방식으로 진행할지를 설계하는 것이 공정설계이다. 그러므로 공정은 실행 단계이고 공정설계는 그것을 미리 계획하는 단계이다.

그림 4-1 생산시스템과 공정

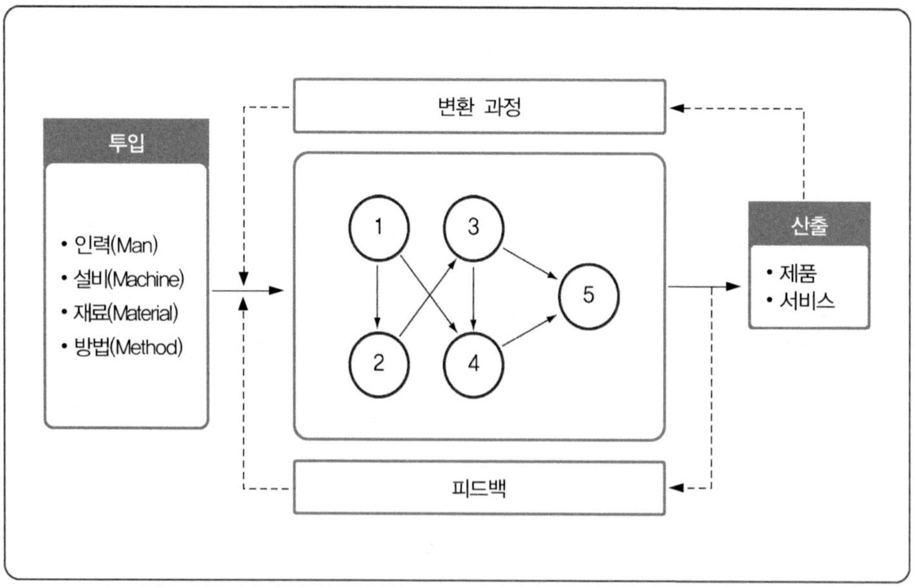

공정설계의 단계

공정설계는 제품이나 서비스의 생산방식을 결정하기 위한 일련의 체계적인 의사결정 과정으로 다음과 같은 세 가지 단계로 구성된다.

- 공정유형의 결정

  생산전략뿐 아니라 생산시스템의 기술, 제품이나 서비스의 설계, 시장 상황에 대한 정보를 토대로 거시적 수준의 공정의 유형을 결정한다. 공정의 유형에는 프로젝트생산, 연속생산, 대량생산, 묶음생산, 주문생산이 있는데, 이 중 어떤 유형으로 제품을 생산할 것인지를 거시적 수준에서 결정한다.

- 생산 단계의 결정

  설비, 기술, 작업방법을 어떤 순서로 결합하여 투입물이 어떤 흐름의 변환 과정을 거쳐 산출물이 되도록 할 것인가를 결정한다. 이 결정은 투입요소인 제조업의 원자재 또는 서비스업의 고객이 연속적인 작업 단계를 어떻게 흐르게 할 것인가를 결정하는 것이다.

- 생산 방법의 결정

  어떤 일이 작업자 또는 기계에 의해 수행되는지를 결정해야 한다. 이는 주로 산출될 제품이나 서비스 또는 투입 원재료의 특성에 의해 결정된다.

생산 경영자는 새로운 제품이나 서비스를 제공하는 경우, 경쟁우선순위가 변경된 경우, 제품이나 서비스의 수요가 변경된 경우, 현재의 성과가 불만스러운 경우, 새로운 공정이나 기술이 존재하는 경우, 투입요소의 확보가 어려워질 때는 공정계획 문제를 새로이 결정하여야 한다.

공정유형

공정유형은 [그림 4-2]와 같이 프로젝트(Project) 공정, 주문(Job Shop) 공정, 묶음(Batch) 공정, 반복 조립(Repetitive Assembly Line) 공정, 연속(Continuous) 공정의 다섯 가지로 분류할 수 있다.

프로젝트공정

[그림 4-3]에서 보듯이 비행기 제작, 플랜트 건설, 영화 제작, 대형 건축 등과 같이 한 단위의 독창적인 제품을 주문 생산하는데 이용되는 공정이다. 이는 표준화되지 않은 다양한 작업을 수행해야 하므로 설비나 노동력의 유연성이 매우 중요하다. 따라서 이 공정은 고정비는 낮고 변동비가 높아 전반적인 생산원가는 높은 편이다. 왜냐하면 제품의 표준화가 이루어지지 않아 반복생산이 거의 없으므로 다기능 숙련공과 범용설비가 요구되기 때문이다.

프로젝트공정에서는 가공 대상인 제품은 한 위치에 고정되어 있고 작업자나 설비가 제품으로 이동하면서 작업이 이루어진다. 이러한 프로젝트공정의 운영 시에는 프로젝트를 정해진 기간 내에 완료하기 위한 일정 관리와 자원 배분의 관리가 중요하다.

그림 4-2 공정유형

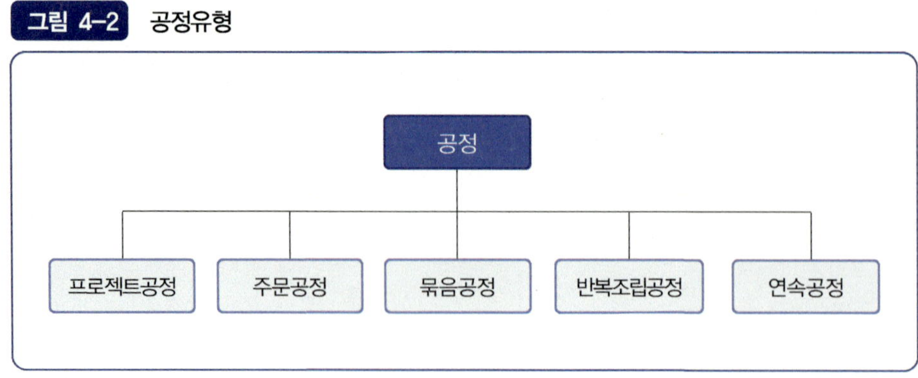

그림 4-3 프로젝트공정의 예

주문공정

[그림 4-4]와 같이 맞춤형 가구, 맞춤형 양복, 자동차 정비, 의료 서비스 등은 고객의 주문에 따라 제품이나 서비스를 주문 생산하는 대표적인 예이다. 이 공정은 주문마다 상이한 공정이 요구되므로 다양한 작업을 수행할 수 있는 범용설비와 다기능 숙련공이 필수적이다. 이에 따라 자동화 수준은 낮다.

주문에 따라 다양한 제품을 소량 생산하는 경우 생산의 단속성이 높고 공정 간 표준화가 어렵기 때문에 대량생산을 통한 규모의 경제 실현에는 한계가 존재한다. 그러나 이러한 방식은 수요 변화에 대한 높은 유연성을 요구하며, 특히 대량생산이 곤란한 고부가가치의 맞춤형 제품생산에 적합하다는 장점을 가진다.

그림 4-4 주문공정의 예

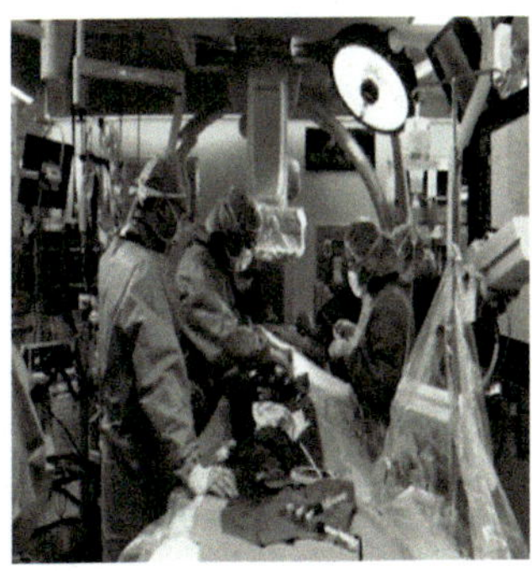

묶음공정

주문공정과 반복조립공정의 중간 형태로, 특정 제품의 생산을 위해 전용설비를 구축할 정도는 아니지만 다양한 종류의 제품을 일정량씩 반복적으로 생산하는 데 적합하다. 즉 일정 기간 동안 하나의 제품을 묶음(Batch) 단위로 생산한 후 다음 제품으로 전환하여 생산하는 방식을 반복한다. 동일한 제품을 일정 묶음 단위로 모아 작업하므로 묶음 단위가 클수록 생산의 연속성이 증대되어 연속공정과 유사해지고, 반대로 묶음 단위가 작아질수록 생산의 단속성이 증가하여 주문공정과 유사한 특성을 띠게 된다.

반복조립공정

[그림 4−5]와 같이 자동차, 전자제품, 컴퓨터 등과 같이 표준화된 특정 제품을 대량으로 생산하기 위해 전용설비를 구축하고 고정된 경로를 따라 순차적으로 생산이 이루어진다. 이 방식은 표준화와 자동화를 통해 높은 생산효율을 추구하지만, 제품 다양성에 대응하는 유연성은 낮은 편이다. 고객 수요를 예측하여 표준화된 제품을 대량생산한 뒤 재고로 비축해 판매하는 방식이므로, 적정 재고 수준의 결정과 설비 고장을 예방하기 위한 설비보전 활동이 핵심 관리 요소로 작용한다.

그림 4−5 반복조립공정의 예

연속공정

[그림 4-6]과 같이 화학, 정유, 제지, 음료 등 이른바 프로세스 산업에서 주로 활용되는 공정으로, 전용설비를 통해 표준화된 제품을 중단 없이 지속적으로 대량생산하는 것이 특징이다. 이 방식은 매우 높은 생산효율을 얻을 수 있지만, 초기 설비투자 비용이 많고 생산 품목의 전환이 어려워 유연성이 낮다는 단점이 있다. 제품의 표준화 수준이 높으며 생산공정은 반복조립공정보다 더욱 높은 수준으로 자동화되어 있다.

반복 조립 생산방식과 같이 미래 수요를 예측하여 대량생산을 하므로 적정 재고 수준의 결정과 예방적 설비보전 활동이 요구된다. 특히 연속공정은 24시간 무정지 가동이 기본 전제로 작동하므로, 공정 내 일부 고장만으로도 전체 생산라인이 정지(Shutdown)되는 위험이 있어 체계적인 예방정비 시스템 구축은 필수적이다.

지금까지 살펴 본 공정유형은 제품 특성과 생산방식에 따라 다섯 가지 유형으로 분류되는데, 각각의 공정은 생산방식, 유연성, 자동화 수준, 제품 다양성 등에서 <표 4-1>과 같은 차이가 있다.

그림 4-6 연속공정의 예

〈표 4-1〉 공정유형 비교

공정유형	제품 다양성	생산량	유연성	자동화 수준	대표 예시
프로젝트	매우 높음	매우 낮음	매우 높음	낮음	선박, 항공기, 건설
주문생산	높음	낮음	높음	낮음~중간	맞춤형 기계, 특수 부품
묶음생산	중간	중간	중간	중간	제약, 식품, 제과, 인쇄
반복조립	낮음~중간	높음	낮음	높음	자동차, 가전제품, 전자기기
연속생산	매우 낮음	매우 높음	매우 낮음	매우 높음	정유, 화학, 시멘트, 제지

대표적인 세 가지 공정유형을 다양한 측면에서 비교한 내용은 <표 4-2>에 제시되어 있다.

〈표 4-2〉 공정유형의 특성 비교

특성		프로젝트	주문	예측
제품/서비스 내용	주관	고객	고객	기업
	종류	매우 다양	다양	극소수
	가격	매우 고가	고가	저가
제품/서비스 생산	시기	주문	주문	예측
	표준화	매우 낮음	낮음	높음
	품종과 생산량	다품종소량생산	다품종소량생산	소품종대량생산
	설비 · 장비	범용	범용	전용
종사자	기술	매우 높음	높음	낮음
	과업형태	비반복적	비반복적	반복적
	보수	높음	높음	낮음
역량	원가	높음	높음	낮음
	품질	가변적	가변적	균일
	속도	느림	느림	신속
	유연성	높음	높음	낮음
자본/노동	노동집약	매우 높음	높음	낮음
	자본집약	낮음	중	높음
공정 흐름		없음	혼잡	연속

공정 흐름

제품생산에서는 자재의 흐름이 중심이 되는 반면 서비스 생산에서는 고객의 이동이 핵심적인 흐름으로 작용한다. 이러한 생산 흐름의 관점에서 공정의 기본 유형은 프로젝트공정(Project Process), 단속공정(Intermittent Process), 그리고 라인공정(Line Process)으로 분류된다. [그림 4-7]과 같이 라인공정에는 연속공정과 반복조립공정이 포함되며 단속공정에는 주문공정과 묶음공정이 포함될 수 있다.

라인공정

라인공정(Line-flow Operations 또는 Product-focused Production)은 화학 플랜트, 정유, 자동차 등의 제조공장에서 관찰되는 대표적인 생산방식으로, 소수의 표준화된 제품을 대량으로 생산해야 하므로 생산 흐름은 제품의 작업 순서에 따라 미리 정해진 경로를 중단 없이 연속적으로 진행되어야 한다.

라인공정이라는 명칭은 공정 간의 흐름이 직선(Line)처럼 순차적으로 이어지는 구조적 특성에서 유래하였으나, 이는 물리적인 배치 형태가 반드시 직선을 의미하는 것은 아니다. 실제로 라인공정의 배치는 U자형, L자형, 셀형 등 다양할 수 있으며,

그림 4-7 공정 흐름의 유형

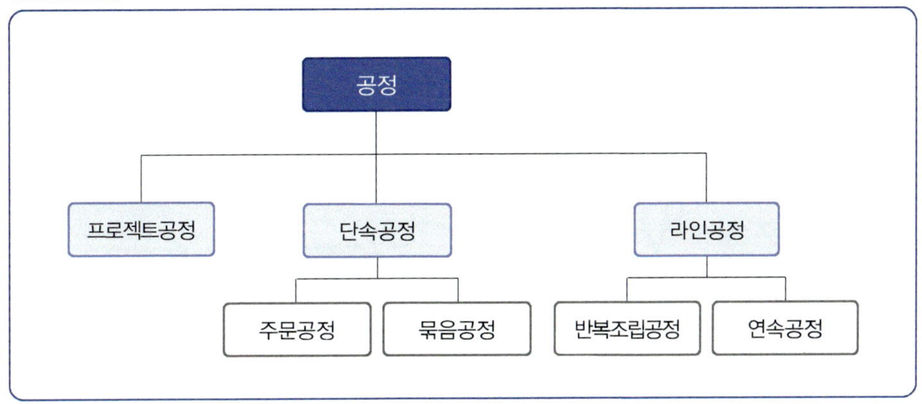

핵심은 작업공정 간의 흐름이 끊기지 않고 연속적으로 연결되어 있다는 점에 있다.

라인공정의 전형적인 흐름 패턴은 [그림 4-8]과 같이 표현된다. 제품 또는 서비스는 시작 공정에서 마지막 공정까지 정해진 순서에 따라 흐르면서 점진적으로 가공 및 조립되어 최종 산출물로 완성된다.

라인공정은 반복조립공정과 연속공정으로 구분될 수 있다. 연속공정은 설비의 가동 시작과 중지에 많은 시간과 비용이 요구되므로 일반적으로 하루 24시간 무정지로 운영되는 공정이다. 이는 화학, 제지, 철강, 석유정제, 전력 등과 같은 장치 산업(Process Industry)에 흔히 적용된다.

반면 반복조립공정은 동일한 생산과정을 반복적으로 수행하여 대량생산하는 방식으로 자동차, 가전제품, 오토바이 등 조립형 제품생산에 적합하다. 반복조립공정과 연속공정은 모두 연속적인 흐름을 특징으로 하나, 연속공정은 반복조립공정보다 자동화 수준이 높고 제품의 표준화 정도가 더 높다.

라인공정은 생산의 효율성은 높으나 유연성은 상대적으로 낮다. 라인공정의 생산효율이 높은 이유는 작업의 표준화, 전문화된 작업 분업, 공정 간 대기시간 최소화, 자동화, 규모의 경제 등 때문이다. 따라서 작업을 고도로 표준화하고, 노동력을 자본으로 대체하는 전용설비와 자동화 장비에 대한 투자가 요구되며, 대량생산 체제가 전제되어야 하고, 안정적인 제품 수요가 필요하다. 반면 라인공정의 유연성이 낮은 이유는 공정이 고정된 순서로 배치되어 있고, 특정 제품에 특화된 작업자와 장비를 사용하기 때문에 작업 변경, 제품 전환, 생산량 조정에 어려움이 따르기 때문이다.

그림 4-8 라인공정의 예

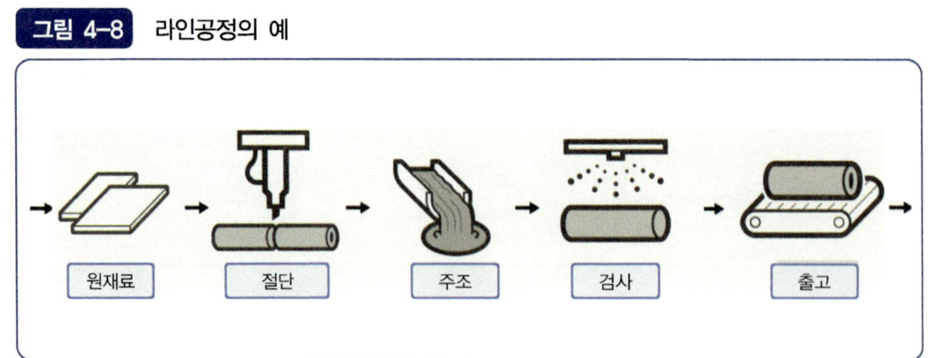

단속공정

단속공정(Intermittent flow Process)은 생산의 흐름이 단속적으로 발생하는 공정이다. 동일한 종류의 제품을 생산할 때는 생산 흐름이 연속되지만, 다른 종류의 제품으로 전환할 경우 기계를 멈추고 생산 준비(Set-up)를 해야 하므로 생산 흐름이 단절된다. 예를 들어 A 제품 50개 생산 후 공정을 멈추고 B 제품생산을 위한 준비를 거쳐 30개를 생산한 다음, 다시 준비 작업을 거쳐 C 제품을 생산하는 방식이다. 따라서 제품이 변경될 때는 준비시간이 필요하므로, 이로 인해 생산이 일시적으로 중단되었다가 재개되는 단속 현상이 발생한다. 그러므로 이 공정은 주문생산이나 다품종소량 생산을 하는 단속적 간격의 묶음(Batch) 생산이 특징이다.

제품별로 작업 절차가 다르므로 각 제품은 필요한 작업장에서만 가공되고 불필요한 작업장은 생략된다. 그 결과 작업흐름은 일정하지 않고 제품마다 상이한 경로를 따라 이동하게 된다. [그림 4-9]에서 볼 수 있듯이 혼합된 흐름 패턴 혹은 복잡한 흐름 패턴이 형성된다. 단속공정은 흐름이 단속되므로 생산 연속성이 낮고 작업의 시작과 중단이 빈번히 반복된다.

이러한 공정에서는 다양한 제품생산을 위해 높은 유연성을 요구하므로 범용설비와 다기능 숙련 인력이 필수적이다. 그러나 제품 다양성과 공정 흐름의 비표준화로 인해 재고관리, 일정계획, 품질관리가 복잡하여 라인공정에 비해 상대적으로 비효율적일 수 있다. 그럼에도 단속공정은 생산 수량이 적고 표준화 수준이 낮은 제품의 생산에 적합하며, 설비투자에 수반되는 위험을 최소화하는 이점을 제공한다.

그림 4-9 단속공정의 예

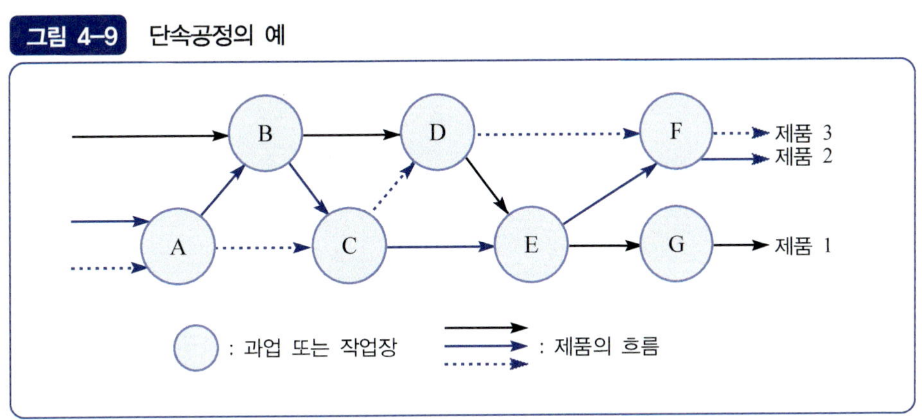

프로젝트공정

프로젝트공정(Project Process)은 빌딩건축, 영화제작, 공연제작과 같이 생산 단위 규모가 크고 비반복적이고 독창적인 특성을 가진 제품생산에 사용된다. 프로젝트는 대개 고가의 개별화된 단일 품목이다. 프로젝트공정의 특징은 제품은 이동하지 않지만 작업은 일정한 순서로 진행된다. 예를 들어 선박이나 항공기 제작의 경우 가공 대상이 되는 제품은 한자리에 고정된 상태에서 작업자나 장비가 이동하여 작업을 진행한다. 이러한 특성으로 프로젝트공정은 라인공정보다 단속공정에 가까운 편이라 표준화와 자동화의 도입이 용이하지 않다. 프로젝트공정에서는 프로젝트 목표 달성을 위해 [그림 4-10]과 같은 작업 네트워크를 기반으로 PERT 또는 CPM 기법을 활용해 생산 일정과 자원 배분을 관리한다.

생산 흐름 차원에서의 공정유형에 따른 특성을 요약하면 <표 4-3>과 같다.

그림 4-10 프로젝트 흐름도

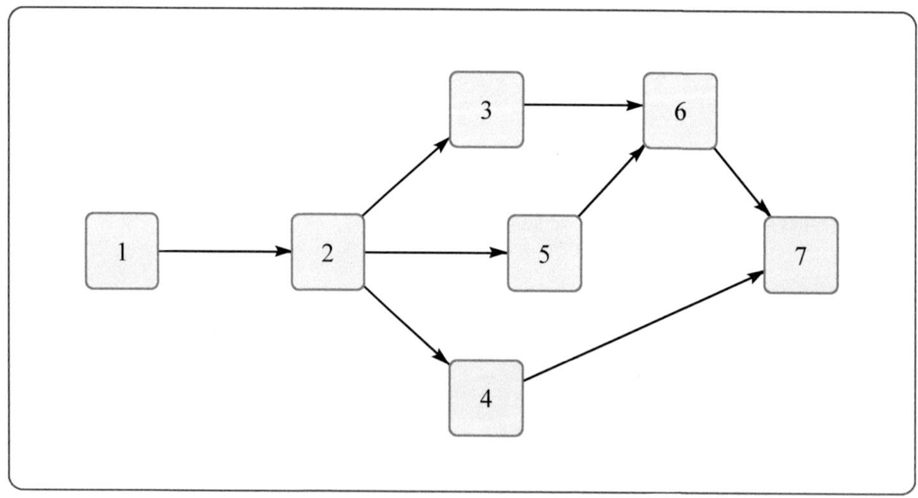

〈표 4-3〉 생산 흐름 차원의 공정유형과 특징

특성	라인공정	단속공정	프로젝트공정
제품 주문 형태	대량, 반복	묶음, 다발	단일
제품 다양성	저	고	매우 높음
제품 흐름	연속	혼잡	없음
시장 형태	대중	고객	소수
생산량	대량	중간	단일
노동력	저	고	고
과업형태	반복	비반복	비반복
임금	저	고	고
기술	저	고	고
자본투자	고	중	저
설비	전용	범용	범용
재공품 재고	저	고	고
원가	저	중	고
품질	균일	다양	다양
납기	고	중	저
유연성	저	중	고

공정선택 시 고려사항

제품 및 서비스가 개발된 후에는 이를 효율적으로 생산하고 공급할 수 있도록 적절한 공정이 설계되어야 한다. 공정이란 변환 과정을 의미하며, 공정설계는 이러한 변환 과정을 실현하기 위한 계획을 수립하는 활동이다. 공정을 설계할 때 공정유형의 결정, 공정 기술의 선택 등과 같은 주요 의사결정을 수반하게 되며, 이때 다음의 사항들을 종합적으로 반영해야 한다.

수직적 통합

기업이 원재료의 획득부터 최종 제품의 판매에 이르는 전체 공급사슬 중 어느 단계를 소유하거나 통제하는지에 따라 공정설계의 범위가 달라진다. 수직적 통합은 [그림 4-11]과 같이 전방통합과 후방통합의 두 가지 형태로 구분된다. 제품의 생산 및 유통과정에서 소비자 쪽 기업을 소유 또는 통제하면 전방통합이라 하며 공급자 쪽 기업을 소유 또는 통제하면 후방통합이라 한다. 예로 원료공급사가 제조사를 통합하거나 제조사가 유통사를 통합하는 것이 전방통합이고 반면 유통사가 제조사를 통합하거나 제조사가 원료공급사를 통합하는 것을 후방통합이다.

이처럼 수직적 통합은 기업이 공급사슬의 전방 또는 후방에 위치한 기업을 직접 소유하거나 통제하는 것을 의미하며, 기업이 공급사슬 내 더 많은 기업을 소유하거나 통제할수록 수직적 통합의 정도는 높아진다. 수직적 통합이 높아질수록 기업은 원자재 조달에서 시작하여 최종 제품의 판매에 도달하기까지 전 과정을 자율적으로 관리할 수 있게 된다. 이로 인해 거래비용의 절감, 공급망 통제력의 강화, 범위의 경제 실현이라는 이점을 얻을 수 있다. 하지만 수직적 통합은 운영 복잡성 증가와 투자 부담이 주요 단점이다. <표 4-4>는 이러한 장단점을 요약하고 있다.

그림 4-11 전방통합과 후방통합

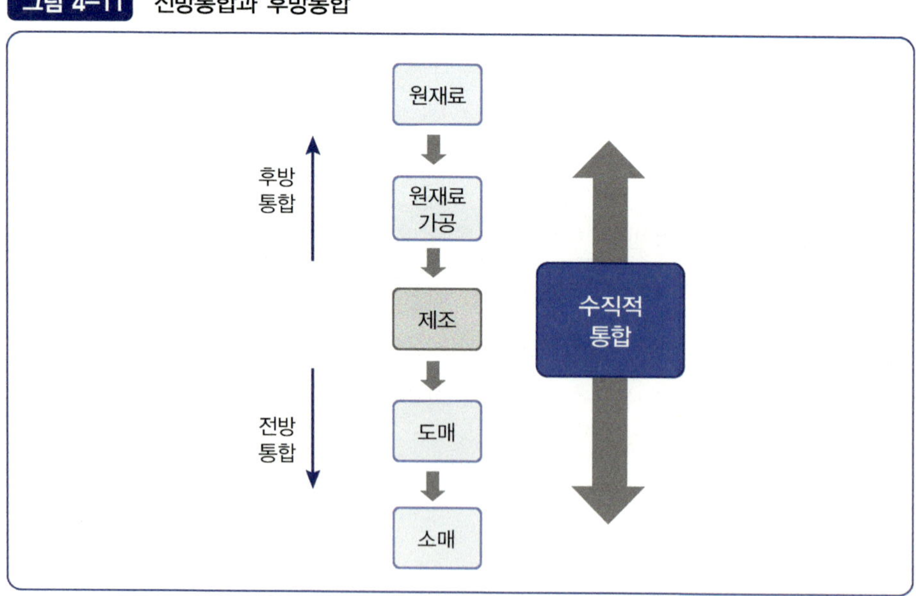

〈표 4-4〉 수직적 통합의 장단점

장점	단점
• 공급 안정성 확보 • 중간 마진 제거 및 규모의 경제 실현 • 품질 통제 강화 • 시장 지배력 강화 및 진입 장벽 구축	• 초기 투자 비용과 고정비 부담 • 환경 변화에 대응하기 어려움 • 전문성 확보가 어려움 • 조직 복잡성 증가

생산 유연성

생산 유연성은 제품 유연성과 생산량 유연성으로 분류한다. 먼저 제품 유연성이란 생산시스템이 얼마나 신속하고 효율적으로 다른 제품으로 전환하여 생산할 수 있는지를 나타내는 능력이다. 이러한 유연성은 다양한 제품을 소량으로 생산하거나 신제품을 신속히 출시해야 하는 상황에서 요구된다. 한편 생산량 유연성이란 생산시스템이 제품의 생산량을 얼마나 신속하고 효율적으로 증감시킬 수 있는지를 나타내는 능력이다. 이러한 능력은 재고를 보유할 수 없거나 재고비용이 높아 보유가 바람직하지 않은 경우에 요구된다.

자동화

자동화 수준은 기계설비와 노동력 간의 구성 비율을 의미하는데, 이는 각 작업을 작업자가 수행할지 아니면 기계설비가 수행할지에 대한 결정에 따라 달라진다. 일반적으로 동일 작업이 대량으로 반복된다면 자동화를 도입하는 것이 효율적이며, 반대로 동일 작업이 소량으로 이루어진다면 노동력에 의존하는 것이 바람직하다. 특히 균일 품질의 확보나 원가 절감이 요구되면 자동화가 유리하게 작용할 수 있다. 최근에는 기술 진보로 자동화의 범위가 더욱 확대되고 있으며 경쟁력 확보 차원에서 자동화의 도입이 추진되는 추세이다.

자원 유연성

자원 유연성은 설비 유연성과 노동 유연성으로 구분될 수 있다. 먼저 설비 유연성에 영향을 미치는 설비는 일반적으로 범용설비와 전용설비로 구분된다. 범용설비는 높은 유연성을 가지며 반면 전용설비는 높은 효율성을 특징으로 한다. 두 설비의 비교는 <표 4-5>에 제시되어 있다.

생산설비의 선택은 초기 투자, 유연성, 효율성, 생산비용, 품질의 균일성, 준비시간 등을 고려하여 결정하여야 한다. 일반적으로 조립생산과 연속생산의 라인공정에서는 전용설비를, 주문생산과 묶음생산의 단속공정에서는 범용설비를 선택한다.

설비의 유연성과 더불어 노동력의 유연성 또한 공정설계에서 중요하다. 노동력의 유연성 측면에서 볼 때, 다양한 과업을 수행할 수 있는 다기능 노동자는 생산 유연성 향상에 중요한 역할을 한다. 생산 목표가 제품 다양성과 유연성에 있다면 작업자는 다기능을 갖추고 설비는 다양한 작업에 대응할 수 있는 범용설비가 적합하다.

고객 참여도

고객 참여도는 고객이 생산공정에 얼마나 직접 개입하거나 상호작용하는가를 나타내는 지표이다. 서비스처럼 고객 참여도가 높은 경우에는 고객의 개별적인 주문에 따라 생산이 이루어지므로, 자동화 수준은 낮고 자원 유연성은 높은 수준이 요구된다. 반대로 제품의 경우처럼 고객 참여도가 낮은 공정은 자동화 수준은 높아지고

〈표 4-5〉 범용설비와 전용설비의 비교

평가 기준	전용설비	범용설비
적합한 생산방식	소품종대량생산	다품종소량생산
초기투자	높음	낮음
유연성	낮음(특정 제품)	높음(다양한 제품)
단위당 생산비용	낮음	높음
효율성	높음	낮음
품질	균질적	가변적
준비시간	적음	많음

자원 유연성은 상대적으로 낮아지는 경향을 보인다.

이상의 내용을 바탕으로, [그림 4-12]는 주문생산에서 연속생산으로 갈수록 주요 특성이 어떻게 변화하는지를 보여준다. 또한 <표 4-6>은 공정유형의 선택에 영향을 미치는 요인을 정리한 내용이다.

그림 4-12 공정유형별 특성

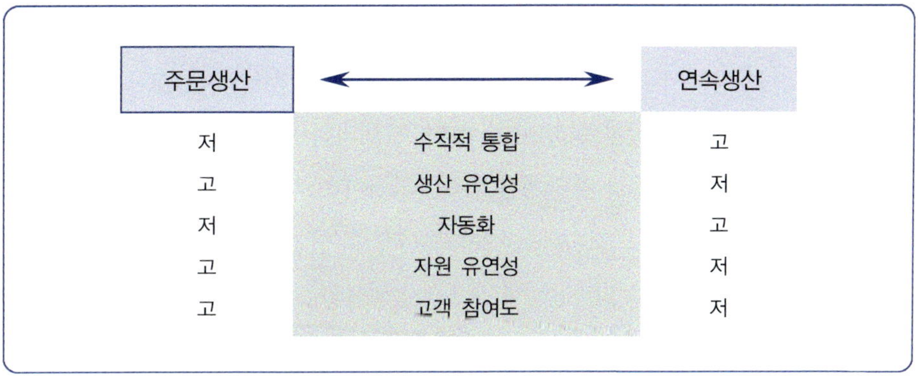

주문생산		연속생산
저	수직적 통합	고
고	생산 유연성	저
저	자동화	고
고	자원 유연성	저
고	고객 참여도	저

〈표 4-6〉 공정유형의 선택 요인

요인	프로젝트생산	주문생산	연속생산
대량시장 적합성	낮음	보통	높음
소요자본	적음	중간	많음
숙련 노동력 요구도	높음	중간	낮음
수요 안정성 요구도	낮음	중간	높음
원자재 확보 용이성	낮음	중간	높음
기술 진부화 위험성	낮음	중간	높음

공정 분류

공정 분류 기준

공정은 그 특성에 따라 [그림 4-13]과 같이 다섯 가지 측면에서 구분할 수 있다.

첫째, 생산 시기 측면에서는 주문에 따라 생산이 이루어지는 주문생산과 수요를 예측하여 미리 생산하는 예측생산으로 구분된다.

둘째, 생산의 반복성 측면에서는 개별생산, 로트생산, 연속생산으로 나뉘며, 이는 생산되는 제품의 반복 여부와 빈도에 따라 구분된다.

셋째, 생산 흐름의 연속성 측면에서는 생산과정이 단속적으로 이루어지는 단속생산과 흐름이 끊기지 않고 지속되는 연속생산으로 구분된다.

넷째, 품종과 생산량 측면에서는 다품종소량생산과 소품종대량생산으로 나뉘며, 이는 제품의 다양성과 생산 규모에 따라 달라진다.

다섯째, 생산량과 기간 측면에서는 프로젝트생산, 개별생산, 로트생산, 대량생산으로 세분화된다.

그림 4-13 공정 분류

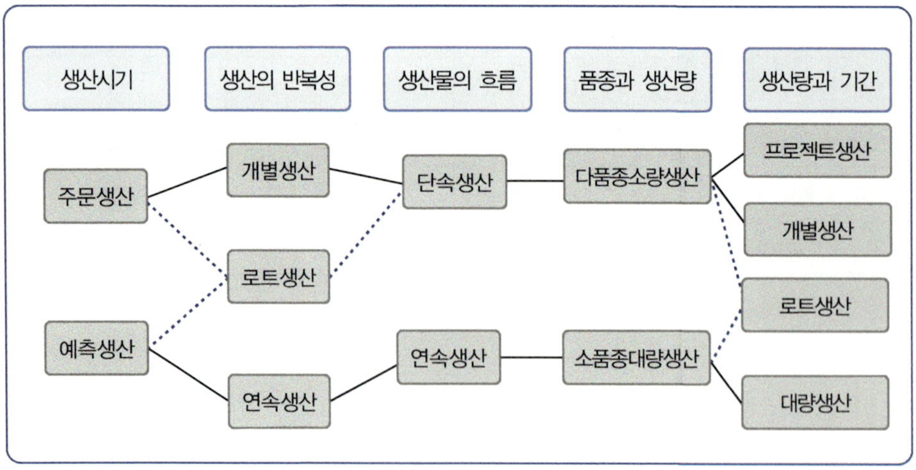

생산 시기에 따른 구분

생산 시기에 따라 생산방식은 [그림 4-14]와 같이 세분화할 수 있다.

- MTS(Make-to-Stock, 보관생산)
  수요예측에 기반한 생산계획에 따라 완제품을 사전에 생산하여 재고로 보관한 후 고객 주문 시 즉시 공급하는 방식으로, 주로 표준화된 제품에 적용된다.
- ATO(Assemble-to-Order, 주문조립)
  주요 부품은 미리 생산하여 재고로 보관한 후 고객 주문이 들어오면 해당 주문에 맞춰 최종 조립을 통해 완제품을 생산하는 방식이다.
- MTO(Make-to-Order, 주문생산)
  일부 공통 부품은 사전에 생산하여 재고로 보관 후 나머지 구성품은 고객 주문에 맞춰 가공 및 조립하여 완제품을 생산하는 방식으로 주문 맞춤형 제품생산에 적합하다.
- DTO(Design-to-Order, 주문설계)
  모든 부품을 미리 가공하지 않은 상태에서 고객 주문 시 설계, 자재 조달, 가공, 조립의 전 과정을 수행하는 방식으로 맞춤형 제품생산에 활용된다.

그림 4-14 생산 시기에 따른 생산방식

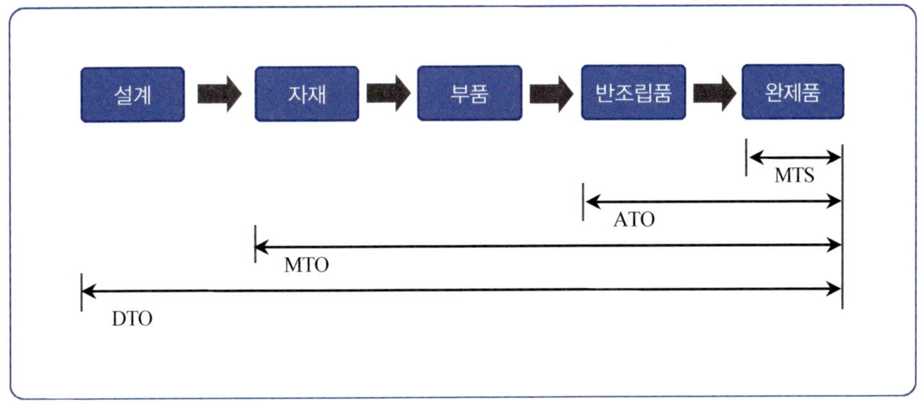

생산 시기와 공정유형에 따른 구분

생산 시기와 공정유형에 따라 생산방식을 분류하면, [그림 4-15]와 같이 여섯 가지 주요 영역으로 구분할 수 있다. 이 중 라인생산과 예측생산이 결합된 영역 I은 일반적인 생산방식에 해당하지만, 라인생산과 주문생산이 결합된 영역 II는 상대적으로 예외적인 생산방식으로 간주된다. 단속생산과 주문생산이 결합된 영역 IV는 맞춤형 제품생산에 적합하며 중소규모의 다품종소량생산에서 흔히 나타나는 일반적인 방식이지만, 단속생산과 예측생산이 결합된 영역 III는 비전형적 형태로 볼 수 있다. 또한 프로젝트생산은 그 성격상 주문에 따라 수행되는 영역 VI는 일반적이지만 예측생산이 적용되는 영역 V는 예외적이라 할 수 있다.

제품-공정 매트릭스

헤이즈와 휠라이트(Hayes & Wheelwright)는 제품 유형과 공정유형 간의 일치가 경쟁우위 확보에 필수적이라고 주장하면서 [그림 4-16]과 같은 제품-공정 매트릭스(Product-process Matrix)를 제시하였다. 이 매트릭스는 제품과 공정 간의 적합성을 분석하는 도구로 가로축에는 제품의 다양성과 표준화 정도에 따른 제품 유형이, 세로축에는 공정유형이 제시된다. 일반적으로 제품 유형과 공정유형이 잘 정렬될수록 생산

그림 4-15 생산 시기와 공정유형에 따른 생산방식

	예측생산	주문생산
라인 생산	I 석유정제, 제분, 제당, 카페테리아	II 전화회사, 전력회사
단속 생산	III 패스트푸드, 가구	IV 기계제작소, 병원
프로젝트생산	V 아파트건설, 상업미술품	VI 빌딩건설, 선박건조, 영화제작, 초상화제작

그림 4-16 제품-공정 매트릭스

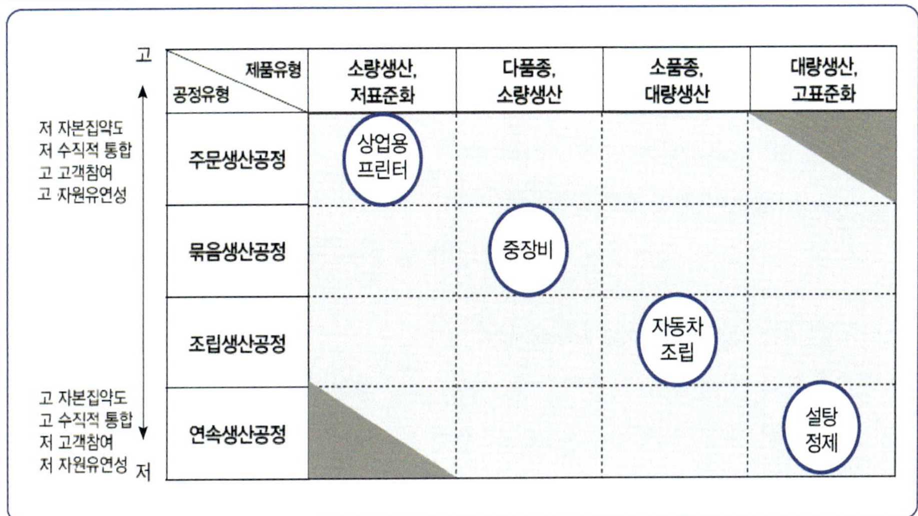

효율성과 경쟁력이 높아진다고 본다.

예를 들어 상업용 프린트처럼 다품종을 소량생산하는 경우 주문생산공정이 적합하고, 표준화된 대량생산 경우 반복 조립(Assembly Line)이나 연속공정(Continuous Process)이 적합하다. 따라서 제품 특성과 공정 특성이 균형을 이루면 일반적으로 매트릭스의 대각선 위에 위치하게 된다. 이 매트릭스는 기업이 제품 전략에 맞는 생산공정을 선택함으로써 비용, 품질, 유연성 측면에서 최적의 성과를 달성하도록 돕는다.

또한 [그림 4-16]은 생산량을 기준으로 생산공정을 결정할 때 고려해야 할 네 가지 변수(자본 집약도, 수직적 통합, 고객 참여도, 자원 유연성)를 제시한다. 일반적으로 제품이 맞춤형에서 표준화된 제품으로 이동하고, 생산공정이 유연한 소량 생산에서 대량생산으로 이동할수록 다음과 같은 경향이 나타난다.

- 자본집약도(Capital Intensity)

  연속공정이나 반복 조립 라인으로 갈수록 자동화 설비와 장비에 대한 투자가 증가하면서 자본집약도가 높아진다.

• 수직적 통합도(Degree of Vertical Integration)

생산공정이 유연한 소량 생산에서 대량생산으로 이동할수록 수직적 통합의 정도가 높아진다.

• 고객 참여도(Customer Involvement)

맞춤형 생산이나 프로젝트형 공정에서는 고객의 참여는 매우 높으며, 대량생산 체계로 갈수록 참여 수준이 제한되며 공정은 표준화된다.

• 자원 유연성(Resource Flexibility)

표준화된 제품에서 맞춤형으로 이동하고, 생산공정이 대량생산에서 유연한 소량 생산으로 이동할수록 높은 자원 유연성을 요구한다.

자동화 생산기술

자동화 생산기술의 필요성

공정유형이 결정된 후에는 각 작업 단계에서 사용할 생산기술을 선택해야 한다. 생산기술의 선택에 있어 첨단 생산기술의 도입과 활용을 통한 생산 자동화는 경쟁우위를 위한 전술적 무기가 되고 있음을 명심해야 한다. 소품종대량생산에서 자동화를 적용할 때의 주요 이점은 다음과 같다.

• 생산성 향상

반복 작업을 자동화함으로써 작업 속도가 증가하고 연속생산이 가능해짐

• 단위당 생산원가 절감

설비투자 등의 고정비를 대량생산을 통해 분산시켜 규모의 경제 실현

• 품질의 일관성 유지

실수 없이 정밀하고 동일한 작업 반복 가능

- 노동비용 절감
  인건비 부담 감소 및 작업자 수 최소화 가능

- 공정 표준화 용이
  동일 제품 반복생산에 적합한 프로세스 설계 가능

- 설비 가동률 극대화
  24시간 무인 가동이 가능하여 생산량 극대화

소품종대량생산의 고정된 반복 작업에 적합하도록 특화된 자동화 설비는 공정의 반복성과 안정성을 활용하여 효율성과 수익성을 극대화하는 핵심 수단으로 오랫동안 널리 활용되어 왔다. 반면 다품종소량생산은 유연성은 높지만 효율성은 낮은데, 이러한 비효율성이 발생하는 주된 이유는 다음과 같다.

- 제품 종류는 많고 생산량은 적기 때문에 설비 전환 시간이 길고 빈번한 준비작업이 발생함
- 표준화 및 자동화 어려움
- 다기능 작업자의 확보가 어려움
- 재고 및 납기 관리 복잡
- 규모의 경제 효과가 작아 단위당 생산비용 증가

다품종소량생산의 특성상 다양한 제품을 유연하게 처리할 수 있는 자동화 설비가 요구된다. 그러나 유연 생산을 위한 기술적 제약으로 인해 완전한 구현에는 한계가 있지만, 오늘날 4차 산업혁명 시대에서 지속적인 발전 단계에 놓여 있다. 다품종소량생산에 적합한 자동화 생산기술이 적용될 경우 기대되는 주요 이점은 다음과 같다.

- 생산 유연성 향상
  다양한 제품을 빠르게 전환하여 고객 맞춤형 생산 가능

- 리드타임 단축
  준비시간 최소화로 납기 단축

- 재고 감소
  적시 생산과 정보 통합을 통해 불필요한 재고 축소
- 품질 향상
  자동화 및 정보 연계를 통해 일관된 품질 유지
- 원가 절감
  낭비 제거 및 생산 효율성 증대로 단위당 생산비용 절감
- 시장 대응력 강화
  제품 다양화 및 고객 요구 변화에 대한 신속 대응 가능
- 다기능 작업자 대체
  숙련공 인력난 해소 및 노동 비용 절감

이러한 이점을 제공하는 유연 자동화는 비효율성을 극복하여 유연성과 효율성을 동시에 달성하게 함으로써 경쟁우위 확보와 고객 만족도 향상에 핵심적인 역할을 한다. <표 4-7>은 소품종대량생산과 다품종소량생산의 자동화 설비를 비교하여 정리한 내용이다.

〈표 4-7〉 소품종대량생산과 다품종소량생산의 자동화 설비 비교

구분	소품종대량생산	다품종소량생산
자동화 유형	고정 자동화	유연 자동화
설비 특성	전용설비 중심	범용설비 및 재구성 가능한 시스템 중심
유연성	낮음	높음
효율성	매우 높음	낮음
설비 투자비	초기 투자 큼, 단가 절감 효과 큼	투자비 높고 단가 절감 효과는 제한적
적합 작업 유형	반복적이고 표준화된 작업	다양하고 빈번한 제품 변경이 요구되는 작업
예시 산업	자동차, 가전제품 등	의료기기, 맞춤형 기계부품 등

유연 생산기술의 유형

다음과 같은 자동화 생산기술은 다품종소량생산에서 발생하는 비효율성을 개선하기 위한 핵심 수단으로 자리 잡고 있다.

- 그룹 테크놀로지(Group Technology: GT)

  GT는 유사한 제조 특성(예: 형상, 가공 경로, 치수 등)을 지닌 부품들을 그룹화하여 각 그룹에 표준화된 생산 절차를 적용함으로써 다품종소량생산의 비효율성을 개선하는 기법이다. 이 방식을 적용하면 그룹별로 생산 로트의 크기가 증대되므로 라인공정처럼 기계설비의 공통화, 전용화, 자동화가 가능하게 되어 생산 효율성을 높이고 제조 비용을 절감하게 된다. 따라서 GT는 다품종소량생산의 유연성은 유지하면서 비효율성을 개선하기 위한 개념이다.

- 셀 생산방식(Cellular Manufacturing)

  그룹 테크놀로지의 응용 형태 중 하나로, 유사한 부품군의 생산에 필요한 설비와 작업자를 하나의 셀(Cell)로 조직하여 다품종소량생산을 가능하게 하는 방식이다. 각 셀은 유사한 부품군을 대상으로 하며, 해당 부품의 가공 순서에 따라 설비가 배치되므로 반복조립공정과 유사한 생산 흐름의 특성을 가져 다품종소량생산의 요구에 효과적으로 대응할 수 있도록 한다.

- 유연생산시스템(Flexible Manufacturing System: FMS)

  FMS는 설비 가동률의 극대화를 통한 효율성 제고를 가능하게 해주며 모든 공정이 컴퓨터에 의해 수행되므로 다품종소량생산에 대응할 수 있는 높은 유연성을 보장된다. FMS는 가공을 담당하는 머시닝센터, 자동유도차량(Automated Guided Vehicle: AGV), 가공 대상물을 가공 기계에 착탈하는 시스템(Loading and Unloading System) 등 모든 작업이 컴퓨터로 통제되는 세 가지로 구성된다.

- 컴퓨터 통합생산시스템(Computer Integrated Manufacturing: CIM)

  컴퓨터를 활용하여 제품 및 서비스의 생산계획, 설계, 제조, 유통에 이르는 전 과정을 계획하고 통제하는 시스템이다. 공장 전체의 정보 흐름을 자동화함으로써 비용 절감, 품질 및 생산성 향상, 납기 단축 등의 효과가 예상된다.

- 자동운반시스템(Auto Material Handling System)

  자동유도차량 등과 같은 기계장치를 활용하여 가공 대상물을 공정 간 혹은 기계 간 이동하는 것을 말하며, 자동유도차량은 컴퓨터 시스템에 의해 조정된다.

- 로봇(Robot)

  사람의 명령이나 컴퓨터 프로그램에 따라 작업을 자동으로 수행하는 기계 또는 인공지능 기반 시스템이다. 유연성이 높은 로봇을 산업 현장에 적용하면 품질 향상, 관리 효율성 증대, 비용 절감 등의 효과가 예상된다.

- CAD/CAM(Computer-Aided Design/Computer-Aided Manufacturing)

  CAD는 컴퓨터를 활용한 제품 설계를 의미하고, CAM은 컴퓨터를 활용한 제조 공정 계획 및 제어를 의미한다. CAD와 CAM을 합쳐 CAD/CAM이라 한다. CAD에서 설계된 정보는 CAM 시스템으로 전달하여 생산과 직접 연계할 수 있으므로 제품 개발시간을 단축하고 설계와 생산 간의 일관성을 확보하는 데 큰 기여를 한다.

- 수치제어기계(Numerical Control Machine)

  NC 기계는 전자 제어장치를 부착해 컴퓨터 프로그램에 따라 자동으로 작업이 수행되도록 만든 수치제어 기계이다. NC 기계는 일반적으로 단일 기능의 작업만 수행하는 반면 머시닝센터는 자동 공구 교환 장치를 부착하여 여러 공구를 활용한 다기능 작업이 가능하도록 한 설비이다.

- 저비용 자동화(Low Cost Automation)

  부분 자동화 또는 간이 자동화를 의미하며 자동화를 저비용으로 구현하려는 방식이다. 예를 들어 자동 공구 교환장치(Automatic Tool Changer), 가공물 착탈장치(Loader and Unloader), 기계 시동과 정지 장치(Machine Start and Stop Device), 고장안전장치(Fail-safe Device) 등이 이에 속한다.

설비배치의 유형

설비배치란 공장이나 서비스 시설 내에서 설비, 시설, 작업장, 복도, 화장실, 사무실 등의 위치에 대한 계획이다. 이러한 설비배치는 공정 흐름에 맞추어 설비나 시설을 배열하는데, 즉 제조업은 원자재의 흐름에 대해, 서비스업은 고객의 흐름에 대해 계획을 수립하는 활동이라 할 수 있다.

설비배치는 그 운영 목적에 따라 생산운영, 창고운영, 서비스운영, 사무실운영을 위한 설비배치 등으로 구분되는데, 본 장에서는 생산운영을 위한 설비배치에 대해 설명한다. 생산운영에서의 설비배치의 목적은 다음과 같다.

- 공정의 효율성 제고
- 물자 취급 비용의 최소화
- 공간 활용의 극대화
- 제품생산 비용의 감축
- 작업환경의 안전성과 쾌적성 확보

생산운영을 위한 설비배치는 공정유형과 밀접하게 연계되어 있으므로 공정 흐름에 맞는 설비배치는 생산성과 작업효율을 높이는 데 기여한다. 설비배치의 기본적인 형태는 [그림 4-17]과 같이 제품별 배치, 공정별 배치, 위치 고정형 배치로 구분된다.

그림 4-17 설비배치의 기본 유형

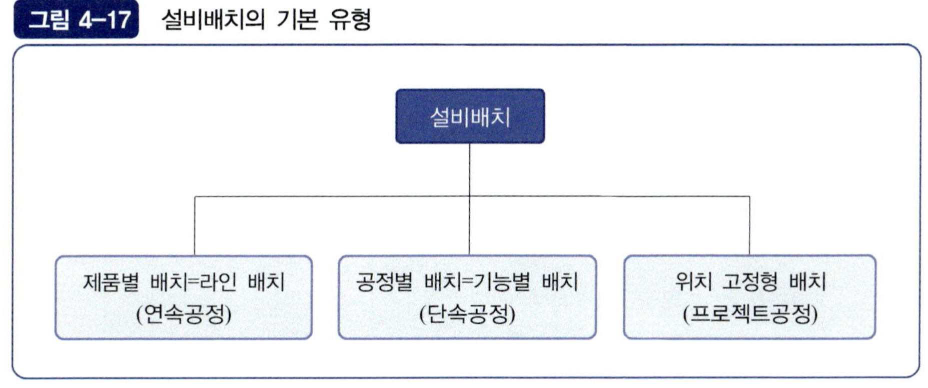

제품별 배치(Product Layout)

제품별 배치 또는 라인 배치(Line Layout)는 [그림 4-18]과 같이 제품의 작업 순서에 따라 설비나 시설이 순차적으로 배치되는 형태로, 생산 흐름의 연속성과 효율성이 핵심 요인이다. 이러한 배치는 각 작업장의 처리 능력이 전체 공정의 흐름에 영향을 미치므로 공정균형 문제가 중요하게 고려되어야 한다.

공정균형(Process Balancing) 또는 라인균형(Line Balancing)이란 생산 라인에서 각 작업장의 작업시간이 균형을 이루도록 과업을 균등하게 배분하는 것을 의미한다. 특정 작업장에 작업이 과도하게 몰려 작업시간이 길어지면 병목이 발생하고, 이로 인해 앞 공정에서는 대기시간이 길어지고 뒤 공정에서는 작업이 지연되는 문제가 생긴다. 하지만 작업시간이 균등하게 배분되면 공정균형이 이루어져 병목현상을 제거할 수 있고, 모든 작업장이 동시에 일정한 속도로 작업을 수행하므로 생산 흐름이 끊기지 않아 공정 전체의 생산성이 극대화된다.

예를 들어 [그림 4-19]에서 하나의 작업장에서 전체 작업을 수행할 경우 제품 하나를 생산하는 데 10분이 소요되어 시간당 6개를 생산할 수 있다. 이를 두 개의 작업장으로 분업하여 순차적으로 수행하면 각 작업장은 5분이 소요되어 시간당 12개의 생산이 가능하고, 작업장을 4개로 나누어 순차적으로 진행하면 각 작업장의 소요시간은 2.5분으로 시간당 24개를 생산할 수 있다.

이처럼 작업장 수를 늘려 작업을 균등하게 배분하면 시간당 생산량은 비례적으로 증가하고, 단위 생산에 걸리는 주기시간은 비례적으로 감소하며, 유휴시간이 발생하

그림 4-18 제품별 배치

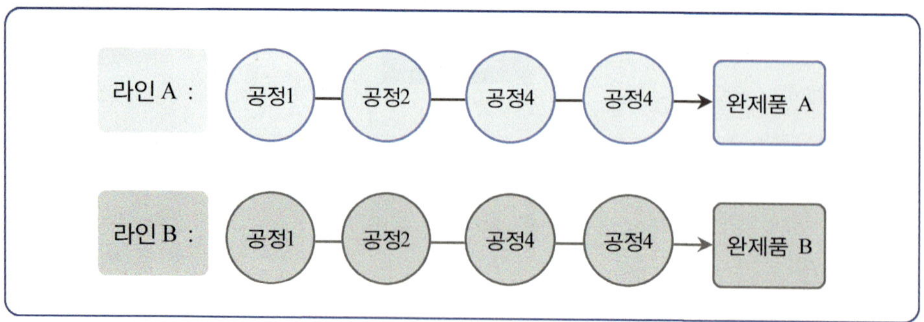

지 않는다. 여기서 주기시간(Cycle Time)이란 하나의 제품이 완성되어 나오는 데 걸리는 시간 또는 작업장이 한 작업을 시작한 후 다음 작업을 시작하기까지 걸리는 시간을 의미한다. 또한 유휴시간(Idle Time)이란 작업 과정에서 실제 작업이 수행되지 않고 설비나 인력이 대기 상태로 있는 시간을 의미한다.

그러나 작업이 균등하게 배분되지 않은 [그림 4-19]의 마지막 작업장 경우, A는 2.5분, B는 2.5분, C는 4.0분, D는 1.0분의 작업이 순차적으로 진행되면 주기시간은 가장 긴 작업시간인 4분이 된다. 따라서 C를 제외한 작업장 A는 1.5분, B는 1.5분, D는 3.0분의 유휴시간이 제품 한 개를 생산할 때마다 발생하게 되어 제품 1개당 총 유휴시간은 6분이 된다.

만약 작업이 균등하게 배분되어 A, B, C, D 작업장 모두 2.5분이 소요된다고 가정하면 다음과 같이 주기시간은 2.5분이 되어 시간당 24개를 생산하게 되고 유휴시간은 0이 된다.

그림 4-19 제품별 배치

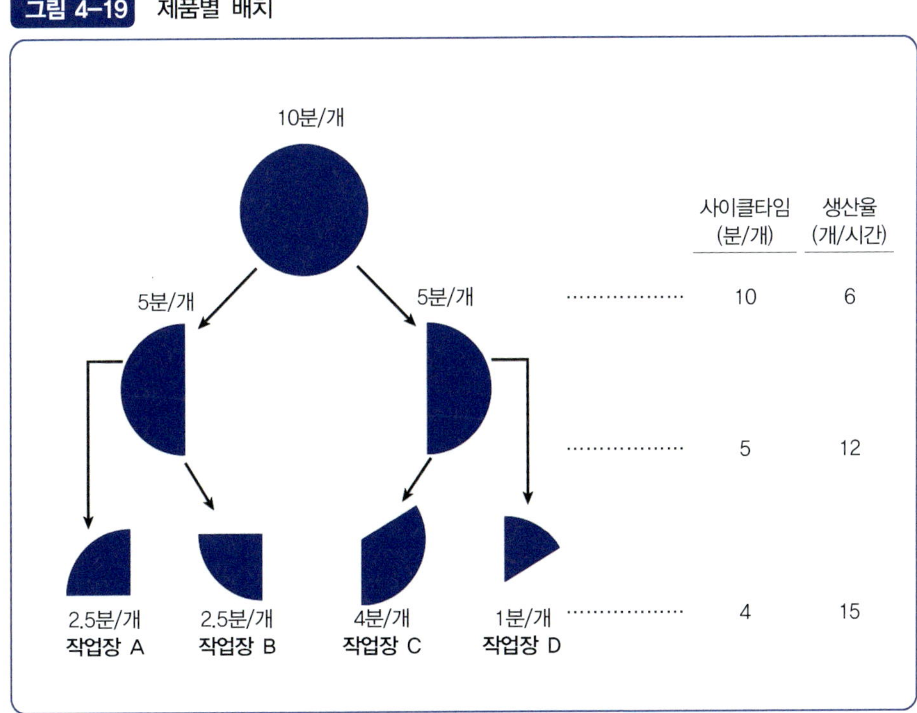

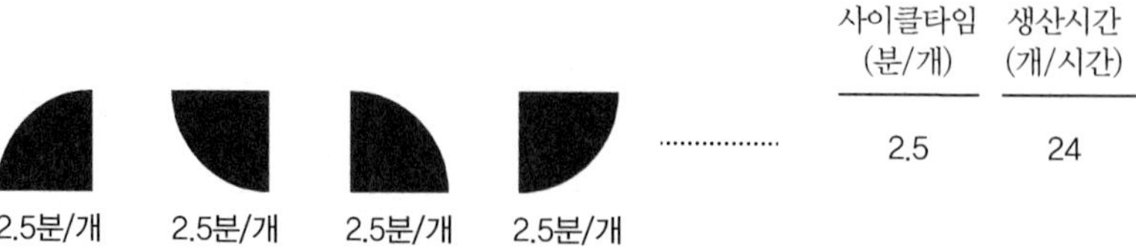

이처럼 모든 작업장에 균등한 작업이 할당되면 유휴시간이 0이 되어 라인의 효율성이 높아지므로 노동 및 설비의 활용 정도 즉 공정효율이 극대화되는 장점이 있다. 공정효율은 일정한 계산 순서를 따라 산출된다. 먼저 주기시간은 다음과 같이 총가용 생산시간을 목표 생산량으로 나누어 계산한다.

$$주기시간 = \frac{총\ 가용\ 생산시간}{목표\ 생산량}$$

다음으로 최소 필요 작업장 수는 제품 하나를 생산하는 데 소요되는 총작업시간을 주기시간으로 나누어 다음과 같이 구한다.

$$최소작업장수 = \frac{제품\ 단위당\ 총\ 작업시간}{주기시간}$$

작업장 수가 결정되면, 각 작업장에 작업이 균형 있게 배분되도록 할당을 진행한다. 작업을 할당하는 방식에는 다양한 기준이 있으며, 대표적으로는 다음과 같은 방법들이 있다.

- 작업 소요시간이 오래 걸리는 작업을 우선 배정하는 방법
- 후행 작업의 수가 많은 작업을 우선 배정하는 방법
- 후행 작업의 총소요시간이 큰 작업을 우선 배정하는 방법
- 선행 작업의 수가 적은 작업을 우선 배정하는 방법

마지막으로 전체 주어진 작업시간 중 실제 작업이 수행된 시간을 나타내는 공정효율은 다음 공식으로 계산되고, 이 공정효율이 높을수록 작업장 배치가 잘 이루어졌다는 것을 의미한다.

$$\text{공정효율} = \frac{(\text{제품 단위당 총작업 소요시간})}{(\text{작업장 수} \times \text{주기시간})}$$

예제 4-1

ABC 노트북 생산업체의 시간당 목표 생산량은 50개이며, 작업자는 50분 작업에 10분간의 휴식 시간을 가진다. 노트북은 총 8개 공정을 통해 완성되며 공정별 선행공정 및 작업시간에 대한 자료는 다음과 같다. 공정균형을 이루는 방안을 구하라.

작업	선행작업	소요시간(분)
a		0.8
b	a	0.4
c	b	0.6
d	c	0.2
e	c	0.3
f	d,e	0.5
g	f	0.8
h	g	1.0
	합 계	4.6

ⓐ→ⓑ→ⓒ ↗ⓓ↘ ↘ⓔ↗ ⓕ→ⓖ→ⓗ

해답

• 주기시간과 최소작업장수의 계산은 다음과 같다.

$$\text{주기시간} = \frac{\text{총가용생산시간}}{\text{목표생산량}} = \frac{50\text{분/시간}}{50/\text{시간}} = 1.0\text{분}$$

$$\text{최소작업장수} = \frac{\text{제품단위당 총작업소요시간}}{\text{주기시간}} = \frac{4.6\text{분}}{1.0\text{분}} \approx 4.6 \rightarrow 5\text{개}$$

• 작업 할당은 다음과 같다.

작업 할당 방법 중에서 작업시간이 오래 걸리는 작업을 우선적으로 배정하는 방법을 사용하여 작업을 할당한다.

작업장	작업 할당	작업 소요시간
1	a	0.8
2	b, c	0.4+0.6=1
3	e, d, f	0.3+0.2+0.5=1.0
4	g	0.8
5	h	1.0

표를 보면 각 작업장의 작업 소요시간이 주기시간(1.0분)보다 같거나 작다. 작업장 3의 경우 d, e, f가 아니라 e, d, f로 할당된 것은 d와 e는 선후관계가 없어 작업시간이 긴 e를 우선 할당하였기 때문이다.

• 조립공정효율

$$효율 = \frac{제품단위당\ 총작업시간}{작업장수 \times 주기시간} = \frac{4.6}{5 \times 1.0} = 0.92$$

따라서 전체 작업장에 주어진 총 작업시간 중 92%는 실제 작업에 활용되고 나머지 8%는 유휴시간으로 분류된다.

제품별 배치의 장단점은 <표 4-8>과 같다.

〈표 4-8〉 제품별 배치의 장단점

장 점	단 점
1. 단위당 생산비용이 낮다.	1. 전문화되어 변화에 대한 유연성이 낮다.
2. 작업흐름의 단순화로 운반거리가 짧다.	2. 전용설비에 대한 초기 투자 부담이 크다.
3. 기계와 작업자의 이용률이 높다.	3. 병목이나 고장이 전체 라인에 영향준다.
4. 재공품의 재고가 작다.	4. 적은 수량의 제조에는 고정비 부담이 크다.
5. 일정계획이 간단하고 관리가 용이하다.	5. 단순 작업으로 작업 만족도가 낮다.
6. 단순반복작업으로 작업자의 훈련이 용이하다.	6. 제품다양성이 부족하다.

공정별 배치(Process Layout)

공정별 배치는 유사한 기능이나 작업을 수행하는 장비, 부서, 인력 등을 한곳에 묶어 배치하는 방식이다. 예를 들어 [그림 4-20]에서 보듯이 병원은 외과, 내과, 소아과 등 진료과별로 구분되고, 관공서는 인사과, 회계과, 복지과, 민원실 등 기능별로 구성된다. 또한 백화점은 여성복 코너, 남성복 코너, 식품 코너 등 상품군별로 기능을 분리하고, 기계공장은 선반, 밀링, 드릴 등 공정 단위별로 나누어 운영된다.

이처럼 유사한 기능을 수행하는 설비를 모아서 배치하므로 공정별 배치를 기능별 배치(Functional Layout)라고도 한다. 공정별 배치 또는 기능별 배치는 다품종소량생산이나 주문생산에 적합한데, 제품마다 필요한 작업공정이 다르므로 하나의 일관된

그림 4-20 의료시설의 공정배치

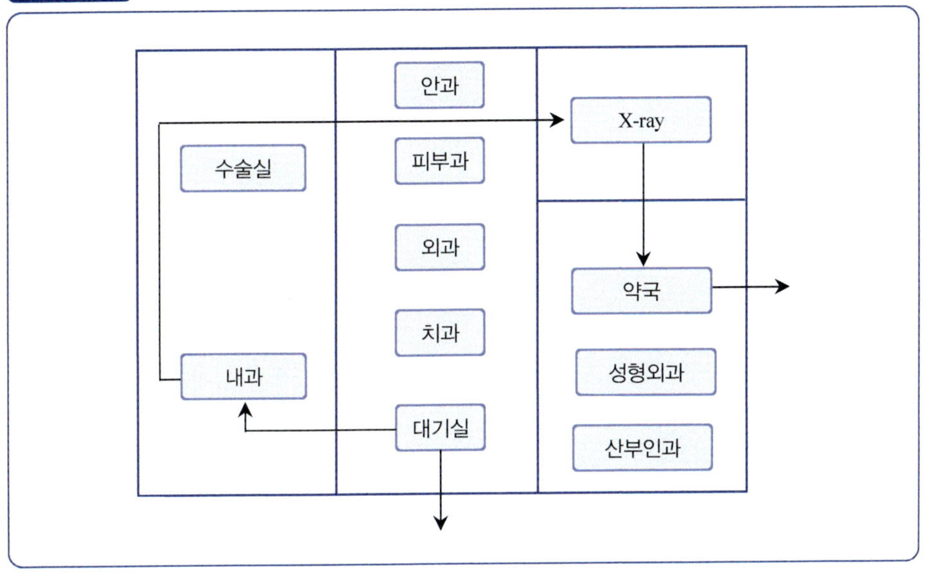

흐름이 아니고 제품이 필요한 작업장을 선택적으로 거치는 혼합 흐름 형태가 된다. 이런 이유로 공정별 배치는 병원, 대학, 사무실, 주문생산공장 등 다양한 작업 경로가 요구되는 환경에서 주로 사용된다.

공정별 배치는 유연성이 높아 다양한 제품을 생산할 수 있는 장점이 있지만, 작업흐름이 복잡하고 이동 경로가 길어질 수 있어 동선 관리와 일정 조정이 어려울 수 있다. 이러한 장단점은 <표 4-9>와 같이 정리될 수 있다.

공정별 배치에서는 각 공정의 물리적 위치를 결정하는 것이 중요하다. 예를 들어 8개의 공정이 있다면 가능한 배치 대안은 8!(=40,320) 가지이며, 이 중 일부 대안은

〈표 4-9〉 공정별 배치의 장단점

장 점	단 점
1. 변화에 대한 유연성이 높다.	1. 대량생산에 불리하다.
2. 범용설비로 투자비용이 적다.	2. 운반 능률이 낮다.
3. 고장 등은 전체 공정에 영향을 덜 준다.	3. 재공품 재고가 많다.
4. 소량 제조에 유리하다.	4. 설비와 작업자의 활용률이 낮다.
5. 작업 만족도가 높다.	5. 주문별로 내용이 달라 관리가 복잡하다.

다음과 같다.

• 대안 1

공정 8→공정 4→공정 2→공정 3→공정 7→공정 6→공정 1→공정 5

• 대안 2

공정 1→공정 2→공정 4→공정 3→공정 5→공정 6→공정 8→공정 7

• 대안 3

공정 5→공정 7→공정 4→공정 1→공정 3→공정 6→공정 8→공정 2

공정 간 운반비용, 운반횟수, 운반거리 등이 서로 다르기 때문에 어떤 대안을 선택하느냐에 따라 총비용이 달라진다. 공정 수가 적을 경우에는 모든 배치 대안을 비교하여 최적해를 도출할 수 있지만, 공정 수가 많아질수록 대안의 수가 기하급수적으로 증가하므로 일반적으로는 컴퓨터 시뮬레이션을 활용하여 만족해(Satisficing Solution)를 도출하는 방식을 사용한다. 이러한 설비배치의 주요 평가 기준으로는 이동 거리의 최소화, 자재 운반비용의 최소화, 관련 부서와의 근접성(Proximity) 극대화 등이 있다.

위치 고정형 배치(Fixed-position Layout)

빌딩건축이나 우주선발사와 같은 프로젝트의 경우 제품이 크고 무거워 제품별 배치나 공정별 배치처럼 작업물의 흐름을 따라 설비나 시설을 배치할 수 없다. 이런 경우에는 작업물이 한 장소에 고정된 상태에서 공구, 장비, 설비, 작업자가 해당 위치로 이동하여 작업을 수행하는 위치 고정형 배치방식이 사용된다. 따라서 공정의 흐름은 존재하지 않고 작업의 순서가 중요한 특성을 지닌다. 이 생산방식은 생산단위가 크고, 작업이 비반복적이며, 독창성과 유일성을 갖는 경우가 많다. 따라서 선박건조, 비행기제작, 교량건설 등의 경우에는 자재운반비용이 설비배치에서 매우 중요한 고려 요소가 된다. 일반적으로 자주 사용하는 자재는 작업 현장에 가까운 곳에 반면 드물게 사용하는 자재는 먼 곳에 배치하게 된다. <표 4-10>은 위치 고정형 배치의 장단점을 보여준다.

〈표 4-10〉 위치 고정형 배치의 장단점

장 점	단 점
1. 생산물 이동을 최소화할 수 있다. 2. 제품 다양성에 유연하게 대응할 수 있다. 3. 대형이거나 복잡한 제품생산에 적합하다.	1. 제조현장까지 자재와 설비의 운송비용이 높다. 2. 기계설비의 활용률이 낮다. 3. 고도의 숙련공이 필요한 작업이 많다.

이상에서 검토한 설비배치의 유형별 특성은 <표 4-11>에 요약되어 있다.

〈표 4-11〉 위치 고정형, 공정별, 제품별 설비배치의 특성

특성	위치 고정형	공정별	제품별
생산형태	프로젝트생산	개별, 묶음생산	연속, 대량생산
생산물의 흐름	생산물 고정, 설비 이동	주문별 다양한 흐름	제품별 연속흐름
생산설비	번용설비	범용설비	전용설비
운반비용	높음	매우 높음	낮음
시설이용율	낮음	낮음	높음
배치/변경비용	낮음	비교적 낮음	매우 높음
주요결정사항	일정관리	설비(작업장) 위치	공정균형화
생산원가	높음	높음	낮음
리드타임	느림	느림	빠름
재공품재고	높음	높음	낮음
일정계획	복잡	복잡	단순
작업내용	복잡	복잡	단순
직무만족도	높음	높음	낮음
효율성	낮음	낮음	높음
유연성	높음	높음	낮음
적합한 제품	크고 복잡한 제품	다양한 사양의 제품	표준화된 제품

혼합형 배치

설비배치의 형태는 생산공정의 유형과 밀접한 관계가 있다. 라인공정은 제품별 배치를, 단속공정은 공정별 배치를, 프로젝트공정은 위치 고정형 배치를 일반적으로

적용한다. 그러나 공정유형이 결정되었다고 해서 설비배치가 자동으로 결정되는 것은 아니다. 공정유형뿐 아니라 수요의 크기, 표준화 정도, 수요의 안정성 등의 요인을 함께 고려하여 설비배치를 결정해야 한다.

생산 특성과 공정 요구에 따라 위치 고정형 배치, 공정별 배치, 제품별 배치가 서로 결합되는 경우가 많다. 이를 혼합형 배치(Hybrid Layout)라 한다. 예를 들어 전자제품공장에서 최종조립라인은 일정한 순서에 따라 대량으로 생산되므로 제품별 배치를 적용하고, 그 부품을 만드는 공정은 다양한 제품을 유연하게 생산할 수 있도록 공정별 배치를 적용하는 경우가 이에 해당한다.

이처럼 실제 산업 현장에서는 단일 형태의 설비배치보다 혼합형 배치(Hybrid Layout)를 적용하는 것이 일반적이다. 이는 각 설비배치 방식의 장점을 조합함으로써 생산 효율성과 유연성을 동시에 확보하려는 데 목적이 있다. 최근에는 이러한 혼합형 배치의 대표적인 형태로 셀생산 배치와 U자형 배치가 주목받고 있다.

그룹별 배치

그룹별 배치(Group Layout)는 다양한 품목을 생산하면서 자재의 운반이나 대기시간을 줄일 수 있도록 고안된 배치형태로, 유사부품들을 몇 개의 그룹으로 나누어 그룹별로 생산설비를 배치하는 방법이다. 그룹별 배치에는 셀 생산배치와 U자형 배치가 대표적이다. 이들 배치는 GT 생산 내지 로트(Batch) 생산에 적합하다.

셀 생산배치

셀 생산배치(Cellular Manufacturing Layout)란 [그림 4-21]에서 보듯이 유사한 부품들을 하나의 부품군으로 분류하고, 이 부품군을 만들기 위한 설비와 작업자를 하나의 셀(Cell)로 구성하여 생산하는 방식이다. 셀 내의 설비는 제품의 공정 순서에 따라 배치되므로 제품별 배치와 유사한 형태를 띤다.

이 방식은 소수의 작업자가 하나의 제조 셀 내에서 시작부터 종료까지 전 공정을 작업자의 책임하에 자율적으로 수행한다. 기존의 라인 생산방식은 대량생산에 적합하지만 생산해야 할 제품 변경 시 시간과 비용이 많이 요구되는 단점이 있다. 반면

그림 4-21 라인생산과 셀 생산방식

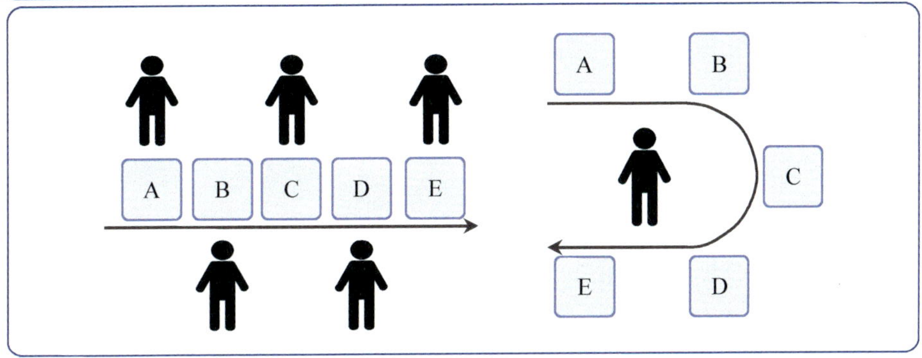

셀 생산방식은 제품 변경이 쉬워 다양한 제품을 유연하게 생산할 수 있으므로 고객 맞춤형 생산에 적합하다. 또한 작업자가 반복적인 단일 작업만을 수행하지 않고 다양한 공정을 수행하기 때문에 업무에 대한 책임감, 만족감, 성취감이 높아지는 장점도 있다.

셀 생산방식이 효과적으로 작동하기 위해서는 셀에서 생산하는 제품 수요가 변동성이 낮고 예측할 수 있어야 하고 일정 수준 이상으로 충분히 확보할 수 있어야 한다. 셀 생산방식의 장점으로는 다음과 같다.

- 효율성 개선
  기능별 배치는 설비 간 거리가 멀고, 제품 이동이 복잡하며, 대기시간이 많아 소량생산에 비효율적이지만, 셀 배치는 한 셀에서 유사 제품을 시작부터 끝까지 대부분 처리하므로 리드타임과 간접비용이 감소하여 효율성을 높일 수 있다.

- 생산 및 일정계획의 단순화
  셀 단위로 생산 일정을 관리할 수 있어 계획 수립이 용이하다.

- 흐름 생산 촉진
  공정이 연속적으로 이루어져 대량생산처럼 효율적인 흐름을 구축할 수 있다.

- 전용화 및 자동화 가능성
  셀 단위로 특화된 설비나 자동화를 적용할 수 있다.

• 작업자의 만족도 향상

자기 완결형 방식으로 작업의 시작부터 끝까지 참여하므로 동기부여가 높다.

반면 단점으로는 다음과 같은 요소가 있다.

• 그룹화 과정의 복잡성

유사한 부품을 묶어 셀을 구성하기 위한 분석과 분류가 까다롭다.

• 중복 투자

설비나 인력의 중복 투자가 발생할 수 있어 비용이 증가한다.

• 설비 고장 시 위험성

셀 내 특정 설비에 문제가 생기면 전체 셀의 생산이 중단될 수 있다.

U자형 배치

U자형 배치(U-shaped Layout)는 한정된 공간에서 작업의 효율성과 커뮤니케이션을 극대화할 수 있도록 고안된 형태이다. 생산공정이 U자형 동선으로 구성되어, 작업자가 시작점과 종료점 사이를 최소한으로 이동하면서 다수의 작업을 수행할 수 있다. 이 방식은 첫째, 1인 또는 소수 인원이 여러 공정을 처리할 수 있어 인력 운영이 효율적이고, 둘째, 작업장의 배치가 간결하여 공간 활용도가 높고, 셋째, 작업자 간 거리가 가까워 협업과 정보 공유가 쉽고, 넷째, 유연한 작업 운영이 가능하여 다양한 제품생산에 대응하기 쉽다. 하지만 소품종대량생산일 경우에는 공정 흐름에 문제가 발생할 수 있다.

요약

- 생산공정은 변환 과정의 기술적 의미이고, 생산공정설계는 생산공정의 구성요소와 이들의 결합 방식을 구상하는 것이다.
- 생산공정설계는 ① 공정유형의 결정 ② 생산 단계의 결정 ③ 생산 방법의 결정의 세 가지 단계의 연속적 과정이다.
- 공정유형은 프로젝트공정, 주문공정, 묶음공정, 반복조립공정, 연속공정의 다섯 가지로 분류할 수 있다.
- 공정유형을 결정할 때는 수직적 통합, 생산 유연성, 자동화 수준, 자원 유연성 등을 종합적으로 고려해야 한다.
- 공정을 생산 흐름의 기준에서 분류한다면 라인공정, 단속공정, 프로젝트공정으로 구분할 수 있다.
- 라인공정은 제품이 만들어지는 순서대로 생산 흐름이 연속되고, 단속공정은 서로 다른 제품을 생산할 때마다 생산 준비가 필요해 생산 흐름이 단절된다.
- 라인공정은 전용설비를 선택하는 것이 보통이고, 단속공정은 범용설비를 선택하는 것이 일반적이다.
- 라인공정은 주로 대량생산과 반복 작업에 적합하고, 단속공정은 다양한 제품의 묶음생산에 적합한 공정이다.
- 프로젝트공정은 공정의 흐름이 없고 생산순서만 있으므로, 건설이나 선박제작처럼 생산 단위 규모가 크고 비반복적인 독창성을 가진 제품의 생산에 적합한 공정이다.
- 설비배치는 일반적으로 공정유형에 따라 결정되는데, 라인공정에는 제품별 배치, 단속공정에는 공정별 배치, 프로젝트공정에는 위치 고정형 배치가 적용

된다.

- 제품별 배치는 제품이 만들어지는 순서에 따라 설비를 배치하는 방식으로, 병목현상이 발생하지 않도록 라인의 균형화가 중요하다.
- 공정별 배치는 같은 기능을 수행하는 설비들을 한곳에 모아 배치하는 방식으로, 각 공정을 어디에 위치할 것인가를 결정하는 것이 중요하다.
- 위치 고정형 배치는 제품은 고정된 위치에 있고 작업자나 장비가 해당 위치로 이동하여 작업을 수행하는 방식으로, 일정계획 수립이 중요하다.
- 설비배치의 관점에서 보면 주문공정의 경우는 공정별 배치이며, 반복조립공정은 제품별 배치이고, 프로젝트공정은 위치 고정형 배치이지만, 일반적으로는 혼합형 배치를 사용한다.
- 공정균형이란 각 작업장에 작업을 균등하게 할당하여 단위당 작업 소요시간의 불균형을 최소화하는 것을 말한다.
- 셀 생산방식이란 유사한 부품들을 하나의 그룹으로 묶은 후, 그룹별로 셀이라는 작업장에서 생산하는 방식으로, 셀 내에서의 설비배치는 제품별 설비배치와 유사하게 이루어진다.
- U자형 배치는 작업 효율성과 작업자 간 커뮤니케이션을 극대화할 수 있도록 고안된 설비배치 방식이다.

학습문제

01. 공정설계의 세 단계와 각 단계의 주요 내용을 설명하라.

02. 공정유형을 결정할 때 고려해야 할 요소들을 서술하라.

03. 라인공정과 단속공정을 흐름, 유연성, 설비 유형 측면에서 비교하라.

04. 프로젝트공정의 개념과 특성을 설명하라.

05. 제품별 배치, 공정별 배치, 위치 고정형 배치의 차이를 설명하라.

06. 다품종소량생산과 소품종대량생산에 적용되는 자동화의 차이점을 설명하라.

07. 유연생산시스템(FMS)의 주요 특징과 장점은 무엇인가?

08. 공정균형화가 필요한 이유와 생산 효율성에 미치는 영향을 설명하라.

09. 반복조립공정이 제품별 배치를 사용하는 이유는 무엇인가?

10. 제품별 배치에서 생산 흐름을 중시하는 이유는 무엇인가?

11. 혼합형 배치를 사용하는 이유와 장점을 사례와 함께 서술하라.

12. 셀생산 배치의 개념과 장단점을 설명하고, 셀 내부 구조가 제품별 배치와 유사한 이유를 서술하라.

13. 그룹 테크놀로지(GT)의 개념과 셀 생산과의 관계를 설명하라.

14. CAD/CAM 시스템이 공정설계에 미치는 영향을 간단히 서술하라.

15. 컴퓨터 통합 생산시스템(CIM)이 생산공정에 어떤 영향을 주는지 설명하라.

16. 전방통합과 후방통합의 개념 차이를 설명하라.

17. 생산 유연성과 자원 유연성의 차이는 무엇인가?

Chapter 05

수요예측

학습목표

예측은 생산계획의 수단으로서 제품이나 서비스에 대한 수요를 과학적 방법을 통해 미리 추정해내는 것을 의미한다. 그러나 한 가지 분명한 사실은 미래 예측은 본질적으로 높은 불확실성을 수반하기 때문에 어떠한 예측도 완전할 수 없다는 점이다. 하지만 예측 없이는 계획 또한 수립할 수 없다. 대부분의 예측은 사실 전문가에 의해 수행되지만 생산 담당자는 전문가가 제공한 예측을 이해해야 하므로 예측과 관련된 용어나 기법에 익숙해야 한다. 본 장에서는 생산운영계획의 기초가 되는 예측의 필요성과 예측의 다양한 기법들을 계량적 기법과 비계량적 기법으로 나누어 살펴본다.

수요예측의 개념

예측은 환경 변화에 대응하는 계획 수립에 필수적이다. 안정적인 환경에서는 예측의 필요성이 낮지만, 오늘날과 같이 급변하는 환경에서는 예측의 중요성이 크다. 또한 예측 없이는 변화에 대응하는 계획 수립이 불가능하므로 예측과 계획 수립은 상호 긴밀하게 연계되어 있다. 예를 들어 다음과 같은 생산 관련 의사결정에서 예측이 없다면, 이에 대한 합리적인 판단 역시 불가능할 것이다.

- 공장 증설을 어느 규모로 해야 하는가?
- 내년 종업원을 몇 명이나 채용해야 하는가?
- 다음 주 원자재를 얼마만큼 구입해야 하는가?

예측은 기업과 외부환경 사이를 연결시키는 역할을 수행하므로 변화하는 환경에서 생존하기 위해 기업은 다음과 같은 역량이 요구된다.

첫째, 미래 환경을 정확히 예측하는 역량
둘째, 변화에 유연하게 적응하는 역량

기업의 지속 성장은 수요예측을 통해 환경 변화에 유연하게 대응할 수 있는 생산시스템의 설계와 효율적인 운영 · 관리 능력을 전제로 한다. [그림 5-1]처럼 수요예측은 생산운영의 장기 · 중기 · 단기 의사결정을 하는 데 핵심 투입 요소이다.

생산시스템의 설계

제품설계, 입지선정, 생산능력계획 등과 같은 전략적이고 장기적인 의사결정에는 2~10년 사이의 전반적인 수요추세에 대한 예측이 요구된다. 이러한 예측을 바탕으로 제품, 공정, 생산능력 등이 결정되면 생산시스템이 고정되어 향후 수정이 어려워진다. 따라서 장기 수요예측이 실제 수요와 크게 다르면 과잉 또는 과소 생산, 부적절한 설비투자 등으로 인해 기업의 장기적 성과에 심각한 영향을 미칠 수 있다.

그림 5-1 생산운영 의사결정을 위한 수요예측

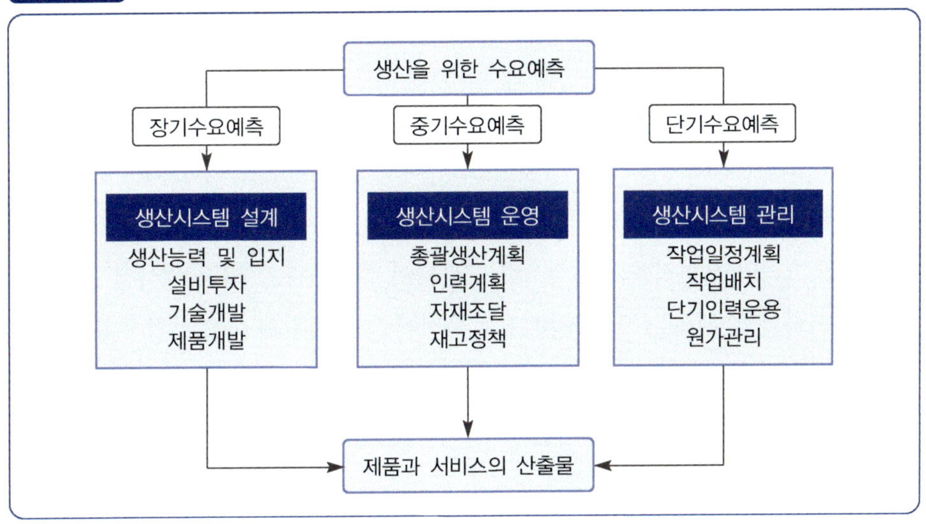

생산시스템의 운영

중기 예측은 통상 1개월에서 24개월의 기간 동안 제품별 또는 제품군의 수요변화를 월별 혹은 분기별로 산출하는 예측 기법이다. 이러한 중기 예측이 정확하면 기존 생산시스템 운영이 보다 효과적으로 된다. 계절적 또는 순환적 변동성을 지닌 수요에 대응하여 생산시스템의 노동 수준, 조업률, 재고 수준 등을 결정하는 총괄 생산계획(Aggregate Planning)을 수립하는 데 있어, 중기 예측 자료는 핵심적인 의사결정의 필수 자료로 기능한다.

생산시스템의 관리

공정관리, 원가관리, 재고관리, 설비관리에 관련된 단기 의사결정을 하려면 보통 일주일에서 5주간에 이르는 제품별 또는 제품군별로 시간별, 일별 또는 주별로 정확한 수요예측이 요구된다. 잘못된 단기 예측으로 인한 완제품의 재고는 생산시스템의 완충적 기능을 수행하지 못하고 바로 손실로 이어진다. 이와 같이 생산시스템의 단기 관리에서 요구되는 수요예측은 정확성이 특히 강조된다. 단기 수요예측은 관련 변수가 적고 환경 변화가 적어 안정적이므로 상대적으로 높은 예측 정확성을 기대할 수 있다.

예측 특성

<표 5-1>에서 보듯 조직의 계층 구조는 최고 경영자층, 중간 관리자층, 그리고 일선 관리자층으로 구분된다. 의사결정의 성격에 따라 전략적 의사결정, 관리적 의사결정, 그리고 운영적 의사결정으로 구분되어 설명된다. 운영적 의사결정은 주로 일선 관리자가 수행하는 일상적이고 반복적이면서 기본적인 업무활동과 관련된 의사결정이다. 예로는 매일 또는 매주 발생하는 판매관리, 주문처리, 재고관리 등이 있다. 운영적 의사결정을 수행하는 데 요구되는 정보의 대부분은 과거나 현재의 사실(Facts)에 관한 내용으로 계량적이며 구체적이고 주로 기업 내부에서 획득할 수 있다. 운영적 의사결정 문제는 상대적으로 정형화가 용이하므로 정량적 기법이 많이 사용된다.

반면 전략적 의사결정은 제품개발, 공장입지선정, 첨단기술도입 등과 같이 주로 최고 경영자가 수행하는 장기적인 의사결정이다. 전략적 의사결정은 다른 의사결정에 비해 보다 복잡하고, 미래 지향적이고, 불확실성이 높다는 특징을 가지고 있다. 그러므로 전략적 의사결정에서 요구되는 정보의 상당 부분은 외부에서 확보해야 하고 광범위한 분야에 걸쳐 미래지향적 성격을 지녀야 한다. 이러한 전략적 의사결정 문제는 정형화가 용이하지 않기 때문에 경험과 직관에 의존하는 정성적 기법이 많이 사용된다.

〈표 5-1〉 조직 수준별 정보 특성

정보의 성격	설계	운영	관리
출처	외부	↔	내부
관련 변수	많고 불명확	↔	적고 명확
요약 수준	축약	↔	상세
시간 지향도	장기	↔	단기
정확도	낮음	↔	높음
이용빈도	낮음	↔	높음

수요시계열

수요변동의 요인

제품이나 서비스에 대한 수요는 변화하므로 수요의 변동 원인을 명확히 파악할 수 있다면 수요예측은 더욱 용이하고 정확해질 수 있다. 그러나 수요변동을 유발하는 원인은 [그림 5-2]에서 보듯 복잡하고 다양하므로 모든 변동요인을 고려하여 예측하는 것은 거의 불가능하다. 따라서 수요예측에는 과거의 수요자료가 주로 활용되는데, 과거의 수요자료는 모든 변동요인을 이미 반영하고 있기 때문이다.

이러한 수요변동 요인은 통제 불가능한 외부 요인과 통제 가능한 내부 요인으로 구분한다. 경영자가 조절할 수 있는 내부 요인은 수요에 직·간접적인 영향을 미칠 수 있다. 가격 정책, 제품 특성, 판촉 활동, 고객 서비스, 인센티브 정책 등을 기업이 어떻게 설정하느냐에 따라 수요는 달라질 수 있다. 경영자는 이러한 내부 요인을 활용하여 신제품이나 기존제품의 미래 수요의 양과 시기를 조정함으로써 수요변화에 대응할 수 있다. 한편 경영자가 조절할 수 없는 외부 요인으로는 고객 욕구,

그림 5-2 수요변동의 요인

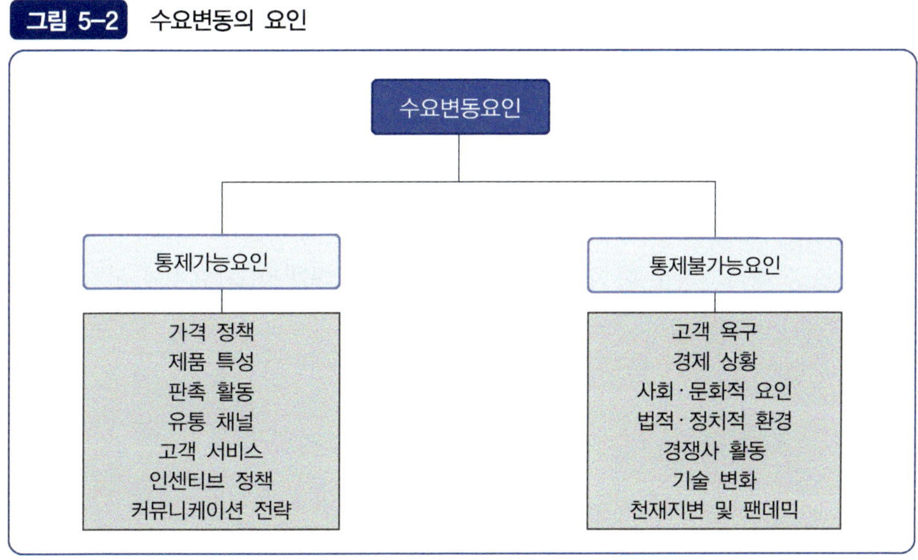

경제 상황, 사회 · 문화적 요인, 법적 · 정치적 환경, 경쟁사 활동, 기술 변화 등이 포함된다.

수요시계열의 구성요인

수요변화에 영향을 주는 요인들이 다양하고 복잡하기 때문에 개별 요인의 영향력을 분석하는 대신 모든 요인의 영향을 반영한 과거의 수요자료를 분석 기반으로 한다. 이러한 접근 방식은 과거 수요변동 요인들의 영향력이 향후 에도 유효하게 지속될 것이라는 근본 가정에 기초하여, 과거의 수요패턴이 미래수요패턴에도 반복된다는 핵심 전제가 성립한다. 따라서 과거 수요 자료에 대한 시계열 분석을 통해 계절성 및 추세와 같은 핵심 패턴을 파악하며, 이를 기초로 미래 판매를 예측한다.

수요시계열이란 시간순으로 나열된 수요자료로서, 일반적으로 [그림 5-3]과 같이 추세(Trend)변동, 순환(Cyclical)변동, 계절(Seasonal)변동, 우연(Random)변동의 네 가지 요소로 구성된다.

- **추세변동** : 수요가 점진적으로 증가하거나 감소하는 장기적인 변동
- **순환변동** : 경기순환 등 경제적 요인에 따라 일정 주기로 반복되는 중 · 장기적인 변동
- **계절변동** : 계절, 월, 분기 등 일정한 시기에 반복되는 정기적인 변동
- **우연변동** : 예측이 어렵고 원인을 특정하기 힘든, 돌발적이고 불규칙한 변동

이러한 구성요소를 분석함으로써 보다 체계적이고 신뢰도 높은 수요예측이 가능해진다. 수요변화를 시계열로 관찰한 수요패턴은 추세변동, 순환변동, 계절변동, 우연변동 중 하나의 단순한 형태로 나타나기보다는 대개 이들 요소가 복합적으로 작용한 결과로 나타난다.

수요패턴

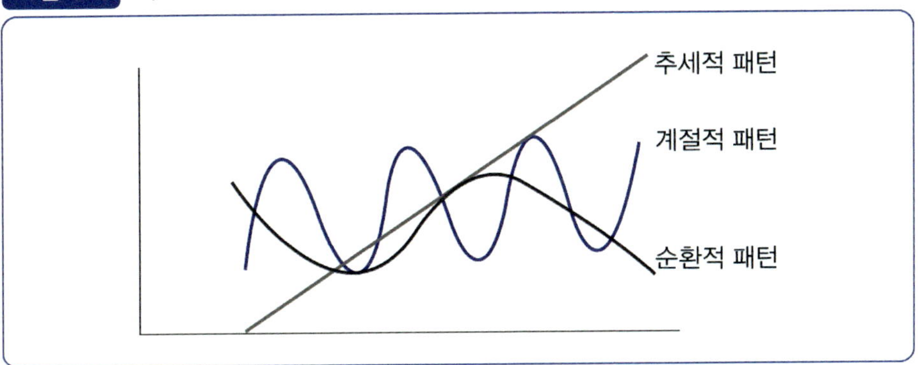

예측 기법의 유형

예측 기법은 일반적으로 정성적 방법과 정량적 방법의 두 가지로 구분된다. 정량적 방법은 다시 시계열 예측법과 인과형 예측법으로 세분된다. 이들 기법은 [그림 5-4]와 <표 5-2>와 같이 구분될 수 있다.

정성적 예측법(Qualitative Methods)

정성적 예측법은 경영자의 판단이나 경험, 전문가의 의견, 시장조사 결과 등 주관적인 정보를 바탕으로 미래의 수요를 예측하는 기법이다. 이 방법은 과거 수요자료가 없거나, 자료 수집에 과도한 시간과 비용이 소요되거나, 외부 환경의 급격한 변화로 인해 기존 자료의 신뢰성이 낮은 경우 등에 유용하게 활용된다. 정성적 예측 기법은 정량적 분석에 비해 예측 과정이 상대적으로 간단하고 명확하다는 장점이 있으나, 논리적 근거가 부족하여 예측의 신뢰성과 일관성이 떨어질 수 있다는 한계가 있다. 대표적인 정성적 예측 기법으로는 델파이법, 패널합의법, 시장조사법, 유추법 등이 있다.

그림 5-4 수요예측 분석

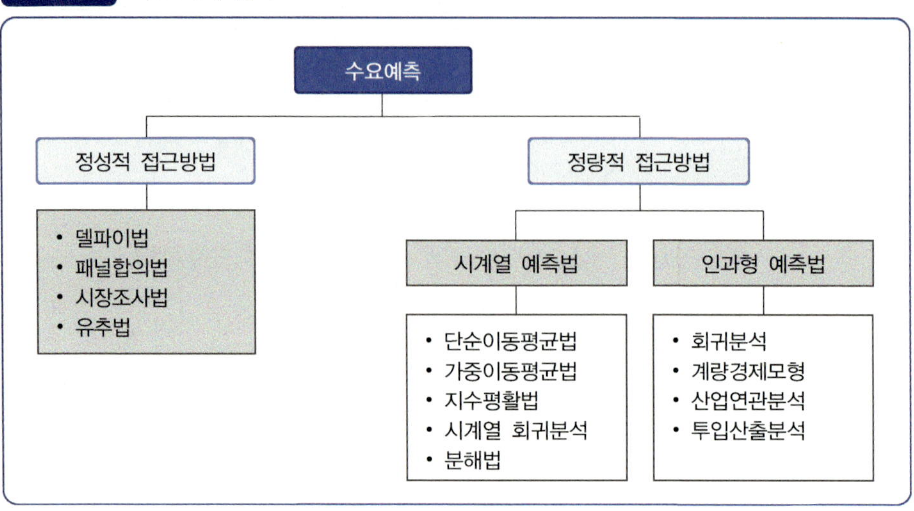

〈표 5-2〉 수요예측 기법의 비교

구분	정성적 예측	시계열 예측	인과형 예측
정의	주관적 판단을 바탕으로 예측	과거 수요자료를 분석하여 예측	수요에 영향을 미치는 변수와의 인과관계를 이용해 예측
자료 요구	과거자료 없어도 가능	시간별 수요 과거자료	수요 및 관련 변수들의 과거자료
예측 기간	장기 및 신제품 예측	단기 및 중기 예측	중장기 예측
장점	정량적 자료 부족 시 활용 가능, 유연성 높음	과거 패턴이 안정적일 때 높은 정확도	환경변화를 인과관계 모형에 반영 가능
단점	주관성으로 인한 오차 가능성 높음	과거 패턴이 미래에도 지속되지 않으면 정확도 저하	관련 변수 선택과 모델 구축이 복잡함

시계열 예측법(Time Series Forecasting)

과거의 수요패턴이 미래에도 지속될 것이라는 전제를 바탕으로 일정한 시간 간격(연, 월, 주, 일 등)에 따라 제시된 과거의 수요자료를 근거로 그 추세나 패턴을 파악하여 미래의 수요를 예측하는 방법이 시계열 예측법이다. 즉 과거 수요의 시간적 흐름을 분석함으로써 미래 수요의 추세와 패턴을 파악하는 방식이다. 따라서 시계열 예측법은 과거 수요패턴이 미래에도 지속된다고 가정할 수 있는 과거의 수요자료가 확보되어 있을 때 적합하다.

일별 주가, 월별 강우량, 분기별 전력 사용량, 연간 GDP 성장률 등은 시계열 예측이 적용 가능한 대표적 사례이다. 그러나 과거의 수요패턴이 미래에도 항상 동일하게 유지되기는 어렵기 때문에 시계열 예측법은 일반적으로 중·단기 예측에 적합하다. 단기에는 과거의 패턴이 크게 변하지 않고 유지될 가능성이 높기 때문이다. 대표적인 시계열 예측 기법으로는 단순이동평균법, 가중이동평균법, 지수평활법, 시계열 회귀분석 등이 있다.

인과형 예측법(Causal Forecasting)

수요에 영향을 미치는 요인들을 파악하고, 수요와 이들 요인 간의 인과관계를 수학적으로 분석하여 수요를 예측하는 정량적 기법이 인과형 예측법이다. 이러한 인과관계 분석에서는 종속변수로 수요를, 독립변수로 수요에 영향을 미치는 요인들을 설정한 후 수요를 예측한다. 예를 들어 기온이 판매량에 미치는 영향을 예측할 때, 기온을 독립변수로 판매량을 종속변수로 설정하여 미래의 수요를 예측할 수 있다. 이처럼 인과형 예측법은 수요 관련 변수의 과거 자료를 바탕으로 인과관계를 분석하여 미래 수요를 예측하는 방법이다. 주요 기법으로는 회귀분석, 계량경제모형, 산업연관분석, 투입산출분석 등이 있다.

정성적 예측법

정성적 예측법은 과거의 수요자료보다는 전문가의 의견, 직관, 경험, 시장조사 등 비계량적 정보를 기반으로 미래를 예측하는 방식이다. 주로 과거의 수요자료가 부족하거나 신제품, 신시장 등 불확실성이 큰 환경에서 사용되는데, <표 5-3>은 정성적 예측 기법들을 비교하여 정리한 내용이다.

〈표 5-3〉 정성적 예측법 비교

기법	개요	장점	단점
델파이법	전문가 의견을 익명으로 반복 수렴하여 합의된 예측 도출	익명성 보장, 집단지성 효과, 전문가 간 영향 최소화	시간·비용 소요, 전문가 구성에 따라 결과 편차 발생
패널합의법	전문가들이 모여 직접 토론하며 예측	빠른 합의 도출 가능	의견 왜곡 가능성, 유력 인사의 영향 가능성 존재
시장조사법	소비자 의견을 수집·분석하여 예측	실제 수요자의 의견 반영, 높은 예측 정확도	시간·비용 부담, 조사자 해석에 따른 결과 편차
유추법	유사 제품의 과거 자료를 바탕으로 예측	빠르고 직관적 적용 가능	유사성 판단의 주관성, 자료 확보 어려움

델파이법(Delphi Method)

전문가들로 구성된 위원회를 통해 합의된 예측을 도출하는 방법이다. 특이한 점은 전문가들이 한자리에 모여 토론하는 것이 아니라, 각 전문가에게 익명 설문을 통해 의견을 수집하는 방식에 있다. 수집된 응답을 종합·정리하여 위원들에게 다시 설문을 배포하여 의견을 수집한다. 이때 전문가들은 집단의 전체 의견을 참고하여 자신의 견해를 수정할 기회를 가진다. 이러한 과정을 다음과 같이 반복하면 전문가 집단의 의견은 점차 수렴되고 최종적으로는 합의된 예측치를 도출하게 된다.

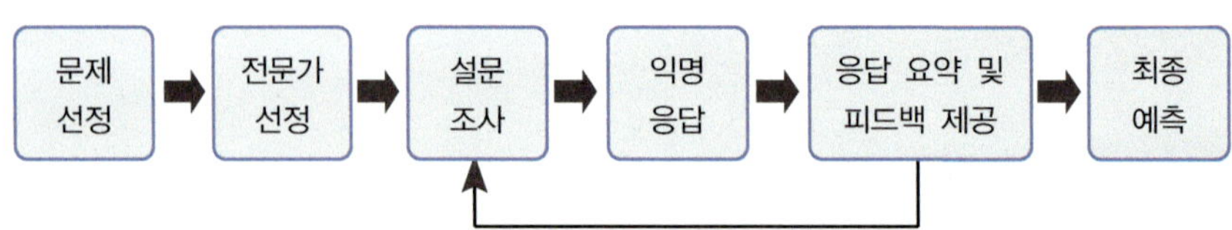

이 방법의 장점은 첫째, 전문가들이 비공개로 답을 하기 때문에 개별 전문가의 의견이 집단의 위원들로부터 영향을 받지 않는다. 둘째, 반복적인 피드백 과정을 통해 집단지성의 효과를 극대화할 수 있다는 점이다. 반면 단점으로는 첫째, 합의에 이르기까지 설문지를 여러 차례 반복적으로 배포하고 회수하므로 시간과 비용이 많이 소요된다. 둘째, 위원회를 구성하는 전문가에 따라 예측 결과가 상이하게 도출될 수 있다.

패널합의법(Panel Consensus Method)

여러 전문가나 관련자들이 한자리에 모여 토론을 통해 합의된 예측을 도출하는 예측법이다. 서로 다른 지식과 관점을 가진 전문가들이 함께 논의함으로써 보다 다양한 시각을 반영한 현실적이고 신뢰도 높은 예측을 빠르게 도출할 수 있다는 장점이 있다. 하지만 유력 인사가 토론을 주도하면 의견이 왜곡될 가능성이 크다. 델파이법과 마찬가지로 어떤 전문가들이 위원회에 참석하느냐에 따라 예측치는 달라질 수 있다.

시장조사법(Market Survey Method)

고객들의 표본집단으로부터 설문조사, 면접조사, 집단면접, 관찰조사 등의 방법을 통해 제품이나 서비스에 대한 고객의 의견을 수집한 후 통계 분석을 통해 수요를 예측하는 방법이 시장조사법이다. 시간과 비용이 많이 소요된다는 단점이 있으나 높은 정확도의 예측 정보를 얻을 수 있다는 장점이 있다. 시장조사법은 과거 수요자료가 아닌 고객의 주관적 응답을 토대로 예측이 이루어지고 또한 조사자의 분석이나 해석 방법에 따라 수요예측이 달라질 수 있다는 점에서 정성적 예측법으로 분류된다.

유추법(Analogy Method)

예측 대상 제품과 유사한 기존제품의 과거 수요자료를 활용하여 미래 수요를 예측하는 기법이 유추법이다. 예를 들어 신형 전자제품의 수요를 예측할 때 기존 전자제품의 수요변화 추이를 분석하여 이를 유추의 근거로 삼을 수 있다. 이 기법은 특히 신제품이나 신기술처럼 수요자료가 부족한 경우에 유용하며, 유사 제품의 자료를 활용하여 비교적 간단히 예측할 수 있다는 장점이 있다. 다만 유사 사례에 대한 적절한 자료의 확보가 어려울 수 있으며, 유사성 판단이 주관적일 경우 예측의 신뢰도에 영향을 줄 수 있다.

정량적 예측법

예측오차

예측은 언제나 오차가 있다. 예측오차(Forecasting Error)는 다음과 같이 실제치와 예측치와의 차이를 말한다.

$$E_t = D_t - F_t$$

여기서, E_t : t기간의 예측오차
D_t : t기간의 실제치
F_t : t기간의 예측치

예측오차는 예측 기법의 정확성을 평가하는 주요 척도이므로 가능한 한 최소화하는 것이 바람직하다. 예측오차를 측정하는 대표적인 지표로는 평균제곱오차(Mean Squared Error: MSE)와 평균절대편차(Mean Absolute Deviation: MAD)가 있다.

- MSE는 각 기간의 예측오차를 제곱한 다음 이를 모두 합산한 후 예측 기간 수(n)로 나눈 값이다.
- MAD는 각 기간의 예측오차의 절대값을 모두 합산한 후 예측 기간 수(n)로 나눈 값이다.

다음과 같이 계산되는 두 지표의 값이 작을수록 예측 기법의 정확도가 높다고 해석한다.

$$MAD = \frac{\sum_{t=1}^{k} |D_t - F_t|}{k}, \quad MSE = \frac{\sum_{t=1}^{k} (D_t - F_t)^2}{k}$$

여기서, D_t : 실제치
F_t : 예측치
k : 관측치 수

예제 5-1

다음의 자료를 가지고 MAD와 MSE를 구해보라.

실제치	예측치	예측오차(E_t)	$\lvert E_t \rvert$	E_t^2
20	18	2	2	4
24	21	3	3	9
26	27	−1	1	1
		합계	6	14

해답

$$MAD = \frac{\sum \lvert E_{t_t} \rvert}{3} = \frac{6}{3}\ , \quad MSE = \frac{\sum E_t^2}{3} = \frac{14}{3}$$

단순이동평균법

단순이동평균법의 개념

단순이동평균법(Simple Moving Average)은 과거 일정 기간의 수요자료를 평균하여 미래 수요를 예측하는 시계열 예측 기법 중 하나이다. 이 방법은 예측 시점으로부터 일정 기간(예: 3개월, 4년 등)의 수요자료를 동일한 가중치로 평균하여 예측치로 사용한다. 예를 들어 4개월 단순이동평균법은 예측 시점을 기준으로 직전 4개월 동안의 수요를 평균하여 해당 시점의 수요를 예측한다.

이 기법의 기본 가정은 과거의 수요패턴이 미래에도 지속될 것이라는 전제이며, 수요의 변동이 비교적 작은 경우에 적합하다. 반면 일정 기간의 자료를 동일한 비중으로 평균하므로 수요의 급격한 변화에는 민감하게 반응하지 못하는 단점이 있다. 단순이동평균법의 예측치는 다음의 수식으로 계산된다.

$$\text{단순이동평균 : } F_{t+1} = \frac{D_t + D_{t-1} + D_{t-2} + \cdots + D_{t-n+1}}{n}$$

여기서, D_t : t기간의 실제치

n : 이동평균의 기간

F_{t+1} : $t+1$기의 예측치

예제 5-2

다음과 같이 ABC 회사의 2024년도의 월별 판매자료가 있을 때, 2025년도의 1월의 예측치를 3개월 단순이동평균법을 이용하여 구하라.

월	1	2	3	4	5	6	7	8	9	10	11	12
판매실적	25	31	25	28	33	35	40	42	43	38	36	35

해답

2025년 1월의 예측치는 2024년 10월, 11월, 12월의 평균값으로 구할 수 있다.
즉, (38+36+35)/3≈36.3이다.

2개월 단순이동평균법에 의한 2025년 1월의 예측치는 다음과 같다.

$$X_{2025\_1} = \left(X_{2024\_1} + X_{2024\_12}\right)/2 = (36+35)/2 = 35.5$$

4개월 단순이동평균법에 의한 2025년 1월의 예측치는 다음과 같다.

$$\begin{aligned} X_{2025\_1} &= \left(X_{2024\_9} + X_{2024\_10} + X_{2024\_11} + X_{2024\_12}\right)/4 \\ &= (43+38+36+35)/4 = 38 \end{aligned}$$

단순이동평균법을 적용하기 위해서는 과거자료 중 몇 기간(n)의 자료를 평균할 것인지를 결정해야 한다. 이때 기간 수(n)의 선택은 예측 정확도에 큰 영향을 미치므로 면밀하게 판단해야 한다. 적절한 기간 수를 선택하는 한 가지 방법은 각기 다른 기간 수(n)에 대해 예측치를 계산하고, 그에 따른 예측오차를 측정하여 비교하는 것이다.

대표적인 예측오차 측정지표인 평균절대편차(MAD)를 사용하여 각 기간 수에 대한 MAD 값을 계산하고, 이 중 MAD 값이 최소가 되는 기간 수를 선택하면 예측 정확도를 향상할 수 있다. 이러한 방식은 다음 절에서 소개될 지수평활법과 같은 다른 예측 기법에서도 적용될 수 있다.

엑셀 해법

엑셀을 활용하여 $n=2$, $n=3$, $n=4$일 때 단순이동평균법으로 ABC 회사의 판매량 예측치를 계산하는 절차는 다음과 같다.

① 입력

입력창에 다음과 같이 입력한다.

	A	B	C	D	E	F	G
1							
2				단순이동평균법			
3		월	판매량	n=2	n=3	n=4	
4		1	25				
5		2	31				
6		3	25				
7		4	28				
8		5	33				
9		6	35				
10		7	40				
11		8	42				
12		9	43				
13		10	38				
14		11	36				
15		12	35				
16			MSE=				
17							
18							

예측치와 예측오차를 구하기 위해 다음과 같이 입력한다.

- $n=2$의 예측치

  셀 D6에는 =AVERAGE(C4:C5)를 입력한다.

  셀 D7:D15에는 셀 D6을 복사한다.

- $n=3$의 예측치

  셀 E7에는 =AVERAGE(C4:C6)를 입력한다.

  셀 E8:E15에는 셀 E7을 복사한다.

- $n=4$의 예측치

  셀 F8에는 =AVERAGE(C4:C7)를 입력한다.

  셀 F9:F15에는 셀 F8을 복사한다.

- MSE

  셀 D16에는 =SUMXMY2(C6:C15, D6:D15) / COUNT(D6:D15)를 입력한다.

  셀 E16에는 =SUMXMY2(C7:C15, E7:E15) / COUNT(E7:E15)를 입력한다.

  셀 F16에는 =SUMXMY2(C8:C15, F8:F15) / COUNT(F8:F15)를 입력한다.

여기서 사용한 n은 2, 3, 4이다. $n=2$인 경우 기간 $t=1$과 $t=2$에 대한 자료가 없어 예측치를 구할 수 없으므로 $t=3$부터 예측치를 구한다.

② 결과

엑셀을 활용하여 단순이동평균법으로 구한 예측치와 MSE는 다음과 같다.

	A	B	C	D	E	F	G	H
1								
2				단순이동평균법				
3		월	판매량	n=2	n=3	n=4		
4		1	25					
5		2	31					
6		3	25	28.00				
7		4	28	28.00	27.00			
8		5	33	26.50	28.00	27.25		
9		6	35	30.50	28.67	29.25		
10		7	40	34.00	32.00	30.25		
11		8	42	37.50	36.00	34.00		
12		9	43	41.00	39.00	37.50		
13		10	38	42.50	41.67	40.00		
14		11	36	40.50	41.00	40.75		
15		12	35	37.00	39.00	39.75		
16			MSE=	17.63	26.28	38.07		
17								
18								

단순이동평균법을 적용하려면 사용할 기간 수를 먼저 결정해야 한다. 즉 해당 문제에 적합한 n을 찾아야 한다. n이 작을수록 최근 자료의 특성을 직접 반영할 수 있다는 장점이 있지만, 만약 최근 자료가 예외적인 자료이면 예측이 왜곡될 수도 있다. 반면 n을 큰 값으로 정하면 시계열 자료의 변화를 상쇄시키는 평활(Smoothing) 효과로 인해 시간에 따른 자료의 변화추세를 올바르게 반영하지 못하게 될 수도 있다.

n을 결정하는 한 가지 방법은 MSE나 MAD 값을 비교하여 오차가 가장 작은 n을 선택하는 것이다. 엑셀 결과에 의하면 $n=2$의 MSE$=17.63$, $n=3$의 MSE $=26.28$, $n=4$의 MSE$=38.07$이므로, 이 경우 $n=2$ 모형이 $n=3$과 $n=4$ 모형보다 더 정확한 예측 결과를 제시할 수 있다.

가중이동평균법

가중이동평균법의 개념

단순이동평균법은 조사 기간 동안의 각 수요자료에 똑같은 가중치를 부여함으로써 각 수요자료는 예측하고자 하는 변수에 동일한 영향을 미친다. 예를 들어 4개월 단순이동평균법의 경우 각 월의 수요에 동일한 1/4의 가중치를 적용하여 예측치를 계산한다. 그러나 이 방식은 최근의 수요변화를 덜 반영한다는 단점이 있다.

이에 반해 가중이동평균법(Weighted Moving Average)은 예측시점에 보다 가까운 시점의 자료에 더 큰 가중치를 부여하고 먼 과거 시점의 자료일수록 작은 가중치를 적용함으로써, 최근 수요변화를 더 정확히 반영할 수 있다. 가중치는 사용자의 과거 경험에 의거하여 산출하는 경우가 많으며, 전체 가중치의 합은 반드시 1이 되어야 한다. 가중이동평균법의 일반적인 계산식은 다음과 같다.

$$\text{평균 : } F_{t+1} = W_1 D_t + W_2 D_{t-1} + \cdot \cdot \cdot + W_n D_{t-n+1}$$

$$\text{단, } \sum_{i=1}^{n} W_1 = 1 \ \ (W_1 \text{ : 가중치})$$

예제 5-3

ABC 회사의 판매자료를 가지고 3개월 가중이동평균법으로 예측시점에 가까운 자료부터 가중치를 3:2:1로 부여하여 2025년 1월의 예측치를 구하라.

해답

예측시점에 가까운 자료부터 가중치를 3 : 2 : 1로 부여할 경우, 각각의 가중치는 3/(3+2+1)=3/6, 2/(3+2+1)=2/6, 1/(3+2+1)=1/6이 된다. 따라서 2025년 1월의 예측치는 다음과 같이 계산된다.

$$38 \cdot (1/6) + 36 \cdot (2/6) + 35 \cdot (3/6) \approx 35.83$$

엑셀 해법

엑셀을 활용하여 $n = 3$, $w1 = 1/6$, $w2 = 2/6$, $w3 = 3/6$일 때 가중이동평균법으로 예제의 판매량 예측치를 계산하는 절차는 다음과 같다.

① 입력

입력창에 다음과 같이 입력한다.

	A	B	C	D	E	F	G	H	I
1									
2			가중이동평균법						
3		월	판매량		n=3				
4		1	25				w1		
5		2	31				w2		
6		3	25				w3		
7		4	28				합		
8		5	33						
9		6	35						
10		7	40						
11		8	42						
12		9	43						
13		10	38						
14		11	36						
15		12	35						
16			MSE=						
17									
18									

예측치와 예측오차를 구하기 위해 다음과 같이 입력한다.

- 가중치

  셀 H4:H6에는 1/6, 2/6, 3/6을 입력한다.

  셀 H7에는 =SUM(H4:H6)를 입력한다.

- n=3의 예측치

  셀 E7에는 =C4*$H$4+C5*$H$5+C6*$H$6를 입력한다.

  셀 E8:E15에는 셀 E7을 복사한다.

- MSE

  셀 E16에는 =SUMXMY2(C7:C15, E7:E15) / COUNT(E7:E15)를 입력한다.

② 결과 창

엑셀을 활용하여 가중이동평균법으로 구한 예측치와 MSE는 다음과 같다.

	A	B	C	D	E	F	G	H	I
1									
2			가중이동평균법						
3		월	판매량		n=3				
4		1	25				w1	0.17	
5		2	31				w2	0.33	
6		3	25				w3	0.50	
7		4	28		27.00		합	1.00	
8		5	33		27.50				
9		6	35		30.00				
10		7	40		33.17				
11		8	42		37.17				
12		9	43		40.17				
13		10	38		42.17				
14		11	36		40.33				
15		12	35		37.83				
16			MSE=		19.83				
17									

지수평활법

지수평활법의 개념

지수평활법(Exponential Smoothing)은 과거의 수요자료 중 가장 최근의 수요에 높은 가중치를 부여하고, 시간이 멀어질수록 지수적으로 낮은 가중치를 부여하는 수요예측 기법이다. 즉 예측 시점에 가까운 자료가 예측치에 더 큰 영향을 미치도록 가중치는 지수 함수 형태로 감소한다. 지수평활법은 다음과 같은 장점이 있어 단기예측에 널리 활용된다.

- 모형의 구조가 단순하고 이해하기 쉬움
- 계산이 간단하여 실제 적용이 용이함
- 비교적 정확한 예측이 가능함

지수평활법의 예측식은 다음과 같다.

$$F_{t+1} = \alpha D_t + (1-\alpha)F_t$$

여기서, F_t : t시점의 예측치
D_t : t시점의 실제치
α : 지수평활계수($0<\alpha<1$)

지수평활법에서 사용되는 지수평활계수 α는 예측의 민감도를 결정하는 중요한 요소로, 일반적으로 수요의 변동성에 따라 적절한 값을 선택한다. α값이 클수록(0.7~0.9) 예측치는 최신 수요변화에 빠르게 반응하여 예측의 감응도를 높인다. 반대로 α값이 작을수록(0.1~0.3) 예측치는 수요변화에 느리게 반응하며 평활의 효과는 더 커져 예측의 안정도를 높인다. α값이 중간 정도(0.4~0.5)는 제품 수요가 안정된 경우에 사용한다.

[그림 5-5]는 지수평활계수 α의 크기에 따라 예측치가 어떻게 달라지는지를 보여준다. 지수평활계수를 정하는 한 가지 방법은 과거의 실제 수요자료를 이용하여 다양한 α값에 대해 예측을 수행한 후, MAD나 MSE를 계산하여 MAD나 MSE 값이 가장 작은 α를 선택하는 방식이다.

그림 5-5 α 값과 수요예측의 추이

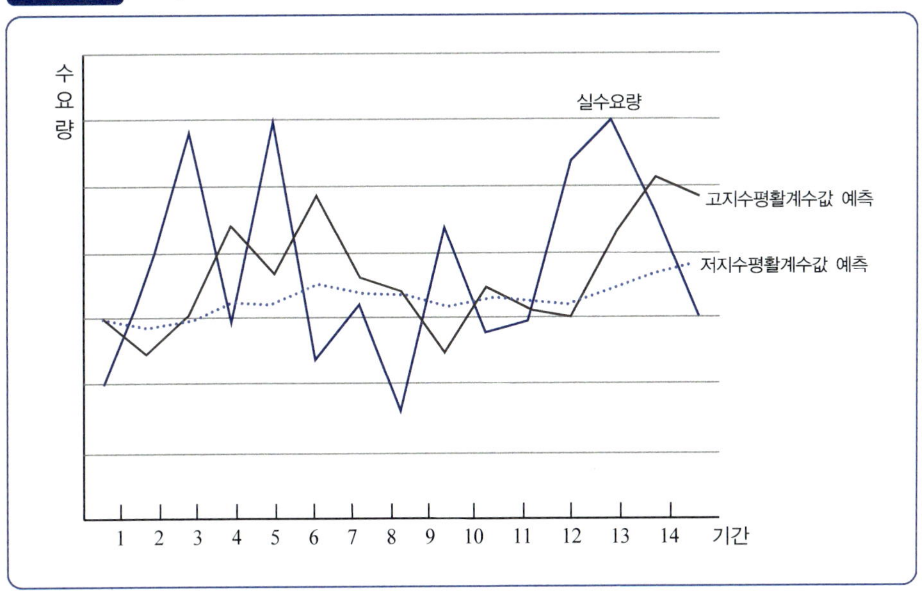

예제 5-4

ABC 회사의 판매자료를 가지고 $\alpha = 0.7$을 사용하여 2025년의 예측치를 구하라.

해답

2025년도의 예측치를 구하기 위해서는 2025년도 1월의 예측치가 필요하다. 이 예측치는 일반적으로 과거자료 중 앞부분 절반의 평균을 이용하거나 혹은 단순히 2024년 1월의 값을 이용하기도 한다. 여기서는 단순히 2024년도 1월의 값을 사용한다. $\alpha = 0.7$일 때의 2025년도 2월, 3월, 4월의 예측치는 다음과 같이 계산된다.

$$F_2 = \alpha D_1 + (1-\alpha)F_1 = 0.7(25.0) + 0.3(25.0) = 25.00$$
$$F_3 = \alpha D_2 + (1-\alpha)F_2 = 0.7(31.0) + 0.3(25.0) = 29.20$$
$$F_4 = \alpha D_3 + (1-\alpha)F_3 = 0.7(25.0) + 0.3(29.2) = 26.26$$

엑셀 해법

지수평활법에서 $\alpha = 0.7$을 사용하여 ABC 회사의 판매량 예측치를 계산하는 절차는 다음과 같다.

① 입력

입력창에 다음과 같이 입력한다.

	A	B	C	D	E	F	G	H
1								
2				지수평활법				
3		월	판매량					
4		1	25			알파		
5		2	31					
6		3	25					
7		4	28					
8		5	33					
9		6	35					
10		7	40					
11		8	42					
12		9	43					
13		10	38					
14		11	36					
15		12	35					
16			MSE=					
17								
18								

예측치와 예측오차를 구하기 위해 다음과 같이 입력한다.

- 지수평활계수

  셀 G4에는 지수평활계수 0.7을 입력한다.

- 예측치

  셀 D4에는 초기값을 지정하기 위해 =C4를 입력한다

  셀 D5에는 =$G$4*D4+(1-$G$4)*C4를 입력한다.

  셀 D6:D15에는 셀 D5를 복사한다.

• MSE

셀 D16에는 =SUMXMY2(C5:C15,D5:D15)/COUNT(D5:D15)를 입력한다.

② 결과

엑셀을 활용하여 지수평활법으로 구한 예측치와 MSE는 다음과 같다.

	A	B	C	D	E	F	G	H
1								
2				지수평활법				
3		월	판매량					
4		1	25	25.00		알파	0.7	
5		2	31	25.00				
6		3	25	29.20				
7		4	28	26.26				
8		5	33	27.48				
9		6	35	31.34				
10		7	40	33.90				
11		8	42	38.17				
12		9	43	40.85				
13		10	38	42.36				
14		11	36	39.31				
15		12	35	36.99				
16			MSE=	17.35				
17								

분해법

일반적으로 수요시계열은 추세(T)변동, 순환(C)변동, 계절(S)변동, 우연(R)변동으로 구성된다. 수요가 이들 요인의 합, 즉 수요=T+C+S+R로 보는 것이 가법모형(Additive)이며, 각 요인의 곱, 즉 수요=T·C·S·R로 보는 것이 승법모형(Multiplicative)이다.

분해법(Decomposition)이란 시계열의 변동요인을 계절변동, 추세변동, 순환변동, 우연변동으로 분해하여 시계열의 특성을 분석한 뒤, 각 요인을 개별적으로 예측하고 이를 다시 결합하여 전체 시계열을 예측하는 방법이다.

시계열 회귀분석

회귀분석과의 차이

시계열 회귀분석은 일반 회귀분석의 특수한 형태로, 시간을 독립변수로 하여 수요와의 관계를 분석하여 시간 경과에 따른 수요의 추세를 예측하는 데 사용된다. 반면 일반 회귀분석은 수요에 영향을 미치는 다양한 변수들(예: 가격, 소득, 대체재 등)을 독립변수로 설정하고, 이들 변수와 종속변수인 수요 간의 인과관계를 파악하여 수요를 예측하는 방법이다. [그림 5-6]에 따르면 시계열 회귀분석은 시간을 독립변수로 사용하는 반면, 일반 회귀분석은 시간 이외의 여러 독립변수를 사용할 수 있다.

시간과 수요와의 관계가 직선인 시계열 회귀분석모형은 다음과 같다.

$$Y = \beta_0 + \beta_1 \cdot t$$

여기서, Y : 수요
t : 시점
β_0 : 절편
β_1 : 기울기

그림 5-6 시계열 회귀선과 일반 회귀선

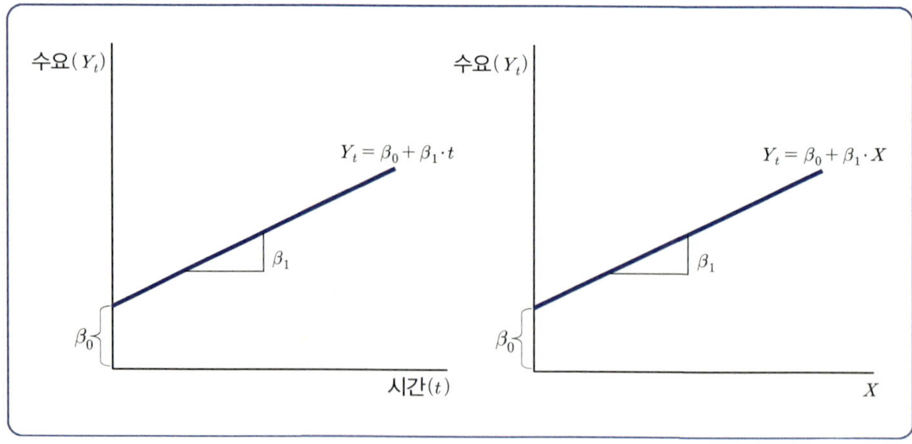

반면 일반 회귀분석모형은 다음과 같다.

$$Y = \beta_0 + \beta_1 \cdot X$$

여기서, Y : 수요

X : 독립변수

β_0 : 절편

β_1 : 기울기

<표 5－4>는 단순회귀분석과 시계열 회귀분석의 개념적 차이를 요약한 비교표이다.

〈표 5-4〉 단순회귀분석과 시계열 회귀분석의 비교

구분	단순회귀분석	시계열 회귀분석
독립변수	수요에 영향을 미치는 변수(예: 광고비, 가격 등)	시간(t) 자체가 독립변수
종속변수	수요 등 예측 대상	수요 등 예측 대상
분석 목적	변수 간 인과관계 파악 및 예측	시간 흐름에 따른 추세 분석 및 예측
적용 조건	다양한 외부 요인이 수요에 영향을 미칠 때	계절성이나 외생변수가 약하고 시간 추세 중심일 때
회귀식 예시	$Y = \beta_0 + \beta \cdot X$	$Y = \beta_0 + \beta \cdot t$
적용 사례	광고비와 판매량, 온도와 에너지 사용량 등	연도별 판매 추세, 월별 생산량 변화 등
확장 방식	다중회귀분석(변수 추가)	계절 더미, 곡선 추세 등

시계열 회귀분석의 개념

시계열 회귀분석은 독립변수가 시간인 경우를 말한다. 즉 시계열 회귀분석이란 독립변수인 시간과 종속변수인 수요 간의 수학적 관계를 도출하여 미래 수요를 예측하는 방법이다. 연도별 자료처럼 계절 요인이 거의 없는 경우에는 추세에 중점을 둔 추세선 분석모형(Trend Line Model)을 사용하고, 분기별 또는 월별 자료처럼 계절 요인이 큰 경우에는 더미 변수나 삼각함수를 추가한 확장된 추세선 분석모형을 사용해야 한다. 이처럼 시계열 회귀분석은 계절 요인의 유무와 관계없이 적용할 수 있으나, 계절 요인이 있는 경우는 본 장의 범위를 벗어나므로 여기에서는 기본적인 추세선 분석모형만을 다룬다.

시계열 자료에서의 추세는 선형 추세(Linear Trend), 2차 곡선 추세(Quadratic Trend) 등으로 나타날 수 있다. 본 장에서는 시간과 수요 간의 관계가 선형일 때를 중심으로 설명하며, 이에 대한 회귀방정식은 다음과 같은 선형함수형태로 나타낼 수 있다.

$$Y_t = \beta_0 + \beta_1 \cdot t$$

여기서, Y_t : t 시점의 수요

t : 시점

β_0 : 절편

β_1 : 기울기

여기서 β_0와 β_1값은 과거 수요자료를 이용하여 일반 회귀분석과 동일하게 최소자승법을 이용하여 구한다. 이들의 계산식은 다음과 같다.

$$\beta_0 = \overline{Y_t} - \beta_1 \cdot \bar{t}$$

$$\beta_1 = \frac{\sum_{t=1}^{k}(t \cdot Y_t) - k \cdot \bar{t} \cdot \overline{Y_t}}{\sum_{t=1}^{k} t^2 - k \cdot \bar{t}}$$

공식을 이용하여 β_0와 β_1값을 직접 계산할 수도 있으나, 통계 패키지의 회귀분석 기능을 활용하면 보다 쉽게 추정할 수 있다.

예제 5-5

다음은 XYZ 기업의 최근 10년 동안의 판매실적이다. 이 자료를 이용하여 2025년도의 수요를 예측하라.

연도	판매량
2015	98
2016	103
2017	114
2018	98
2019	108

2020	142
2021	122
2022	143
2023	142
2024	152

해답

식을 사용하여 계산한 β_o와 β_1값은 다음과 같다.

$\beta_0 = -12239.6$

$\beta_1 = 6.12$

그러므로 예측식은 $Y_t = -12239.6 + (6.12) \cdot t$이다. 만일 2025년도의 수요를 예측할 경우 예측식에 $t = 2025$를 대입하여 계산하면 다음과 같다.

$Y_{\_2025} -- 12239.6 + (6.12) \cdot (2025) \approx 155.87$

엑셀 해법

엑셀을 사용하여 예제 문제를 시계열 회귀분석으로 예측하는 절차는 다음과 같다.

1) 입력

① 판매량의 예측에 필요한 자료를 입력한다.

② [자료] ➡ [자료 분석]을 클릭하여 [통계 자료 분석] 화면창에서 [회귀 분석]을 지정하고 [확인]을 누른다.

③ [회귀 분석] 화면창에서 [Y축 입력 범위]에 B1:B11을 [X축 입력 범위]에 A1:A11을 마우스로 드래그하여 입력한다. [이름표] 옵션을 선택하고, [신뢰수준]이 95%로 설정되어 있다면 해당 기본 설정값을 유지한다. 이후 [출력 옵션] 항목에서 [출력 범위]를 선택한 후, 출력 결과의 시작 지점(Starting Point)으로 G1셀을 지정한다. 끝으로 [확인]을 누르면 입력이 완료된다. 이상의 과정을 마친 입력화면은 다음과 같다.

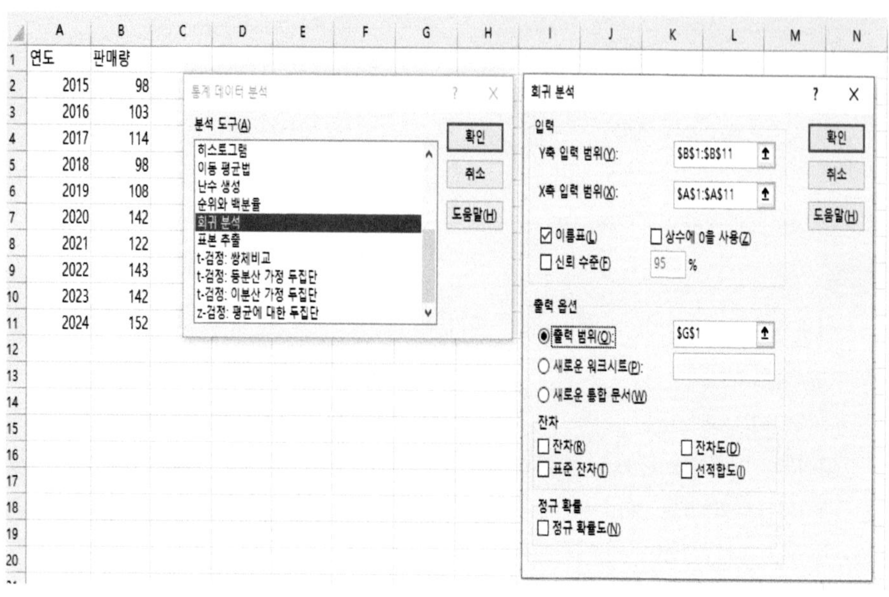

2) 결과

엑셀은 다음과 같은 3가지 유형의 결과표를 제시하고 있다.

요약 출력

회귀분석 통계량	
다중 상관계수	0.89
결정계수	0.79
조정된 결정계수	0.76
표준 오차	10.14
관측수	10

분산 분석

	자유도	제곱합	제곱 평균	F 비	유의한 F
회귀	1.00	3091.21	3091.21	30.07	0.00
잔차	8.00	822.39	102.80		
계	9.00	3913.60			

	계수	표준 오차	t 통계량	P-값	하위 95%	상위 95%	하위 95%	상위 95%
Y 절편	−12239.59	2254.29	−5.43	0.00	−17438.00	−7041.18	−17438.00	−7041.18
연도	6.12	1.12	5.48	0.00	3.55	8.70	3.55	8.70

3) 결과 해석

회귀계수가 통계적으로 유의한 경우, [계수] 표에 제시된 비표준화 회귀계수(B) 값을 바탕으로 회귀식을 도출할 수 있다. 이때 상수(Constant)는 회귀식의 절편(Intercept)에 해당하며, 회귀계수(B)는 회귀선의 기울기(Slope)로서 독립변수가 종속변수에 미치는 영향의 크기를 나타낸다.

예를 들어 상수가 -122239.6, 회귀계수(B)가 6.12로 주어졌다면, 이 회귀계수는 시간(연도)이 1단위 증가할 때마다 종속변수인 판매량이 평균적으로 6.12단위 증가함을 의미한다. 기울기 값이 클수록 독립변수의 변화가 종속변수에 미치는 영향이 더 크다는 것을 의미한다. 따라서 논의된 시계열 회귀식을 수식으로 표현하면 다음과 같다.

$$\hat{Y} = -122239.6 + 6.12 \cdot t \quad \text{또는 판매량} = -122239.6 + 6.12(\text{년도})$$

시계열 회귀식이 도출되면 주어진 X값에 대한 $\hat{Y}$의 값을 추정한다. 2025년도의 판매량은 $\hat{Y} = -122239.6 + 6.12(2025) = 155.87$단위이다.

회귀분석

회귀분석의 개념

단순회귀모형에서는 종속변수를 예측하기 위해 단 하나의 독립변수만을 사용하며, 그 외의 설명되지 않는 모든 영향은 오차항(Error Term)에 포함한다. 이러한 모형은 다음과 같은 선형 방정식으로 표현되며, 이를 모집단 단순회귀모형(Population Simple Regression Model)이라고 한다.

$$Y = \beta_0 + \beta_1 X_1 + \epsilon$$

여기서 β_0, β_1은 모수로서 실제 값은 알려져 있지 않으며, 그리스 문자로 표기된다. 한편, ϵ는 오차항으로 회귀모형이 설명하지 못하는 부분, 즉 종속변수에 영향을 미치는 기타 요인들의 영향을 포함한다. 예를 들어 다음 달의 판매량을 예측하기 위해 광고비만을 독립변수로 사용하는 단순회귀모형을 설정한다고 가정하자. 실제 판매량은 광고 외에도 가격, 품질, 성능, 디자인 등 다양한 요인의 영향을 받는다. 그러나 단순회귀모형에서는 광고비만을 독립변수로 사용하므로 광고 이외의 모든 영향은 오차항 ϵ로 처리된다. 이를 수식으로 나타내면 다음과 같고 이 관계를 시각적으로 나타낸 것이 [그림 5-7]이다.

$$Y = \beta_0 + \beta_1 X_1 + \epsilon$$

여기서, Y : 종속변수: 수요량

X_1 : 독립변수: 광고비

β_0 : 절편

β_1 : 기울기

ϵ : 오차항(설명되지 않은 부분)

단순회귀식을 실제 자료를 이용하여 모수를 추정하면 다음과 같은 추정 회귀식을 얻을 수 있다.

$$\hat{Y} = b_0 + b_1 X_1$$

그림 5-7 **회귀계수**

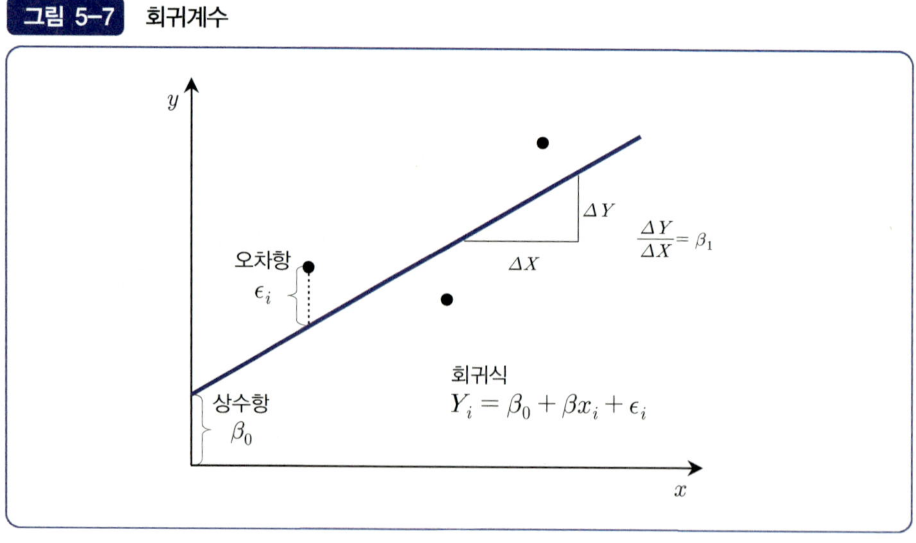

여기서 $\hat{Y}_1$는 예측된 판매량, b_0는 추정된 절편, b_1은 추정된 기울기(광고비의 영향력)를 의미한다.

엑셀 해법

광고비와 판매량 간의 관계를 나타내는 [그림 5-8]의 모형을 검증하기 위해 <표 5-5>에 제시된 자료를 바탕으로 엑셀로 회귀분석을 수행하는 절차는 다음과 같다.

그림 5-8 판매량의 모형

〈표 5-5〉 판매량과 광고비의 자료

판매량	3	5	3	4	7	6	4	6	5	6	6	4	6	9	5	7	4	6	6	7
광고비	4	5	2	5	4	4	4	7	3	4	5	4	3	7	3	6	3	4	5	4

1) 입력

① 판매량의 예측에 필요한 자료를 입력한다.

② [자료] ➡ [자료 분석]을 클릭하여 [통계 자료 분석] 화면창에서 [회귀 분석]을 선택하고 [확인]을 누른다.

③ [회귀 분석] 화면창에서 [Y축 입력 범위]에 셀 범위 A1:A21를 [X축 입력 범위]에 셀 범위 B1:B21을 마우스로 드래그하여 입력한다. [이름표]를 활성화하고, [신뢰 수준]이 95%이면 기본 설정값을 유지한다. [출력 옵션] 항목에서 [출력 범위]를 지정한 다음 출력 시작 지점으로 셀 E1을 입력한다. 최종적으로 [확인] 단추를 클릭하여 실행한다. 상기 과정을 완료한 후의 실행 화면은 다음과 같다.

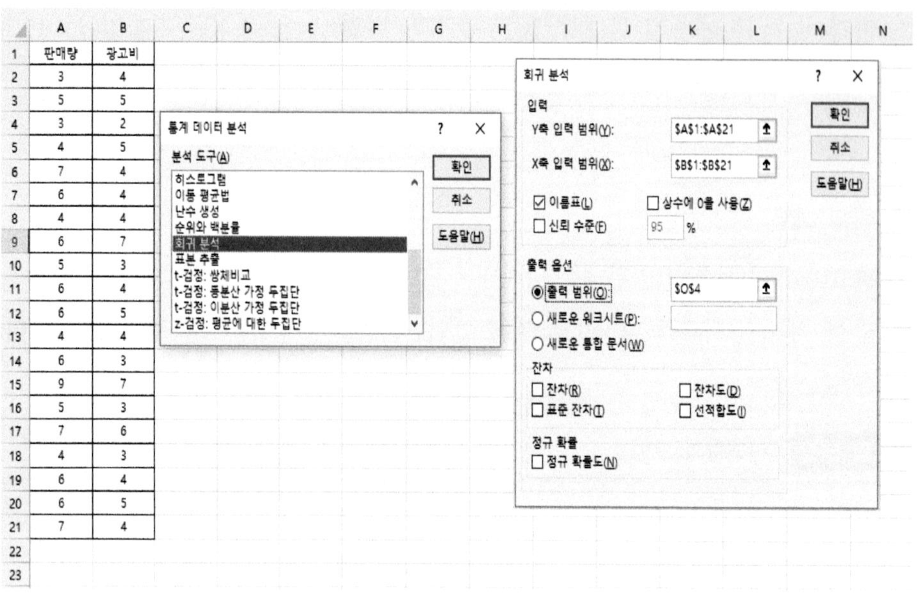

2) 결과

엑셀은 다음과 같은 3가지 유형의 결과표를 제시하고 있다.

요약 출력

회귀분석 통계량	
다중 상관계수	0.57
결정계수	0.33
조정된 결정계수	0.29
표준 오차	1.27
관측수	20

분산 분석

	자유도	제곱합	제곱 평균	F 비	유의한 F
회귀	1.00	14.09	14.09	8.79	0.01
잔차	18.00	28.86	1.60		
계	19.00	42.95			

	계수	표준 오차	t 통계량	P-값	하위 95%	상위 95%	하위 95%	상위 95%
Y 절편	2.61	1.00	2.60	0.02	.050	4.71	0.50	4.71
광고비	0.66	.022	2.96	0.01	0.19	1.13	0.19	1.13

3) 결과 해석

엑셀에서 출력한 요약표의 특징은 <표 5-6>과 같다.

〈표 5-6〉 결과표의 특징

표	주요 내용	주요 통계량
모형 요약	회귀모형의 전반적인 설명력	결정계수, 조정된 결정계수, 관측수
분산분석(ANOVA)	회귀모형의 전체 적합도 및 유의성 검증	F 비(F값), 유의한 F(p값) 등
회귀계수	각 독립변수가 종속변수에 미치는 영향 검증	계수, t 통계량, P-값 등

- 결정계수

독립변수 X가 종속변수 Y를 설명하는 정도를 나타내는 지표가 결정계수(Coefficient of Determination, R^2)이다. 결정계수는 회귀모형의 설명력을 나타내는 지표로, 이 값이 클수록 회귀선에 관측치가 밀접하게 분포하며, 결과적으로 X와 Y 간의 관계를 보다 정확하게 설명하고 예측할 수 있음을 의미한다. 결정계수의 값은 $0 \leq R^2 \leq 1$ 범위에 있다.

- $R^2=1$인 경우 [그림 5-9] (a)처럼 모든 관측치가 회귀직선 위에 놓이는 완전 적합을 의미한다. 이때는 독립변수 X만으로 종속변수 $\boldsymbol{Y}$를 완벽하게 예측할 수 있다.
- $R^2=0$인 경우 [그림 5-9] (d)처럼 X와 $\boldsymbol{Y}$ 간에 아무런 선형적 관계가 없으므로 회귀모형은 $\boldsymbol{Y}$를 예측하는 데 전혀 기여하지 못함을 의미한다.

따라서 결정계수는 1에 가까울수록 회귀식의 설명력과 예측력이 높고, 0에 가까울수록 설명력과 예측력이 낮다고 해석할 수 있다. 엑셀의 [모형 요약] 표에서 결정계수가 0.33으로 나타났으므로, 판매량의 변동 중 약 33%가 광고비라는 독립변수에 의해 설명된다고 해석할 수 있다. 이는 광고비가 판매량에 일정 부분 영향을 미치고 있음을 의미하며, 나머지 67%는 광고비 외의 요인들에서 비롯되는 것으로 추정된다.

그림 5-9 r^2 의 유형

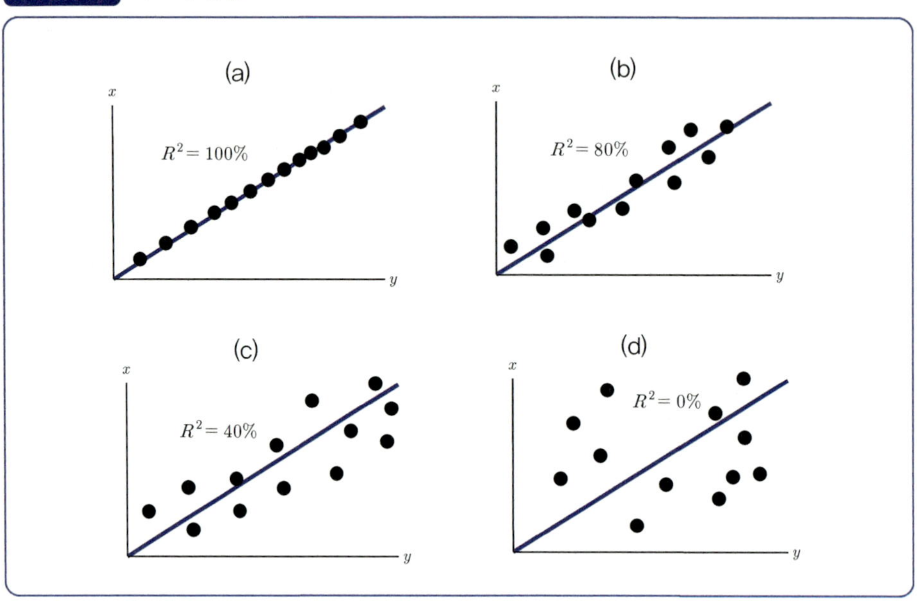

• 단순회귀계수의 검증

판매량과 광고비 간의 회귀계수에 대한 통계적 유의성 검증을 위한 가설 설정 및 절차는 아래와 같다.

① 가설

$H_0 : \beta = 0$(X는 Y에 영향을 미치지 않는다)

$H_1 : \beta \neq 0$(X는 Y에 영향을 미친다)

② 결론

회귀계수에 대한 가설 검증은 유의확률(p)과 유의수준(α)을 대비하여 다음과 같이 판단한다.

$p > \alpha$이면 H_0를 채택하고 $p < \alpha$이면 H_1을 채택한다.

엑셀의 [계수] 표를 보면 광고비에 대한 p값이 0.01로 유의수준 0.05보다 작으므로 H_0을 기각하고 H_1을 채택한다. 결과적으로 광고비는 판매량에 영향을 미친다고 할 수 있다.

• 단순회귀식의 도출

회귀계수가 유의한 경우, 엑셀의 [계수] 표에 제시된 비표준화 회귀계수(B)의 값과 부호를 이용해 회귀식을 도출할 수 있다. 여기서 상수(절편)는 2.61이며, 광고비에 대한 회귀계수는 0.66이다.

상수항(절편)은 독립변수(광고비)가 0일 때의 예측된 종속변수 값(판매량)을 의미하며, 회귀계수는 독립변수가 종속변수에 미치는 영향을 나타낸다. 회귀계수의 부호가 양수이면 독립변수 증가에 따라 종속변수도 증가하고, 음수이면 독립변수 증가에 따라 종속변수는 감소하는 관계를 의미한다. 이 사례에서 회귀계수 B=0.66은 양수이므로 광고비가 증가할수록 판매량도 증가한다는 것을 의미한다. 광고비가 1단위 증가할 때 판매량은 평균적으로 0.66단위 증가하며, 광고비가 0일 경우 판매량은 2.61로 예측된다. 따라서 도출된 단순회귀식은 다음과 같다.

$$\hat{Y} = 2.61 + 0.66X \quad \text{또는 판매량} = 2.61 + 0.66(\text{광고비})$$

이 회귀식을 이용하여 특정 광고비 수준에서의 예상 판매량을 추정할 수 있다.

- 광고비가 5단위일 경우: 판매량 = 2.61 + 0.66×5 = 5.91
- 광고비가 8단위일 경우: 판매량 = 2.61 + 0.66×8 = 7.89

이 회귀선을 시각화하면 [그림 5－10]과 같다.

예측오차의 관리

예측오차 측면에서 또 하나 주목해야 할 과제는 현재 사용 중인 예측 기법이 현실을 적절히 반영하는가를 점검하여 그 기능이 제대로 수행되도록 관리하는 것이다. 예측 기법이 현실을 적절히 반영한다는 것은, 해당 기법의 예측오차가 오직 우연적인 오차만으로 구성된다는 것을 의미한다. 따라서 현재 사용 중인 예측 기법의

그림 5-10 회귀식에 의한 예측

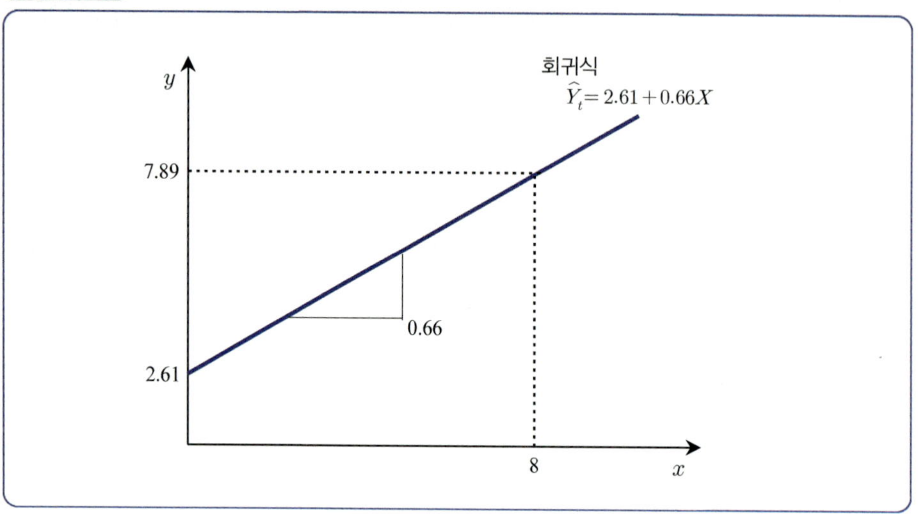

예측오차가 우연 오차의 범위 내에 있는지를 확인함으로써 해당 예측 기법이 적절하게 작용하고 있는지를 판단할 수 있다. 이때 유용하게 활용되는 도구가 바로 [그림 5−11]에 제시된 추적 지표(Tracking Signal: TS) 관리도이다.

추적 지표 관리도는 예측치와 실제치 간의 오차를 지속적으로 비교함으로써 예측 모형의 정확도를 평가하고 필요한 경우 해당 모형을 수정하거나 보완하는

그림 5-11 추적 지표 관리도

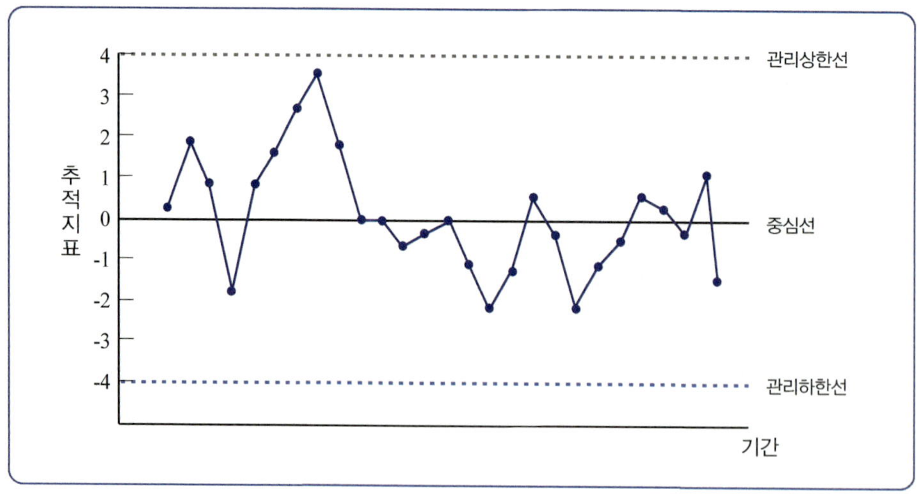

데 활용할 수도 있다. 다음과 같이 계산되는 추적 지표는 개별 예측오차의 누적 합을 MAD로 나눈 값이다.

$$추적지표(TS) = \frac{\sum_{t=1}^{k}(D_t - F_t)}{MAD}$$

정상적으로 작동하는 예측 기법의 오차는 평균이 0인 정규분포를 따르는 우연오차이다. 이 경우 양의 오차와 음의 오차가 서로 상쇄되어 전체 오차 합은 0에 수렴하며 추적 지표의 값 또한 0에 가까워진다. 반면 추적 지표가 0에서 지속적으로 벗어난다면 예측에 편의(Bias)가 존재함을 의미한다. 추적 지표가 지속적으로 양의 값을 나타내면 과소 예측, 즉 비관적인 경향을 보이며, 반대로 음의 값을 보일 경우에는 과대 예측, 즉 낙관적인 경향을 나타낸다. 이처럼 추적 지표는 예측의 편향 여부를 판단하는 데 유용한 척도라 할 수 있다.

추적 지표의 관리한계는 ±4MAD를 적용하는데, 이는 품질관리에서 $\pm 3\sigma$ 를 관리한계로 설정하는 원리와 유사하다. MAD는 약 0.8σ에 해당하므로 ±4MAD는 $\pm 3\sigma$ 로 산출된다. 예측오차가 정규분포를 따른다고 가정하면 전체 예측오차의 약 99.8%를 포괄하는 범위이다. 따라서 추적 지표가 ±4MAD의 범위를 벗어날 확률은 0.2%에 불과하다. 추적 지표의 값이 ±4MAD 사이에 있으면 예측 기법의 정확도에 큰 문제가 없는 것으로 판단하고, 범위를 벗어나면 예측 기법에 대한 조정이 필요하다.

예측기법의 선정

다양한 예측 기법 중 어떤 기법을 선택할 것인지는 여러 기준에 따라 결정된다. 휠라이트(Wheelwright)와 클락(Clark) 교수는 예측 기법을 선택할 때 고려해야 할 기준으로 사용자의 이해 수준, 시간과 자원, 예측의 용도, 자료의 양과 질, 자료의 패턴 등을 제시하였다.

첫째, 예측 기법의 결과는 사용자가 신뢰할 수 있는 수준이어야 한다. 사용자는 자신이 이해하지 못하는 예측 기법으로 예측한 결과는 신뢰하지 않으려고 하므로 사용자가 이해할 수 있는 기법을 선택하는 것이 중요하다.

둘째, 시간과 자원도 중요한 고려 사항이다. 사용자가 가지고 있는 시간과 예산의 제약이 있는 상황에서는 복잡한 방법보다 간편하고 경제적인 기법이 바람직하다.

셋째, 예측의 용도 또한 중요한 기준이 된다. 예를 들어 높은 정확성이 요구되는 단기예측에는 시계열 분석법이 적합하고, 정확성 요구가 상대적으로 낮은 중장기 예측에는 정성적 기법이나 인과형 예측모형이 적합하다.

넷째, 자료의 양과 질도 고려되어야 한다. 자료의 양과 질을 충분히 확보할 수 있다면 시계열 분석이나 회귀분석이 이용될 수 있으나 그렇지 못하면 전문가의 판단이나 시장조사 등의 정성적 방법을 이용해야 한다.

다섯째, 자료의 패턴에 부합하지 않는 방법으로 수행된 예측은 정확할 수 없다. 자료 패턴이 안정적일 때는 단순이동평균이나 지수평활법이, 자료 패턴이 추세나 계절적 요인을 포함할 때는 시계열 분해법이, 자료 패턴이 시간의 흐름에 따라 불안정적일 때는 정성적 기법이 바람직하다. 따라서 주어진 자료의 기본 패턴을 충실히 묘사하는 기법이 미래를 더욱 정확하게 예측할 수 있다.

<표 5-7>은 생산시스템의 계획과 운영관리에 연관된 주요한 의사결정들과 이에 필요한 예측 기법들을 요약한 것이다. 기존 연구에 의하면 자료에 노이즈(잡음)가 많이 존재할 경우 계량적 예측 기법이 인간의 직관에 의한 정성적 예측 기법보다 우수한 성과를 보였다. 하지만 인간의 직관적 예측이 단순 계량적 기법보다 높은 정확성을 나타내는 사례도 존재한다. 이는 상황에 따라 계량적 기법과 정성적 기법의 상대적 우열이 달라질 수 있음을 시사한다.

공정설계나 생산능력계획과 같은 장기계획에는 수요의 추세에 초점을 맞추는 정성적 기법과 인과형 기법이 주로 사용되며, 총괄생산계획과 같은 중기 계획에는 높은 정확도가 요구되므로 인과형과 시계열 기법이 함께 활용된다. 일정계획과 재고관리와 같은 단기 계획은 매우 높은 정확도가 요구되어 시계열 예측 기법이 보다 적합하다고 할 수 있다.

〈표 5-7〉 생산시스템의 주요 의사결정 유형별 예측 기법

의사결정 유형	계획기간	정확도	예측 기법
공정설계	장기	중간	정성적, 인과형
생산능력계획	장기	중간	정성적, 인과형
총괄생산계획	중기	높음	인과형, 시계열
일정계획	단기	매우 높음	시계열
재고관리	단기	매우 높음	시계열

예측성능 분석

일반적으로 예측 성과를 평가할 때는 정확성, 인정성과 감응도 간의 균형, 자료의 객관성, 예측 준비시간, 비용과 정확도 간의 균형 등을 기준으로 삼는다.

첫째, 정확성은 주로 예측오차의 크기로 측정된다. 오차가 크면 고객 불만이나 기업의 손실이 발생할 수 있다. 예측치가 실적치보다 크면 유휴설비, 과잉재고, 유휴인력 등의 문제가 발생하며, 반대로 예측치가 실적치보다 작으면 재고부족, 납기지연, 판매기회상실 등으로 이어질 수 있다. 비록 실적치와 완전히 일치하는 예측은 불가능하더라도 오차로 인해 발생하는 비용과 불만을 최소화할 수 있는 정도의 정확도는 필요하다.

둘째, 바람직한 예측 성과를 위해서는 안정성과 감응도 간의 균형이 필요하다. 안정성은 예측의 일관성과 신뢰성을 확보하는 반면, 감응도는 변화에 민감하게 반응하여 유연성을 제공하는 역할을 한다. 이러한 예측의 안정성과 감응도는 일반적으로 상충관계에 있다. 즉 감응도를 높이면 평활 수준이 낮아져 안정성이 떨어지고, 반대로 안정성을 높이면 강한 평활로 인해 감응도가 낮아진다. 수요가 안정적이면 안정성을, 수요가 역동적이면 감응도를 높이는 접근이 요구된다.

셋째, 예측은 의사결정이 필요한 시기에 제공될 수 있어야 유효하다. 아무리 정확한 예측이라도 준비가 늦어 의사결정의 투입 요소가 되지 못하면 사용자의 성공적인 예측에 도움을 주지 못한다. 그러므로 예측 준비시간과 예측 결과 제공의 적시성도 중요한 기준이다.

넷째, 예측에 사용되는 자료는 객관성을 유지해야 한다. 예측 과정에서는 환경 변화로 인해 현실과 괴리된 자료를 사용하거나, 과거의 자료를 임의로 변조하거나, 정해진 예측 절차를 자의적으로 변경해서는 안 된다. 따라서 자료의 선정, 처리 그리고 예측 기법의 적용은 객관적으로 이루어져야 하고 이렇게 도출된 예측 결과는 현재의 변화를 반영하여 수정하는 것이 바람직하다.

다섯째, 예측 비용과 정확도가 균형을 이루어야 한다. 정확도는 MAD나 MSE로 측정되는 예측오차의 정도를 말하고, 예측 비용에는 예측 기법의 도입비용과 운영비용, 그리고 예측오차로 인한 비용이 포함된다. 일반적으로 예측 비용이 많이 소요될수록 높은 정확도를 얻을 수 있지만, 비용과 정확도의 상충관계를 분석하여 최적의 균형점을 찾아야 한다.

이상의 내용을 정리하면 유효한 예측의 조건은 <표 5-8>과 같다.

〈표 5-8〉 예측 성과 평가 기준

평가기준	설명
정확성	- 예측오차가 작을수록 바람직함 - 과잉예측 시 유휴자원 발생, 과소예측 시 기회손실 발생 - 고객 불만 및 비용 최소화가 목적
안정성과 감응도	- 불규칙한 수요변동은 평활하여 안정성 유지 - 구조적 변화는 민감하게 반영해야 함 - 안정성과 감응도는 상충관계이므로 균형이 중요
예측 준비시간	- 예측은 의사결정 시점 이전에 제공되어야 유효함 - 아무리 정확해도 타이밍을 놓치면 의미 없음
비용과 정확도	- 도입비용, 운영비용, 오차비용 등 고려 - 예측 정확도와 비용 간 상충관계 분석 필요 - 비용 대비 효과적인 기법 선택이 중요

요약

- 수요예측이란 제품이나 서비스에 대한 장기·중기·단기 수요를 사전에 추정하는 것을 말한다.
- 수요예측에 과거의 수요자료가 많이 활용되는 이유는 과거의 수요자료는 모든 변동요인을 이미 반영하고 있기 때문이다.
- 수요예측을 통해 생산능력 계획은 물론 주생산일정 및 자재소요계획 수립이 가능하므로 생산 관련 의사결정은 수요예측 없이는 불가능하다.
- 수요시계열은 시간의 흐름에 따라 관측된 수요 데이터를 시간순으로 배열한 것으로, 이는 추세 패턴, 순환 페턴, 계절 패턴, 그리고 우연 변동이라는 네 가지 요소로 구성된다.
- 예측 기법은 정성적 기법과 정량적 기법으로 구분된다. 이 중 정성적 방법은 전문가의 주관적 판단을 기반으로 하는 예측이며, 정량적 방법은 과거의 수요자료를 이용하여 예측하는 방법이다.
- 정성적 방법에는 델파이법, 패널합의법, 시장조사법, 유추법 등이 있고, 정량적 방법에는 단순이동평균법, 가중이동평균법, 지수평활법, 시계열 회귀분석, 분해법, 회귀분석 등이 포함된다.
- 시계열 예측은 과거의 수요자료를 시간 순서대로 분석하여 수요의 패턴(추세, 계절성, 주기성 등)이 미래에도 유지된다는 전제하에 미래 수요를 예측하는 방법이다.
- 인과형 예측은 수요에 영향을 주는 외부 요인(독립변수)들과의 인과관계를 통계적으로 분석하여 미래 수요를 예측하는 방법이다
- 시계열 회귀분석은 시간을 독립변수로 사용하는 반면, 일반 회귀분석은 시간 이외의 다양한 변수들을 독립변수로 활용할 수 있다.

- 예측오차는 실제 수요와 예측치 간의 차이를 의미하며, 이를 측정하는 대표적인 방법으로는 평균제곱오차(MSE)와 평균절대오차(MAD) 등이 있다.
- 특정 예측 기법이 현실을 적절히 반영하고 있는지를 확인하기 위해, 해당 기법의 예측오차가 우연 오차 수준 이내인지 점검하는 과정이 필요하다. 이때 사용되는 지표가 바로 추적 지표이다.
- 다양한 예측 기법 중에서 적합한 기법을 선택하기 위해 고려해야 할 기준으로는 사용자의 이해 수준, 사용 가능한 시간과 자원, 예측의 용도, 자료의 양과 질, 그리고 자료 패턴의 특성 등이 있다.
- 일반적으로 예측 성과를 평가할 때는 정확성, 안정성과 감응도 간 균형, 자료의 객관성, 예측 준비시간, 그리고 비용과 정확도 간 균형 등을 기준으로 삼는다.

학습문제

01. 수요예측을 위해 과거의 자료를 활용하는 이유는?

02. 수요예측이란 무엇이며, 이를 통해 기업이 얻을 수 있는 주요 이점은 무엇인가?

03. 수요예측이 부정확함에도 수요예측을 기본으로 생산계획을 수립하는 이유는?

04. 예측 기법은 크게 어떤 두 가지 방법으로 구분되는가? 각각의 특징에 대해 설명하라.

05. 델파이법과 패널합의법의 차이를 설명하라.

06. 시장조사법이란 무엇이며, 구체적으로 어떠한 방식으로 수요를 예측하는가?

07. 유추법이 효과적인 상황을 구체적인 예시를 들어 설명하라.

08. 수요시계열의 네 가지 구성요소를 모두 나열하고, 각각이 나타내는 의미를 간략히 설명하라.

09. 시계열 예측과 인과형 예측의 차이를 설명하고, 각각이 적합하게 사용될 수 있는 상황을 예를 들어 설명하라.

10. 객관적인 과거 수요자료를 기반으로 하는 정량적 예측 기법이 정성적 예측 기법보다 항상 높은 정확성을 보장한다고 할 수 있는가? 그 이유를 설명하라.

11. 지수평활법은 단순이동평균법이나 가중이동평균법에 비해 어떤 점에서 더 우수한지를 설명하라.

12. 지수평활법에서 지수평활계수는 어떤 기준으로 결정하는가?

13. 시계열 회귀분석은 일반 회귀분석과 어떤 점에서 차이가 있는가?

14. 시계열 예측 기법은 어떠한 기본 전제를 기반으로 미래를 예측하는가?

15. 인과형 예측 기법은 수요와 어떤 요소 간의 인과관계를 분석하여 예측하

는가?

16. 예측오차는 어떤 용도로 이용되는가?

17. 서비스업에서도 수요예측은 필요한가? 필요하다면, 어떤 수요예측 기법이 가장 적합한지 설명하라.

18. 수요예측 기법의 예측 성과를 평가할 때 고려해야 할 기준에는 어떤 것들이 있는가?

19. 예측오차를 측정하는 대표적인 두 가지 지표는 무엇이며, 각각 어떻게 오차를 계산하는지 설명하라.

20. 예측 기법의 적합성을 평가하기 위해 사용되는 추적 지표가 예측 기법의 적절성을 판단하는 데 어떤 기능을 하는지 설명하라.

21. 적절한 예측 기법을 선택할 때 고려해야 할 기준 다섯 가지를 제시하고 간략히 설명하라.

Chapter

06

생산능력계획

학습목표

생산능력계획과 생산능력전략은 미래의 제품이나 서비스의 수요에 대응하기 위해 필요한 생산능력을 예측하고 확보하기 위한 계획과 전략을 수립하는 과정이다. 생산능력계획은 미래 수요에 대응하기 위해 언제, 어떤 유형의 능력이 얼마나 필요한지를 계획하는 활동이며, 생산능력전략은 그러한 생산능력을 어떤 방식으로 확보하고 운영할지를 결정하는 전략적 의사결정이다. 본 장에서는 생산능력계획 및 생산능력전략의 수립과 관련된 주요 의사결정 요소와 이를 지원하는 다양한 분석 기법들을 고찰한다.

생산능력계획의 개념

생산능력계획의 정의

생산능력계획(Capacity Planning)은 미래 수요에 필요한 생산능력을 어느 시점에 어느 정도로 확보해야 할지를 계획하는 활동을 의미한다. 반면 생산능력전략(Capacity Strategy)은 이러한 능력을 확보하기 위한 접근 방식을 설정하는 전략적 의사결정이다. 즉 생산능력계획은 미래 수요를 충족하기 위해 생산능력이 "언제, 얼마나 필요한가?"에 대한 계획을 수립하는 활동이고, 생산능력전략은 필요한 생산능력을 "어떻게 확보할 것인가?"에 대한 방향성을 결정하는 활동이다. 이러한 생산능력계획은 [그림 6-1]에 보이는 바와 같이 장기적인 생산능력계획, 중기적인 총괄생산계획, 단기적인 일정계획으로 구분된다.

생산능력이 부족하면 고객 수요를 적시에 충족하지 못하여 판매 기회의 상실

그림 6-1 생산능력계획의 흐름

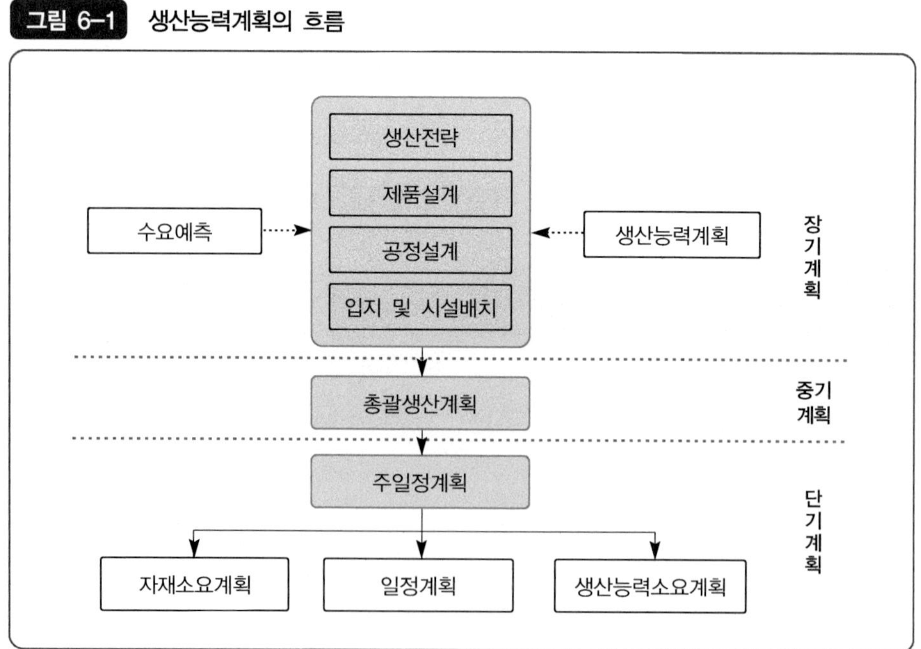

등 운영상의 문제를 초래할 수 있다. 반대로 생산능력이 과잉이면 자원이 불필요하게 낭비된다. 따라서 수요와 일치하는 적절한 생산능력을 확보하는 것이 기업 운영에 있어 핵심적인 요소이다.

생산능력의 측정

생산능력이란 생산시스템이 정상적인 운영하에서 일정 기간 동안 산출할 수 있는 제품 또는 서비스의 지속 가능한 최대량을 의미한다. 이는 비상 상황에서 달성할 수 있는 일시적 최대치가 아니라, 합리적이고 반복 가능한 조건에서 실현 가능한 최대 생산량을 지칭한다.

일반적으로 생산능력의 측정은 산출기준(Output-based)과 투입기준(Input-based)의 두 가지 방식으로 이루어진다. [그림 6-2]는 측정의 다양한 예시를 제시하고 있다. 단일 제품 또는 동질적인 제품군을 생산하는 경우의 생산능력 측정은 생산하는 제품의 특성이 유사하여 비교적 용이하다. 즉 소품목 중심의 제조업, 예를 들어 자동차나 전자제품은 산출물을 기준으로 생산능력을 측정하는 것이 일반적이다. 자동차 제조업체는 '생산대수', 철강업체는 '톤(Ton)', 음료 회사는 '리터(Liter)' 등의 산출 단위를 사용할 수 있다.

그림 6-2 능력의 측정단위

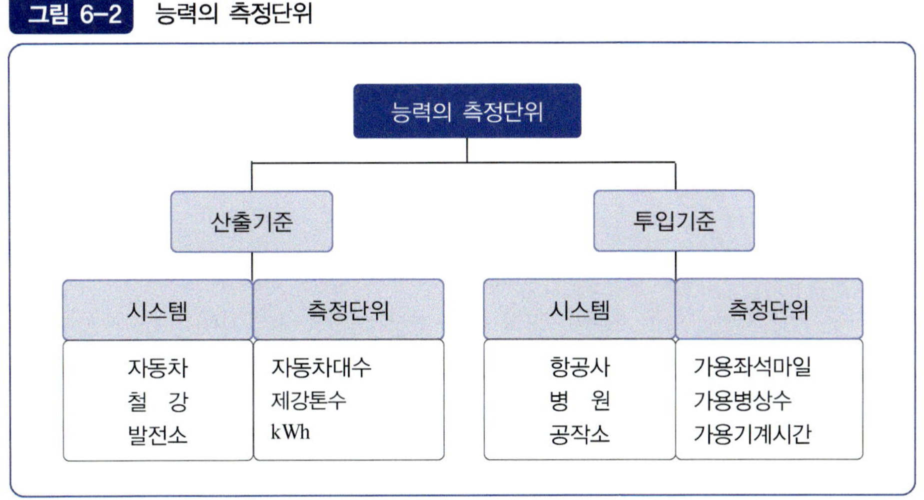

그러나 다품종 소량 생산에서는 제품별로 특성이 상이하여 직접적인 비교가 어렵다. 이 경우 산출기준 대신에 작업시간, 설비 가동시간 등 공통된 투입단위를 사용하여 생산능력을 측정할 수 있다. 또한 다양한 종류의 서비스를 제공하는 의료, 법률 등과 같은 서비스업도 투입물을 기준으로 측정하는 것이 일반적이다. 예를 들어, 병원은 '병상수'나 '진료과목 수', 항공사는 '좌석 마일 수'나 '조종사 및 승무원 수'와 같은 투입 단위를 사용할 수 있다.

생산능력은 초과 작업, 예방 설비보전을 위한 일시 중지 등과 같은 비상시의 산출량을 의미하지 않는다. 합리적으로 지속 가능한 생산량을 기준으로 하여야 한다. 이러한 관점에서, 예를 들어 전자회사의 경우 기계 대수보다는 '가용기계시간', 항공사의 경우 항공기 수보다는 '가용 좌석 마일(Available Seat Mile ; 좌석수×비행거리)' 등과 같은 실제 활용 가능한 자원 기준의 지표가 생산능력을 보다 정확하게 나타낼 수 있다.

생산능력전략의 개념

생산능력전략이란 기업이 제품이나 서비스의 제공에 필요한 최대 생산능력을 중장기적으로 어떻게 확보할 것인지에 관한 전략적 의사결정을 의미한다. 따라서 생산능력전략은 능력의 규모와 확보시기에 관한 두 가지 핵심 결정 문제로 이해할 수 있다.

- **규모**: 미래의 필요 생산능력을 확보하기 위한 적정 규모를 결정하는 것으로, 이는 미래 소요 생산능력과 현재 가용 생산능력의 차이를 나타내는 여유 정도에 따라 대처 방안을 마련하는 것이다.
- **시기**: 확정된 능력 규모를 언제 확장할지를 결정하는 확장 시기에 관한 것이다.

예를 들어 장기적인 수요 증가에 대응하여 공장 증설이 필요한 경우, 다음과 같은 일련의 전략적 선택이 바로 생산능력전략의 핵심이다.

- 대규모 공장을 한 번에 건설할 것인가, 아니면 소규모 공장을 연차별로 단계적으로 건설할 것인가?
- 생산능력을 경쟁업체보다 선제적으로 확대할 것인가, 아니면 수요 확정 이후에 확대할 것인가?

미래의 소요 생산능력(Required Capacity)을 가장 경제적이고 합리적인 방식으로 확보하기 위한 생산능력전략을 수립할 때 다음 사항들을 고려하여야 한다.

- 여유 생산능력
- 규모의 경제 및 최적조업도
- 범위의 경제
- 집중화 설비

여유 생산능력

여유 생산능력(Capacity Cushion)이란 기업이 소요 생산능력을 초과하여 보유하고 있는 실제 생산능력의 잉여분을 의미한다. 여기서 소요 생산능력은 특정 미래 시점에 예측되는 수요를 위해 필요한 생산능력을 뜻한다. 여유 생산능력은 다음과 같이 정의된다.

여유 생산능력 = 실제 생산능력 − 소요 생산능력

이 값이 0보다 크면 생산능력이 초과된 상태, 0보다 작으면 생산능력이 부족한 상태, 0이면 예측 수요와 실제 생산능력이 일치한 상태를 의미한다. 이러한 여유 생산능력은 수요예측의 불확실성, 생산공정의 유연성 확보, 긴급 주문 대응력 향상 등의 측면에서 전략적으로 중요한 역할을 한다. 여유 생산능력을 확보하기 위한 생산능력전략은 다음 두 가지 주요 차원에서 의사결정을 요구한다.

① **규모 결정** : 여유 생산능력을 얼마나 많이 확보할지에 대한 결정
② **시기 결정** : 여유 생산능력의 확대를 언제 실행할 지에 대한 결정

이러한 결정은 비용, 예측 정확도, 시장 경쟁 상황, 기술변화 속도 등 다양한 요소를 포괄적으로 반영하여 수립되어야 한다. 기업은 미래 수요에 대응하기 위한 생산능력의 확보를 위한 전략에는 대표적인 세 가지 유형이 있으며, 이는 [그림 6-3]과 같다.

확장 전략(Expansion Strategy)

여유생산능력을 양(+)으로 유지하는 확장전략은 시장이 빠르게 성장할 때, 초기 시장점유율이 경쟁력 확보에 중요할 때 또는 생산능력의 초과비용이 부족비용보다 유리할 때 적절한 전략이 된다. 특수한 경우로 전기, 가스, 상하수도와 같은 국가 기간 산업은 불확실성에 대비하고 안정적인 공급을 보장하기 위해 필수적으로

그림 6-3 능력전략

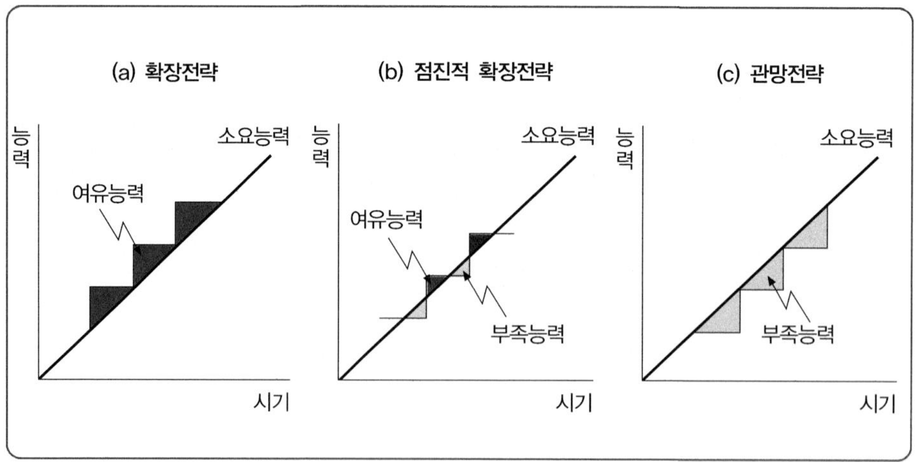

이 전략을 채택한다. 다음과 같은 이유로 양(+)의 여유생산능력을 보유하게 된다.

- 시장점유율 선점
- 수요에 즉시 공급
- 공급자 관리 부담 감소
- 진입장벽 구축

점진적 확장전략(Follow-the-Demand Strategy)

여유 생산능력을 0으로 유지하는 점진적 확장전략은 생산능력을 평균수요에 맞추는 방식으로, 생산능력의 부족비용과 초과비용이 비슷한 경우에 이용된다. 따라서 평균수요만큼만 생산능력을 확보하므로 별도의 여유 생산능력은 보유하지 않는다.

관망전략(Wait-and-See Strategy)

음(−)의 여유 생산능력을 유지하는 관망전략은 수요가 확실히 증가한 이후에 생산능력을 확장하는 보수적인 접근 방식이다. 수요의 불확실성이 높은 경우, 설비 투자 위험을 회피하고자 하는 경우, 설비 가동률을 최대화하려는 경우 등에 선호되는 전략이다. 정유공장, 제지공장 등 자본 집약적 산업과 같이 생산능력의 부족비용이 초과비용보다 상대적으로 낮은 경우에도 적절하다. 이 전략이 가지는 대표적인 장점은 다음과 같다.

- 단기 설비 이용률 및 수익성 극대화
- 수요예측 오류에 따른 공급과잉, 가격 하락 등의 위험 회피 가능
- 기술 변화나 수요 변동에 따른 위험에 효과적으로 대응 가능

그러나 장기적으로 시장이 성장하는 경우에는 수요에 즉각 대응하지 못해 시장점유율이 하락하는 등의 부정적 영향이 나타날 수 있다.

각 전략은 기업의 산업 특성, 수요예측 정확도, 설비 투자 비용, 위험 수준 등을 고려하여 신중하게 선택되어야 한다. <표 6-1>은 확장전략과 관망전략을 비교하여 보여준다.

〈표 6-1〉 확장전략과 관망전략 비교

	확장 전략	관망 전략
접근 방식	선제적 확대	수요 확인 후 확대
시장점유율 확대	유리	불리
투자 위험	높음	낮음
수요 초과 대응	우수	부족
고객 수요 대응 만족도	높음	낮음
공급자 관리	유리	불리
위험 관리	불리	유리
설비이용율	낮음	높음
단기이익	불리	유리

규모의 경제

규모의 경제(Economies of Scale)란 생산 규모가 증가함에 따라 단위당 생산비용이 감소하는 현상을 의미한다. 즉 더 많이 생산할수록 평균 비용이 낮아지는 것을 의미하는데, 이것은 고정비용의 분산 효과, 생산성 향상, 전문화, 대량 구매 등으로 설명될 수 있다.

특히 규모의 경제 효과는 주로 고정비용(Fixed Cost)의 분산 효과에 기인한다. 고정비용은 생산량과 관계없이 고정적으로 발생하기 때문에, 생산량이 증가할수록 고정비용이 더 많은 생산물에 분산되어 단위당 생산비용이 감소하게 된다. 예를 들어 가구점이 하루에 가구를 1개 생산하든 100개를 생산하든 임대료와 같은 고정비용은 동일하게 발생한다. 만약 월 임대료가 500만 원이라면, 하루에 가구를 1개만 생산하면 단위당 임대료는 500만 원이 되지만, 2개를 생산하면 1개당 250만 원, 100개를 생산하면 1개당 5만 원, 1,000개를 생산한다면 1개당 5천 원으로 감소하게 된다. 이처럼 많이 생산할수록 고정비용이 여러 생산단위로 분산되어 단위당 생산비용이 감소하는 효과를 규모의 경제라 한다. 따라서 고정비용이 전체 비용에서 큰 비중을 차지하는 자본 집약적 산업에서 규모의 경제 효과는 더욱 크게 나타난다.

또한 생산량이 증가함에 따라 생산공정의 전문화, 자동화, 표준화, 대량 구매가 가능해져 생산 효율성이 더욱 향상된다. 이에 따라 규모의 경제 효과도 한층 강화된다. 그러나 규모의 경제는 일정 범위 내에서만 유효하며, 일정 수준을 초과하면 [그림 6-4]에서 보듯이 규모의 비경제(Diseconomies of Scale)가 발생할 가능성이 있다. 이는 조직의 비대화로 인해 의사결정과정의 복잡화, 관리비용의 증가, 업무중복, 부서 간 갈등 등으로 비효율성이 초래되어 결과적으로 단위당 생산비용이 오히려 증가하는 현상을 말한다.

규모의 경제와 최적조업도(Optimal Operating Level)는 단위당 평균 비용을 기준으로 판단된다. [그림 6-5]는 생산 규모가 각각 월 100만 개, 200만 개, 300만 개인 경우의 단위당 평균 비용의 변화를 통해 규모의 경제 효과를 설명하고 있다. 생산량이 월 200만 개일 때는 규모의 경제 효과에 의해 단위당 평균 비용이 월 100만 개일 때보다 낮아진다. 이는 고정비용의 분산과 생산 효율성의 향상 때문이다. 반면 생산량이 월 300만 개에 도달하면 규모의 비경제가 발생하여 단위당 평균 비용이 오히려 다시 증가하게 된다. 이는 조직의 복잡성 증가, 의사결정의 비효율화, 관리비용의 상승 등으로 인한 것이다. 따라서 최적 조업도는 단위당 평균 비용이 최소가 되는

그림 6-4 규모의 경제와 비경제

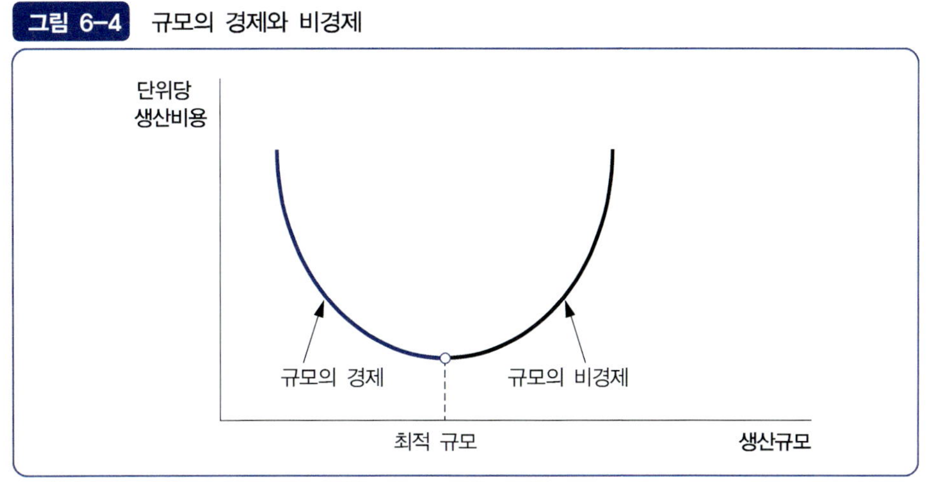

그림 6-5 최적조업도

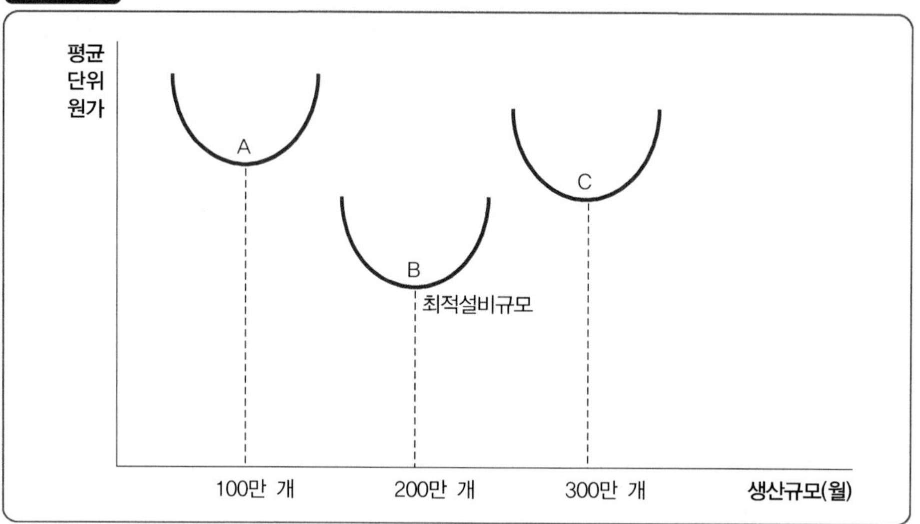

생산 규모를 의미하며, 예시에서는 월 200만 개 생산이 최적 비용을 달성하는 최적 규모라고 할 수 있다.

이와 같이 최적 규모(Optimal Scale) 또는 최적 조업도는 단위당 평균 비용을 기준으로 정의되지만, 실제 기업의 의사결정에서는 단순한 비용 수준뿐 아니라 원가구조, 제품구조, 그리고 전략적 초점, 예컨대 비용절감, 유연성, 또는 고객 서비스의 질 등을 함께 고려하여 최적 규모를 설정해야 한다.

범위의 경제

범위의 경제(Economies of Scope)란 하나의 기업이 2개 이상의 제품을 동시에 생산할 때, 각각의 제품을 별도의 기업에서 생산하는 것보다 총비용이 감소하는 현상을 의미한다. 즉 생산 품목을 다양화하여 비용 절감 효과를 얻는 것을 말한다. 범위의 경제가 발생하는 주요 원인은 생산 과정에서 발생하는 인력, 설비, 기술, 유통, 마케팅 인프라 등을 공유함으로써 개별 제품에 투입되는 고정비용을 분산시킬 수 있기 때문이다. 예를 들어 승용차를 생산하는 기업이 트럭을 함께 생산할 때 기존의 설비, 조립라인, 유통채널, 물류 인프라 등을 공용으로 활용할 수 있어 비용이 절감된다.

또한 여러 제품을 각각 별도의 설비에서 제조하는 대신 하나의 유연 생산설비(Flexible Manufacturing System: FMS)에서 동시에 생산하면 범위의 경제를 실현할 수 있다. 유연 생산설비는 제품 간 전환 비용이 낮아 다양한 제품을 효율적으로 생산할 수 있다. 예를 들어 한 전자제품 제조업체가 하나의 유연 생산설비를 활용해 노트북, 태블릿, 모니터 등 서로 다른 제품을 생산하는 경우, 전환에 드는 시간과 비용이 최소화되어 여러 제품을 동시에 효율적으로 생산할 수 있다. 이를 통해 개별 설비를 각각 운영하는 것보다 총비용을 절감할 수 있으므로 범위의 경제가 실현된다.

그러나 범위의 경제 역시 일정 한계가 존재한다. 동일한 자원과 기술을 공유하여 제품 다양화를 시도할 수 있지만, 제품 수가 지나치게 많아지면 조직의 복잡성이 증가하고 관리 효율성이 저하되어 오히려 비용이 증가하는 범위의 비경제(Diseconomics of Scope) 현상이 발생할 가능성도 있다.

이처럼 범위의 경제는 규모의 경제와는 구별되는 개념이다. 규모의 경제는 동일한 제품을 대량 생산하여 단위당 생산비용을 줄이는 데 초점을 두는 반면, 범위의 경제는 다양한 품목을 동시에 생산할 때 자원을 공유하여 비용을 절감하는 데 중점을 둔다. <표 6-2>는 규모의 경제와 범위의 경제의 차이를 보여준다.

〈표 6-2〉 규모의 경제와 범위의 경제 비교

항목	규모의 경제	범위의 경제
개념	생산 규모 확대에 따른 효율성 제고	제품 다양화에 따른 효율성 제고
효과	생산량 증가는 단위당 비용 감소	제품 다양화는 전체 생산비용 절감
핵심 요인	동일 제품을 대량생산	다양한 제품을 동일 설비에서 생산
비용 절감 방법	고정비 분산, 대량 구매, 생산 자동화 등	설비·인력의 공동 활용, 유연생산시스템 등
성과 조건	생산 규모가 클수록 유리	제품 간 연관성이 클수록 유리

집중화 생산

집중화 공장(Focused Factory) 또는 집중화 생산(Focused Production)의 개념은 스키너(Skinner) 교수가 처음 제안하였는데, 그는 특정 공장이나 설비가 한두 가지 목표에 집중할 때 최대의 효과를 발휘할 수 있다고 보았다. 즉 경쟁우위를 확보하기 위해서는 공장이나 설비가 특정 목적에 맞춘 전문화된 형태로 운영되어야 한다는 것이다.

대규모 공장에서 집중화 생산은 공장 내 공장(Plant within Plants) 개념으로 집중화를 꾀할 수 있다. 이는 하나의 큰 공장 내에 독립적인 공장들을 만들어 각 공장이 특정 제품이나 공정에 집중하도록 하는 것을 말한다. 이때 각 공장은 경쟁우위 요소에 맞춰 기술 및 인력이 전문화되고 차별화된다. 공장 내 공장 방식은 대규모 단일 공장보다 다음과 같은 이점을 제공한다.

- 조직의 계층 구조가 단순화되어 의사결정이 신속히 이루어진다.
- 문제해결을 위한 팀 접근이 용이하다.
- 부서 간 의사소통이 활발히 이루어진다.
- 반복 작업을 통한 학습효과로 인해 효율성이 향상된다.

하나의 사례를 살펴보면, 범용설비와 숙련공을 활용하여 다품종소량생산 방식으로 특수 온도계를 주문생산하던 ABC 기업이 일반용 온도계를 기존 공장에 추가하여 두 제품을 동시에 생산하였다. 범용설비와 숙련공을 요구하는 특수 온도계와는 달리 일반용 온도계는 표준화와 자동화 설비를 활용한 대량생산이 필요하였다. 이처럼 매우 상반된 특성을 가진 두 제품을 하나의 공장에서 동시에 생산함으로써 많은 문제점이 발생하였다. 이를 해결하기 위해 하나의 공장을 두개의 생산단위로 구분하여 각 제품 특성에 맞게 설비, 인력, 조직관리체계를 재구성하여 운영성과를 개선하였다.

생산능력결정

소요생산능력이 결정된 이후에는 해당 생산능력을 확보하는 방법에 대한 의사결정이 요구된다. 이러한 의사결정은 일반적으로 다양한 대안 중에서 최적의 대안을 선택하는 의사결정인데, 이에 도움이 되는 여러 의사결정 기법이 존재한다. 생산능력 확보를 위한 의사결정에 사용되는 대표적인 기법을 살펴보면 다음과 같다.

손익분기점분석

손익분기점(Break-Even Analysis)이란 총이익과 총비용이 일치하는 생산량 또는 매출액을 의미하며, 이러한 생산량 또는 매출액을 각각 손익분기점 생산량 또는 손익분기점 매출액이라 한다. 이 분석을 위해 비용은 다음의 고정비(Fixed Cost)와 변동비(Variable Cost)로 구분하여 살펴본다.

- 고정비 : 매출액이나 조업도에 상관없이 일정하게 발생하는 비용으로 건물 임차료, 감가상각비, 일부 인건비 등이 이에 해당한다.
- 변동비 : 매출액이나 조업도의 변화에 따라 비례하여 증감하는 비용으로 재료비, 포장비, 판매 수수료 등이 이에 속한다.

손익분기점은 총이익과 총비용이 같아져 이익도 손해도 없는 생산량이다. 이 기법은 다음과 같은 실무적 문제들을 분석하는 데 활용되며, 이를 통해 생산능력의 대안들을 평가할 수 있다.

- 시장 규모가 손익분기점 매출액을 초과할 수 있는가?
- 주어진 생산량과 판매 가격에서 단위당 변동비가 얼마일 때 손익분기점에 도달하는가?
- 손익분기점을 낮추기 위해 고정비는 어느 정도 인하되어야 하는가?
- 가격의 변화가 손익분기점 생산량에 어떤 영향을 미치는가?

손익분기점 분석은 일정 기간 동안 특정 제품 또는 서비스의 생산과 관련된 총비용, 고정비용, 변동비용은 선형(Linear)의 관계를 가진다고 가정한다. 즉 단위당 이익과 비용이 생산량에 따라 일정하게 유지된다는 가정하에 다음과 같이 변수를 정의한다.

$V=$ 단위당 변동비용
$F=$ 연간 고정비용
$P=$ 단위당 가격
$Q=$ 연간 판매량
$TR=$ 전체 수익
$TC=$ 전체 비용
$X=$ 생산량
$BEP(₩)=$ 손익분기점의 생산금액
$BEP(X)=$ 손익분기점의 생산량
$TR = P \cdot X$
$TC = F + VX$

손익분기점은 다음과 같이 총비용과 총수익이 같은 생산량이다.

$$TR = TC$$

$$P \cdot X = F + VX$$

그러므로 손익분기점의 생산금액과 생산량은 다음과 같다.

$$BEP(₩) = BEP(X) \cdot P = \frac{F}{P-V} \cdot P = \frac{F}{1-V/P}$$

$$BEP(X) = \frac{F}{P-V}$$

이익은 다음과 같이 계산된다.

$$\text{이익} = TR - TC = PX - F - VX = (P-V)X - F$$

손익분기점은 [그림 6-6]과 같이 수익곡선과 비용곡선의 교차점을 통해 시각적으로 표현할 수 있다.

그림 6-6 손익분기점분석

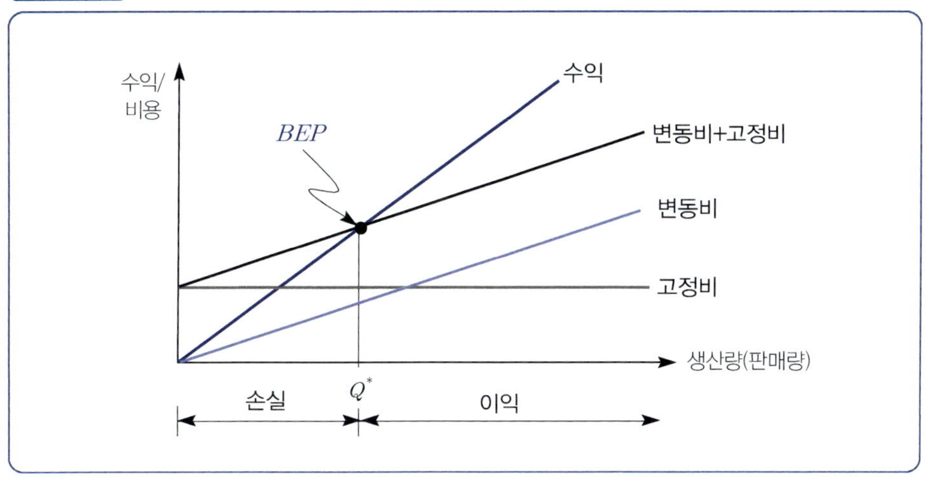

예제 6-1

ABC(주)의 제품 판매가는 ₩5,000, 단위당 변동비는 ₩4,000, 고정비는 ₩600,000일 경우 손익분기점에서의 생산량과 매출액을 구하라.

해답

$$BEP(\text{생산량}) = \frac{F}{P-V} = \frac{600{,}000}{5{,}000-4{,}000} = 600(\text{단위})$$

$$BEP(₩) = \frac{F}{P-V/P} = \frac{600{,}000}{1-\dfrac{4{,}000}{5{,}000}} = BEP(X)\cdot P{=}600\cdot 5{,}000 = 300(\text{만원})$$

손익분기점분석을 통해서 생산량에 따른 이익과 비용의 관계를 알 수 있다. 그러므로 손익분기점분석을 발전시켜 가상 시나리오 문제(What-if Questions)에 대한 평가가 가능하다. 다음과 같이 계산되는 공헌이익(Contribution Margin)은 단위당 판매가격(P)에서 단위당 변동비용(V)을 차감한 값으로, 제품 한 단위가 고정비 회수와 이익 창출에 기여하는 정도를 나타낸다.

$$\text{공헌이익} = P - V$$

공헌이익이 0보다 크다는 것은 생산하여 얻는 이익이 고정비를 초과하여 이익을 창출하고 있다는 의미이다. 이는 경제학에서 말하는 한계이익(Marginal Profit)의 개념과 유사하다. 총공헌이익(Total Contribution Margin)은 다음과 같이 총수익과 총변동비의 차이이다.

$$총공헌이익 = TR - VX = PX - VX = (P - V)X$$

한편 기업의 이익은 총수익(TR)에서 총비용(TC)을 뺀 값으로 정의된다. 총비용은 고정비(F)와 총변동비(VX)의 합으로 구성되므로 이익은 다음과 같이 표현된다.

$$이익 = TR - TC = PX - (F + VX) = (P - V)X - F$$

이를 다시 정리하면 다음과 같은 등식이 도출된다.

$$(P - V)X = 이익 + F$$

즉 총공헌은 고정비와 이익의 합이므로, 총공헌이 고정비를 초과하는 만큼이 기업의 이익이 된다. 특히 단기적인 관점에서 손익분기점에 도달하지 못하더라도 공헌이익이 0보다 크다면 기업은 일부 고정비라도 회수할 수 있으므로 운영을 지속할 유인이 존재한다.

예제 6-2

ABC(주)는 V = 1.0원, P = 2.0원인 제품을 판매하려고 한다. F = 30,000원이고 현재 생산능력은 60,000개이다. 신설비 도입 시 10,000원의 고정비(F)가 추가로 발생하지만 제품 품질이 개선된다. 이 경우 변동비는 1.2원으로 증가하고, 판매량은 50,000개로 예측된다. 이러한 조건에서 ABC는 신설비를 도입하는 것이 타당한가?

해답

1. 신설비를 도입하기 전의 이익은 다음과 같다.
   공헌이익 = $(P-V)X-F$ = (2.0 − 1.0)60,000 − 30,000 = 30,000(원)
2. 신설비 도입 이후의 이익은 다음과 같다.
   공헌이익 = (2 − 1.2)50,000 − (30,000 + 10,000) = 0

따라서 도입하지 않는다.

의사결정나무

의사결정나무(Decision Tree)는 [그림 6-7]과 같이 의사결정 규칙을 나무 구조로 시각화하여 전체 자료를 소수의 집단으로 분류하거나 예측하는 분석 기법이다. 이 기법은 의사결정과정이 복잡하고 순차적인 여러 단계를 포함하는 경우, 문제를 구조화하고 단순화하여 분석을 체계적으로 수행할 수 있게 해준다.

의사결정나무는 의사결정 시점인 마디(Node)와 선택 경로인 가지(Branch)로 이루어진다. 마디는 다시 두 종류로 나뉘는데, 의사결정마디(Decision Node)는 보통 네모(■)로, 상태마디(Chance Node)는 동그라미(○)로 표현된다. 가장 상단의 마디는 뿌리마디(Root Node)로, 이는 분석 대상이 되는 전체 자료 집합을 나타낸다. 어떤 마디의 상위에 있는 마디를 부모 마디(Parent Node), 그 하위에 있는 마디를 자식 마디(Child Node), 그리고 더 이상 분기되지 않고 종료되는 마디를 최종 마디(Terminal Node)라고 한다. 이 최종 마디에는 결과치 또는 예측치를 표시한다.

의사결정마디의 가지는 고려할 수 있는 대안(Alternatives)을, 상태 마디의 가지는 미래의 불확실한 상황(States of Nature)을 나타낸다. 각 마디는 특정 변수나 조건을 기준으로 하며, 가지는 그 변수나 조건에 따른 분기를 표현한다. 가지의 끝에는 각 분기 경로에 따른 기대수익 또는 기대비용이 표시된다.

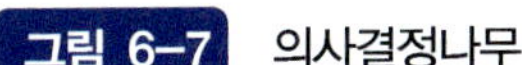
그림 6-7 의사결정나무

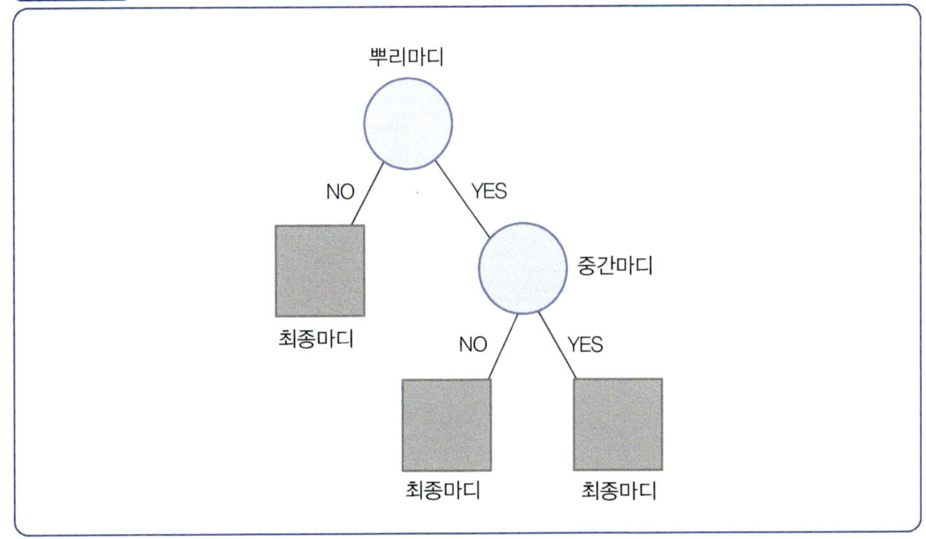

예제 6-3

ABC 회사는 다음 세 가지 선택지를 가지고 있다.

1. 크게 확장
2. 작게 확장
3. 확장하지 않음

미래 시장 상황은 확률적으로 낙관적(0.6)과 비관적(0.4)으로 나뉘며, 각각의 경우에 따른 수익/손실은 다음과 같다.

선택지	시장 상황	수익/손실
크게 확장	낙관적 (0.6)	+5억 원
크게 확장	비관적 (0.4)	-5억 원
작게 확장	낙관적 (0.6)	+2억 원
작게 확장	비관적 (0.4)	-1억 원
확장 안함	없음	0원

ABC 기업이 어떤 대안을 선택하는 것이 유리한지 의사결정나무를 활용하여 분석하라.

해답

의사결정나무 분석은 나무의 끝부터 시작하여 기대 가치(Expected Monetary Value: EMV)를 다음과 같이 계산하는 방식으로 수행한다.

① 크게 확장: EMV = (0.6×5)+(0.4×−5)=3−2 = 1억원

② 작게 확장: EMV = (0.6×2)+(0.4×−1)=1.2−0.4 = 0.8억원

③ 확장 안함: EMV = 0억원

의사결정마디의 가지 중 기대값이 가장 높은 대안은 '크게 확장(1억 원)'이다. 따라서 ABC 회사는 크게 확장하는 것이 가장 유리한 선택이다.

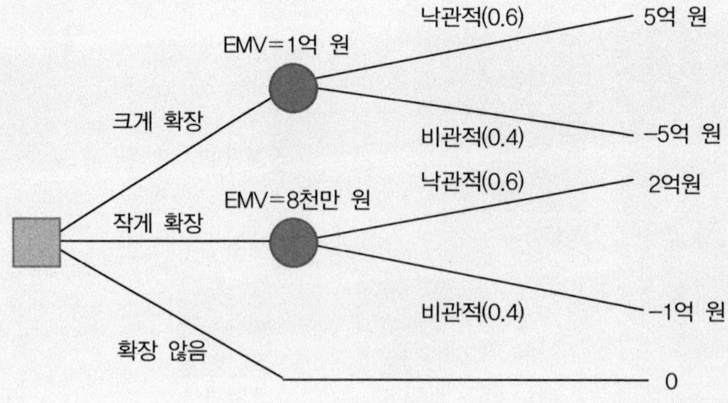

서비스 능력전략

서비스 능력전략의 특성

서비스 기업의 능력전략은 제조업의 능력전략과 비교했을 때 서비스의 고유한 특성에 기인하는 본질적이고 핵심적인 차이점들을 내포하고 있다. 제조업은 고객과의 직접적인 접점이 없고 초과 수요에 대비하여 재고를 비축하거나 외주를 통해 능력의 조정이 가능하다. 반면 서비스 기업은 고객과의 접점이 많고 서비스를 사전에 비축할 수 없기 때문에 능력의 조정이 제한적이다. 예를 들어 슈퍼마켓에서는 일부 품목을 긴급 조달하거나 고객이 몰리는 시간대에 시간제 종업원을 고용하는 방식으로 대응할 수 있지만, 이는 어디까지나 단기적인 대응책에 불과하다.

서비스 기업의 능력전략에서 핵심은 성수기 수요에 효과적으로 대응할 수 있도록 충분한 서비스 공급능력을 확보하는 데 있다. 따라서 성수기와 같은 구조적인 수요 증가에는 장기적이고 체계적인 능력전략이 요구된다. 제조업에서는 관련 제품의 장기수요를 예측하여 필요 생산능력의 크기를 결정한다. 그러나 서비스업에서는 서비스제공자와 고객의 행동을 예측해야 하므로 예측의 불확실성이 더욱 커지게 됨으로써 서비스 능력전략의 수립이 더욱 복잡하게 된다.

제조업과 마찬가지로 서비스 기업도 서비스 과정의 각 단계의 작업시간이 균등하게 배분되어 어떤 단계도 병목 공정으로 인한 대기 문제가 발생하지 않도록 해야 한다. 제조공정에서 공정능력의 불균형은 원재료나 반제품의 대기로 이어지지만, 서비스에서의 대기는 고객 불만을 유발하여 부정적 구전으로 이어지게 된다. 따라서 서비스 기업은 병목 공정을 최소화하고 전체 서비스 흐름을 원활하게 유지하는 데 중점을 둬야 한다.

서비스 기업 역시 생산능력전략을 수립하는 과정에서 제조업과 유사한 분석 단계와 의사결정과정을 거친다. 이때 주요 쟁점은 서비스 능력의 규모와 그 확장 시점을 어떻게 결정할 것인가에 있다. 그러나 서비스 기업은 미래 수요에 대비한 서비스 능력 확보 방안을 마련할 때 다음과 같은 잘못된 판단을 내리기 쉽다.

첫째, 능력의 의미를 잘못 해석하는 오류이다. 예를 들어 X 운송사는 규모의 경제를 추구하기 위해 초대형 트럭을 도입하였지만, 경쟁사인 Z 운송사는 소형 트럭을 활용해 더 자주 운행하는 전략으로 대응하였다. 적재 용량은 서비스 능력을 나타내는 투입요소이므로 X 운송사의 총 서비스 능력이 더 커 보일 수 있으나, 실제로는 Z 운송사가 더 자주 운행함으로써 고객 만족을 높이고 시장점유율을 확대하여 경쟁력을 확보하게 되었다. 이처럼 단순한 능력 확장이 반드시 효과적인 전략으로 이어지지는 않음을 보여주는 사례이다.

둘째, 시스템적 사고의 결여이다. 예를 들면 리조트 경영자가 객실 능력을 확대하면 그 확보에만 그치고, 이에 수반되는 식당, 리셉션, 오락시설 등 부대시설의 능력은 확대하지 않아 전체 서비스 품질에 문제가 생기는 경우를 종종 보게 된다. 객실 능력의 확대는 자연스럽게 숙박 고객의 증대로 이어지며, 이들에게 숙박 이외의 서비스를 제대로 제공하는 데 요구되는 부대시설의 확보에 대한 전략이 시스템적 사고에 따라 이루어져야 한다.

수율관리

항공기의 빈 좌석은 출발과 함께 소멸되는 특성을 지니기 때문에 좌석이 채워지지 않은 채로 출발하게 되면 그만큼 손실이 발생하게 된다. 이처럼 항공사와 같은 서비스업은 상대적으로 고정된 공급능력, 소멸적 공급능력, 생산과 소비의 동시성, 그리고 심한 수요변동과 같은 특성을 가지고 있다. 이러한 특성으로 인해 수익을 극대화하기 위한 전략으로서 수율관리(Yield Management)의 필요성이 강조된다.

수율관리는 예약시스템, 초과예약, 수요분할, 가격차별화 등을 통해 한정된 공급능력을 효과적으로 활용하고 수요에 유연하게 대응함으로써 전체 수익을 극대화하는 전략이다. 원래 항공사에서 개발되어 도입된 이 전략은 현재 호텔, 렌터카, 유람선 등 공급능력이 제한되고 서비스가 표준화된 업종에서 효과적으로 활용되고 있다. 따라서 [그림 6-8]과 같이 고정된 공급능력, 소멸성, 시장 세분화, 사전 판매 등의 특성을 지닌 서비스 기업에게 수율관리는 가장 적합한 수익관리 전략이라 할 수 있다.

그림 6-8 수율관리가 적합한 상황

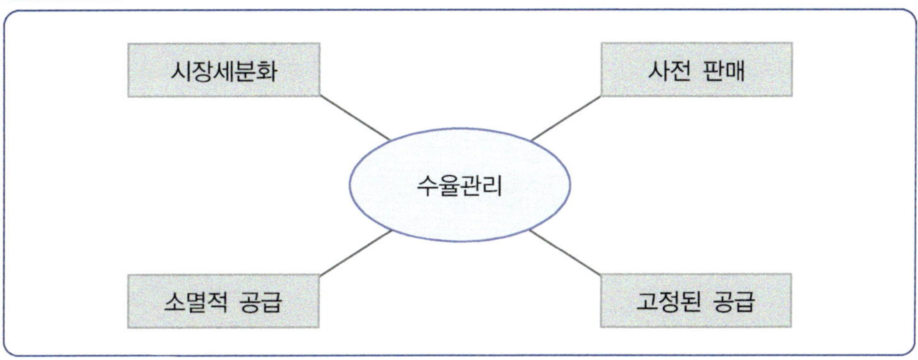

효과적인 수율관리를 위해서는 다음 조건들이 충족되어야 한다.

첫째, 공급능력이 고정되어 있어야 한다. 호텔이나 항공사처럼 서비스 가용 공급능력을 확장하는 비용이 높아 수요 변동에 따라 서비스 공급능력을 쉽게 조정할 수 없는 경우, 즉 서비스 공급능력이 한정되어 일정 수준 이상의 수요가 발생하면 공급능력을 초과하는 수요는 포기해야 하는 상황이라면 수율관리의 적합성은 높아진다. 이는 즉각적으로 공급능력을 확장하여 수요를 충당하는 것은 불가능하다는 의미이다.

둘째, 공급능력이 소멸적이어야 한다. 서비스가 판매되지 못하면 서비스 가용능력이 재고화되지 못하고 소멸된다면 수율관리의 적합성은 높아진다.

셋째, 시장 세분화가 가능해야 한다. 고객 욕구, 가격 등으로 고객층을 세분화하고, 각 고객층에 적합한 가격 전략을 적용할 때 수율관리의 적합성은 높아진다. 예를 들어 항공사는 시간에 민감한 비즈니스 고객과 가격에 민감한 일반 여행객으로 구분하여 각각 다른 가격 정책을 사용할 수 있다.

넷째, 사전 판매가 가능해야 한다. 조기 예약과 같이 시간적 여유가 있는 단계부터 마감 직전 판매에 이르기까지 서비스 가격은 시간이 지남에 따라 변동하므로, 사전 판매가 가능할수록 수율관리의 적합성은 더욱 높아진다.

서비스 기업이 수익을 극대화하기 위해 활용하는 수율관리의 주요 수단으로는 [그림 6-9]와 같이 예약시스템, 초과예약, 능력배분 그리고 가격차별화가

그림 6-9 수율관리의 주요 수단

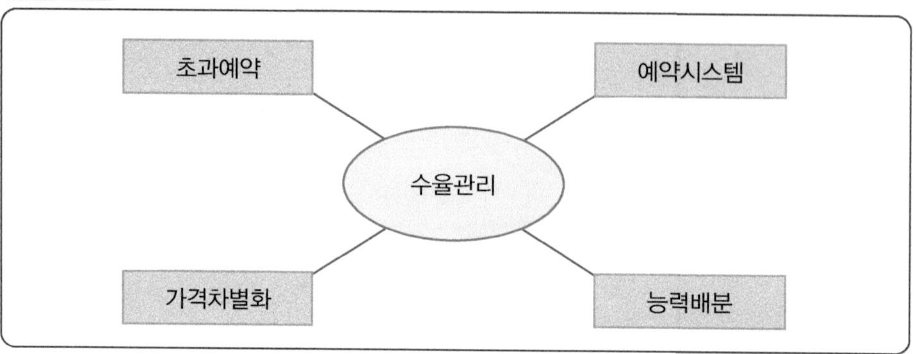

있다.

첫째, 항공, 호텔, 공연 등과 같이 사용하지 않는 공급능력은 소멸되어 재활용할 수 없으므로 서비스가 시작되기 전에 사전 예약 판매하여 공급능력의 활용률을 높일 수 있다. 이러한 사전 예약 판매는 서비스 기업에게 예약 불이행의 위험은 있지만 동시에 수요를 사전에 확보할 수 있다는 이점을 제공한다. 또한 고객은 원하는 서비스를 보다 낮은 비용으로 이용할 수 있는 혜택을 얻을 수 있다.

둘째, 초과예약은 서비스 공급능력을 최대한 활용하기 위해 예약 불이행(No-show)에 대비하여 실제 공급능력보다 많은 예약을 받는 전략이다. 이는 고객의 예약 불이행으로 인해 발생하는 유휴 자원을 줄여 수익을 극대화할 수 있다. 그러나 만약 예약 불이행보다 초과예약이 많다면 보상비용이 발생하며, 반대로 초과예약이 적다면 유휴비용이 발생한다. 따라서 적정 수준의 초과예약률의 결정이 중요하다.

셋째, 능력배분은 서비스 공급능력을 고객유형별로 차등 배분하여 수익을 최대화하려는 전략이다. 예를 들어 항공기의 일등석, 비즈니스석, 이코노미석을 각각 어느 정도로 배분할 것인가를 결정하여야 한다. 이처럼 세분된 잠재 고객에 대해 공급능력을 수익성이 가장 높은 방식으로 배분하는 것이 능력배분의 핵심이다. [그림 6-10]은 리조트 호텔이 잠재적 고객을 4개의 고객층으로 나누어 계절별로 객실을 할당하는 예를 보여주고 있다.

넷째, 가격차별화는 수율관리의 핵심 요소 중 하나이다. 예를 들어 항공기의 빈 좌석은 출발과 함께 소멸되기 때문에 좌석을 고객으로 모두 채우기 위해 여러

그림 6-10 서비스능력전략의 예

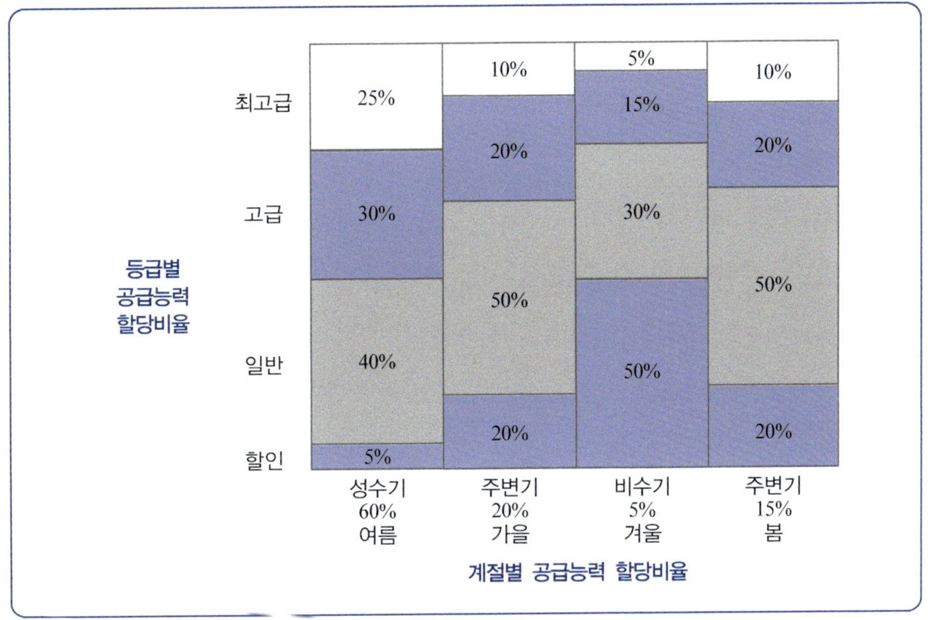

가지 가격 정책을 사용하고 있다. 예컨대 할인된 가격으로 조기 예약을 많이 받을 것인가 아니면 위험이 있지만 출발 전까지 기다렸다가 높은 가격으로 판매할 것인가를 결정해야 한다. 이처럼 항공사는 동일한 항공편이라도 고객의 예약 시점, 구매 조건, 서비스 수준 등에 따라 일등석, 비즈니스석, 이코노미석의 가격을 다르게 책정한다. 하물며 동일한 이코노미석 안에서도 정상요금, 할인요금, 단체요금 등 가격대를 다양하게 운영한다. 이러한 구매 시간과 구매량에 따른 가격차별화 전략이 효과적으로 적용되기 위해서는 다음과 같은 조건이 충족되어야 한다.

① 세분 시장별로 서로 다른 가격에 보이는 반응이 달라야 한다. 즉 차별화된 가격에 대해 실제로 구매하려는 고객이 있어야 그 가격차별화 전략은 성공할 수 있다.
② 고객이 특정 세분 시장에서 상품을 구매한 뒤 이를 다른 세분 시장에서 재판매하여 차익을 얻을 수 없어야 한다.
③ 고객이 차별된 가격에 대해 불만을 느껴서는 안 된다. 특히 더 높은 가격을 주고 구매한 고객의 감정을 상하게 해서는 안 된다.
④ 법적인 하자가 없어야 한다.

요약

- 생산능력은 생산시스템이 정상적인 조건에서 일정 기간 동안 산출할 수 있는 제품이나 서비스의 최대량을 의미한다.
- 자동차나 가전제품을 생산하는 제조업의 경우는 산출기준을 사용하고, 반면 항공사나 병원과 같은 서비스업의 경우는 투입기준을 생산능력의 측정 단위로 이용하는 것이 보통이다.
- 생산능력전략이란 미래의 수요에 필요한 생산능력의 크기와 시기를 예측하고, 이에 따른 대책을 수립하는 전략을 의미한다.
- 생산능력전략의 수립과 관련하여 여유 생산능력, 규모의 경제, 집중화 생산, 범위의 경제 등을 고려하여야 한다.
- 여유 생산능력은 예상수요를 초과하여 가지는 생산능력을 말하며, 수요의 변동이나 예기치 못한 상황에 대응하기 위한 여유 자원으로 활용이 가능하다.
- 규모의 경제는 생산량이 증가함에 따라 고정비가 생산단위에 분산되어 단위당 생산비용이 감소하는 현상이다.
- 규모의 비경제는 관리 복잡성, 비효율성, 커뮤니케이션 문제 등으로 인해 생산량이 증가함에 따라 생산비용이 오히려 증가하는 현상이다.
- 최적조업도는 단위당 평균 비용이 최소화되는 최적의 생산량을 의미한다.
- 집중화 공장 또는 집중화 생산은 하나의 공장이나 설비가 좁은 범위의 목표에 집중함으로써 운영 효율을 극대화하는 개념이다.
- 범위의 경제는 동일한 자원과 기술을 공유하여 다양한 제품을 동시에 생산함으로써 비용이 감소하는 현상이다.

- 생산능력의 확보 방법에 대한 의사결정을 지원하는 대표적인 기법으로 손익분기점분석, 의사결정나무 등이 있다.
- 의사결정나무는 의사결정과정이 여러 단계를 순차적으로 거쳐야 할 경우 문제를 시각적으로 단순화하여 분석을 용이하게 해준다.
- 수율관리는 예약시스템, 초과예약, 능력배분, 가격차별화 방법을 활용하여 공급능력이 제한된 서비스 기업의 수익을 극대화하는 전략이다.
- 초과예약은 예약 불이행을 고려해 실제 수용 가능 인원보다 더 많은 예약을 받아 손실을 방지하고 자원활용률을 극대화하는 전략이다.
- 능력배분은 제한된 공급능력을 고객층별 또는 시간대별로 다르게 배분하여 수익을 최적화하는 방법이다.
- 가격차별화는 고객의 지불 의사, 예약 시점, 서비스 조건 등에 따라 다른 가격을 부과함으로써 수익을 극대화하는 방법이다.

학습문제

01. 생산능력이란 무엇인가를 설명하라.
02. 생산능력전략의 개념을 설명하라.
03. 산출기준과 투입기준에 따른 생산능력 측정방식의 차이를 사례를 들어 설명하라.
04. 생산능력전략 수립 시 고려해야 할 주요 요소를 설명하라.
05. 여유 생산능력의 개념과 이를 보유하는 이유를 설명하라.
06. 확장전략과 관망전략을 비교하여 설명하라.
07. 규모의 경제와 규모의 비경제가 발생하는 원인을 서술하라.
08. 규모의 경제와 범위의 경제를 비교하여 설명하라.
09. 최적조업도의 개념을 설명하라.
10. 범위의 경제의 개념과 이를 실현하기 위한 구체적인 방안을 서술하라.
11. 현대 생산경영에서 집중화 생산이 주목받는 이유를 설명하라.
12. 생산능력 확보를 위한 의사결정 과정에서 활용되는 주요 분석기법과 각 기법의 목적을 간단히 설명하라.
13. 손익분기점분석의 개념과 활용 목적을 설명하라.
14. 의사결정나무 기법의 개념과 활용이 유용한 상황을 설명하라.
15. 제조업과 서비스업의 능력 전략 간 차이를 비교하여 설명하라.
16. 수율관리가 효과적으로 적용되기 위한 조건과 주요 수단을 설명하라.
17. 초과예약 전략의 성공적인 적용을 위한 조건과, 잘못 적용되었을 경우 발생할 수 있는 위험을 설명하라.
18. 수요 변동이 빠른 시장에서 관망전략보다 확장전략이 유리한 상황을 설명하라.

Chapter 07

입지

학습목표

입지 선정은 기업의 생산 및 운영에 큰 영향을 미칠뿐 아니라 한번 결정되면 변경이 매우 어려우므로, 기업의 경영자들이 당면하는 가장 중요한 의사결정 중의 하나이다. 공장이나 물류센터의 입지를 선정할 때 다양한 자료를 바탕으로 여러 가지 분석 기법을 활용하여 검토한 후 최적의 후보지를 결정한다. 본 장에서는 입지를 선정할 때 고려해야 할 기준과 입지 의사결정에 활용되는 다양한 기법에 대해 살펴본다.

입지 선정 개념

생산능력전략에서 생산 규모와 도입 시기가 확정된 이후에는 해당 생산능력을 최적의 위치에 배치하기 위한 입지 선정 결정이 요구된다. 따라서 생산능력전략과 입지 선정은 매우 밀접한 관계를 가진다. 생산의 장기적인 의사결정에서 핵심 요소 중의 하나가 입지 선정이다.

이러한 입지 선정은 지대, 세금, 원자재 가격, 에너지 비용, 유통 및 물류비, 임금 등 기업의 비용과 직접적인 관련이 있으므로 기업의 수익에 중대한 영향을 미치는 문제이며 일단 한 번 결정되면 변경이 쉽지 않으므로 매우 신중하게 접근하여야 한다. 입지 선정은 다양한 후보지 가운데 하나를 선정하는 것이 보통이며 이러한 결정은 다음과 같은 경우에 필요하게 된다.

- 신규 사업을 시작할 때
- 기존 시설을 확장하거나 이전할 때
- 시장 환경이 변화하거나 기업의 전략이 변경될 때
- 비용을 절감하거나 효율성을 높이고자 할 때
- 정부 정책이나 규제가 변화할 때

기업경영의 성공 여부는 다양한 요인에 의해 좌우되지만 제반 시설의 입지 선정은 그중에서도 핵심적인 결정 요소 중 하나이다. 입지 선정은 여러 후보지 중 하나를 선택하는 방식으로 결정되므로 일반적으로 다양한 입지 선정 기준이 고려되어야 하는데, 대표적인 기준으로는 건설 및 토지 비용, 수송시설과의 근접성, 고객과의 근접성, 노동가용성 및 비용, 노조의 강성 정도, 입고 및 출고 수송비용, 원자재 및 공급자와의 근접성, 공익시설의 가용성 및 비용, 지역사회의 삶의 질, 환경제약요인 등이 있다.

입지를 생산요소 중심으로 할 것인지 아니면 고객 중심으로 할 것인지를 먼저 결정하여야 한다. 생산요소 중심은 제조업처럼 제품이 생산요소에 의존할 때, 즉 원재료, 교통, 에너지 등이 제품 생산에 직접적으로 영향을 미칠 때 사용한다. 반면 고객 중심 입지 결정은 서비스업처럼 고객과의 거리가 생산요소보다 중요할 때 사용한다. 입지 선정 과정에서 제조업과 서비스업의 입지 요인의 중요도는 <표 7-1>과 같은 차이를 보이며, 이는 각 산업의 입지 선정 기준이 다음과 같이 서로 다른 기본 가정에 기반하기 때문이다.

〈표 7-1〉 서비스업과 제조업의 주요 입지 선정 기준

구분	제조업	서비스업
기본 전제	생산과 소비의 분리성	생산과 소비의 동시성
입지의 초점	**비용 중심**	**수익 중심**
주요 고려요인	운송비, 인건비, 원자재비, 세금, 유틸리티 비용 등	고객 접근성, 시장 수요, 유동인구, 접근성, 입지의 가시성 등
입지 요인의 영향	입지 요인이 **비용을 결정**함	입지 요인이 **수입을 결정**함
비용의 통제 가능성	지역 간 비교 가능하며 상대적으로 예측 가능	운영 전략과 경영 능력에 따라 달라짐
고객의 이동성	생산지와 소비지가 다름	생산지와 소비지가 같음
입지 결정의 우선순위	공장 가동률 극대화 및 물류 최적화가 주요 목표	고객 유입 극대화 및 편의성 제공이 주요 목표

• 제조업의 경우

생산과 소비가 분리되어 이루어지기 때문에 입지 선정은 주로 비용을 중심으로 고려된다. 이때 입지 요인은 생산 및 물류비용에 직접적인 영향을 주며, 주요 비용 항목은 입지별로 비교 및 분석이 가능하다.

•서비스업의 경우

생산과 소비가 동시에 이루어지기 때문에 입지 선정은 수익을 중심으로 접근한다. 이때 입지 요인은 고객 접근성과 수요에 영향을 주어 수입에 직결되며, 비용은 상대적으로 경영자의 운영 능력에 좌우된다.

따라서 제조업과 서비스업의 입지 선정 기준은 업종별 특성과 전략적 초점에 따라 유연하게 설정되어야 한다. <표 7-2>에서 볼 수 있듯이, 산업별로 입지 요인의

〈표 7-2〉 산업별 주요 입지 요인의 중요도 차이

입지 요인	경공업	중공업	의료	소매	물류	첨단산업
고객과의 근접성	3	3	1	1	2	2
지역사회의 삶의 질	2	3	3	3	3	1
공익시설의 가용성 및 비용	2	1	3	3	3	3
노동 가용성 및 비용	1	2	2	2	2	2
노조의 강성 정도	1	1	2	2	2	3
수송시설과의 근접성	2	1	3	3	1	3
건설 및 토지비용	2	1	2	2	2	2
원자재 및 공급자와의 근접성	2	1	3	3	3	3
환경 제약요인	2	1	3	2	3	3
출고 수송비용	2	2	3	3	1	3
입고 수송비용	2	1	3	3	1	3

1 : 매우 중요, 2 : 중요, 3 : 덜 중요

중요도는 상이하게 나타난다. 일반적으로 고려되는 주요 입지 요인으로는 고객과의 근접성, 노동력의 가용성과 비용, 지역사회 삶의 질, 노조의 영향력, 건설 및 토지비용, 수송시설과의 근접성, 입고비용 및 출고비용, 수도 및 전기와 같은 공익시설의 가용성과 비용, 원자재 및 공급자와의 거리, 환경적 제약 등이 있다.

요인평정법을 이용한 입지 선정

대부분의 입지는 서로 대비되는 장단점을 지니고 있기 때문에 다양한 요인을 종합적으로 고려하여 비교·결정하는 것이 쉽지 않다. 이러한 경우 질적 요인과 양적 요인을 동시에 고려해 입지 대안을 평가할 수 있는 유용한 방법이 바로 요인평정법(Factor Rating Method)이다.

예제 7-1

캠핑용품 공장의 입지를 대구와 광주 중 한 곳을 결정하려고 한다. 입지 선정을 위해 경영자의 지역 특성을 5점 척도를 이용하여 매우 부족=1, 부족=2, 보통=3, 좋음=4, 매우 좋음=5의 값을 다음과 같이 부여하였다. 또한 각 입지 요인에 대한 경영자의 주관적 가중치는 합계가 100이 되도록 다음과 같이 부여되었다. 요인평정법을 활용하여 어느 입지가 가장 바람직한지 결정하라.

• 공장 입지에 대한 경영자의 판단

가중치	주요 요인	대구	광주
20	노동환경	5	4
20	수송 효율성	4	5
15	원자재 접근성	5	4
10	토지 가격	3	4
15	시장 접근성	4	3
20	환경조건	3	5

해답

요인평정법은 각 입지 후보에 대해 요인별로 점수를 부여하고, 이 점수에 요인별 가중치를 곱한 후 그 값을 합산하여, 총합이 가장 큰 대안을 최적의 입지로 선정하는 방법이다. 다음과 같이 후보 입지의 총평가 점수는 각 요인 점수에 요인별 가중치를 곱한 값을 합산하여 비교함으로써 입지를 선정하게 된다.

주요 요인	가중치	요인평가점수		총평가점수	
		대구	광주	대구	광주
노동환경	20	5	4	100	80
수송 효율성	20	4	5	80	100
원자재 접근성	15	5	4	75	60
토지 가격	10	3	4	30	40
시장 접근성	15	4	3	60	45
환경조건	20	3	5	60	100

대구와 광주의 총점수를 계산하면 다음과 같다.

$$S_{\text{대구}} = 20(5)+20(4)+15(5)+10(3)+15(4)+20(3) = 405$$
$$S_{\text{광주}} = 20(4)+20(5)+15(4)+10(4)+15(3)+20(5) = 425$$

따라서 광주가 더 좋은 후보지가 된다.

이러한 요인평정법의 장점으로는 첫째, 정량적 요인뿐 아니라 정성적 요인도 포함하므로 다양한 요인을 반영할 수 있고, 둘째, 비교적 간단하고 직관적 판단으로 대안 간 비교가 가능하고, 셋째, 점수표, 그래프 등을 활용하면 결과를 쉽게 파악할 수 있도록 시각화할 수 있다. 반면 단점으로는 첫째, 가중치와 점수의 부여에 평가자의 주관적 요소가 크게 작용할 수 있어 신뢰성과 일관성에 한계가 있고 둘째, 정성적 요인을 수치로 환산하는 과정에서 어려움이 발생할 수 있고 셋째, 작은 가중치의 변화에도 대안의 순위가 바뀔 수 있어 민감성이 존재하고 넷째, 중요 요인이 누락되거나 비슷한 요인이 중복될 경우 결과를 왜곡할 가능성이 존재한다.

선형계획법을 이용한 입지 선정

수송 해법

제품의 공급지는 일반적으로 원자재의 확보가 용이하고, 노동력 확보가 쉽고, 세제 혜택 등이 있는 지역에 입지하고 반면, 수요지는 고객이 있는 도시에 분포해 있다. 이로 인해 공급지와 수요지 간의 거리 차이로 수송문제(Transportation Problem)가 발생하게 된다.

수송문제란 총수송비용을 최소화하면서 각 공급지에서 각 수요지로 제품을 수송하는 방법을 결정하는 문제를 의미한다. 이러한 수송문제에는 [그림 7-1]처럼 여러 형태가 있다.

- 하나의 공급지에서 여러 수요지로 수송하는 경우
- 여러 공급지에서 하나의 수요지로 수송하는 경우
- 여러 공급지에서 여러 수요지로 수송하는 경우
- 여러 공급지에서 중간 경유지를 거쳐 다시 여러 수요지로 수송하는 경우

그림 7-1 수송문제의 유형

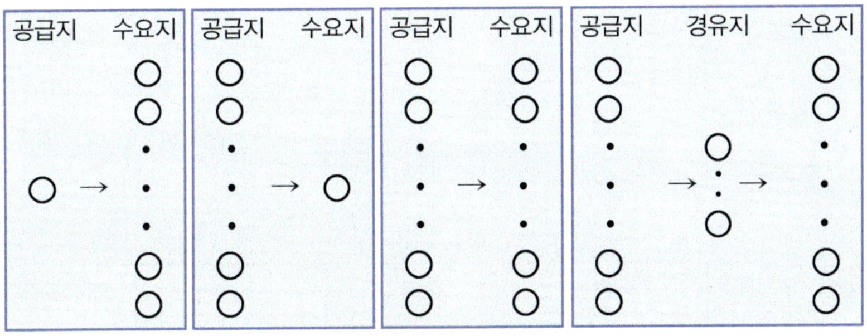

공급지 수요지 | 공급지 수요지 | 공급지 수요지 | 공급지 경유지 수요지

여기서는 기존의 공장이나 창고에 추가로 공장 또는 창고를 신설할 때, 총수송비를 최소화하는 입지를 결정하기 위한 선형계획법(Linear Programming)에 대해 살펴본다. 수송문제는 선형계획법의 특수한 형태이므로, 수송문제는 선형계획법을 통해 해를 구할 수 있다. 선형계획법은 전체 수송비용을 최소화하는 것을 목표로 공급지와 수요지 간의 수송량을 결정해 준다.

예제 7-2

대구, 광주, 강릉의 3개 공장에서 생산되는 제품을 동부지역, 중부지역, 남부지역의 3개 창고를 통해 시장에 판매하고 있는 XYZ 기업이 수요 증가에 대비하여 신규 공장 설립을 계획하고 있다. 신설 공장 후보지는 울산과 전주 중 수송비의 합계가 최소로 되는 지역을 결정하려고 한다. 후보지 울산과 전주가 각각 선택되었을 경우의 수송표는 <표 7-3>과 같다. 수송표에는 각 공장에서 창고까지의 단위당 수송비와 수송량이 나타나 있다. 즉, Xij는 공장 i에서 창고 j로 수송할 수량을 나타낸다. 이때 총수송비를 최소화하기 위해 어떤 후보지가 바람직한지를 결정하라.

〈표 7-3〉 XYZ 기업의 수송표

(후보지 울산)

공장 \ 창고	동부	중부	남부	공급가능량
대구	3 / X_{11}	5 / X_{12}	4 / X_{13}	180

광주	4 X_{21}	3 X_{22}	2 X_{23}	110
강릉	2 X_{31}	3 X_{32}	4 X_{33}	90
울산	6 X_{41}	5 X_{42}	4 X_{43}	120
수요량	220	130	150	

(후보지 전주)

공장 \ 창고	동부	중부	남부	공급가능량
대구	3 X_{11}	5 X_{12}	4 X_{13}	180
광주	4 X_{21}	3 X_{22}	2 X_{23}	110
강릉	2 X_{31}	3 X_{32}	4 X_{33}	90
울산	6 X_{41}	5 X_{42}	4 X_{43}	120
수요량	220	130	150	

해답

선형계획법으로 수송비용을 최소화하는 입지 선정 문제를 해결하기 위해서는 우선 목적함수와 제약조건을 수립하여야 한다. 울산을 신설 공장 후보지로 선택할 경우 목적함수와 제약조건식은 다음과 같다.

최소화 :

총수송비용 $= 3X_{11}+5X_{12}+4X_{13}+4X_{21}+3X_{22}+2X_{23}+2X_{31}+3X_{32}+4X_{33}+6X_{41}+5X_{42}+4X_{43}$

제약조건 :

$X_{11}+X_{12}+X_{13}=180$(공장 1에서 각 창고로의 수송량의 합=공장 1의 생산량)

$X_{21}+X_{22}+X_{23}=110$(공장 2에서 각 창고로의 수송량의 합=공장 2의 생산량)

$X_{31}+X_{32}+X_{33}=90$(공장 3에서 각 창고로의 수송량의 합=공장 3의 생산량)

$X_{41}+X_{42}+X_{43}=120$(공장 4에서 각 창고로의 수송량의 합=공장 4의 생산량)

$X_{11}+X_{21}+X_{31}=180$(각 공장에서 창고 1로의 수송량의 합=창고 1의 수요)

$X_{12}+X_{22}+X_{32}=110$(각 공장에서 창고 2로의 수송량의 합=창고 2의 수요)

$X_{13}+X_{23}+X_{33}=120$(각 공장에서 창고 3으로의 수송량의 합=창고 3의 수요)

$X_{ij} \geq 0$(모든 변수는 양수임)

전주를 신설 공장 후보지로 선택할 경우 목적함수와 제약조건식은 다음과 같다.

최소화 :

총수송비용 = $3X_{11}+5X_{12}+4X_{13}+4X_{21}+3X_{22}+2X_{23}+2X_{31}+3X_{32}+4X_{33}+3X_{41}+2X_{42}+6X_{43}$

제약조건 :

$X_{11}+X_{12}+X_{13}=180$(공장 1에서 각 창고로의 수송량의 합=공장 1의 생산량)

$X_{21}+X_{22}+X_{23}=110$(공장 2에서 각 창고로의 수송량의 합=공장 2의 생산량)

$X_{31}+X_{32}+X_{33}=90$(공장 3에서 각 창고로의 수송량의 합=공장 3의 생산량)

$X_{41}+X_{42}+X_{43}=120$(공장 4에서 각 창고로의 수송량의 합=공장 4의 생산량)

$X_{11}+X_{21}+X_{31}=220$(각 공장에서 창고 1로의 수송량의 합=창고 1의 수요)

$X_{12}+X_{22}+X_{32}=130$(각 공장에서 창고 2로의 수송량의 합=창고 2의 수요)

$X_{13}+X_{23}+X_{33}=150$(각 공장에서 창고 3으로의 수송량의 합=창고 3의 수요)

$X_{ij} \geq 0$(모든 변수는 양수임)

신설 공장을 울산으로 하는 선형계획모형의 해는 다음과 같다.

X_{11}=180, X_{22}=80, X_{23}=30, X_{31}=40, X_{32}=50, X_{43}=120, z=1,550만 원

한편 신설 공장을 전주로 하는 선형계획모형의 해는 다음과 같다.

X_{11}=140, X_{13}=40, X_{23}=110, X_{31}=80, X_{32}=10, X_{42}=120, z=1,230만 원

신설 공장을 울산에 두는 경우, 총수송비는 1,550만 원이다. 이때 울산 공장은 남부권에 120개를 수송하고, 대구공장은 동부권에 140개, 광주공장은 중부권에 80개와 남부권에 30개를, 그리고 강릉공장은 동부권에 40개와 중부권에 50개를 공급하면 총수송비용은 1,550만 원이다.
한편 전주를 신설공장으로 하는 경우의 총수송비는 1,230만 원이다. 이때 전주공장은 중부권에 120개, 대구공장은 동부권에 140개와 남부권에 40개, 광주공장은 남부권에 110개, 그리고 강릉공장은 동부권에 80개와 중부권에 10개를 각각 공급하면 총수송비용은 1,230만 원이다.

결과적으로 수송비가 더 적은 후보지 전주가 선택된다.

엑셀 해법

여기서는 엑셀로 예제 문제의 해를 구하는 방법을 살펴본다. 해를 구하는 절차는 다음과 같다.

•입력

수송문제를 엑셀의 [해 찾기] 메뉴를 이용하여 먼저 울산의 최적해를 구하기

위해서는 수송계획표 부분과 수송실행표 부분으로 나누어 다음과 같이 입력한다.

	A	B	C	D	E	F
1						
2			수송계획표			
3		동부	중부	남부		
4	대구	3	5	4	180	
5	광주	4	3	2	110	
6	강릉	2	3	4	90	
7	울산	6	5	4	120	
8	수요량	220	130	150		
9						
10			수송실행표			
11		동부	중부	남부		
12	대구				0	
13	광주				0	
14	강릉				0	
15	울산				0	
16	수요량	0	0	0	0	
17						

수송계획표 부분은 <표 7-3>의 내용을 입력하고, 수송실행표 부분은 최적해를 구하기 위해 다음과 같이 별도로 구성한다.

		셀 주소	입력
해	x_{ij}	B12:D15	
	z	E16	=SUMPRODUCT(B4:D7, B12:D15)
제약식	공급량	E12	=SUM(B12:D12)
		E13:E15	셀 E12를 복사
	수요량	B16	=SUM(B12:B15)
		C16:D16	셀 B16을 복사

- **해 찾기 매개 변수창**

먼저 [데이터] → [해 찾기] 메뉴를 실행한다.

다음으로 [해 찾기 매개 변수]에서 다음을 수행한다.

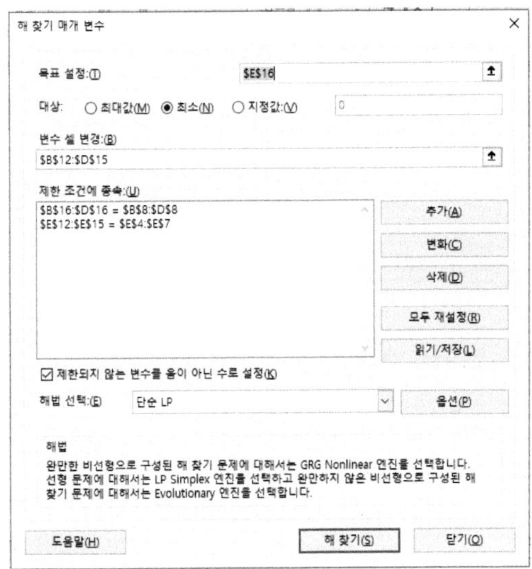

① [목표 설정:(T)]

목적함수 값의 셀 주소를 지정한다. 여기서는 E16 셀을 지정한다.

② [대상:]

최대화 또는 최소화를 지정해 준다. 여기서는 최소(N)를 지정해 준다.

③ [변수 셀 변경:(B)]

의사결정변수의 셀 주소를 지정한다. 여기서는 B12:D15를 지정한다.

④ [제한 조건에 종속:(U)]

균형 수송문제이므로 공급량과 수요량이 같다는 제약조건을 추가한다. 먼저 [추가]를 클릭하여 [제한 조건 추가] 창에 공급량의 조건인 E12:E15 = E4:E7을 지정한다. 다시 [추가]를 클릭하여 수요량의 조건인 B16:D16 = B8:D8을 지정한 다음 [확인]을 클릭하여 [해 찾기 매개 변수] 창으로 돌아간다.

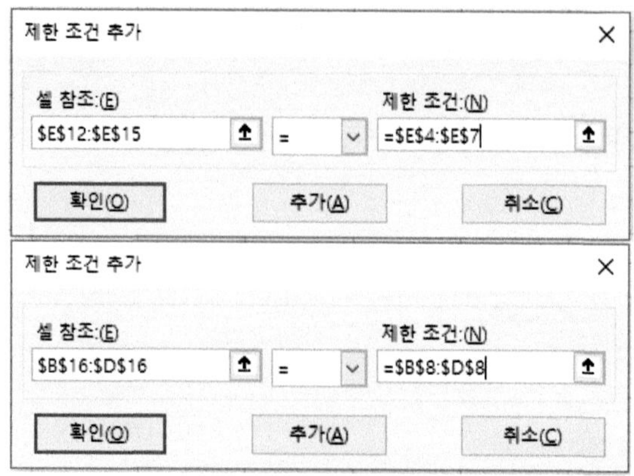

⑤ [제한되지 않는 변수를 음이 아닌 수로 설정(K)]

비음조건을 지정해 준다. 여기서는 기본값을 그대로 사용한다.

⑥ [해법 선택:(E)]

선형계획법을 의미하는 [단순 LP]로 지정한다.

⑦ [해 찾기]

마지막으로 해를 찾기 위해 [해 찾기]를 클릭한다.

• 결과

이상의 과정을 실행하면 다음과 같이 울산의 해를 찾을 수 있다.

	A	B	C	D	E	F
1						
2			수송계획표			
3		동부	중부	남부		
4	대구	3	5	4	180	
5	광주	4	3	2	110	
6	강릉	2	3	4	90	
7	울산	6	5	4	120	
8	수요량	220	130	150		
9						
10			수송실행표			
11		동부	중부	남부		
12	대구	180	0	0	180	
13	광주	0	80	30	110	
14	강릉	40	50	0	90	
15	울산	0	0	120	120	
16	수요량	220	130	150	1550	
17						

• 후보지 전주의 입력과 결과

전주를 후보지로 하여 같은 방법으로 선형계획모형을 작성하여 최적해를 구할 수 있다. 전주를 후보지로 선택하였을 경우의 입력 창과 결과 창은 다음과 같다.

	A	B	C	D	E	F
1						
2			수송계획표			
3		동부	중부	남부		
4	대구	3	5	4	180	
5	광주	4	3	2	110	
6	강릉	2	3	4	90	
7	전주	3	2	6	120	
8	수요량	220	130	150		
9						
10			수송실행표			
11		동부	중부	남부		
12	대구				0	
13	광주				0	
14	강릉				0	
15	전주				0	
16	수요량	0	0	0	0	
17						

	A	B	C	D	E	F
1						
2			수송계획표			
3		동부	중부	남부		
4	대구	3	5	4	180	
5	광주	4	3	2	110	
6	강릉	2	3	4	90	
7	전주	3	2	6	120	
8	수요량	220	130	150		
9						
10			수송실행표			
11		동부	중부	남부		
12	대구	140	0	40	180	
13	광주	0	0	110	110	
14	강릉	80	10	0	90	
15	전주	0	120	0	120	
16	수요량	220	130	150	1230	
17						

• 결과 해석

XYZ 기업은 수요 증가에 대응하기 위해 기존의 대구, 광주, 강릉 공장 외에 신설 공장입지를 검토한 결과는 다음과 같다.

- **울산을 신설 공장으로 선택할 경우**, 총수송비는 **1,550만 원**으로 계산되었다. 이 경우 울산공장은 **남부권**에만 수송하며, 대구공장은 **동부권**, 광주공장은 **중부권 및 남부권**, 강릉공장은 **동부권과 중부권**에 공급하게 된다.
- **전주를 신설 공장으로 선택할 경우**, 총수송비는 **1,230만 원**으로 나타났다. 이때 전주공장은 **중부권**에 수송하며, 대구공장은 **동부권과 남부권**, 광주공장은 **남부권**, 강릉공장은 **동부권과 중부권**에 각각 수송하게 된다.

이와 같은 결과를 바탕으로, 전주를 신설 공장으로 선택하면 총수송비가 더 적으므로 전주가 신설 공장입지로 더 바람직하다.

서비스업의 입지 선정

입지의 고려 요인

서비스의 여러 요소는 따라 할 수 있지만 입지만은 모방할 수 없기 때문에 입지 선정은 서비스 기업에서 가장 중요한 전략적 의사결정문제 중 하나이다. 왜냐하면 서비스시설이 들어서는 지리적 입지의 선정은 대규모 장기투자를 요구하고, 결정되면 변경하기 어렵고, 고객의 접근 편의성과 직접적으로 연결되며 궁극적으로 서비스의 수요와 직결되기 때문이다. 다음은 서비스 기업의 입지 선정 시 고려해야 할 주요 요소들을 제시한 것이다.

- 지역요인 : 인력, 경쟁자, 경제성, 확장성, 주변 환경 변화, 지역사회와의 관계
- 교통요인 : 교통 인프라, 가시성, 시장 접근성, 공급자 접근성
- 정책요인 : 지역 규제 및 제도, 경제적 지원 및 인센티브, 지방정부 정책 적합성
- 경제요인 : 임대료, 운영비용
- 사회 및 경쟁 요인 : 인력 확보 가능성, 경쟁자의 위치, 지역사회의 태도
- 기타 : 향후 확장 가능성 등

지역 요인

- 인력

노동집약적 특성을 가진 서비스기업은 특히 양질의 노동에 의존하는 부분이 많으므로 우수 인력의 조달이 필수적이다. 인력 관련 주요 요인으로는 인력의 숙련도나 기술수준, 인력의 교육 및 훈련의 필요성, 인력 수급의 용이성, 인건비 등이 있다.

- 경쟁자

현재의 경쟁자는 물론이고 새로운 경쟁자의 출현도 예측하고 입지를 결정하여야 바람직하다. 따라서 기존 및 향후 경쟁자가 확고한 기반을 갖추었거나 갖출 것으로 예상되는 지역은 피하여 입지를 선정하는 것이 필요하다.

- 경제성

지역사회의 인구 통계적 특성에 따른 경제활력성, 성장잠재력, 인근 시설과의 보완성, 전기나 통신 등의 기반시설, 초기 투자비용과 회수기간, 주변 유동인구 등을 고려하여 입지를 결정하는 것이 타당하다.

- 확장성

사업 확장 시 시설 공간 확보가 가능한지, 미래 변화에 유연하게 대응 가능한지를 고려하여야 한다.

- 주변 환경 변화

주변 환경 변화가 서비스업에 미치는 영향은 중대하므로 이를 반드시 고려해야

한다. 예를 들어 도시 정비나 재개발과 같은 도시계획사업으로 인해 입지 환경이 변화하는 사례도 빈번히 발생한다.

• 지역사회와의 관계

지역사회는 고객이자 인력 공급처이므로 지역과의 우호적인 관계가 필수적이다.

교통 요인

• 교통 인프라

원자재 조달, 제품 유통, 고객 방문이 편리한 교통 체계가 중요하므로 교통혼잡도, 물류 접근성, 고객 이동성 등을 고려할 필요가 있다.

• 가시성

고객이 쉽게 찾을 수 있는 도로변 등 가시성이 높은 위치가 유리하다.

• 시장 접근성

유동 인구가 많은 번화가, 대중교통 접근이 용이한 장소, 고객 생활 패턴과 맞는 위치 등이 바람직하고 특히 전용 주차장 유무도 중요한 고려 사항이다.

• 공급자 접근성

공급망 효율성을 위해 공급업체 접근이 용이한 위치가 선호되는데 예로 소매업, 패스트푸드점, 주유소 등이 해당된다.

정책 요인

• 지역 규제 및 제도

영업허가 조건, 소음·환경 규제, 주차공간 확보 등의 법적 조건을 고려한다.

• 경제적 지원 및 인센티브

세제 혜택, 임대료 수준, 운영비용, 지역의 유치정책 등의 고려가 필요하다.

• 지방정부 정책 적합성

지역개발 방향과 기업 전략이 잘 맞는 지역을 선택하는 것이 바람직하다.

이처럼 서비스업의 입지 선정은 고객 접근성, 인력자원, 정책지원, 경쟁구조, 교통환경 등 복합적인 요소를 종합적으로 분석해야 하는 전략적 의사결정이다.

입지의 업종별 결정요인

입지 선정은 다양한 요인을 고려하여 의사결정을 해야 하지만, 특정 업종에는 절대적 입지 요인이 존재한다. 여기서 절대적 입지 요인이란, 예를 들어 조선업체는 바다 인근에, 시멘트 제조 기업은 석회석 광산 인근에 있어야 하므로 이는 선택 가능한 입지 대안을 자연스럽게 제한한다. 업종유형에 따른 입지 요인의 절대적 입지 요인은 다음과 같다.

1. 고객 접근성이 중요한 업종
   특징 : 고객이 서비스를 직접 소비하므로 접근성이 가장 중요
   대표 업종 : 은행, 소매점, 의료기관, 건강 서비스, 영화관, 레스토랑 등
   입지 전략 : 유동 인구가 많고 교통 편의성이 높은 지역 선호

2. 비용이 중요한 업종
   특징 : 비용 구조가 수익성에 직접 영향을 줌
   대표 업종 : 전문점, 도매상, 사무처리 서비스 등
   입지 전략 : 임대료, 인건비, 유틸리티 비용이 저렴한 지역 선호

3. 경쟁자와의 관계가 중요한 업종
   특징 : 경쟁자와의 시너지를 활용하는 전략 추구
   대표 업종 : 중고차 대리점, 골동품점, 호텔, 쇼핑몰 등
   입지 전략 : 경쟁자 인근에 입지하여 유사한 수요를 흡수하고 비교 쇼핑 효과를 극대화

4. 영업 지원 시스템이 필요한 업종
   특징 : 보안, 통신, 기반 인프라가 필수
   대표 업종 : 보석상(경찰 경비 가능 지역), 금융 서비스(통신 인프라가 완비된 대도시 도심)

입지 전략 : 안정적 운영 인프라가 확보된 지역

5. 지리적 제약이 절대적인 업종

특징 : 자연환경이나 기후 조건이 입지 결정의 핵심

대표 업종 : 해양 공원, 스키장, 골프장 등

입지 전략 : 특정 자연조건을 충족하는 지역에 한정

6. 영업환경이 중요한 업종

특징 : 입지 주변의 이미지, 분위기, 지역사회 인식이 고객에게 영향 미침

대표 업종 : 보험사, 사설 교육기관, 일반 사무시설 등

입지 전략 : 안전하며 신뢰를 주는 환경

7. 운송 네트워크 접근성이 중요한 업종

특징 : 배송 효율성과 물류 속도가 사업 성패 좌우

대표 업종 : 통신판매업, 택배업체 등

입지 전략 : 고속도로, 물류허브, 교통 요충지 인근 지역 선호

물류센터 입지 선정

다수의 공장에서 다수의 창고까지 다양한 제품을 소량으로 개별 수송하기보다는 공장의 다음 공정은 물류센터라 보고 물류센터의 입지를 합리적으로 선정함으로써 최적의 물류 관리를 실현할 수 있다. 물류센터는 공장에서 생산된 다양한 제품을 물류센터로 집결시킨 다음, 고객이나 소매점으로 배송하는 생산 결합(Production Consolidation)의 역할을 수행한다. 이러한 물류센터의 주요 역할은 다음과 같다.

- 집결 기능

  여러 생산지에서 출하된 제품을 한곳에 모아 저장하고 관리함으로써 분산된 자원을 집중시킨다.

- 분류 및 재포장 기능

  제품을 고객, 지역, 수요 유형 등에 따라 분류하고, 필요시 단위 변경 및 재포장하여 유통 효율을 높인다.

- 재고관리 기능

  수요 변동에 대응하기 위한 완충지 역할을 하며, 과잉생산이나 긴급 주문에 대비한 재고를 적정 수준에서 유지한다.

- 배송 및 분배기능

  다양한 수요처에 제품을 적시에 정확하게 배송할 수 있도록 물류흐름을 효율적으로 조율한다.

- 정보관리 기능

  입출고, 재고, 주문 등의 정보를 통합·관리하여 실시간 물류가시성과 의사결정 지원 기능을 수행한다.

물류센터를 재배치하는 경우나 물류센터가 서비스할 고객 구역을 재조정하는 경우에는 각 고객구역의 수요와 각 물류센터의 공급능력이 주어진 조건에서 전체 물류비용을 최소화하는 물류센터의 입지 결정 모델을 개발하여 수송계획법이나 선형계획법을 이용하여 최적화할 수 있다. 만일 불확실한 수요, 비선형적인 비용구조, 복잡한 재고 정책이 포함된 경우에는 수송계획법이나 선형계획법보다 시뮬레이션 기법을 활용하는 것이 보다 효과적이다.

소매점의 입지 선정

소매점의 입지 선정에서 우선적으로 고려해야 할 대상은 고객과 경쟁자다. 즉 고객이 많은 곳에 위치해야 하며 동시에 경쟁자가 없는 곳이 바람직하지만, 때로는 경쟁자가 많은 지역이 오히려 유리할 때도 있다. 소매점의 입지선정문제는 대부분 수익 최대화 문제로 단순화하여 입지 모델을 분석한다. 이러한 입지 선정 전략은 다음과 같은 주요 모델로 설명할 수 있다.

- 경쟁적 군집화(competitive clustering)

  이 입지 전략은 경쟁자가 많이 존재하는 곳에 위치하여 고객에게 비교 쇼핑을 가능하게 한다. 이러한 비교 쇼핑은 판매율을 높인다는 사실이 실증적으로 확인되고 있다. 예를 들어 고객들은 신차나 중고차를 구입할 경우 비교 쇼핑을 원하기 때문에 많은 자동차 대리점들이 모여 있는 군집화된 지역을 선호한다. 마찬가지로 호텔 같은 숙박업도 경쟁자가 모여 있는 곳에 입지하는 것이 객실 판매율을 높이는 전략적 선택이다. 법률사무소, 보험회사, 부동산 중개업, 금융기관, 병원 등의 전문직종이 대단위 시설에 함께 결집하여 입지하는 이유는 상호보완적 업무 수행과 신규 수요 창출 측면에서 이점을 가지기 때문이다.

- 포화 마케팅(Saturation Marketing)

  하나의 지역에 여러 점포를 밀집시켜 고객에게 반복적으로 노출되도록 하여 브랜드 인지도를 극대화하고 경쟁자의 진입을 막는 방법이다. 대형 상권이나 교통 중심지가 주요 대상이다. 스타벅스의 예처럼 주요 도심에 매장을 집중 배치하는 것이다. 이 모형의 장점은 광고비 절감, 관리 효율성, 고객 인지도 상승이고 단점은 자기 점포끼리 경쟁하는 문제점이 있으나 고밀도 도심에서는 충동 구매 고객을 공략할 수 있어 이 전략이 유리할 수도 있다.

긴급 서비스시설의 입지 선정

긴급 서비스시설의 입지 선정 문제에 있어서 가장 중요한 것은 서비스 반응시간의 최소화이다. 여기서 반응시간이란 사고나 서비스 요구가 발생한 시점부터 실제 서비스가 제공되기까지의 소요 시간을 의미한다. 긴급 상황에서의 신속한 대응이 생명과 직결되므로 반응시간 최소화가 최우선 목표이다. 반응시간 문제를 분석하기 위해서는 긴급 서비스 요청의 위치와 빈도, 서비스팀의 이동속도, 주요 도로망, 대중교통, 이용 가능한 차량 대수, 도보 접근성 등 다양한 변수들이 복합적으로 고려되어야 한다.

긴급 서비스시설의 입지 결정은 지리적 보호범위(Geographical Cover)의 기준이 많이 적용된다. 이러한 결정은 정부의 행정법규에 의해 시행되는 경우가 많은데, 예를 들면 '시내에서 소방서는 몇 km 이상 떨어져 있어서는 안 된다' 또는 '어떤 지역에서도 몇 km 이내에는 몇 개의 소방서가 반드시 있어야 한다'는 등의 경우이다.

하지만 이러한 지리적 보호범위의 기준이 많이 적용되고 있으나, 문제는 지리적 보호범위가 반응시간과 전혀 연계되지 않는 것이다. 지리적 보호범위는 긴급 서비스의 발생 빈도, 요청빈도, 긴급 서비스 수행에 필요한 이동속도와 도로 조건을 반영한 것이 아니기 때문이다. 따라서 인구 밀집도 및 사고 발생 빈도가 높은 지역 등 서비스 수요가 많은 지역에 근접하도록 배치되어야 한다. 또한 다른 긴급서비스시설과의 협업 및 연계가 용이한 위치에 있어야 이를 통해 긴급 대응 네트워크의 효율성과 관할 범위를 극대화할 수 있다.

긴급 서비스의 입지 문제는 통상적으로 긴급 서비스 요청에 따른 후보 입지의 반응시간을 분석하는 것이므로 간단한 문제는 선형계획법으로도 해결할 수 있다. 그러나 긴급 서비스 요청의 발생 빈도와 위치, 이용 가능한 차량 대수 이동속도 등 다양한 상황이 복잡하게 얽히게 되면 입지 선정을 위해 시뮬레이션을 이용할 수 있다.

요약

- 입지 선정 문제는 생산이나 서비스를 위한 최적의 위치를 다양한 요인과 제약조건을 고려하여 결정하는 문제이다.
- 입지는 한번 결정되면 변경이 어려우므로 초기 단계에서 철저한 분석과 신중한 판단이 요구된다.
- 요인평정법은 입지별로 요인점수를 매기고 이를 요인별 가중치를 곱하여 합산한 값을 비교하여 그 값이 가장 큰 것을 입지로 선정하는 방법이다.
- 요인평정법의 장점으로는 첫째, 정성적 요인뿐 아니라 정량적 요인도 평가에 고려할 수 있으며 둘째, 간단하고 직관적인 판단을 통해 대안 간 비교가 가능하고 셋째, 점수표나 그래프 등을 활용하여 결과를 쉽게 시각화할 수 있다는 점이다.
- 요인평정법의 단점으로는 첫째, 가중치 부여와 요인별 평가에 주관이 개입할 수 있으며 둘째, 가중치 변화와 요인의 변화에 따라 대안의 순위가 바뀔 가능성이 존재한다.
- 기존 공장이나 창고에 추가로 공장 또는 창고의 입지를 선정할 때에는 수송계획법이나 선형계획법을 이용하여 총수송비를 최소화하는 입지를 결정할 수 있다.
- 입지 선정에서 절대적으로 중요한 요인은 해당 산업의 특성에 따라 입지 대안의 범위를 자연스럽게 제한하는 역할을 한다.
- 소매점의 입지를 선정할 때 가장 우선적으로 고려해야 할 대상은 고객과 경쟁자다.
- 공장과 고객 또는 소매점을 연결하는 물류센터의 역할은 생산 결합 기능을 수행하는 거점에 해당한다.

- 긴급 서비스시설의 입지선정문제에서 가장 중요한 것은 사고 또는 서비스의 요구가 발생한 순간부터 실제 서비스 제공에 이르기까지의 소요시간을 의미하는 반응시간의 최소화이다.

학습문제

01. 입지 선정이 중요한 이유를 설명하라.
02. 입지 선정이 기업의 장기적 경쟁력에 미치는 영향을 설명하라.
03. 입지 선정 시 고려할 주요 요인을 제시하고, 각 요인의 중요성을 간략히 설명하라.
04. 요인평정법의 개념을 간략히 서술하라.
05. 요인평정법에서 가중치와 점수의 설정 방식을 설명하라.
06. 요인평정법의 장단점을 설명하라.
07. 총수송비 최소화를 위한 입지 선정에서 선형계획법의 활용 방안을 설명하라.
08. 시설 및 공장의 입지 선정이 생산운영관리에서 중요한 이유를 설명하라.
09. 산업별로 입지 요인의 상대적 중요도를 비교하라.
10. 맥주 제조업체의 입지 선택에 작용하는 주요 요인을 분석하라.
11. 기존 공장이 있는 상황에서 신규 공장 입지 선정 시 고려해야 할 요소를 설명하라.
12. 물류센터 입지 선정에서 물류비용 최소화를 위한 핵심 요소를 설명하라.
13. 긴급 서비스 시설의 입지 선정 시 상업 시설과 다른 핵심 기준을 설명하라.
14. 특정 산업에서 절대적 입지 요인의 사례를 제시하고 그 배경을 설명하라.
15. 입지 선정 과정에서 발생할 수 있는 환경 제약의 사례를 제시하고, 이에 대한 해결 방안을 설명하라.

Chapter

08

적시생산시스템

학습목표

도요타 생산시스템은 도요타 자동차가 개발한 통합 생산관리체계로, 재고를 포함한 모든 낭비 요소를 제거하여 효율성을 극대화하는 것을 목적으로 하는 시스템이다. 이 시스템의 기본 아이디어는 필요한 시기에 필요한 양의 제품을 생산한다는 적시 생산시스템이다. 본 장에서는 도요타 생산시스템의 기본 원리 및 구체적인 도구와 방법 등에 대해 살펴본다.

도요타 생산시스템의 의의

도요타 생산시스템(Toyota Production System: TPS)은 [그림 8-1]에서처럼 도요타 자동차가 개발한 통합생산시스템으로, 불필요한 낭비를 제거하기 위해 소량 생산방식을 통해 필요 없는 재고를 최소화하여 재고 관련 비용을 절감하려는 접근방식이다. 타이치 오노(Taiichi Ohno)와 동료들이 제안한 핵심 개념은 필요한 시기에 필요한 양의 제품만을 생산하는 적시생산시스템(Just In Time: JIT)이다.

TPS의 낭비

JIT 시스템의 목적은 생산활동에 불필요한 모든 장애 요소를 제거하여 총생산 소요시간을 최소화하여 원가를 낮추는 데 있다. 도요타 생산시스템에서 정의하는 7대 낭비 유형은 과잉생산의 낭비, 재고의 낭비, 불량의 낭비, 가공의 낭비, 대기의 낭비, 동작의 낭비, 운반의 낭비로 구분된다. <표 8-1>은 이러한 낭비 유형을 체계적으로 정리한 것이다.

그림 8-1 도요타 생산방식

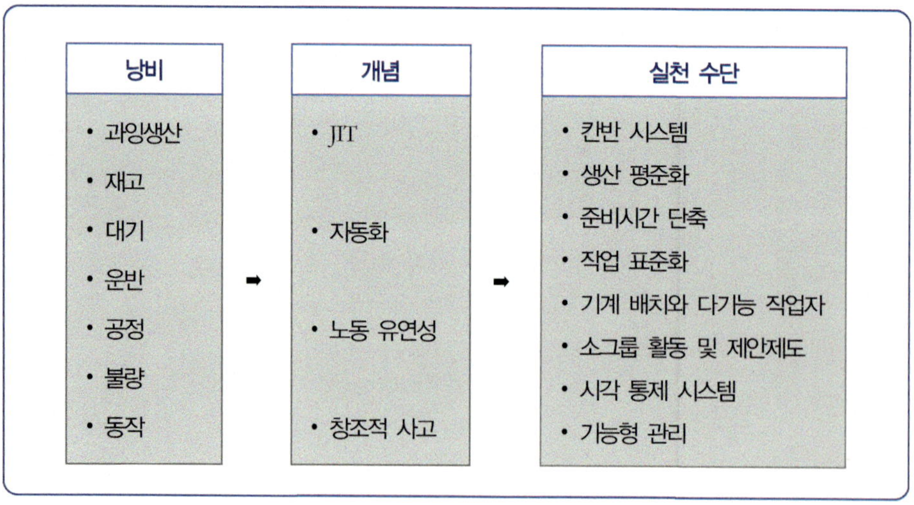

낭비	➡	개념	➡	실천 수단
• 과잉생산 • 재고 • 대기 • 운반 • 공정 • 불량 • 동작		• JIT • 자동화 • 노동 유연성 • 창조적 사고		• 칸반 시스템 • 생산 평준화 • 준비시간 단축 • 작업 표준화 • 기계 배치와 다기능 작업자 • 소그룹 활동 및 제안제도 • 시각 통제 시스템 • 기능형 관리

〈표 8-1〉 7대 낭비 유형

낭비 유형	설명
과잉생산	수요보다 더 많이, 더 일찍 생산
재고	필요 이상으로 쌓인 원자재, 완제품 등
불량	오류·결함으로 인한 재작업, 수정, 폐기
대기	사람·기계·자재 준비 미비로 작업 지연
운반	불필요한 자재·부품·제품 이동
가공	불필요하거나 과도한 가공
동작	불필요한 작업자 동작, 인체공학 미비

도요타 생산시스템의 핵심 목표 중 하나는 낭비의 제거이다. 이 가운데 과잉생산의 낭비를 가장 심각한 낭비로 간주한다. 왜냐하면 과잉생산의 낭비는 실제 수요를 초과하여 생산 현장에서 필요 이상으로 생산하여 불필요한 재고를 만들게 된다. 이로 인해 재고의 낭비가 생기게 된다. 이러한 과잉재고를 보유하고 있다면 불필요한 창고, 불필요한 운반자와 운반시설, 불필요한 재고관리자, 불필요한 문서 작업 등 또 다른 여러 가지 낭비를 유발하게 된다. 따라서 TPS에서는 수요에 맞추어 생산함으로써 과잉생산을 억제하여 낭비를 제거하는 것이 기본 과제이다.

TPS의 핵심 개념

도요타 생산시스템은 생산 효율성 제고를 위한 다양한 낭비 제거를 핵심으로 하는 통합적 생산관리 체계이다. TPS의 운영 철학은 다음의 네 가지 근본 개념에 기반을 두고 있으며, 이를 구현하기 위해 여러 가지 실행 시스템과 기법들이 함께 적용된다.

- 적시생산(JIT)

  고객의 수요에 맞추어 필요한 시기에 필요한 양의 제품을 생산하는 개념이다.

- 자동화(Jidoka, Autonomation)

  공정 내에서 불량이 발생했을 경우 이를 즉시 감지하고 생산을 정지시키는 시스템으로, 이를 자동불량통제(Autonomous Defect Control)라 불린다. 불량의 확산을 방지하고 품질을 공정 내에서 확보하는 품질관리의 개념이다.

- 노동 유연성(Shojinka)

  수요 변동에 맞추어 작업 인력의 배치와 생산량을 탄력적으로 조정함으로써 소량 생산 및 다기능 작업자 활용을 통해 생산 유연성을 확보하는 개념이다.

- 창조적 사고(Soikufu)

  현장 작업자의 지속적인 제안 활동(Kaizen)을 통해 생산공정의 개선을 도모하는 개념이다.

TPS의 실행 시스템

도요타는 생산시스템의 핵심 개념들을 실현하기 위하여 다음과 같은 여덟 가지 실행 시스템과 관리 기법을 도입하고 있다.

- 칸반 시스템

  JIT를 실현하기 위해 생산을 통제하는 일종의 정보시스템

- 생산 평준화

  수요의 변동성을 완화하고 일정한 생산 흐름을 유지하여 병목현상을 방지하여 라인의 효율성을 추구

- 준비시간 단축

  JIT를 실현하기 위해 생산 리드타임을 단축하는 방법

- 작업 표준화

  각 작업의 절차, 순서, 시간, 품질기준 등을 규격화하여 품질의 일관성과 라인 균형을 유지

- 셀 배치와 다기능 작업자

  노동의 유연성을 확보하는 방법

• 소그룹 활동 및 제안제도

작업자 주도의 자율적 개선 활동으로 현장 중심의 품질 및 프로세스 개선(Kaizen)을 실현

• 시각 통제 시스템

생산 현장의 문제를 시각적으로 표현하여 신속한 대응을 가능하게 하는 자동화(Jidoka) 지원 도구로서의 역할

• 기능형 관리

부서간 협업체계 구축을 통해 전사적 품질관리를 위한 시스템

이처럼 JIT는 도요타 생산시스템에서 적용되는 개념 중의 하나이며, 칸반방식은 JIT를 실행하기 위하여 이용하는 수단 중 하나이다. 따라서 JIT와 도요타 생산시스템, 칸반과 JIT 또는 칸반과 도요타 생산시스템을 동일시하는 것은 올바르지 않다. 그러므로 도요타 생산시스템은 앞에서 설명한 4가지 개념과 8가지 실천 방식이 유기적으로 결합된 통합적 체계로 이해하여야 한다.

칸반 시스템

칸반 시스템의 개념

JIT 생산방식은 고객의 수요에 따라 요구되는 제품을, 요구되는 시점에, 요구되는 수량만큼 생산하는 것을 의미한다. 이러한 JIT 시스템의 효과적인 실행을 위해 도입된 도구가 바로 칸반(Kanban) 시스템이다. 즉 JIT 생산방식은 제품을 생산하는 방법인데 반해 칸반방식은 JIT 생산방식을 운용하는 수단이다. 따라서 칸반은 생산 흐름을 통제하기 위한 일종의 정보 전달 시스템이다.

칸반은 어떤 종류의 부품이 얼마만큼 필요한가를 기록하는 엽서 크기의 카드를

의미한다. 칸반은 후행 공정에서 선행 공정으로 보내지므로 칸반을 통해 여러 공정이 서로 연결된다. 따라서 필요 부품들이 공급되어야 할 신호 역할을 한다는 의미에서 칸반은 각 공정의 생산 흐름을 관리하는 정보시스템이라 할 수 있다. 칸반방식에서는 최종조립으로부터 하향식으로 생산지시가 칸반을 통해 이루어진다. 후행 공정으로부터 칸반을 전달받으면 선행 공정은 해당 부품을 생산 또는 인출하여 공급한다. 그러므로 후행 공정이 생산을 중단하면 선행 공정도 당연히 생산을 중단한다. 이러한 칸반의 대표적인 유형으로는 [그림 8−2]처럼 두 가지가 있다.

- 인출 칸반

  후행 공정이 선행 공정으로부터 필요한 부품을 인출하기 위해 사용하는 칸반으로 부품의 명칭, 수량, 보관 위치 등 인출에 필요한 정보가 포함된다.

- 생산 칸반

  선행 공정에서 인출된 만큼 부품을 생산하기 위해 사용하는 칸반으로 생산해야 할 품목, 수량, 작업장 등 생산 지시 정보가 명시된다.

이러한 칸반 시스템은 공급 과잉이나 재고 누적을 방지하고, 생산의 시기나 효율을 확보하는 도요타 생산시스템의 핵심 구성 요소 중 하나이다.

그림 8−2 인출 칸반과 생산 칸반

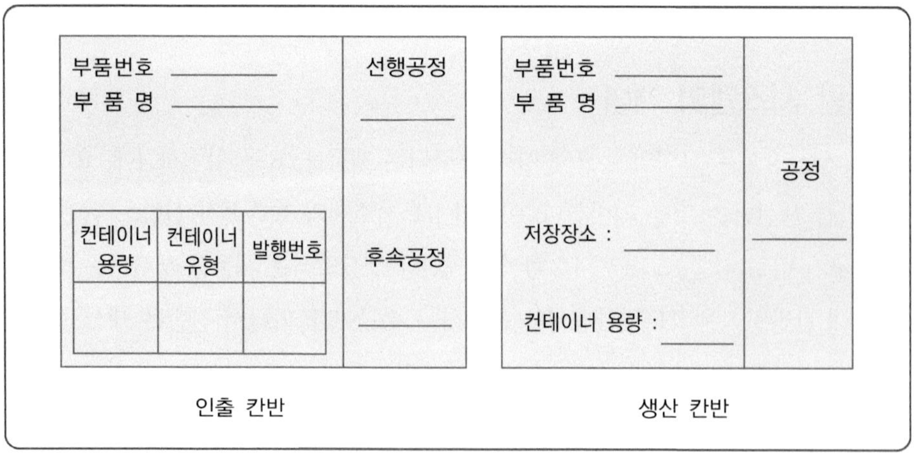

칸반 시스템의 운영 방식

칸반 시스템의 운영 규칙은 생산과 물류 흐름을 표준화하고 효율적으로 통제하기 위해 다음의 다섯 가지 기본 원칙을 준수한다.

1. 부품 인출은 칸반에 의해서만 수행한다.
   즉 후행 공정은 칸반의 요청이 있어야만 선행 공정으로부터 부품을 인출할 수 있다.

2. 칸반에 의해서만 부품을 생산한다.
   즉 선행 공정은 칸반의 생산 지시에 따라 지정된 수량만큼 부품을 생산한다.

3. 불량품을 후행 공정으로 보내지 않는다.
   즉 품질불량품은 공정 간 이동이 불가하며, 문제 발생 시 즉시 개선 조치를 한다.

4. 칸반에 기재된 수량은 실제 인수한 수량과 반드시 일치해야 한다.
   즉 칸반에 기재된 수량은 실제 물리적 자재와 정확히 일치하도록 함으로써 정보의 신뢰성이 유지되어야 한다.

5. 칸반 매수는 가능한 최소한으로 유지한다.
   즉 과도한 칸반 수는 불필요한 재고를 발생하므로 최소한의 매수로 시스템의 유연성과 생산성을 확보한다.

칸반 시스템의 운영 절차는 선행 공정과 후행 공정 간의 자재 흐름과 정보 전달을 동기화함으로써 JIT 원칙을 실현한다. 다음은 [그림 8-3]에 나타난 일반적인 운영 흐름이다.

1. 후행 공정의 운반자는 일정 시간 간격 또는 사전에 정해진 인출 칸반 수량이 모이면, 인출 칸반과 빈 상자를 들고 선행 공정의 부품 저장소로 이동한다.
2. 부품 저장소에서 부품을 인출할 때는 각 상자에 부착된 생산 칸반을 제거하여

그림 8-3 칸반의 운용 과정

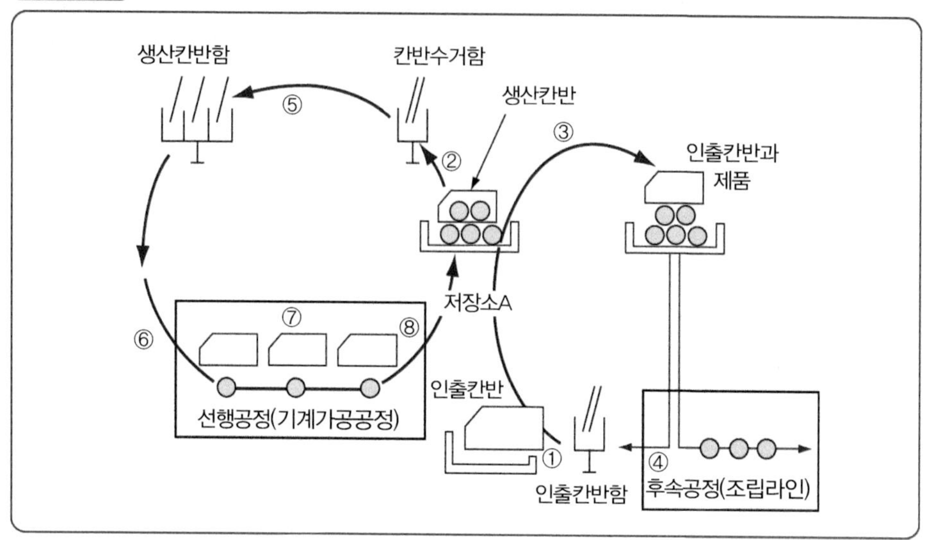

칸반 수취함에 넣는다.

3. 인출한 상자에는 가져온 인출 칸반을 부착하고, 생산 칸반과 내용의 일치 여부를 확인한다. 빈 상자는 선행 공정의 지정된 장소에 반환한다.
4. 후행 공정 작업 시 칸반을 상자에서 떼어 칸반함에 넣는다.
5. 선행 공정은 부품저장소의 칸반 수취함에 모인 생산 칸반을 기준으로 일정 시간 혹은 일정 수량을 생산한 뒤 생산 칸반함으로 옮긴다.
6. 선행 공정은 생산 칸반함에 있는 순서에 따라 생산한다.
7. 부품과 칸반은 반드시 함께 이동되어야 한다.
8. 생산이 완료된 후에는 생산 칸반을 부착하여 부품 저장소로 이송한다.

이와 같은 절차는 칸반 시스템이 정보와 물류의 흐름을 통합하여 JIT의 핵심 원칙인 필요한 것을 필요한 만큼 필요한 시점에 생산할 수 있도록 지원하는 메커니즘임을 보여준다.

풀 시스템

칸반 시스템은 [그림 8-4]에서처럼 푸시(Push) 생산방식이 아닌 풀(Pull) 생산방식으로 분류된다. 일반적인 푸시 생산방식은 사전에 수립된 생산 일정계획에 따라 최초 공정에서 최종 공정까지 순차적으로 생산이 진행되는 방식이다. 수요 변화가 발생하면 전 공정의 생산 일정을 일괄 수정해야 하므로 조정이 복잡하고 시간이 많이 소요된다. 이에 따라 푸시 방식은 대체로 안전 재고를 유지하는 경향이 있으며, 품목 종류가 적고 대량 수요가 안정적으로 지속되는 경우에 적합하다.

반면 칸반 시스템은 최종 공정에서 생산이 시작되며, 각 공정은 후행 공정으로부터 생산 요청을 받은 후에 필요한 시점에 필요한 수량만큼을 선행 공정으로부터 인출한다. 이후 선행 공정은 인출된 수량만큼을 생산하기 때문에 전체 생산 흐름이 후행 공정의 요구에 의해 조절된다. 이러한 방식은 공정별로 별도의 생산 일정을 수립할 필요가 없고 또한 생산계획의 변경이 발생하더라도 최종 공정만 수정하면 관련 정보가 칸반을 통해 선행 공정으로 자동 전달된다. 즉 최종 공정은 고객 주문을 기준으로 필요한 시점에 필요한 수량만큼 생산을 요청하고, 이 요청을 기점으로 부품의 생산 및 자재의 공급이 이루어진다. 결과적으로 칸반 시스템은 주문생산에 적합한 풀 방식 생산시스템으로 간주된다.

풀 생산방식은 수요예측이 아니라 소비자의 실제 수요를 기반으로 하기 때문에

그림 8-4 풀 시스템의 예

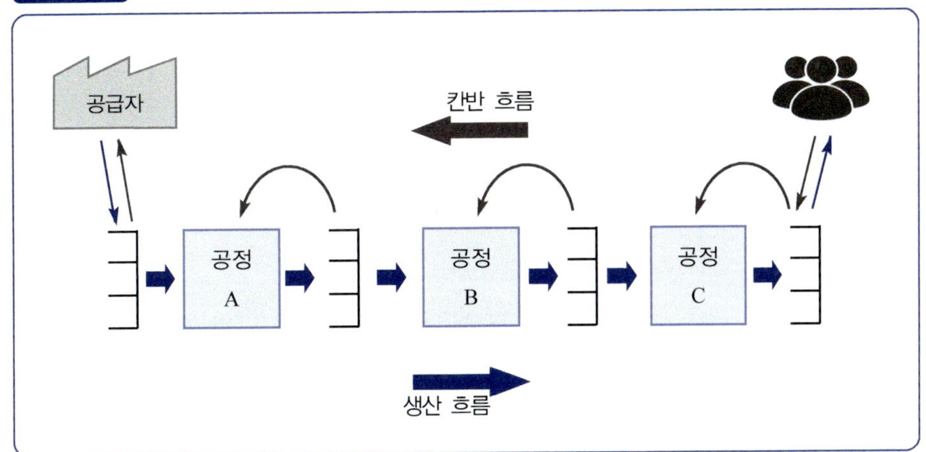

푸시 생산방식에서 흔히 발생하는 과도한 재고로 발생하는 낭비를 효과적으로 감소시킬 수 있다. 그러나 풀 시스템은 재고를 최소화하는 구조이기 때문에 대량의 긴급 주문이나 급격한 수요 변동에 대해 즉각적으로 대응하기 어렵다는 한계가 있다. 아울러 일정 규모 이상의 생산을 통해 단가를 절감하는 규모의 경제 효과를 기대하기 어렵다는 점 역시 풀 방식의 단점으로 지적된다. 이러한 풀 생산방식을 푸시 생산방식과 다양한 관점에서 비교한 내용은 <표 8-2>와 같다.

〈표 8-2〉 푸시와 풀의 비교

구분	푸시 생산방식	풀 생산방식
기준	사전 수립된 생산계획	실제 고객의 수요
생산 흐름	초기 공정에서 최종 공정으로 순차적 진행	최종 공정의 요청에 따라 역방향 진행
계획 방식	공정별 개별 생산 일정 필요	최종 공정 중심의 통합된 요구 기반
재고 수준	과잉 재고 발생 가능성 높음	재고 최소화 또는 무재고 운영
유연성	변화에 취약	변화에 신속 대응
적합한 환경	품종이 적고 수요가 안정적인 대량생산	다품종소량생산 및 수요 변동이 큰 환경
장점	대량생산에 유리, 일정 수준의 안정성 확보	재고 감소, 낭비제거, 리드타임 단축
단점	수요 변화에 취약, 재고 비용 증가	긴급 수요 대응 어려움, 규모의 경제 미흡

생산 평준화

혼류생산

하나의 생산 라인에서 두 가지 이상의 제품을 번갈아 가며 생산하는 방식을 혼류생산(Mixed-Model Production)이라 한다. 예를 들어 동일한 자동차 생산 라인에서 A 모델과 B 모델을 교대로 생산하거나 한 개의 가전제품 라인에서 오전에는 세탁기를 오후에는 건조기를 생산하는 방식이 이에 해당한다. 제품 종류가 변경될 때는 새로운 제품에 적합한 공정 설정을 위한 시간이 필요한데, 이때 걸리는 시간은 공정 시간과는 다르므로 이를 준비시간(Set-up Time)이라 부르면서 별도로 관리한다. 혼류 생산방식은 다음과 같은 주요 특징과 장점을 가진다.

- 재고관리 최적화

  다양한 제품을 소량으로 필요할 때 필요한 제품을 유연하게 생산할 수 있어, 재고를 줄이고 고객 맞춤형 생산이 가능하다.

- 유연생산

  수요 변화에 따라 생산 품목 및 생산량을 신속히 조정할 수 있는 유연성이 높아 고객 만족도를 높이고 경쟁력을 강화하는데 기여한다.

- 시장 변화 대응력

  다양한 제품군을 동시에 생산함으로써 소비자의 다변화된 수요에 효과적으로 대응할 수 있다.

- 생산성 및 원가 개선

  하나의 생산 라인을 공유함으로써 설비 활용도를 높여 생산성과 비용 효율성을 동시에 향상시킨다.

하지만 혼류생산은 다양한 제품 모델을 동시에 생산하기 때문에 생산계획이 복잡해질 수 있고, 품질관리가 어려울 수 있으며, 생산설비와 인력에 대한 높은 유연성이 요구된다는 도전 과제가 대두된다.

생산 평준화 방식

생산평준화(Leveling Production)는 칸반방식의 운영에 있어 가장 중요한 전제조건이다. 후행 공정은 선행 공정으로부터 필요한 시점에 필요한 양의 제품만을 인수한다. 만일 후행 공정에서 부품을 인수하는 시기와 양의 변동이 심하면 선행 공정에서는 최대 요구량에 대비할 수 있는 생산능력(재고, 설비, 노동력)을 항상 준비하고 있어야 한다. 이러한 현상은 공정의 수가 많을수록 변동 폭이 확대된다. 공급자를 포함한 모든 생산공정에서 인수하는 시기와 수량의 변동 폭을 최소화하기 위해서는 최종조립라인에서의 생산량의 변동 폭을 최소화하여야 한다. 이는 곧 생산 평준화를 통해 실현된다.

생산 평준화란 제품 모델별로 확정된 생산계획을 기반으로 하루 평균 생산량을 산출하여, 각 모델을 일정한 비율로 균등하게 반복 생산하는 방식이다. 이를 통해 생산 부하가 일정하게 유지되어 전체 공정의 효율성과 대응력이 향상된다. 도요타의 생산 평준화는 [그림 8-5]처럼 다음의 두 단계로 이루어진다.

① 일간 생산량의 산정

예를 들어 A, B, C 세 가지 모델에 대해 월 수요가 각각 3,000대, 2,000대, 1,000대일 경우, 이를 20일 기준으로 환산하면 일일 생산량은 각각 A: 150대, B: 100대, C: 50대가 된다.

② 일일 생산 순서의 결정

모델 간 생산 비율(3:2:1)을 기준으로 6대를 하나의 사이클 단위로 구성하면, AAA, BB, C 순으로 하루에 50회 반복하여 생산한다. 이상적인 목표는 단일 단위 생산(Single-unit Production)으로 제품 순서를 보다 균일하게 혼합한 CABABA 방식으로 전환할 수 있다.

그림 8-5 생산 평준화의 예

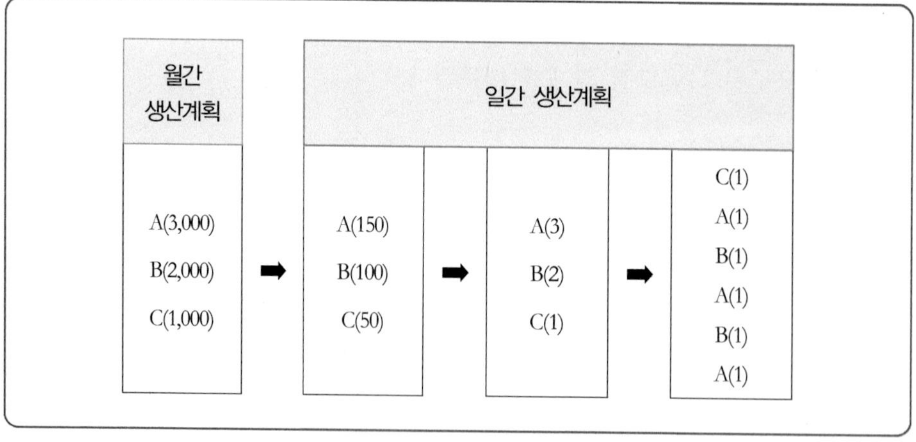

생산 평준화의 장점은 다음과 같다.

① 시장 변화에 대한 민첩한 대응

다품종소량생산이 가능하므로 시장 변화와 고객 요구에 기민하게 대응할 수 있다.

② 재고 최소화

생산율과 수요율이 유사하게 유지되므로 완제품 재고를 최소화할 수 있다.

생산 평준화의 단점은 다음과 같다.

① 기종 변경에 따른 효율 저하

평준화에 따라 다양한 모델을 빈번히 변경하면서 생산해야 하므로 가동률 저하나 품질 안정성 저하의 우려가 존재한다.

② 작업자의 다기능성 요구

다양한 모델에 대한 숙련과 전환 작업이 요구되므로 작업자에게 높은 수준의 다기능성과 숙련도를 요구한다.

일일 생산 순서가 결정되면 해당 순서는 최종 조립공정에 전달되고, 필요한 부품 정보는 칸반을 통해 선행 공정으로 전파된다. 이때 생산 리드타임을 최소화하는 것이 중요하며, 이를 위해 생산 준비시간의 단축이 핵심적으로 요구된다.

생산 리드타임의 단축

칸반 시스템과 풀 생산방식의 원활한 운영을 위해서는 후행 공정의 요청에 따라 선행 공정이 필요한 시점에 필요한 수량만을 즉시 생산이 가능해야 하며, 이를 실현하기 위한 핵심 요건은 소량 생산을 위한 생산 리드타임의 단축이다. 도요타에서의 생산 리드타임 단축 전략은 다음과 같다.

① 생산 준비시간의 단축

TPS에서는 다양한 제품을 교대로 신속하게 생산할 수 있는 능력이 요구된다. 이러한 능력은 한 제품에서 다른 제품으로 변경하는 데 소요되는 준비시간을 단축하지 않고는 실현될 수 없다. 도요타는 과거에 단일 조치(Single Setup, 준비시간 10분 미만)를 목표로 했으나, 현재는 원터치 조치(One-touch Setup, 준비시간 1분 미만)를 달성하기 위해 노력하고 있다. [그림 8−6]과 같이 전통적인 생산방식에서는 준비비용을 고정비로 간주하고, 준비비용과 재고유지비용의 총합이 최소화되는 지점을 기준으로 경제적 로트 크기(EOQ)를 산출한다. 반면 도요타 생산방식은 준비비용 자체를 가변 비용(Variable Cost)으로 간주하고, 준비시간을 단축하여 준비비용을 절감함으로써 로트 크기와 총비용을 동시에 줄이고자 한다.

JIT 시스템을 운영하기 위해서는 준비시간을 지속적으로 단축하여야 한다. 준비시간을 단축하기 위한 준비 활동은 다음과 같이 구분된다.

- 외부 준비(External Setup): 기계가 가동 중인 상태에서 가능한 준비 작업
- 내부 준비(Internal Setup): 기계가 정지된 상태에서만 가능한 준비 작업

도요타는 이러한 준비 활동을 명확히 구분한 후, 내부 준비를 외부 준비로

그림 8−6 준비비용 감축 방식

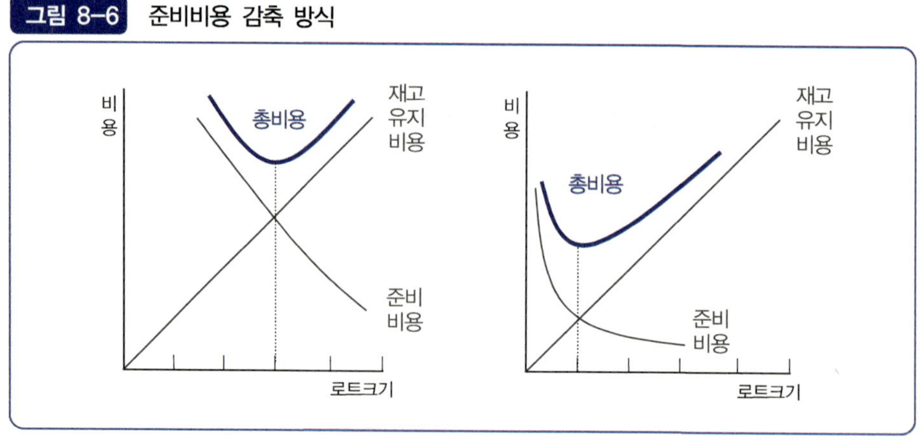

전환해 기계 정지를 최소화하여 제품 간 준비시간을 단축한다. 이로써 소량 생산이 가능해지므로 재고가 축소되고 수요 변화에 민첩한 대응이 가능해진다.

② 생산 유연성 확보

다기능 작업자가 여러 작업을 유연하게 수행할 수 있도록 범용설비를 도입하고 설비배치는 주로 U자형으로 구성한다.

③ 작업 표준화

작업자는 일정한 작업 순서와 작업 시간에 따라 활동함으로써 작업 시간을 단축할 수 있다.

④ 라인 균형화를 통한 대기 시간 단축

라인 균형화는 각 공정의 작업 시간을 균등하게 맞추어 병목현상을 최소화하고 작업 대기 시간을 줄이는 것을 의미한다.

이상의 도요타 생산 리드타임 단축 전략을 요약하면 <표 8-3>과 같다.

〈표 8-3〉 도요타 리드타임 단축 전략

구분	핵심 활동	세부 내용	기대 효과
준비시간 단축	외부/내부 준비 구분 및 전환	- 기계 정지 최소화 - 준비비용을 가변비용으로 전환 - 단일조치(10분↓) → 원터치조치(1분↓)	- 소량 생산 가능 - 재고 축소 - 수요 변화 대응
생산 유연성 확보	다기능 작업자, 범용설비, U자형 배치	- 다양한 공정 수행 가능 - 설비 활용 극대화	- 생산 전환 용이 - 인력·설비 효율성 증가
작업 표준화	일정한 작업 순서·시간 준수	- 규격화된 작업 방식 유지	- 작업시간 단축 - 품질 안정
라인 균형화	공정 간 작업시간 균등화	- 병목 현상 최소화 - 대기시간 감소	- 흐름 생산 강화 - 생산성 향상

개선 활동

품질분임조

품질관리분임조(Quality Circle: QC 서클)는 계획에 따라 주 1회 정도 자발적으로 모여 현장에서 마주한 문제를 각자의 직능을 중심으로 논의하고 이에 대한 해결책을 모색한 후 이를 관리자에게 제안하는 소집단을 말한다. QC 서클은 제품불량률의 최소화와 무결점(Zero Defect: ZD)을 달성하기 위하여 당면한 문제를 가장 잘 파악하고 있는 작업자들이 문제의 발생원인과 그 해결방법을 강구한다. 이러한 활동은 작업자들의 동기를 유발시키며 품질개선에 중요한 역할을 한다. 또한 QC 서클의 운영은 작업자의 자발적이고 적극적인 참여를 바탕으로 하고 그리고 문제해결기법과 객관적인 접근방법을 활용하여 품질향상에 크게 공헌한다. <표 8−4>는 QC 서클의 목적, 특징 그리고 성과를 정리하여 보여 주고 있다.

〈표 8-4〉 QC 서클의 목적, 특징 및 성과

구분	내용
목적	- 제품 불량률 최소화 - 무결점(Zero Defect) 달성 - 품질 개선 및 지속적 향상
특징	- 작업자가 주체적으로 문제 해결 참여 - 현장 문제를 가장 잘 아는 작업자가 원인 규명 및 해결책 제시 - 자발적·적극적 참여 기반 - 체계적 문제 해결 기법 활용
성과	- 작업자 동기 부여 강화 - 품질 향상과 불량률 감소 - 조직 내 협력 증진 및 학습 효과 - 관리자 의사결정 지원

자동화와 시각적 통제 시스템

JIT는 필요한 시기에 필요한 양의 제품을 생산하는 방식이다. 이 방식이 제대로 작동하려면 모든 공정은 흐름이 중단 없이 원활하게 유지되어야 하는데, 이를 위해 불량품은 허용되지 않는다. 즉 JIT는 품질이 확보되어 있다고 가정하고 운영되는 방식이므로 품질 문제가 생기면 전체 흐름이 멈추기 때문에 품질 확보가 매우 중요하다. 자동화(Jidoka)는 불량품이 라인을 통과하지 못하도록 하는 장치로, 불량이 탐지되면 작업자가 즉시 라인이나 기계를 정지할 수 있도록 한다. 만일 불량이 발견되면 라인이 즉시 정지되고 원인 조사를 통해 문제를 신속히 해결하여 같은 문제가 재발하지 않도록 조치한다.

일반적인 기계자동화(Automation)는 사람의 개입 없이 기계가 반복 작업을 빠르고 효율적으로 수행하지만, 문제가 발생하면 자동화는 그것을 인지하지 못하고 불량품을 대량으로 생산할 위험이 있다. 반면 Jidoka(자동화)는 품질 이상이 생기면 즉시 멈추고 원인을 찾아 해결한 후 다시 시작하는 품질 확보를 위한 자동화를 의미한다. 이는 사람의 판단과 개입을 허용하는 자동화이며, 품질 문제는 현장에서 바로 잡는 자율 통제 시스템이라고도 볼 수 있다.

1. 라인 멈춤(Line Stop)

라인을 정지시키는 방식에는 두 가지가 있다. 하나는 작업자가 라인을 정지하는 방식이다. 예를 들어 예정된 시간 안에 작업을 완료할 수 없다면 작업자의 판단에 따라 라인을 멈출 수 있다. 다른 하나는 기계적 장치를 이용하여 자동으로 라인을 정지시키는 방식이다. 기계적 장치는 불량 탐지 장치, 라인 정지 장치, 그리고 작업자에게 불량 발생 사실을 통보하는 장치의 세 가지로 구성된다.

2. 시각적 통제(Andon 시스템)

자동화 시스템을 운영할 때는 작업표시등이나 안돈(Andon)이라는 게시판과 같은 여러 가지 시각적 통제장치가 이용된다. 작업표시등이나 안돈은 색상에 따라 문제의 종류를 구분하여 멀리서도 어떠한 도움이 필요한지를 쉽게 파악할 수 있게 되어 있다. <표 8-5>는 안돈의 색상별 의미를 설명하고 있다. 안돈 시스템은 생산 현장의 이상을 시각적으로 알리는 장치로, 라인 정지 시 해당 공정 번호에 불이 점등되도록 설계되어 있어 감독자가 즉시 문제 발생 공정으로 이동해 조치할 수 있도록 한다. [그림 8-7]은 다양한 안돈의 예를 나타낸다.

〈표 8-5〉 안돈 색상별 의미

색상	의미	설명
녹색	정상 운영	설비 및 공정이 정상적으로 작동
황색	주의/경고	문제가 감지되었음을 알리며, 즉각 중단할 필요는 없지만 조치가 필요
적색	이상 발생/정지 요청	심각한 문제가 발생해 생산이 정지되거나 즉시 대응이 필요

그림 8-7 안돈의 예

JIT 구매

JIT 구매는 소수의 납품업자들과 지속적인 상생 관계를 유지하면서, 상품 인도 시기와 품질은 구매회사의 요구에 부합하여야 한다. 이러한 JIT 구매가 효과적으로 운영되기 위해서는 공급업자와 구매회사 사이에 친밀한 상생 관계, 장기거래, 지리적 인접성, 상호신뢰, 그리고 소량의 빈번한 거래 등 JIT 구매의 핵심 요소가 잘 이행되어야 한다. 전통적 구매 방식과 JIT 구매 방식은 <표 8-6>과 같이 비교될 수 있다.

〈표 8-6〉 JIT 구매와 전통적 구매의 비교

구분	JIT 구매	전통적 구매
구매 방식	필요 시점에 소량·빈번 구매	일정량을 기준으로 대량 구매
재고관리	재고 최소화, 보관비 절감	안전 재고 유지, 보관비 증가
비용 구조	단가 할인 효과 적음, 물류비 증가 가능	대량 구매로 단가 절감, 재고 부담
위험 요소	공급망 차질 시 생산 중단	수요 변동 시 재고 과잉·진부화
공급자와 관계	긴밀한 협력과 신뢰 필요	상대적으로 협력 강도 낮음

- 전통적 구매 방식은 특정 품목을 다수의 납품업자로부터 대량으로 구매하는 방식인 반면, JIT 구매 방식은 지리적으로 가까운 소수의 납품업자로부터 소량을 빈번히 구매하는 방식이다.
- 전통적 구매 방식은 납품된 품목에 대해 품질검사가 필요하지만, JIT 구매 방식은 불량품을 허용하지 않는 상호 신뢰를 기반으로 하므로 별도의 검사 과정이 거의 요구되지 않는다.
- 전통적 구매 방식은 구매회사와 납품업자의 관계가 계약에 의해 형성되며, 구매 계약서의 내용이 복잡하고 관련 서류도 많다. 반면 JIT 구매 방식은 납품업자는 구매회사의 생산 일정에 따라 부품을 공급하며, 이때 구매회사에 전달된 부품에 부착된 칸반이 송장 역할을 하므로 복잡한 사무 처리를 요구하지 않는다.
- 전통적 구매 방식에서는 납품량이 약정된 수량을 다소 초과하거나 미달하는 일정한 오차를 허용하지만, JIT 구매 방식에서는 표준화된 컨테이너와 포장 용기를 사용하기 때문에 정확한 수량이 인도된다.

JIT와 MRP의 비교

JIT(Just-In-Time) 시스템과 MRP(Material Requirements Planning) 시스템은 모두 적시

에 필요한 부품을 주문한다는 점에서 그 목적이 어느 정도 공통점을 지닌다고 할 수 있으나, 접근방식과 철학에 있어 <표 8-7>과 같은 본질적인 차이가 존재한다. 가장 큰 차이점은 MRP에서는 예기치 못한 사태에 대비하여 일정 수준의 안전 재고를 보유하고 있다가 문제가 발생하면 재고로 은폐하고자 하는 반면에 JIT시스템은 재고를 줄여 문제를 노출시켜 바로 문제를 해결하고자 한다.

〈표 8-7〉 MRP와 JIT 생산시스템의 비교

	MRP 시스템	JIT 시스템
기반 철학	계획 기반 생산	낭비제거, 적시 생산
생산방식	수요예측 중심의 푸시 시스템	실수요 중심의 풀 시스템
계획 도구	MRP 소프트웨어	칸반 시스템, 시각적 제어
재고	불확실성에 대비하기 위해 안전 재고 필요	최소화를 위해 노력
로트 크기	생산준비비용과 재고유지비용의 합이 최소화 되는 로트	제조 및 구매 로트의 최소화
생산 준비	관심과 노력이 적음, 최대 산출량이 목표	빠른 교체를 통해 로트 크기의 최소화를 도모
품질	약간의 불량률 허용, 품질관리부서의 업무, 통계적 품질관리(SQC)	무결점(ZD), 전사적 품질관리(TQC), QC 서클, 품질 문제는 근원지에서 개선
납품업자	적대관계, 동일한 부품의 다수 납품업자, 대량 구매	우호 관계, 수시로 소량 배달, 지리적 인접성, 소수의 납품업자와 장기적 관계
대기물	선행작업에 문제 시 후속작업을 위해 재고 보유	현장에서 원인 규명, 대기물 적게 관리
설비정비	필요할 때 정비, 고장 시 재고로 해결	지속적 예방 정비
정보 흐름	상위공정에서 하위공정으로	하위공정에서 상위공정으로
작업자	기능적 관계, 명령에 의한 운영	인간지향적, 팀워크 강조, 협의에 의한 운영, 집단적 동기유발
유연성	계획 변경 복잡	변화에 빠른 대응
도입 환경	예측 가능한 수요	반복적 안정적 수요

일반적으로 재고가 많으면 생산공정에 문제가 있어도 재고를 사용해서 생산을 계속할 수 있기 때문에 문제가 '숨겨진 채' 남게 된다. 반면 JIT처럼 필요할 때 필요한 만큼만 생산하여 재고가 거의 없는 경우에 생산공정에 문제가 생기면 즉시 다음 공정에 영향을 주므로 문제를 피할 수 없게 된다. 결과적으로 재고가

적은 JIT 환경에서는 '숨겨진 문제를 가시화'하여 즉시 반드시 해결해야 한다는 뜻이다. 따라서 전통적인 생산방식은 불량품을 인정하고 일정한 양의 안전 재고를 인정하였으나 JIT 생산은 어떤 불량품도 재고도 인정하지 않는, 즉 부가가치에 기여하지 않는 모든 것은 제거해야 한다는 철학에 기반한다.

또 다른 차이점은 MRP는 컴퓨터 시스템을 활용하여 자재 소요 시점을 계산하고 작업 현장을 통제하는 방식이기 때문에 다량의 주문서나 보고서 등의 문서 작업이 수반된다. 반면 JIT는 칸반 시스템을 통해 생산을 통제하기 때문에 문서처리 절차가 상대적으로 단순하다.

그러나 MRP시스템과 JIT시스템은 고유의 사용영역이 존재한다. MRP는 개별 주문 생산이나 소량 로트 생산과 같은 비반복적(nonrepetitive) 성격을 지닌 생산방식에 적합한 반면에 JIT시스템은 반복적(repetitive) 생산방식에 적용된다. 또한 JIT시스템과 MRP시스템을 결합한 형태로서 동시적 MRP(synchro-MRP) 개념이 등장하였는데, 이는 반반복적(半反復的 : semirepetitive) 생산방식에서 효과적으로 활용된다. 동시적 MRP는 기본적인 MRP 논리와 절차를 활용하여 사전에 자재소요계획을 수립한 뒤, JIT 시스템 절차에 따라 생산 현장을 통제하는 방식을 의미한다. 즉 MRP의 계획성과 JIT의 실행성을 결합한 형태이다.

린 생산

린 생산(Lean Production)은 고객이 원하는 것만 정확히 제공하기 위해 기업 내 활동 중 모든 형태의 낭비를 철저히 제거함으로써 군살 없는 경영 체제를 구축하여 최소의 자원으로 최대의 가치를 창출하는 생산방식이다. 미국에서는 일본의 현장 중심적이고 경험 기반인 JIT를 체계화하여, 자국의 환경에 맞게 재정립한 것이 린 생산방식이다. 그러므로 린 생산방식은 적은 노동력, 적은 원자재, 적은 제품 개발 시간 및 비용, 높은 생산성과 품질을 동시에 달성하기 위한 생산 또는 경영방식으로 정의된다.

1990년 워맥(Womack) 등은 미국, 일본 및 유럽의 자동차 제조업에서 적용되는 JIT 방식을 비교 연구하여 'The Machine That Changed the World: The Story of Lean Production'을 저술하였으며, 이 저서를 통해 린(Lean) 생산이란 용어가 일반화되었다. 이 생산방식은 1990년대 일본의 도요타 생산방식(TPS)을 기반으로 하여 미국의 산업 환경에 적합하도록 새롭게 정립한 기법으로, 기업 활동 전반에서 낭비를 제거함으로써 비용과 자원의 관점에서 군살없는 경영 체제를 구축하여 부가가치를 극대화하는 운영 시스템을 뜻한다. 즉 도요타 생산방식은 린 생산의 근원이며, 린은 도요타 생산시스템보다 더 넓은 적용 범위와 유연성을 지닌 개념이라 할 수 있다.

린 생산의 사고 원리는 첫째, 고객의 관점에서 제품이나 서비스가 지니는 가치를 명확히 정의하는 일이다. 가치는 기업이 아니라 고객에 의해 정의되어야 하며, 고객이 원하는 제품이나 서비스를 원하는 가격, 장소, 시간에 제공함으로써 창출된다는 것이다. 이러한 가치는 동적 특성을 지니고 있어 시간의 경과에 따라 변하므로 지속적인 가치의 규정이 필요하다. 둘째, 가치흐름이란 제품의 완성이나 서비스의 전달을 위해 필요한 모든 처리 단계와 과업을 의미하며, 이를 파악하고 연구하여 개선한다. 가치흐름의 연구 목적은 부가가치를 창출하지 않는 처리 단계와 과업을 제거하여 고객에게 제공되는 제품이나 서비스의 가치를 극대화하는 데 있다.

린 생산에서는 제품이나 서비스에 부가가치를 더하지 못하고 비용만 유발하는 모든 요소를 낭비로 본다. 린 생산에서는 과잉생산, 과잉재고, 불필요한 운송, 불필요한 작업, 불필요한 이동, 대기 시간, 불량 및 재작업을 제거해야 할 일곱 가지 낭비로 분류한다.

이러한 낭비를 제거하고 흐름을 원활히 유지하기 위해 풀 시스템(Pull System)을 운영하여 각 공정은 후행 공정의 요구가 있을 때 한하여 생산함으로써 재고가 최소화되도록 하여 생산성과 유연성을 동시에 확보한다. 또한 린 생산시스템은 문제를 재고로 은폐하기보다 문제를 노출시켜 즉시 시정하도록 설계되어 있기 때문에 생산 공정과 품질의 지속적 향상이 가능하다. 이는 모든 종업원이 스스로 일상적인 문제를 발견하고 해결하는 과정을 통해 공정을 지속적으로 개선(Kaizen)의 철학을 바탕으로 하기 때문이다.

<표 8-8>은 TPS와 린 생산의 비교를 정리한 내용이다.

〈표 8-8〉 TPS와 린 생산의 비교

구분	TPS(도요타 생산방식)	린 생산(Lean Production)
기원	일본 도요타 자동차(1950~70년대)에서 개발	TPS를 바탕으로 서구 기업들이 일반화·확산
핵심 철학	낭비제거, 품질·효율 동시 추구	가치(Value) 중심, 고객 요구 충족 최우선
도구 및 기법	JIT, 칸반, 자동화(지도카)	VSM(가치흐름지도), 카이젠, 셀 생산, 5S
초점	현장 중심, 구체적 작업 관리	기업 전체의 가치사슬(Value Chain) 최적화
관리 방식	문제 발견 → 즉각 개선(현지·현물 중시)	지속적 개선 + 시스템적 사고
문화	존중 + 카이젠(개선)	직원 참여 확대, 고객 중심 문화
적용 범위	제조업(특히 자동차 산업)	제조업 → 서비스업, IT, 의료 등 광범위 확산
결과 지향	품질 안정, 원가 절감, 리드타임 단축	고객 가치 창출, 조직 경쟁력 강화

요약

- 도요타 생산시스템은 원가절감을 위해 낭비를 제거하자는 접근법이며, 필요할 때 필요한 만큼 필요한 제품을 생산하는 방식이다.
- 도요타 생산시스템의 핵심 개념은 JIT, 자동화, 노동 유연성, 창조적 사고이며, 이를 실행하기 위한 수단으로 칸반, 생산 평준화, 준비시간 단축, 다기능 작업자, 소그룹 활동 및 제안제도, 작업 표준화, 시각 통제, 기능적 관리 등이 있다.
- JIT는 도요타 생산방식에서 적용하는 개념 중의 하나이며, 칸반 방식은 JIT를 실행하는 데 필요한 도구이다.
- 최종 단계에서 생산 일정을 수립한 다음 필요한 부품의 양과 시기에 관한 정보를 선행 공정에 전달하는 역할을 하는 것이 칸반 시스템이다.
- 칸반이란 생산에 필요한 정보를 담은 카드로 인출 칸반과 생산 칸반이 있다.
- 도요타 생산시스템은 일종의 풀 시스템으로 후행 공정은 필요한 수량의 부품을 확보하기 위해 선행 공정으로 이동하여 인출해야 한다.
- 혼류생산은 여러 가지 제품 모델을 같은 생산 라인에서 생산함으로써 제품 다양성과 생산 효율성을 동시에 확보하려는 생산방식이다.
- 생산 평준화란 최종 조립라인의 생산 변동성을 최소화하기 위해, 제품을 수요에 따라 일정한 비율로 균형 있게 생산하는 방식을 말한다.
- 도요타는 생산 리드타임을 단축하기 위해 생산 준비시간의 단축, 생산 유연성 확보, 작업 표준화, 라인 균형화를 통해 실현한다.
- TPS에서 준비시간의 단축이 중요한 이유는 다양한 제품을 소량으로 자주 생산해야 하는데, 준비시간이 길면 전환비용이 커져 생산이 비효율적이

되기 때문이다.

- 품질분임조는 주기적 계획에 따라 직면한 문제에 대해 자발적으로 모여 논의하고 그 해결 방안을 도출하여 관리자에게 제안하는 소그룹을 의미한다.
- 자동화는 불량품이 라인을 통과하지 못하게 하는 장치이며, 이를 위해 불량품이 감지되면 작업자는 누구나 라인이나 기계를 정지할 수 있도록 한다.
- MRP와 JIT시스템은 모두 필요한 부품을 적시에 생산한다는 점에서 그 목적이 어느 정도 공통점을 지닌다고 할 수 있다. 그러나 MRP는 만일의 사태를 대비하여 일정 수준의 안전 재고를 보유하고 있다가 문제가 발생하면 재고로 은폐하고자 하는 반면에 JIT시스템은 재고를 최소화함으로써 문제를 노출시켜 문제를 현장에서 해결하고자 한다.
- 안돈은 작업자가 불량, 지연, 기계 고장 등을 발견했을 때 신속 대응과 품질 확보를 위해 즉시 신호등, 게시판, 경고음 등을 통해 이를 관리자나 관련 부서에 알리는 수단이다.
- JIT 구매 방식은 지리적으로 가까운 소수의 납품업자로부터 소량을 빈번히 구매하는 방식인 반면, 전통적 구매 방식은 특정 품목을 다수의 납품업자로부터 대량으로 구매하는 방식이다.
- 린 생산은 고객이 원하는 것을 정확히 제공하기 위해 기업 내 낭비를 철저히 제거함으로써 군살 없는 경영 체제를 구축하여 최소의 자원으로 최대의 가치를 창출하는 생산방식이다.

학습문제

01. 도요타 생산시스템의 목표는 무엇이며, 이를 달성하기 위한 대표적인 핵심 개념을 서술하라.

02. 도요타 생산시스템은 목표를 달성하기 위해 제거해야 하는 요소는 무엇인가?

03. JIT 시스템이란 무엇이며, 근본적으로 추구하는 것이 무엇인가?

04. JIT 방식의 정의와 이를 통해 달성하고자 하는 목적은 무엇인가?

05. 생산 평준화란 무엇이며, 왜 JIT를 실행함에 있어 중요한가?

06. 생산 평준화를 수행하기 위하여 준비시간의 단축이 중요한 이유는 무엇인가?

07. 도요타 생산시스템에서 생산 리드타임을 단축할 수 있는 방안은 무엇인가?

08. 가장 이상적인 로트 크기는 JIT에서는 1이다. 그 이유는 무엇인가?

09. 칸반 시스템에서 사용하는 두 가지 주요 칸반의 종류와 각각의 기능을 설명하라.

10. 혼류생산을 하는 이유는 무엇인가?

11. 생산 평준화가 칸반 시스템 운영에 중요한 이유는 무엇인가?

12. 품질분임조 활동이 도요타 생산시스템에서 어떤 역할을 하는가?

13. 자동화(Jidoka)의 목적은 무엇인가?

14. 안돈(Andon)은 어떤 역할을 하는가?

15. TPS에서 준비시간 단축이 중요한 이유와 이로 인해 가능해지는 생산방식의 특징을 설명하라.

16. MRP와 JIT의 차이점을 비교하라.

17. 린 생산방식을 설명하라.

Chapter 09

총괄생산계획

학습목표

생산계획은 계획 기간에 따라 장기, 중기, 단기로 구분되는데, 총괄생산계획은 중기 계획에 해당한다. 총괄생산계획은 일반적으로 1년간의 예상 수요를 충족하기 위해 생산량, 재고, 고용, 잔업, 외주 등의 자원을 월 단위로 조합하여 수립하는 계획이다. 본 장에서는 총괄생산계획의 절차, 기법, 그리고 주생산일정을 수립하는 방법을 살펴본다.

총괄생산계획의 의의

생산계획은 [그림 9-1]과 <표 9-1>에서 보이는 바와 같이 계획 기간에 따라 장기, 중기, 단기로 구분된다.

- 장기 생산계획

기업 전체의 생산 방향을 설정하는 생산계획으로, 보통 생산능력계획(Capacity Planning)이라고도 불린다. 이는 보통 2년 이상의 장기 기간을 대상으로 하며, 입지선

그림 9-1 총괄생산계획 활동의 흐름

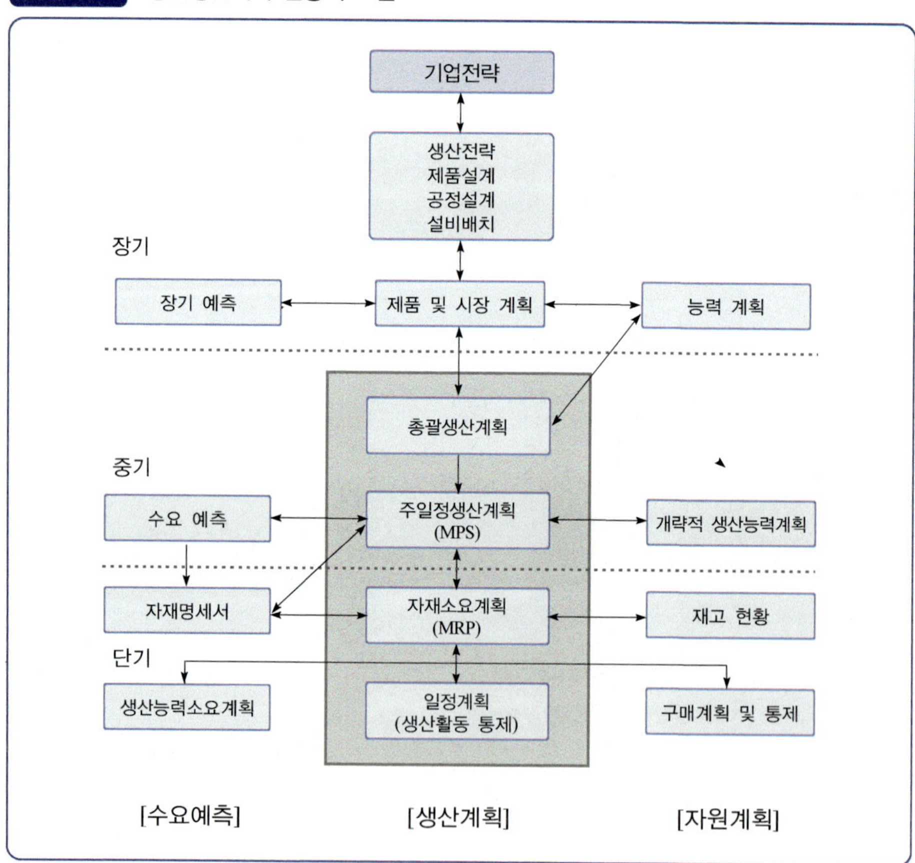

〈표 9-1〉 생산계획 단계 비교

구분	장기생산능력계획	총괄생산계획	단기 일정계획
계획 기간	약 2~10년	약 6개월~18개월	1일~수주
주요 목적	기업의 전략적 수준에서 생산능력 확보(설비, 기술, 인력 구조)	예측된 수요에 부합하는 총생산량, 고용 수준, 재고 조정	공정 단위에서 자원 배분 및 납기 충족을 위한 세부 작업 계획
계획 단위	생산능력(설비 규모, 공장 입지, 자본 투자)	제품군(product family) 수준	개별 공정·작업 단위
고려 요소	장기적 수요 전망, 기술 변화, 자본 투자, 설비 입지	생산능력, 고용·재고 정책, 수요 변동성	기계 가동 순서, 인력 배치, 작업장 제약조건, 납기
결정 주체	최고경영진	중간관리층	현장 관리부서, 작업장 감독자
특성	전략적·장기적	전술적·중기적	실행적·즉각적
예시	신규 공장 건설, 대규모 설비투자	분기별 생산량 조정, 인력 및 재고 정책	일일 작업장 일정표, 기계별 작업 순서

정, 생산능력, 공정설계, 설비배치 등과 같은 계획은 장기 수요예측을 바탕으로 수립하는 것이다. 이러한 계획은 주로 최고경영자에 의해 마련된다.

• 중기 생산계획

대략 6개월에서 18개월간의 예측 수요를 가장 효율적이고 효과적으로 만족시킬 수 있도록 기업 통제 가능 변수인 생산수준, 고용수준, 작업수준, 재고수준, 하청수준 등을 최적으로 조합하여 수립하는 월별 계획이다. 이러한 계획은 주로 중간관리자가 담당한다.

총괄생산계획은 개별 제품별로 계획이 수립되는 것이 아니라, 기업이 생산하는 다양한 제품이나 서비스를 포괄할 수 있는 공통의 산출단위 즉 총괄생산단위에 근거하여 총괄수요를 대상으로 계획이 수립된다. 예를 들어 개별 제품이나 서비스의 종류와 관계없이 자동차 회사는 대수, 철강공장은 톤(Ton), 전력회사의 kWh 생산량, 음료수 회사는 리터(Liter), 병원은 병상 수, 로펌은 수임 건수, 콜센터의 상담 건수, 항공사는 주행마일(Mile) 등을 총괄생산단위로 활용할 수 있다.

총괄생산계획에 따라 주생산일정(Master Production Schedule: MPS)이 수립된다. MPS는 총괄생산계획을 분해하여 실행계획으로 구체화한 중기계획으로 단기계획인 일정계획, 자재소요계획, 능력소요계획 등에 제약 조건을 준다.

• 단기 생산계획

중기 생산계획에서 정해진 능력 범위 내에서 수립되는 실행 중심의 계획으로, 보통 1일에서 수주 단위로 매우 구체적인 작업 일정, 작업 지시, 자재 투입, 인력 배치 등을 포함한다. 실제 생산 현장에서 언제, 어떤 제품을, 어느 공정에서, 얼마만큼 생산할지를 세부적으로 계획하는 과정으로, 이러한 계획은 주로 하위 관리자가 수립한다.

본 장에서 다루는 중기 생산계획인 총괄생산계획은 통상적으로 다음과 같은 단계에 따라 수립된다.

단계 1 : 계획 기간(보통 1년) 동안 제품별 수요를 예측한다.

단계 2 : 개별 제품의 수요를 합산하여 총괄수요를 산출한다. 이때, 제품 단위가 서로 달라 합산이 어려운 경우에는 공통된 측정 단위를 사용한다.

단계 3 : 총괄수요를 기계 시간이나 노동 시간 등의 형태로 변환하여 생산능력으로 환산한다.

단계 4 : 수요를 충족시킬 수 있는 다양한 생산능력 대안을 마련한다.

단계 5 : 각 대안을 평가한 후 최적의 대안을 선택한다.

총괄생산전략

총괄생산계획을 수립할 때 생산, 고용, 잔업, 재고, 외주 등과 같은 통제 가능 변수 중 하나를 선택해 계획을 수립할 수도 있고, 여러 변수를 적절히 조합하여 계획을 수립할 수도 있다. 하나의 변수만을 이용해 계획을 수립하는 경우를 순수전략(Pure Strategy)이라 하고, 두 가지 변수 이상을 조합해 수립하는 경우를 혼합전략(Mixed Strategy)이라 한다.

총괄생산전략(Aggregate Production Strategy)은 총괄생산계획의 목표를 어떻게 달성할 것인지를 결정하는 전략적 방향이나 접근 방식이다. 즉 수요에 따라 생산을 조정하는 수요추적전략 아니면 생산을 일정하게 유지하는 생산평준화전략, 또는 두 가지를 혼합하는 혼합전략과 같은 전략적 선택이 바로 총괄생산전략이다. 총괄생산계획 수립 시 고려할 수 있는 대표적인 총괄생산전략의 예시는 [그림 9-2]에 제시되어 있다.

- 수요추적전략(Chase Strategy 혹은 Matching Demand)

생산률(초과근무 또는 조업단축) 또는 고용수준(고용 또는 해고)을 조정하여 계획기간 동안의 수요 변화에 대응하는 전략이다. 성수기에는 신규 고용, 잔업, 외주 등을 통해 생산량을 늘리고, 비수기에는 해고나 작업시간 단축을 통해 생산량을 줄인다. 이 전략의 장점은 수요에 맞추어 생산량을 조정함으로써 첫째, 재고 및 주문적체를 최소화할 수 있고 둘째, 수요 변동에 대응하는 방식이므로 생산계획 수립이 용이하다. 반면 이 전략의 단점으로는 첫째, 생산능력을 조정하기 위해서는 인력 교육, 해고, 잔업 등의 비용이 발생하고, 둘째, 수요 변동에 따라 초과근무나 외주를 빈번하게 실시해야 하므로 종업원들의 건강에 문제가 생길 수 있고, 셋째, 신규 고용과 해고가 빈번할 경우 고용의 불확실성으로 작업자의 사기 저하를 초래할

그림 9-2 총괄생산전략

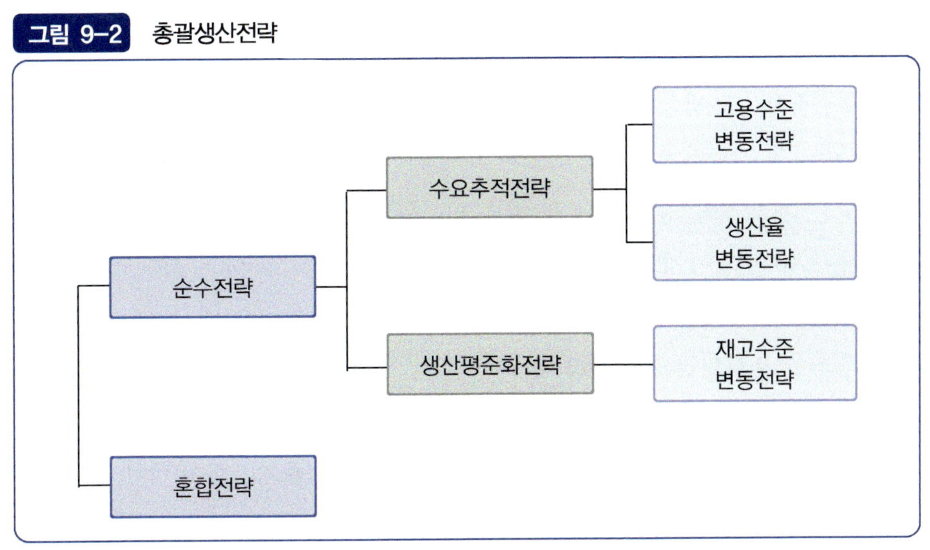

수 있으며 그 결과 생산성이나 품질에 문제가 발생할 수 있다. 이 전략은 다음 두 가지 하위 전략으로 나눌 수 있다.

① 생산률변동전략(Production Rate Variation Strategy) : 고용수준을 일정하게 유지하면서 작업 속도나 근무 시간(초과근무 또는 조업단축 등)을 조절하여 수요에 맞게 생산량을 변화시키는 방식이다.

② 고용수준변동전략(Workforce Variation Strategy) : 수요에 맞게 생산량을 변동시키기 위해 종업원의 채용이나 해고를 통해 고용수준을 조정하는 방식이다.

• 생산평준화전략(Level Strategy)

계획 기간 동안 고용수준과 생산률을 일정하게 유지하고, 재고, 외주, 추후납품 등을 활용하여 수요 변동에 대응하는 전략이다. 이 전략의 장점은 고용수준과 생산수준을 안정적으로 유지할 수 있으므로 생산능력의 변경에 따른 비용을 최소화할 수 있고 또한 생산수준의 안정성에 따른 품질의 안정화와 자재 확보의 용이성이 높다. 반면 단점으로는 수요 변동에 따라 불용제품 재고가 발생할 가능성이 있고, 과잉재고나 품절로 인해 전반적인 비용이 증가하고 주문 적체 현상이 발생할 수도 있다. 이 전략은 수요 변화와 무관하게 고정된 고용인력을 유지하기 때문에 고정고용수준전략(Level Workforce Strategy)이라고도 불린다.

• 혼합전략(Mixed Strategy)

수요추적전략과 생산평준화전략을 적절히 결합한 방식으로, 실무에서 널리 활용되는 전략이다. 기업이 추구하는 목표와 계획 기간 동안 발생하는 총비용을 고려하여 생산, 고용, 재고, 외주 등과 같은 통제 가능 변수들을 경제적이고 합리적인 방식으로 조합하는 수요 변화에 대응하는 것이 핵심이다. 예로 일정 기간에는 최대 생산능력을 운영하고 나머지 기간에는 일정 라인의 운영을 중지하거나 조업시간을 단축하여 낮은 수준의 생산능력을 유지한다. 이때 수요 변동은 재고를 활용하여 대응하고 잉여 생산능력은 타 제품 생산에 활용한다.

[그림 9-3]과 <표 9-2>는 수요추적전략과 생산평준화전략을 비교한 내용이다.

그림 9-3 수요추적전략과 생산평준화전략

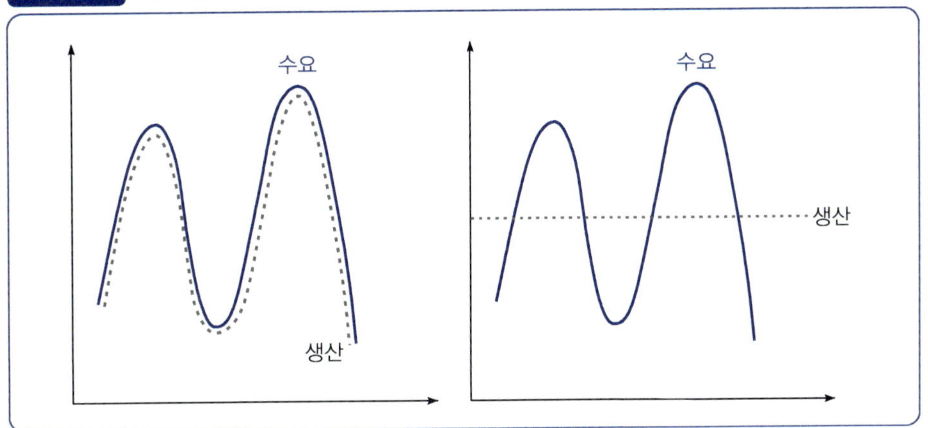

〈표 9-2〉 수요추적전략과 생산평준화전략의 비교

항목	수요추적전략	생산평준화전략
개요	수요에 따라 생산량을 조정	일정한 생산량을 유지
생산량	유동적으로 변경	항상 일정
인력	수요에 따라 인력/근무시간 조절	고정 인력 운영
재고	재고 최소 또는 없음	재고로 수요 차이 조절
비용	생산 및 인력 조정 비용 증가	재고 유지비용, 기회 손실
장점	재고 부담 적고 수요 대응 민첩	생산 안정성, 숙련도 향상
단점	운영 불안정, 인력/설비 부담	재고 증가, 수요 초과 대응 어려움

수요와 공급의 균형전략

총괄생산계획에 영향을 미치는 변수는 크게 다음의 두 가지로 나눌 수 있다. 첫째는 가격, 판촉, 수요 창출과 같이 수요 자체를 조절하는 방식이다. 둘째는 작업시간, 고용, 외주, 재고 등을 통해 생산능력을 조절하는 방식이다.

수요 변동의 조절

예측된 수요와 가용 생산능력을 일치시키기 위한 전략으로, 가격, 광고, 수요창출, 추후납품 등의 수단을 통해 수요 자체를 변화시키는 방식이다.

- 가격

  가격을 조정하여 수요의 규모와 시기를 통제하는 방식이다. 즉 성수기에는 가격을 인상하여 수요를 줄이고 비성수기에는 가격을 인하하여 수요를 증대시킨다. 예를 들어 항공사의 성수기와 비수기 요금 차등 적용이나 호텔의 주중과 주말 숙박 요금 차별화를 들 수 있다. 가격을 통해 수요 변동에 대응할 경우 수요의 가격탄력성이 큰 제품일수록 그 효과가 더욱 두드러지게 드러난다. 그러나 가격 경쟁을 유발하거나 기존 고객의 불만을 유발할 수 있으며, 고객이 할인에 익숙해져 지속적인 가격 인하를 요구하는 문제가 발생할 수 있다.

- 광고

  광고 및 기타 판촉 활동을 통해 수요를 조절하려는 전략이다. 다만 가격 전략에 비해 수요의 양과 시기에 대한 제어력이 낮다는 단점이 있다.

- 추후납품

  수요량 또는 주문량을 다음 기간으로 이월시키는 전략이다. 이는 특정 기간에 인도되어야 할 제품의 납기를 연기함으로써 성수기의 수요를 비수기로 분산시키는 방식이다. 그러나 이 전략은 제품을 즉시 인도하지 못해 고객 이탈이나 기업 이미지 훼손 등의 위험이 따른다.

- 수요창출

  비수기의 유휴 생산능력을 활용하여 새로운 수요를 창출하는 전략이다. 기존의 노동력과 시설을 이용해 기존 제품이나 서비스와 보완적인 수요를 유발할 수 있는 새로운 제품이나 서비스를 개발하는 것이다. 예를 들어 음료수 공장이 겨울철 비수기에 따뜻한 음료나 가정용 음료 제품을 생산하거나, 선풍기 공장이 겨울철에 전기히터나 가습기를 생산하는 경우가 이에 해당한다.

<표 9-3>은 이들 수요 조절 전략을 비교하여 요약한 내용이다.

〈표 9-3〉 수요 조절 전략 비교

항목	가격	광고	추후납품	수요창출
개념	가격을 조정해 수요를 변화시킴	광고로 수요를 자극하거나 시기 조절	납기를 미뤄 수요를 분산	새로운 수요나 용도를 만들어냄
장점	즉각적 효과, 간편한 적용	브랜드 강화, 소비 촉진	생산 부담 완화	시장 확대, 장기적 성장
단점	수익 감소 가능, 민감한 반응	비용 큼, 효과 불확실	고객 불만, 납기 위험	시간·비용 소요, 불확실성
적합 상황	가격 탄력성 높은 제품	홍보 반응 빠른 시장	생산 초과 상황	수요 포화 또는 신시장 필요 시

생산능력의 조절

예측된 수요와 가용 생산능력을 일치시키기 위한 두 번째 방법은 고용 조정, 작업시간 조정, 재고 운용, 외주 활용 등을 통해 생산능력을 조절하는 전략이다.

- 고용

  수요에 따라 작업자를 고용 및 해고를 하여 생산능력을 조절하는 방법이다. 정규직 작업자의 해고가 어렵다면 시간제 작업자를 이용할 수도 있다. 이 방법은 유휴노동력이 없어 비용 절감의 장점이 있는 반면에 고용 및 해고 시 고용비용(채용비용, 교육훈련비용 등)과 해고비용(퇴직금, 보상비용 등)이 발생한다는 단점이 있다. 또한 고용불안으로 인한 노사관계의 악화나 작업자들의 사기 저하도 있을 수 있다.

- 작업시간

  고용수준은 일정하게 유지하고 잔업이나 조업단축 등을 활용하여 생산능력을 조절하는 방법이다. 고용안정으로 인한 작업자의 사기를 향상시킨다는 장점은 있으나 잔업으로 인한 품질 저하, 노무비 증가, 조업단축으로 인한 고정자산의 비능률적 사용, 생산성 저하 등의 단점이 있다.

• 재고

수요보다 생산량이 많으면 그 초과분을 재고로 보관하고, 이후 수요가 생산량을 초과하는 기간에 이를 사용하는 방법이다. 그러나 서비스업에서는 일반적으로 서비스 자체를 재고로 축적할 수 없으므로 재고정책에 의한 서비스 수요의 조정은 불가능하다. 이 방법은 생산수준을 일정하게 확보하는 장점은 있으나 동시에 기회비용이나 진부화비용 등 재고유지비용이 수반된다는 한계를 가진다.

• 외주

수요에 비해 생산능력이 부족한 경우에는 부족분을 외부업체에 위탁하는 방법이다. 이 방법은 새로운 설비를 자체적으로 확충하지 않아도 된다는 장점은 있으나 외주업체의 생산공정과 품질문제를 통제하기 어렵고 원가가 상승한다는 단점이 있다. 따라서 외주비용과 자체생산비용을 비교하여 외주 혹은 자체생산의 여부를 결정해야 한다. 일반적으로 고부가가치 제품, 기술 보호가 중요한 제품, 일관된 품질이 필수적인 제품은 자체 생산이 유리하다. 반면 표준화된 부품, 비핵심 제품, 수요 변동이 큰 제품, 설비 투자 여력이 부족한 경우에는 외주가 유리하다.

이들 네 가지 전략을 정리하면 <표 9-4>와 같다.

서비스업의 총괄생산계획

항공사, 병원, 음식점, 은행 등과 같은 서비스업의 총괄생산계획은 제조업의 경우와 유사한 방식으로 적용된다. 그러나 서비스는 생산과 소비가 동시에 이루어지고, 저장이 불가능하며, 노동에 대한 의존도가 높다는 제품과는 다른 특징을 가지므로, 서비스업의 총괄생산계획은 물리적인 제품이 아닌 서비스 제공 능력을 조절하는

〈표 9-4〉 생산능력 조절 변수

수단	수요	방법	비용	고려사항
고용	증가	부족 인력 채용	채용광고, 채용 및 훈련비용	숙련인력 확보의 어려움
	감소	잉여 인력 해고	해고비용, 퇴직수당	고용 불안정에 따른 사기저하 및 생산성감소
조업시간	증가	잔업, 초과근무 실시	잔업수당	보전시간 감소로 품질 저하 가능성
	감소	단축근무, 조업시간 단축	유휴인력 비용	유휴시간 활용 및 교육 필요
재고	증가	사전 생산 후 재고 유지	재고 유지비용	재고의 진부화 위험 및 자본 기회비용
	감소	주문지연 또는 생산량 감소	납기 지연에 따른 손실	서비스 상품은 재고로 보존 불가
외주	증가	외부 하청 활용	하청 단가, 관리비용	품질 및 납기 통제 어려움
	감소	설비 확장 억제 또는 내부 생산	설비 투자비용	설비의 유휴 발생 가능성

것이 핵심이다. 따라서 서비스업에서는 이러한 특성을 고려하여 총괄생산계획을 수립해야 한다.

수요 변동의 조절

서비스 기업의 수요패턴을 예측할 수 있고 고객이 시간과 장소를 변경할 수 있다면 다음과 같은 수요 변동 전략을 사용할 수 있다.

1. 가격 조정 전략

성수기에는 가격을 인상하여 과도한 수요를 억제하고, 비수기에는 할인 등을 통해 수요를 유도하는 전략이다. 예를 들어 리조트는 비수기에 할인 요금을 제공하여 이용률을 높이고, 성수기에는 가격을 올려 수요를 분산시킨다.

2. 예약 활용 전략

고객의 사전 예약을 통해 수요를 조절하여 평탄하게 하는 전략이다. 예약을 통해 서비스 기업은 성수기 수요를 비수기로 전환하여 성수기의 서비스 질을 개선할 수 있고 또한 비수기의 서비스 이용률을 높일 수 있다. 그러나 고객이 예약을 해놓고 이행하지 않는 예약 불이행(No-show) 위험이 존재한다. 이에 대응하기 위해 기업은 공급능력을 초과하여 예약을 받는 초과예약(Overbooking) 전략을 활용한다.

3. 서비스 다양화 전략

비수기 수요를 창출하기 위해 서비스 상품을 다양화하는 전략이다. 예를 들어 회계법인은 성수기에는 세무 업무를 비수기에는 컨설팅 서비스를 제공하여 자원을 효율적으로 활용한다.

4. 정보 제공 전략

광고나 종업원을 통해 고객들에게 서비스를 받기에 가장 편리한 시간, 장소, 가격에 대한 정보를 전달함으로써 수요를 조절할 수 있다. 예를 들어 교통방송은 교통상황을 알려줌으로써 수요를 분산시켜 교통 혼잡을 막는 데 큰 역할을 한다. 이와 같이 정보 제공을 위한 고객과의 의사소통이 활성화된다면 고객들은 성수기와 비수기의 시기를 파악하여 혼잡한 시기를 피하고자 할 것이다. 부득이하게 복잡한 시기에 방문하더라도 기다려야 한다는 사실을 알고 기다리므로 기다림을 참을 수 있게 된다.

5. 시간 및 장소 조절 전략

서비스 제공 시간을 연장하거나 장소를 유연하게 조정하는 전략이다. 예를 들어 심야 영화관과 24시간 영업은 시간 연장의 사례이며, 출장 요리나 방문 상담은 고객이 지정된 장소로 가는 것이 아니라 고객이 있는 장소로 기업이 이동하여 서비스를 제공하는 장소 조정의 사례이다. 이처럼 서비스 기업은 정해진 시간과 장소에 국한하지 않고 이를 조절하여 서비스 수요를 충족하고 있다.

공급 변동의 조절

서비스 기업이 고객의 수요를 조절할 수 없다면 수요 변동에 대응하기 위해 단기적으로 공급능력을 변화시키는 방법을 선택하여야 한다. 이들 방법은 인력과 장비를 더 열심히 더 오랫동안 일을 하도록 하여 일시적으로 수요에 맞도록 공급능력을 확대하는 방법이다. 따라서 이러한 방법을 장기적으로 사용할 경우 고객과 종업원의 불만이 증가할 수 있으므로, 수요가 최대 공급능력을 지속적으로 초과하면 서비스 공급능력을 확장하여야 한다. 서비스 기업이 공급능력을 일시적으로 조절할 수 있는 주요 방법은 다음과 같다.

1. 고객과의 상호작용 방식 전환

대면접촉은 상호작용의 질은 높이나 업무처리를 지연시키고 생산성을 저해할 수도 있다. 따라서 대면접촉을 간접 또는 무접촉 방식으로 전환하여 효율성을 제고시킬 수 있다. 예를 들어 대면접촉 방식을 전화 주문, 온라인 주문, 셀프서비스, 드라이브스루, 키오스크 주문 등 간접 또는 무접촉 방식으로 비꿈으로써 업무처리 효율을 높이고 인력 부담을 줄일 수 있다.

2. 다기능 종업원 활용

기업이 교육을 통해 다기능 종업원을 양성하면 적은 인원으로도 다양한 서비스를 제공할 수 있는 장점이 있다. 그리고 종업원도 단순 반복적인 업무를 탈피하여 직무가 확대되고 보수가 증가하므로 직무 만족을 제고할 수 있다. 또한 다기능 종업원은 병목현상이 일어나는 업무에 배치되어 어려움을 겪는 종업원에게 도움을 줄 수 있을 것이다.

3. 성수기 대비 사전 준비

장비와 인력을 성수기에는 핵심 서비스에만 집중시켜 공급능력을 최대화한다. 이를 위해서 인력과 장비의 보수 및 비핵심 활동은 비수기 때 수행하여 성수기 때 최상의 상태에 도달하도록 한다. 예를 들어 식당에서 기본 세팅을 식사시간이 아닌 비수기 시간에 미리 준비하는 방법이다.

4. 시설과 장비의 유연성 확보

전체 공급능력에 문제가 있는 것이 아니라 특정 부분에 공급능력이 부족할 수 있다. 예를 들어 비행기에 비즈니스석 좌석은 많이 비었는데 일등석 좌석이 부족할 수가 있다. 이러한 경우의 해결책은 공간이나 장비를 유연성 있게 변경하여 공급능력의 병목을 완화한다. 예를 들어 리조트 호텔에서는 가족 여행객의 요구에 맞추기 위해 객실 사이에 연결문을 설치해 필요할 때 두 개의 객실을 하나로 사용할 수 있게 하고, 식당에서는 고객 수에 따라 테이블을 재배치하거나 임시 칸막이를 설치하여 공간을 효율적으로 운영한다.

5. 시설 및 장비 임시 확장

공급능력이 일시적으로 부족한 경우에는 새로운 자원을 추가하지 않고 기존의 시간과 인력을 일시적으로 확장하여 수요에 대처할 수 있다. 예를 들어 교회가 일요일에 학교 주차장 시설을 임대하거나 기차가 만원일 때 입석표를 판매하는 것이 대표적인 예다.

6. 시간 및 인력의 임시 확장

영업시간 연장이나 임시 직원 채용을 통해 수요 급증에 대응한다. 연말 쇼핑 시즌에 백화점들의 연장 영업이나 단기 계약직 고용이 이에 해당하는 예이다.

7. 기업 간 협력

유관 기업과의 제휴를 통해 부족한 공급능력을 보완한다. 예를 들어 항공사와 여행사 또는 유람선과 여행사의 관계를 보면, 최종 소비는 항공사 또는 유람선에서 하지만 예약, 티케팅, 요금지불, 정보 제공 등의 서비스는 여행사에서 제공한다.

주생산일정

주생산일정의 의의

총괄생산계획이 수립되면 이를 기반으로 주생산일정(Master Production Schedule: MPS)을 작성하게 된다. 총괄생산계획은 일반적으로 월 단위로 제품군 전체에 대한 생산계획을 수립하는 반면, 주생산일정은 총괄생산계획에서 설정된 생산 목표를 세분화하여 개별 제품 또는 서비스가 언제, 얼마만큼 생산되어야 하는지를 구체적으로 결정하는 계획이다.

다시 말해 MPS는 개별 제품의 주별 생산계획으로, 모든 제품의 MPS를 합한 총생산량은 총괄생산계획에서 설정한 총생산량을 초과해서는 안 된다. 따라서 MPS는 총괄생산계획에 기반하여 수립되어야 하므로 두 계획 간에는 반드시 연관성이 유지되어야 한다.

예를 들어 로봇 청소기를 생산하는 ABC 회사는 먼저 총괄생산계획을 수립한 후, 이를 바탕으로 각 청소기 모델에 대해 주생산일정을 수립한다. 로봇 청소기는 모델별로 필요한 자재, 부품, 작업공정이 서로 다르므로 모델마다 실제 생산량을 구체화한 MPS가 필요하다. 이와 같은 계획을 통해 모델별 생산이 원활히 이루어질 수 있도록 하는 것이다. <표 9-5>는 ABC 회사의 로봇 청소기에 대한 총괄생산계획을 개별 제품 수준으로 분해하여 작성한 주생산일정의 예를 보여준다.

주생산일정(MPS)을 수립할 때는 안전 재고와 로트 크기를 함께 고려하는 경우가

〈표 9-5〉 총괄생산계획과 주생산일정

총괄생산계획	월	1	2	3
	청소기	150	200	120
주생산일정	월	1	2	3
	모델 1	80	90	40
	모델 2	40	50	30
	모델 3	30	60	50

많다. 여기서 안전 재고란 실제 수요가 예측 수요를 초과하거나 리드타임이 예상보다 지연되는 상황에 대비해 추가로 보유하는 재고를 의미한다. 즉 수요의 불확실성이나 공급 지연 등에 따른 위험을 완화하기 위한 완충 역할을 한다.

한편 로트 크기란 생산을 시작할 때 한 번에 최소한으로 생산해야 하는 수량을 말하며, 이는 생산 준비비용과 생산 효율성 등을 고려해 결정된다. 일반적으로 생산 로트 크기가 클수록 생산 준비횟수가 줄어들지만 재고유지비용이 증가할 수 있다. 따라서 주생산일정을 수립할 때는 각 주의 수요예측뿐 아니라 기초재고, 안전 재고수준, 로트 크기 등을 모두 종합적으로 고려해야 한다. 예를 들어 <표 9-6>과 같이 제품 A의 6주간 수요예측이 다음과 같다고 가정한다.

50, 40, 60, 80, 50, 40 (단위: 개)

〈표 9-6〉 MPS 작성 예

	1주	2주	3주	4주	5주	6주
기초재고	50	90	50	80	90	40
MPS	90	0	90	90	0	90
수요	50	40	60	80	50	40
기말재고	90	50	80	90	40	90

이때 기초재고 50개, 로트 크기 90개일 경우 주생산일정은 이러한 조건들을 반영하여 작성된다. 기말재고는 다음과 같은 식으로 계산된다.

기말재고 = 전주 기말재고(또는 기초재고) + 이번 주 MPS - 이번 주 수요

예를 들어 2주차 기말재고가 50개이고, 3주차 MPS가 90개이고 수요가 60개일 경우, 3주차 기말재고는 다음과 같이 계산된다.

3주차 기말재고 = 50 + 90 - 60 = 80개

주별로 적정 생산량을 설정하여 일정 수준의 기말재고를 유지함으로써 수요 변화에 안정적으로 대응할 수 있도록 한다.

주생산일정의 예시

<표 9-7>은 단순화된 예시를 보여준다. 예를 들어 1주차 기말재고가 40개이므로 2주차 기초재고는 40개가 된다. 2주차 MPS가 30개이고 수요가 30개이므로 2주차 기말재고는 40+30-30=40이 된다.

〈표 9-7〉 기본적인 MPS 작성 예

	주							
	1	2	3	4	5	6	7	8
기초재고	40	40	40	20	30	30	40	40
MPS	30	30	20	20	20	30	20	20
수요	30	30	40	10	20	20	20	40
기말재고	40	40	20	30	30	40	40	20

주생산일정을 작성할 때 총괄생산계획에서 사용되는 수요추적전략이나 생산평준전략을 적용할 수 있다. 이 중 생산평준화전략은 수요의 변동과 관계없이 일정한 생산량을 유지하여 생산의 안정성과 효율성을 높이는 방식이다. <표 9-8>은 생산평준화전략을 적용한 예시로, 이 경우 8주 동안의 총수요는 다음과 같이 계산된다.

총수요 = 10 + 10 + 10 + 10 + 30 + 30 + 30 + 30 = 160 단위

이를 8주로 나누면 주당 평균 수요는 20단위가 되며, 이에 따라 매주 20단위를

〈표 9-8〉 생산평준화전략을 이용할 경우의 MPS 작성 예

	주							
	1	2	3	4	5	6	7	8
기초보유재고	20	30	40	50	60	50	40	30
MPS	20	20	20	20	20	20	20	20
수요예측	10	10	10	10	30	30	30	30
기말예상재고	30	40	50	60	50	40	30	20

생산하도록 계획하여 MPS는 20이 된다. 이 전략을 사용하면 수요가 낮은 주에는 재고가 증가하고, 수요가 높은 주에는 재고를 소진하여 수요를 충족시킨다. 이렇게 함으로써 생산량의 급격한 변동 없이 일정한 생산 운영이 가능해진다.

<표 9-9>는 수요추적전략을 보여주는 예로, 각 주의 수요예측에 맞추어 주생산 일정(MPS)의 생산량을 조정하는 방식이다. 즉 수요가 많으면 많이 생산하고 수요가 적으면 적게 생산하여 재고를 최소화하여 생산능력을 수요에 맞춰 유연하게 조절하는 전략이다.

이 전략의 핵심은 생산량(MPS)을 해당 주의 수요 예측량에 정확히 맞추는 것이다. 그 결과 기말재고는 0 또는 일정 수준으로 유지되어 재고유지비용이 거의 발생하지 않는다. 이는 재고 부담을 최소화하는 장점이 있으나, 반면에 매주 생산량이 변동하므로 고용, 근무시간, 설비 가동 등의 조정 비용이 증가하는 단점이 있다. 따라서 수요예측이 정확하고 변동성이 클 경우에 적합한 전략이다.

〈표 9-9〉 수요추적전략을 이용할 경우의 MPS 작성 예

	주							
	1	2	3	4	5	6	7	8
기초보유재고	20	20	20	20	20	20	20	20
MPS	10	10	10	10	30	30	30	30
수요예측	10	10	10	10	30	30	30	30
기말예상재고	20	20	20	20	20	20	20	20

요약

- 총괄생산계획은 약 1년간의 수요예측을 바탕으로 생산수준, 재고수준, 고용수준, 작업수준, 외주수준 등 기업이 통제 가능한 변수들을 월별로 최적으로 조합하는 계획이다.
- 총괄생산계획은 1) 제품별 수요예측, 2) 총괄수요 산출, 3) 생산능력 단위로 변환, 4) 대안 마련, 5) 최적 대안 선택의 순서로 수립된다.
- 생산능력을 조절하는 방법으로는 고용이나 해고를 통한 작업자 수 조절, 잔업·조업 단축 등의 시간 조절, 초과 생산분의 재고 활용, 외주업체 이용 등으로 조절할 수 있다.
- 수요에 따라 생산을 조정하는 수요추적전략 아니면 생산을 일정하게 유지하는 생산평준화전략, 또는 두 가지를 혼합하는 혼합전략과 같은 전략적 선택이 바로 총괄생산전략이다.
- 수요추적전략은 생산률(초과근무 또는 조업단축) 또는 고용수준(고용 또는 해고)을 조정하여 계획 기간 동안의 수요 변화에 대응하는 전략이다.
- 생산평준화전략은 계획 기간 동안 고용수준과 생산률을 일정하게 유지하고, 재고, 외주, 추후납품 등을 활용하여 수요 변동에 대응하는 전략이다.
- 서비스는 생산과 소비가 동시에 이루어지고, 저장이 불가능하며, 노동에 대한 의존도가 높다는 제품과는 다른 특징을 가지므로, 서비스업의 총괄생산계획은 물리적인 제품이 아닌 서비스 제공 능력을 조절하는 것이 핵심이다.
- 서비스 기업이 수요를 조절하는 주요 방법에는 가격 조정 전략, 예약 활용 전략, 서비스 다양화 전략, 정보 제공 전략, 시간 및 장소 조절 전략 등이 있다.
- 서비스 기업의 공급능력을 일시적으로 조절하기 위한 주요 방법으로는 고객과

의 상호작용 방식 전환, 다기능 종업원 활용, 성수기 대비 사전 준비, 시설 및 장비의 유연성 확보, 시설 및 장비의 임시 확장, 시간 및 인력의 임시 확장, 기업 간 협력 등이 있다.

- 주생산일정은 총괄생산계획에서 설정된 생산 목표를 세분화하여 개별 제품 또는 서비스가 언제, 얼마만큼 생산되어야 하는지를 구체적으로 결정하는 계획이다.
- MPS 작성에는 수요예측, 기초재고, MPS 수량, 기말재고가 포함되며, 작성 시 수요추적전략이나 생산평준화전략이 적용될 수 있다.
- 기말재고는 기초재고(또는 전 주의 기말재고)에 주생산일정(MPS)을 더한 후, 해당 주의 수요예측을 차감하여 계산한다.

학습문제

01. 총괄생산계획이란 무엇이며, 장기 생산계획 및 주생산일정과는 어떤 관계가 있는가?

02. 총괄생산계획의 수립 절차에 관해 설명하라.

03. 수요 충족을 위해 고용수준을 조정하는 방법의 장점과 단점을 논의하라.

04. 생산능력을 조절하는 주요 방법에는 무엇이 있는가?

05. 수요추적전략과 생산평준화전략을 비교하여 설명하라.

06. 기업이 수요관리 또는 공급관리 전략을 수립해야 하는 이유를 설명하라.

07. 제품이나 서비스의 수요패턴을 파악해야 하는 이유는 무엇인가?

08. 제품이나 서비스의 수요와 공급이 불일치하게 되는 원인은 무엇인가?

09. 서비스 기업의 수요관리전략에 대해 설명하라.

10. 서비스 기업의 공급관리전략에 대해 설명하라.

11. 초과 예약이란 무엇이며, 그 목적은 무엇인가?

12. 주생산일정을 수립해야 하는 이유는 무엇인가?

13. MPS의 주요 항목은 무엇인가?

14. MPS와 MRP의 관계에 대해 설명하라.

15. 수요추적전략을 활용한 MPS 작성 방법을 설명하라.

16. 생산평준화전략을 활용한 MPS 작성 방법을 설명하라.

17. 로트 크기와 보유재고 수준에 제약이 있는 경우 MPS는 어떻게 작성되는가?

18. MPS의 안정성이 요구되는 이유와 그 확보 방법에 대해 고찰하라.

19. 수요예측의 정확도가 총괄생산계획 및 MPS에 미치는 영향은 무엇인가?

20. 외주를 활용한 공급 조절의 장점과 단점은 무엇인가?

21. 총괄생산계획 수립 시 고려해야 할 제약 조건에는 어떤 것들이 있는가?

22. 서비스 산업에서 총괄생산계획을 적용할 수 있는 구체적인 사례를 제시하라.

Chapter 10

일정계획

학습목표

일정계획은 전술적 생산계획을 실행화한 것으로 특정 제품을 누가, 언제, 어디서, 어떻게, 얼마나 작업하는지에 대한 세부 실행계획이다. 이는 가용 생산능력을 효율적으로 활용하기 위한 단기계획 수립을 의미하며, 수요변화에 시의적절하게 대응할 수 있도록 유연성을 갖추어야 한다. 일정계획은 공정의 유형에 따라 방법이 다른데, 본 장에서는 단속생산방식에 적용되는 일정계획에 대하여 살펴본다.

일정계획의 개념

총괄생산계획은 구체적인 개별 제품을 고려하지 않고 총체적 수요에 대응하기 위해 기업 전체의 수준에서 생산, 인력, 재고, 잔업, 외주 등에 관련된 계획을 수립한다. 따라서 개별 제품의 생산 일정을 더 구체적으로 수립하기 위해서는 세부적인 일정계획이 추가적으로 요구된다. 이러한 측면에서 일정계획(Scheduling)에는 총괄생산계획에 의해 확보된 설비, 인력, 자재 등과 같은 가용 자원을 효율적으로 활용하기 위해 주생산일정(MPS)의 생산목표를 작업자의 일일 작업내용으로 구체화하는 데 요구되는 세부 지침이 포함된다. 즉 제품별로 누가, 언제, 어디서, 무엇을, 어떻게, 얼마나 작업할지를 구체적으로 결정하는 단기 실행계획이다.

총괄생산계획이 중장기적 관점에서 필요한 자원을 확보하는 데 중점을 둔 계획이라면, 일정계획은 이 확보된 자원을 단기적 관점에서 효율적으로 활용하기 위한 실행 중심의 계획이다. 일정계획은 주간, 일간 또는 시간 단위로 세분화되어 실제 작업 현장에 필요한 구체적인 작업지침을 제공한다.

일정계획의 유형에는 프로젝트 일정계획(Project Scheduling), 단속생산 일정계획(Job Shop Scheduling), 그리고 연속생산 일정계획(Continuous Process Scheduling)이 있다. 본 장에서는 단속생산의 일정계획을 살펴보고 프로젝트 일정계획은 다음 장에서 논의한다.

단속생산 일정계획의 개념

단속생산 일정계획의 특징

단속생산(Job Shop)의 일정계획은 제품의 종류가 다양하고 생산량이 상대적으로 적은, 즉 중소 규모의 묶음생산(Batch Production) 방식이 적용되는 생산 환경에서 활용되는 일정계획이다. 이러한 생산방식은 다양한 제품이 주문 단위로 생산되며, 제품마다 필요한 공정 순서와 처리시간이 다르므로 정교한 일정계획이 요구된다. 단속생산의 일정계획 절차는 [그림 10-1]에 제시되어 있다.

1. 부하결정(Loading)

각 작업을 적절한 작업장에 할당하는 과정을 의미한다. 이는 가용한 자원을 기준으로 작업량을 분배하여 각 작업장이나 설비의 과부하 또는 유휴를 최소화하는 데 목적이 있다.

2. 작업순위결정(Job Sequencing)

작업장이나 기계에 대기 중인 작업의 처리 순서를 결정하는 과정을 의미한다. 이는 작업 효율성과 납기 준수, 작업 흐름 원활화에 직접적인 영향을 미치는 중요한 의사결정이다.

3. 세부일정결정(Detailed Scheduling)

각 작업이 작업장에 할당되어 작업 순서가 결정된 후, 작업장별로 각 작업이 언제, 어디서, 누구에 의해 시작되고 종료되는지를 명확히 하는 실행계획을 의미한다.

그림 10-1 단속생산의 일정계획

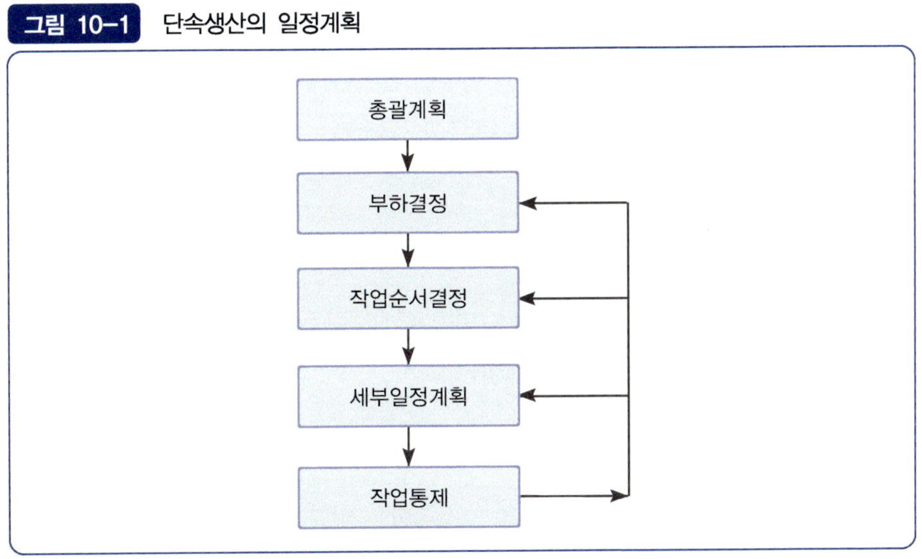

즉 작업장소, 작업방법, 작업자, 투입 자재, 작업시간 등에 대한 세부적인 실행계획을 수립하는 것이다.

4. 작업통제(Work Control)

작업장이 계획에 따라 원활히 운영되는지를 점검하고, 계획에 차질이 없도록 작업 진행 상황을 관리하는 활동이다. 기계 고장, 자재 불량 등 다양한 요인으로 작업 지연이 발생할 수 있으므로, 작업 시작부터 완료까지 일정에 맞게 진행되도록 철저한 관리가 요구된다.

단속생산 일정계획의 영향 요인

단속생산은 고객으로부터 주문을 받아 생산하는 형태로 제품이 다양하고 생산 수량은 적은 특성을 가지고 있다. 이러한 단속생산의 일정계획은 다양한 주문마다 요구되는 자재, 생산설비, 납기, 작업 방법 등이 서로 다르므로 매우 복잡하다. 단속생산 일정계획에 영향을 주는 요인들은 다음과 같다.

1. 주문 도착 형태

주문은 배치(Batch) 형태로 일정한 간격으로 작업이 투입되는 정태적 경우와 불규칙하게 투입되는 동태적 경우의 두 가지가 있다. 정태적인 주문의 경우 일정 기간 동안 주문을 집계하여 계획을 수립하고 이후에 들어온 주문은 다음 기간으로 이월한다. 그러나 주문이 동태적일 경우에는 주문이 들어오는 대로 주문을 배정하고 전체 일정을 조정해 나간다.

2. 기계의 수와 종류

하나의 기계로 주문을 수행하는 경우 일정계획은 단순하다. 그러나 기계의 대수와 종류가 많아지면 일정계획은 복잡해진다.

3. 작업자의 수와 제약조건

기계 수와 작업자 수가 동일할 경우 일정계획은 비교적 단순하다. 그러나 작업자

수가 기계 수보다 많거나 적으면 문제가 발생한다. 작업자 수에 비해 기계 수가 적은 경우를 기계제약시스템(Machine Limited System), 반대로 기계 수에 비해 작업자 수가 부족한 경우를 노동제약시스템(Labor Limited System)이라 한다.

4. 작업흐름 형태

작업 흐름 방식은 일정한 순서를 따르는 흐름공정(Flow Shop), 확률적으로 경로가 결정되는 확률흐름공정(Random Job Shop), 그리고 이들의 혼합 형태인 혼합흐름공정(Hybrid Job Shop)으로 분류된다.

부하 결정

일정계획을 수립하기 위해서는 먼저 부하결정을 수행해야 한다. 부하결정이란 주문을 각 작업장에 배분하는 과정으로, 자원 제약을 고려하지 않는 무한 할당(Infinite Loading)과 자원 능력을 고려하는 유한 할당(Finite Loading)으로 구분된다. 작업장의 생산능력을 고려하여 작업장 할당, 작업 순서, 세부 일정까지 동시에 계획하는 방식이 유한 할당 시스템이며, 생산능력을 고려하지 않고 주문만 할당하는 방식이 무한 할당 시스템이다. 유한 할당의 일정계획 방식에는 다음의 전방일정계획(Forward Scheduling)과 후방일정계획(Backward Scheduling)이라는 개념이 있다.

- 전방일정계획

작업 일정을 수립할 때 주문의 납기일을 감안하지 않고 작업이 가능한 가장 이른 시점에 시작하도록 계획하는 방식이다. 이 방식은 계획 수립이 비교적 간단하나 재공품 재고가 증가할 수 있다는 단점이 있다.

- 후방일정계획

작업 일정을 수립할 때 납기일을 맞출 수 있는 범위 내에서 가능한 한 늦은 시점에 작업을 시작하도록 계획하는 방식이다. 이 방법은 리드 타임에 대한 정확한 자료가 필요하지만 재공품 재고 수준을 낮출 수 있다는 이점이 있다.

본 장에서는 무한 할당 방식을 중심으로 작업 할당 이후의 작업순서 결정 및 세부 일정계획을 통한 일정계획 수립에 초점을 맞추어 논의한다.

할당법

단속생산의 경우에는 작업장이 여러 개 있으므로 작업장의 특성을 고려하여 특정 작업을 특정 작업장에 할당하여야 한다. 각 작업장에서 사용하는 기계의 특성이나 작업자의 숙련도에 차이가 있기 때문에 작업장마다 실적에 차이가 존재한다. 따라서 어느 작업장에 어느 작업을 할당하는 것이 가장 경제적이냐에 관한 의사결정 문제가 대두된다. 이러한 문제를 해결하는 하나의 방법이 할당법이다. 이러한 헝가리법은 다음과 같은 기본적인 전제를 가진다.

① 하나의 주문은 하나의 작업장(또는 기계, 작업자)에만 할당된다.
② 하나의 평가 기준(예: 최대 이익, 최소 비용, 최소 완료 시간 등)이 설정되어 이를 기준으로 최적의 배정을 한다.

할당법은 헝가리의 수학자 D. König가 고안한 헝가리법(Hungarian Method)이 널리 사용되지만, 할당문제는 선형계획문제의 특수한 형태이므로 헝가리법 대신 선형계획법을 사용해도 동일한 결과를 도출할 수 있다. 여기서는 선형계획법으로 해를 구하는 방법에 대해 살펴본다.

예제 10-1

ABC 회사는 <표 10 - 1>과 같이 네 가지의 주문을 네 명의 작업자로 하여금 최소 시간으로 생산할 수 있도록 할당하려고 한다. 할당 계획을 위한 선형계획모형을 작성하라.

〈표 10-1〉 작업자별 주문의 소요시간

작업자 \ 주문	A	B	C	D
1	4	6	9	3
2	7	6	8	5
3	6	6	7	6
4	6	5	4	7

해답

소요시간을 최소화하는 <예제 10－1>의 균형할당문제를 위한 선형계획모형을 작성하는 절차는 다음과 같다.

1) 의사결정변수

ABC사의 의사결정변수는 다음과 같다.

$x_{ij}=i$번째 작업자가 j 번째 주문에 할당되면 1, 그렇지 않으면 0

$(i=1,\ 2,\ 3,\ 4;\ j=\text{A, B, C, D})$

각 작업자는 각 주문에 한 번만 할당되기 때문에 특정 주문에 할당되면 1, 그렇지 않으면 0의 값을 갖는다. 예를 들어 작업사 1이 주문 B에 할당되면 $x_{1A}=0$, $x_{1B}=1$, $x_{1C}=0$, $x_{1D}=0$이 되고 또한 $x_{1B}=1$, $x_{2B}=0$, $x_{3B}=0$, $x_{4B}=0$이 된다. 따라서 의사결정변수 x_{ij}의 값은 0 또는 1이 된다.

2) 목적함수

목적함수는 각 작업자의 각 주문에 대한 소요시간에 할당여부(x_{ij} =0 또는 1)를 곱한 후 그 합으로 나타내는 총소요시간의 최소화이다. 총소요시간을 최소화하기 위한 목적함수는 다음과 같이 표시된다.

$$\text{최소화 } z=4x_{1A}+6x_{1B}+9x_{1c}+3x_{1D}+7x_{2A}+6x_{2B}+8x_{2C}+5x_{2D}$$
$$+6x_{3A}+6x_{3B}+7x_{3C}+6x_{3D}+6x_{4A}+5x_{4B}+4x_{4C}+7x_{4D}$$

3) 제약식

공급량의 총합과 수요량의 총합이 동일한 균형할당문제는 공급조건과 수요조건 모두 등식으로 표현한다. 먼저 공급에 대한 제약식은 다음과 같다.

$$x_{1A}+x_{1B}+x_{1C}+x_{1D}=1$$
$$x_{2A}+x_{2B}+x_{2C}+x_{2D}=1$$
$$x_{3A}+x_{3B}+x_{3C}+x_{3D}=1$$
$$x_{4A}+x_{4B}+x_{4C}+x_{4D}=1$$

반면 수요에 대한 제약식은 다음과 같다.

$$x_{1A}+x_{2A}+x_{3A}+x_{4A}=1$$
$$x_{1B}+x_{2B}+x_{3B}+x_{4B}=1$$
$$x_{1C}+x_{2C}+x_{3C}+x_{4C}=1$$
$$x_{1D}+x_{2D}+x_{3D}+x_{4D}=1$$

4) 비음조건

할당문제는 각 공급지의 공급량과 각 수요지의 수송량이 모두 1인 수송문제의 특수한 형태라 할 수 있다. 할당문제는 0 또는 1의 이진 정수조건을 가지지만, 수송문제와 마찬가지로 특수한 구조를 가지고 있으므로, 이 조건을 명시하지 않아도 일반 선형계획모형으로 해를 구하면 자동으로 정수해가 도출된다. 따라서 비음수 조건(Non-negativity Constraint)만을 추가해도 정수해를 얻을 수 있다.

$$x_{ij} \geq 0 \ (i=1,\ 2,\ 3,\ 4;\ j=\text{A, B, C, D})$$

5) 완성된 선형계획모형

이상을 종합하여 <예제 10－1>의 균형할당문제의 총소요시간을 최소화하는 선형계획모형은 다음과 같다.

최소화 $z=4x_{1A}+6x_{1B}+9x_{1c}+3x_{1D}+7x_{2A}+6x_{2B}+8x_{2C}+5x_{2D}$
$+6x_{3A}+6x_{3B}+7x_{3C}+6x_{3D}+6x_{4A}+5x_{4B}+4x_{4C}+7x_{4D}$

제약조건 $x_{1A}+x_{1B}+x_{1C}+x_{1D}=1$
$x_{2A}+x_{2B}+x_{2C}+x_{2D}=1$
$x_{3A}+x_{3B}+x_{3C}+x_{3D}=1$
$x_{4A}+x_{4B}+x_{4C}+x_{4D}=1$
$x_{1A}+x_{2A}+x_{3A}+x_{4A}=1$
$x_{1B}+x_{2B}+x_{3B}+x_{4B}=1$
$x_{1C}+x_{2C}+x_{3C}+x_{4C}=1$
$x_{1D}+x_{2D}+x_{3D}+x_{4D}=1$
$x_{ij} \geq 0 \ (i=1,\ 2,\ 3,\ 4;\ j=\text{A, B, C, D})$

엑셀 해법

균형할당문제를 엑셀을 활용하여 최적해를 구하는 절차는 다음과 같다.

1) 입력

할당문제를 엑셀의 [해 찾기(Solver)] 기능을 사용해 할당문제의 최적해를 구하려면 다음과 같은 절차를 따른다.

	A	B	C	D	E	F	G
1							
2			할당계획표				
3		A	B	C	D	공급량	
4	1	4	6	9	3	1	
5	2	7	6	8	5	1	
6	3	6	6	7	6	1	
7	4	6	5	4	7	1	
8	수요량	1	1	1	1		
9							
10			할당실행표				
11		A	B	C	D	공급량	
12	1					0	
13	2					0	
14	3					0	
15	4					0	
16	수요량	0	0	0	0	0	

할당계획표 부분은 <표 10−1>의 내용을 입력하고 할당실행표 부분은 최적해를 구하기 위해 다음과 같이 입력한다.

		셀 주소	입력
해	x_{ij}	B12:E15	
	z	F16	= SUMPRODUCT(B4:E7, B12:E15)
제약식	공급	F12	= SUM(B12:E12)
		F13:F15	셀 F12를 복사
	수요	B16	= SUM(B12:B15)
		C16:E16	셀 B16을 복사

2) 해 찾기 매개 변수

[데이터] → [해 찾기] 메뉴를 실행하여 [해 찾기 매개 변수] 창에서 다음을 수행한다.

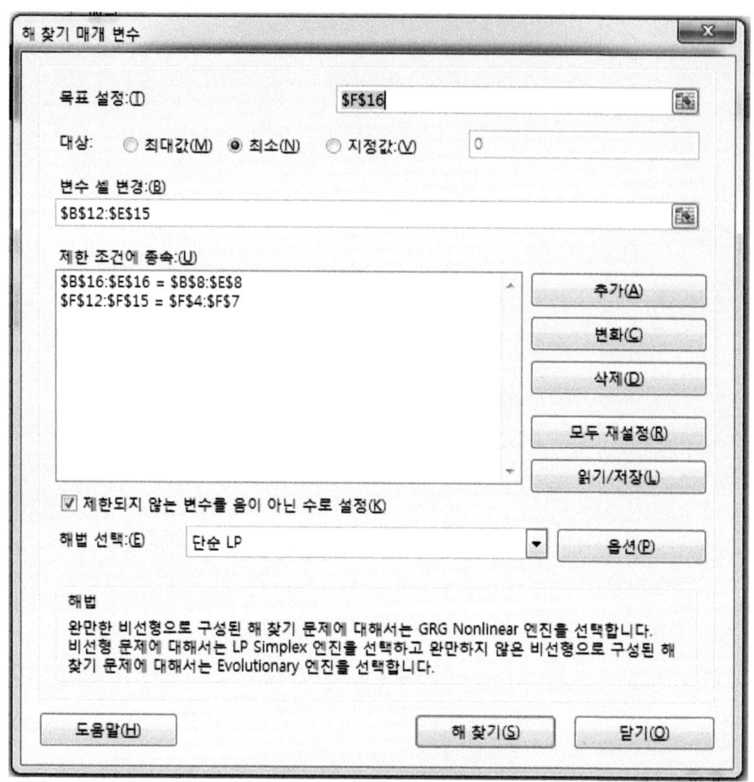

① [목표 설정:(T)]

목적함수 z의 셀 주소를 지정한다. 여기서는 F16을 설정한다.

② [대상:]

최대화 또는 최소화를 지정해 준다. 여기서는 최소(N)를 설정해 준다.

③ [변수 셀 변경:(B)]

의사결정변수의 셀 주소를 지정한다. 여기서는 B12:E15를 설정한다.

④ [제한 조건에 종속:(U)]

균형할당문제이므로 공급과 수요가 같다는 조건을 입력한다. [추가]를 눌러 [제한 조건 추가] 창에 공급조건인 F12:F15 = F4:F7을 지정한다. 다시 [추가]를 클릭하여 수요조건인 B16:E16 = B8:E8을 지정한 다음 [확인]을 클릭하여 [해 찾기 매개변수] 창으로 되돌아간다.

제한 조건 추가

셀 참조:(E) $F$12:$F$15 = 제한 조건:(N) =$F$4:$F$7

확인(O) 추가(A) 취소(C)

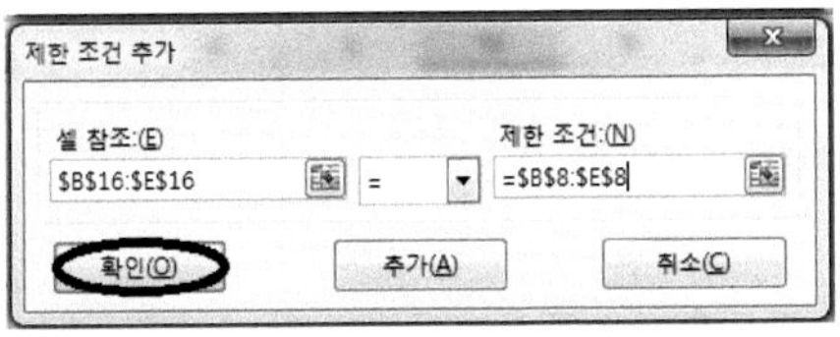

제한 조건 추가

셀 참조:(E) $B$16:$E$16 = 제한 조건:(N) =$B$8:$E$8

확인(O) 추가(A) 취소(C)

⑤ [제한되지 않는 변수를 음이 아닌 수로 설정(K)]

비음조건을 지정해준다. 여기서는 기본값을 그대로 사용한다.

⑥ [해법 선택:(E)]

선형계획법을 의미하는 [단순 LP]로 지정한다.

⑦ [해 찾기]

마지막으로 해를 찾기 위해 [해 찾기]를 클릭한다.

3) 결과

이상의 과정을 실행하면 다음과 같은 <예제 10-1>의 해를 찾을 수 있다.

	A	B	C	D	E	F	G
1							
2			할당계획표				
3		A	B	C	D	공급량	
4	1	4	6	9	3	1	
5	2	7	6	8	5	1	
6	3	6	6	7	6	1	
7	4	6	5	4	7	1	
8	수요량	1	1	1	1		
9							
10			할당실행표				
11		A	B	C	D	공급량	
12	1	1	0	0	0	1	
13	2	0	0	0	1	1	
14	3	0	1	0	0	1	
15	4	0	0	1	0	1	
16	수요량	1	1	1	1	19	
17							

4) 결과 해석

ABC사는 작업자 1을 주문 A에, 작업자 2를 주문 D에, 작업자 3을 주문 B에, 작업자 4를 주문 C에 할당하면 총소요시간은 19로 최소화가 된다. 즉 최적해는 $x_{1A}=1$, $x_{2D}=1$, $x_{3B}=1$, $x_{4C}=1$이며 나머지 변수는 모두 0이고 목적함수 값은 z=19이다. 이를 정리하면 다음과 같다.

작업자	주문	가공비용
1	A	4
2	D	5
3	B	6
4	C	4
합계		19

작업순위결정

작업의 우선순위 규칙(Priority Rule)은 기계나 작업장에 어떤 주문을 먼저 투입할지를 결정하는 기준을 의미한다. 작업장에 대기 중인 여러 주문에 대해 이들 주문의 처리 순서를 결정하는 것은 단속생산시스템의 효율성을 크게 좌우하는 핵심적인 의사결정 중 하나이다. 예를 들어, 6개의 주문이 있다면 가능한 처리 순서는 6!=720가지로 매우 많아지며, 선택한 작업순서에 따라 생산성과 납기준수율 등 작업장의 성과가 크게 달라질 수 있다. 따라서 작업순서의 결정은 복잡하면서도 중요한 문제이다. 본 절에서는 하나 또는 두 개의 작업장을 거치는 경우에 적용 가능한 작업순위결정 방법을 다룬다.

작업장이 하나인 경우

다수의 주문을 하나의 작업장에 모아 처리하는 정태적 일정계획(Static Scheduling)의 경우, <표 10-2>와 같은 대표적인 작업순위결정 규칙(Priority Dispatching Rules)이 사용된다.

〈표 10-2〉 작업순위결정 규칙

규칙	개념	계산식 / 기준	장점	단점
선착순(FCFS)	접수 순	없음	단순 · 공정성 확보	납기 지연 가능
최소작업시간 (SPT)	작업시간 짧은 순	없음	평균 대기 · 납기 최소화	긴 작업 지연 우려
최소여유시간 (LST)	여유시간 짧은 순	(납기일-현재시간) -작업시간	납기 준수 유리	계산 필요, 변동성 큼
최소납기일 (EDD)	납기일 빠른 순	없음	납기일 위반 최소화	작업시간 고려 부족
긴급률규칙 (CR)	긴급률 낮은 순	(납기일까지 남은 시간) ÷ (작업시간)	긴급도 반영, 유연성	계산 복잡, 변동성

1. 선착순(First Come, First Served: FCFS)
   주문이 접수된 순서에 따라 주문의 우선순위를 결정하는 방식이다.
2. 최소작업시간(Shortest Processing Time: SPT)
   작업소요시간이 가장 짧은 주문부터 순차적으로 처리하는 방식으로, 평균납기 및 평균대기시간을 최소화하는 데 효과적이다.
3. 최소여유시간(Least Slack Time: LST)
   납기일까지 남은 시간에서 작업소요시간을 차감한 여유시간이 가장 짧은 주문부터 우선적으로 처리하는 방식이다. 최소여유시간은 다음과 같이 계산된다.
   - 여유시간 = (납기일-현재시간)-작업소요시간
4. 최소납기일(Earliest Due Date: EDD)
   주문 가운데서 납기일이 가장 빠른 것부터 처리하는 방식이다.
5. 긴급률규칙(Critical Ratio: CR)
   납기까지 남은 시간과 작업소요시간과의 비율을 계산하여 긴급률이 작은 것부터 처리하는 방식이다. 긴급률의 계산식과 정의는 다음과 같다.

CR = 납기일까지 남은 시간 / 작업소요시간

CR = 1.0: 납기일에 맞춰 수행되고 있음

CR > 1.0: 납기일에 여유가 있어 뒤로 미룰 수 있음

CR < 1.0: 납기일을 초과할 가능성이 높으므로 더욱 긴급하게 처리함

일정계획의 성과는 다음과 같은 지표를 통해 평가된다.

1. 서비스 수준(Service Performance)
   - 평균작업완료시간
   - 주문작업의 평균대기시간
   - 평균납기지연시간
2. 자원 활용(Resource Utilization)
   - 노동력 이용률
   - 기계 이용률
   - 재공품 재고 비용

예제 10-2

ABC 양복점 주인은 현재 4명의 고객으로부터 주문을 받았다. <표 10 - 3>은 주문의 도착순서, 처리시간 및 납기일을 나타내고 있다. 또한 <표 10 - 3>에는 각 주문의 여유시간과 긴급률을 보여주고 있다. 평균작업완료시간과 평균납기지연시간의 관점에서 우선순위 규칙들을 평가하라.

〈표 10-3〉 작업별 내용

주문	도착순서	처리시간(일)	납기일(일)	여유시간(일)	긴급률
A	1	7	13	13-7=6	13/7=1.86
B	2	6	8	8-6=2	8/6=1.33
C	3	5	6	6-5=1	6/5=1.20
D	4	3	7	7-3=4	7/3=2.33

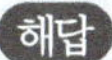
해답

어느 우선순위규칙을 적용하더라도 4개 주문의 총처리시간은 21일로 동일하며, 각 주문은 순차적으로 처리되므로 작업장의 유휴시간은 발생하지 않는다. 따라서 총처리시간과 작업장의 유휴시간은 작업순서의 변화에 영향을 받지 않으므로 성과 비교의 기준으로는 적절하지 않다. 일반적으로 일정계획의 성과는 다음의 수식으로 계산되는 평균작업완료시간과 평균납기지연시간을 기준으로 평가된다.

$$\text{평균작업완료시간} = \frac{\text{총흐름시간}}{\text{작업수}}$$

$$\text{평균납기지연시간} = \frac{\text{총납기지연시간}}{\text{작업수}}$$

<표 10-4>는 다섯 가지 우선순위결정규칙(선착순, 최소작업시간, 최소여유시간, 최소납기일, 긴급률)에 대한 평균작업완료시간과 평균납기지연시간을 비교한 결과를 보여준다. 그 결과, 최소작업시간규칙(SPT)은 평균작업완료시간 측면에서 가장 우수한 성과를 나타냈으며, 최소납기일규칙(EDD)은 평균납기지연시간을 최소화하는 데 가장 효과적인 것으로 나타났다.

〈표 10-4〉 우선순위규칙에 따른 평가결과

규칙	작업순서	기준	처리시간	흐름시간	납기	납기지연일수
선착순	A	1	7	7	13	0
	B	2	6	13	8	5
	C	3	5	18	6	12
	D	4	3	21	7	14
		(도착순서)		59(14.75)		31(7.75)
최소작업시간	D	3	3	3	7	0
	C	5	5	8	6	2
	B	6	6	14	8	6
	A	7	7	21	13	8
		(처리시간)		46(11.5)		16(4.00)
최소여유시간	C	1	5	5	6	0
	B	2	6	11	8	3
	D	4	3	14	7	7
	A	6	7	21	13	8
		(여유시간)		51(12.75)		18(4.50)
최소납기일	C	6	5	5	6	0
	D	7	3	8	7	1
	B	8	6	14	8	6
	A	13	7	21	13	8
		(납기일)		48(12.00)		15(3.75)

긴급률	C	1.20	5	5	6	0
	B	1.33	6	11	8	3
	A	1.86	7	18	13	5
	D	2.33	3	21	7	14
		(긴급률)		55(13.75)		22(5.50)

( ) 숫자는 평균을 의미

[그림 10-2]는 선착순(FCFS) 규칙과 최소작업시간(SPT) 규칙에 따른 주문처리시간의 변화를 시각적으로 보여준다. 평균작업완료시간이 짧을수록 주문의 대기시간이 감소하고, 재공품 재고 및 작업장 내 평균 주문 수가 줄어들어 작업장의 혼잡도가 완화된다. 따라서 평균작업완료시간의 최소화는 일정계획의 효율성과 자원의 활용도를 높이는 중요한 기준이 된다.

그림 10-2 평균작업완료시간

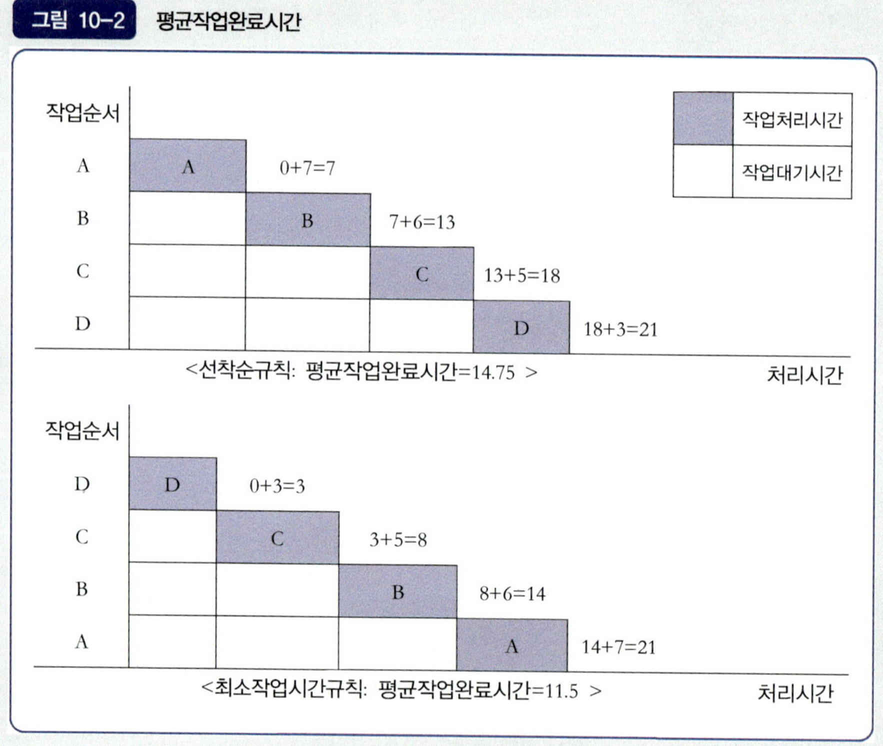

작업장이 두 개인 경우

여러 개의 주문을 한곳에 모아 처리하는 정태적 방식에서, 각 주문이 두 개의 작업장(Two-machine Flow Shop)을 일정한 순서로 거치는 경우에는 존슨(Johnson)의 알고리즘을 이용하여 주문의 작업순서를 결정할 수 있다. 존슨의 알고리즘은 모든 주문의 총완료시간(Total Makespan)을 최소화하는 것을 목표로 다음과 같은 절차를 따른다.

- 단계 1 : 작업장 1과 작업장 2의 작업시간 중에서 가장 짧은 시간을 가진 주문을 선택한다. 동일한 최소 작업시간을 가진 주문이 여러 개일 경우에는 임의로 선택한다.
- 단계 2 : 선택된 주문이 작업장 1이면 해당 주문을 순서의 앞쪽에 배치하고, 작업장 2이면 순서의 뒤쪽에 배치한다.
- 단계 3 : 배정된 주문은 이후의 작업순서 결정에서 제외한다.
- 단계 4 : 모든 주문의 작업순서가 확정될 때까지, 단계 1~3의 절차를 반복한다.

다음의 예제를 가지고 존슨의 법칙을 설명하기로 한다.

예제 10-3

ABC 양복점의 주인은 어제 주문받은 5벌의 특수 예복을 제작하기 위해 작업을 계획하고 있다. 특수 예복은 먼저 조수가 기본 작업을 한 후 주인이 마무리한다. 각 특수 예복에 소요되는 작업시간은 다음과 같다. 총 작업시간을 최소화할 수 있는 작업순서를 결정하고자 한다.

특수예복 / 작업장	A	B	C	D	E
작업장1(조수)	5	2	4	8	5
작업장2(주인)	4	5	3	6	6

해답

가장 짧은 작업시간은 작업장 1의 특수 예복 B의 2시간이다. 이는 작업장 1에 해당하므로 B를 가장 앞에 배정한다.

B				

B를 고려대상에서 제외한 나머지 중 가장 짧은 작업시간은 C의 3시간이다. 이는 작업장 2에 해당되므로 C는 가장 뒤에 다음과 같이 배정한다.

B				C

B와 C를 고려대상에서 제외한 나머지 중에서 가장 짧은 작업시간은 A의 4시간이다. 이는 작업장 2에 해당되므로 A를 가능한 뒤에 다음과 같이 배정한다.

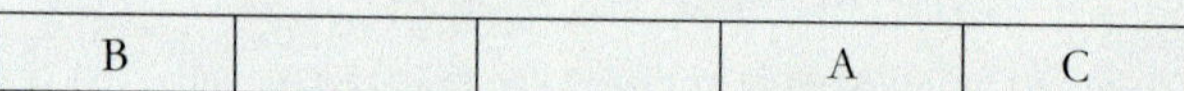

B			A	C

A, B, C를 제외한 나머지 중에서 가장 짧은 작업시간은 E의 5시간이다. 이는 작업장 1에 해당되므로 E를 가능한 앞에 다음과 같이 배정한다.

B	E		A	C

나머지 D는 자동으로 남은 곳인 가운데에 배정하면 최종 작업순서는 다음과 같이 된다.

B	E	D	A	C

이러한 작업순서의 일정은 [그림 10－3]과 같다. 총작업완료시간은 주인의 작업 종료 시점인 28시간이다.

그림 10-3 〈예제 10-3〉의 일정계획

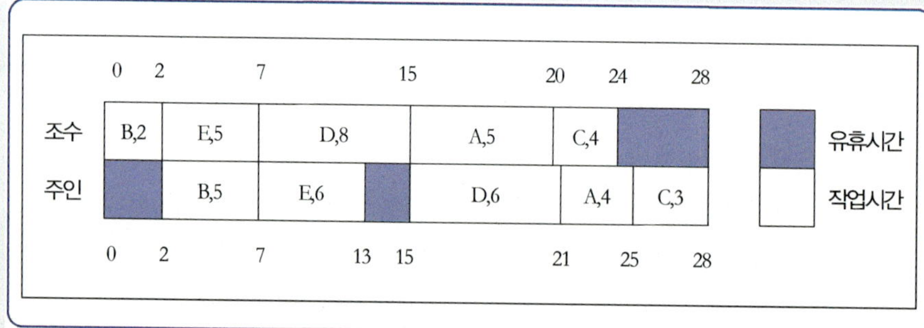

세부일정계획과 작업통제

세부일정계획(Detailed Scheduling)은 주문이 작업장에 배정되어 작업순서가 결정되면 작업장마다 어떤 주문이 어디서, 누가, 어떻게 언제 시작하여 언제 끝나는지를 나타내는 계획이다. 이와 같이 세부일정계획이란 작업장소, 작업시간, 작업방법, 작업자 등을 포함한 세부 요소에 대해 구체적인 계획을 수립하는 것을 의미한다. 세부일정계획이 효과적으로 작동하기 위해서는 작업통제가 필요하다.

작업통제(Work Control)란 해당 작업장에서 작업이 계획에 따라 원활히 진행되는지를 점검하여 작업이 목표에 따라 차질 없이 수행되도록 진행 상황을 관리하는 것을 의미한다. 예를 들어 기계의 고장, 자재의 불량, 안전사고, 불합리한 일정계획, 종업원의 태만 등 다양한 요인에 의하여 작업이 지체되는 경우가 생긴다. 따라서 작업이 계획된 일정에 맞추어 원활히 수행되도록 진행 상황을 지속적으로 관리해야 한다.

작업지연분석을 위해서는 우선 작업별로 작업점검을 시행하여 계획과의 차이가 나는 작업을 식별하고, 지연된 작업에 대해서는 원인을 규명하여 대책을 마련하여 조치하여야 한다. 작업의 지연 원인을 파악하기 위해서는 작업의 배정부터 완료까지의 전체 공정을 분석하여 원인을 규명해야 한다.

서비스산업의 일정계획

서비스산업의 일정계획(Scheduling in Service Operations)은 서비스의 고유한 특성과 운영환경을 반영하여 설계되어야 하므로 제조업의 일정계획과는 구분된다. 서비스는 무형성, 소멸성, 동시성, 이질성 등의 속성을 지니며, 이로 인해 서비스는 다음과 같은 점에서 제조업과 차이가 있다.

- 구입 전 서비스 내용을 확인하기 어렵다.
- 재고화가 불가능하다.
- 전환비용이 낮다.
- 생산 현장에 고객이 직접 참여한다.
- 서비스제공자의 역할에 따라 품질수준이 변동한다.
- 고객 역할에 따라 품질수준이 변동한다.
- 소유권 이전이 불가능하다.
- 품질이 소비자의 주관적 평가에 따라 결정된다.

또한 서비스의 종류와 규모가 매우 다양하며, 경우에 따라 제조업과의 구분이 모호한 경우도 존재한다. 따라서 서비스산업의 일정계획은 서비스 형태에 따라 달리 수립되어야 한다. 서비스 형태는 소비자 접촉 정도에 따라 준제조업형, 소비자 참여형, 소비자 대상형의 세 가지로 구분할 수 있다.

1. 준제조업 형태 서비스(Quasi-Manufacturing Service)

패스트푸드점의 주방에서 햄버거를 직접 제조하거나, 카페의 바리스타가 커피를 직접 내리거나, 제과점이 빵을 구워 제공하는 방식을 말한다. 소비자가 직접 관여하지 않기 때문에 일정계획은 제조업과 동일하게 수립된다. 따라서 제품 중심 방식이나 공정 중심 방식 중 하나로 운영된다.

제품 중심 운영 방식을 채택한 서비스산업은 계획, 통제, 운영 측면에서 제조업의 라인공정과 동일하다. 반면 공정 중심 운영 방식을 채택한 서비스산업은 단속공정과 같은 방식으로 계획과 일정계획이 이루어진다.

특히 서비스산업은 노동이 핵심이므로 인력에 대한 일정계획이 가장 중요하다. 그러나 수요 변동이 크고, 고객별 서비스시간이 다르며, 필요할 때 적절한 인력을 확보하기 어렵다는 점에서 일정계획에 어려움이 있다. 작업자 배치를 위한 일정계획 방법으로는 선형계획법(Linear Programming), 크리티컬 체인 프로젝트 관리(Critical Chain Project Management, CCPM), Gantt 차트 등이 활용될 수 있다.

2. 소비자 참여형 서비스(Customer Participation Services)

주문접수, 상담, 정보제공 등과 같은 서비스를 전화 또는 온라인 접촉을 통해 수행하는 방식을 말한다. 전화 또는 온라인 접촉 시 고객과 서비스제공자의 상호 접촉이 발생하므로 원격 접촉의 경우보다 일정계획은 더 복잡한 과정을 통해서 이루어진다. 따라서 전화 또는 온라인 접촉을 하는 고객의 태도나 지식은 서비스 소요시간의 결정에 중요한 역할을 하게 된다. 이를 감안하여 일정계획이 체계적이고 유연하게 수립되어야 한다.

3. 고객 대상형 서비스(Customer-as-the-Product Services)

병원이나 미용원처럼 소비자의 신체에 직접 서비스를 제공하는 형태로, 종합병원처럼 복잡한 서비스는 단속공정과 유사한 일정계획 방식을 적용할 수 있다. 고객 대상형 서비스는 서비스행위에 고객이 깊게 관련되므로 고객의 요구에 부합하도록 계획, 통제, 운영이 이루어져야 한다. 이 경우 고객과 서비스제공자 간의 긴밀한 상호작용이 있으므로 서비스제공자의 고객에 대한 태도가 중요하다. 이러한 형태의 서비스산업에서는 고객과 서비스제공자 모두에게 서비스 대기시간이 중요하다. 서비스제공자의 수를 많게 하면 고객들의 기다리는 시간이 줄어 고객의 만족도는 높아지나 그 대신 비용은 늘어난다. 따라서 서비스 운영관리자는 서비스제공자의 수를 충분히 하여 대기행렬을 상대적으로 짧게 함으로써 고객의 만족도를 높이는 것과 대기행렬을 길게 하여 운영비용을 절약하는 즉 대기시간과 서비스종사자의 수 간의 균형점을 찾아야 한다. 이러한 문제에 대기행렬이론이 최적의 서비스제공자 수를 결정하는 데 도움을 줄 수 있다.

요약

- 일정계획은 총괄생산계획에서 확보된 가용 생산능력(설비, 인력, 자재 등)을 품목별로 세분화하여 누가, 언제, 어디서, 무엇을, 얼마나, 어떻게 작업할 것인지를 구체적으로 결정하는 실행계획이다.
- 일정계획의 유형은 프로젝트 일정계획, 단속생산 일정계획, 연속생산 일정계획 등으로 구분된다.
- 단속생산 일정계획의 기능에는 부하결정, 작업순위결정, 세부일정계획, 작업통제가 있다.
- 단속생산 일정계획에 영향을 미치는 요인들로는 작업의 도착형태와 처리, 기계의 수와 종류, 작업자 수, 작업 흐름 형태 등이 있다.
- 부하결정이란 생산작업량을 완료하는 데 필요한 소요 생산능력과 현재 이용할 수 있는 가용 생산능력을 비교하여 기간별로 부하가 균일하도록 작업을 할당하는 것이다.
- 기계나 작업장에 어떤 작업을 먼저 시작할지 선택하는 기준을 작업 우선순위 규칙이라 한다. 어떤 순서를 선택하느냐에 따라 작업장의 효율성은 달라지므로 작업순서의 결정은 어렵고 중요한 문제이다.
- 한 개의 작업장인 경우의 작업순위 결정법으로는 선착순규칙, 최소여유시간규칙, 최소작업시간규칙, 최소납기일규칙, 긴급률규칙 등이 있다.
- 일정계획을 평가하는 데는 일반적으로 평균작업완료시간, 평균대기시간, 평균납기지연시간, 노동이용도, 기계의 이용도, 재공품 재고비용 등과 같은 평가기준을 적용하고 있다.
- 존슨의 방법은 주문을 모아 처리하는 정태적인 방법을 취하고, 작업이 2개의

작업장 또는 기계에 일정한 순서대로 작업이 이루어질 때 작업처리시간을 최소화하는 방법이다.

- 세부일정계획이란 작업이 작업장에 할당되어 작업순서가 결정되면 작업장마다 어느 작업을 누가, 어디서 어떻게, 언제 시작해서 언제 끝내는가를 나타내는 계획을 의미한다.
- 작업통제란 해당 작업장에서 작업이 계획에 따라 원활히 진행되는지를 점검하여 일정계획에 차질이 발생하지 않도록 작업의 진행 상황을 통제하는 것을 의미한다.
- 작업지연분석은 각 작업의 마감 기한을 기준으로 실제 완료 시점 간의 차이를 분석하는 데 초점을 둔다.
- 서비스 형태는 소비자 접촉 정도에 따라 준제조업형, 소비자 참여형, 소비자 대상형의 세 가지로 구분할 수 있다.

학습문제

01. 일정계획의 정의에 대하여 설명하라.

02. 단속생산 일정계획의 주요 기능에 대하여 설명하라.

03. 단속생산 일정계획에 영향을 미치는 주요 요인들을 설명하라.

04. 부하결정의 개념을 설명하고, 그 중요성을 설명하라.

05. 할당법의 적용 상황에 대하여 설명하라.

06. 작업순위를 결정하는 규칙의 종류를 나열하고, 각각의 개념을 설명하라.

07. 최소작업시간규칙(SPT)을 적용하여 작업순서를 결정하는 방법을 설명하라.

08. 일정계획의 평가 기준으로 사용되는 성과 지표에는 어떤 것들이 있는지 설명하라.

09. Johnson의 방법의 개념과 적용 범위를 설명하라.

10. 작업통제의 개념과 필요성에 대해 설명하라.

11. 세부일정계획의 개념과 역할에 대해 설명하라.

12. 작업지연분석의 목적과 주요 활용 사례에 대해 설명하라.

13. 단속생산 시스템에서의 작업흐름형태가 일정계획에 미치는 영향을 설명하라.

14. 우선순위 규칙 중 긴급률 규칙의 개념과 활용 방법을 설명하라.

15. 일정계획 수립 시 자원의 가용성과 작업 간 선후 관계를 고려해야 하는 이유를 논하라.

16. 선착순규칙이 적용되는 환경과 그 장단점에 대해 논하라.

17. 작업지연이 발생하는 주요 원인들을 열거하고 각각에 대해 간단히 설명하라.

Chapter 11

프로젝트 관리

학습목표

프로젝트란 내용이 복잡하면서 대규모 장기 투자가 요구되는 일회성 사업을 완수하기 위한 일련의 작업이나 활동으로 정의할 수 있다. 프로젝트의 대표적인 예로는 대형 쇼핑몰 공사, 항공기 제작, 신약 개발, 우주탐사 계획, 국제 박람회 개최 등이 있다. 프로젝트는 시간과 비용 제약조건을 충족시키면서 인력, 자재, 설비 등의 자원을 계획하고 통제하는 프로젝트 관리가 필요하다. 왜냐하면 통상적인 제품이나 서비스와는 달리 프로젝트는 일정을 계획하고 관리하는 데 많은 어려움이 따르기 때문이다. 본 장에서는 프로젝트의 관리에 활용되는 간트차트와 PERT/CPM 기법에 대해 살펴본다.

프로젝트관리의 개념

프로젝트(Project)란 신제품개발, 영화제작과 같이 투자 규모가 크고 장시간이 소요되는 일회적 성격의 사업을 완성하는 데 필요한 일련의 작업 또는 활동으로 정의할 수 있다. 일반적으로 프로젝트는 다음과 같은 기본적 특성을 지닌다.

- 프로젝트는 다수의 연속활동으로 구성된다.
- 프로젝트의 일부 활동은 동시에 진행될 수 있다.
- 프로젝트는 명확한 시작시점과 완료시점이 존재한다.
- 프로젝트를 구성하는 각 활동 또한 고유의 시작과 완료 시점을 가진다.
- 프로젝트를 구성하는 각 활동은 중요도의 측면에서 차이를 보인다.

즉 프로젝트란 명확한 시작시점과 종료시점을 가지고 명시된 목적을 달성하기 위해 상호 연관된 일련의 작업이나 활동으로 구성되는 사업이다. 한편 프로젝트 관리(Project Management)란 정해진 기한 내에 비용과 시간의 제약을 충족하기 위해 설비, 자재, 인력 등 다양한 자원을 체계적으로 계획하고 통제하는 활동을 말한다. 이를 위해 사용되는 주요 관리 도구로는 간트차트(Gantt Chart), PERT(Program Evaluation and Review Technique), 그리고 CPM(Critical Path Method) 등이 있다.

간트차트는 프로젝트의 활동별로 작업일정의 시작과 종료 시점을 막대그래프(Bar Chart) 형태로 표시하여 작업일정의 전반적인 흐름을 직관적으로 파악할 수 있게 한다. 하지만 대규모 프로젝트의 일정 관리를 위해서는 PERT와 CPM 기법이 활용된다.

PERT는 각 활동의 소요시간이 불확실한 경우의 프로젝트 일정계획을 관리하기 위한 확률적 기법인 반면, CPM은 각 활동의 소요시간을 확정적으로 알고 있는 경우의 프로젝트 일정계획을 관리하기 위한 확정적 기법이라는 점에서 차이가 있다. PERT와 CPM은 프로젝트 활동의 시간과 비용 간 관계를 분석하는 접근 방식에서 큰 차이가 없으므로, 현재는 두 기법을 통칭하여 PERT/CPM 기법이라 한다.

간트차트

간트 차트(Gantt Chart)는 가장 편리하게 프로젝트의 일정을 계획할 수 있는 방법 중 하나로 1913년 간트(H. Gantt)에 의해서 개발되었다. 간트차트는 프로젝트의 활동, 활동시간, 그리고 활동 간의 선후 관계를 막대그래프 형태로 시각적으로 표현하여 관리의 편리성을 제공한다. 다음 예시를 통하여 간트차트가 프로젝트 일정계획의 수립에 어떻게 활용되는지 살펴본다.

XYZ 리모델링 전문점은 <표 11−1>과 같이 프로젝트를 구성하는 각 활동의 내용, 선후관계, 소요시간에 관한 정보를 제시하고 있다. 리모델링 책임자는 이 정보를 바탕으로 간트차트를 작성하여 다음의 세 가지 질문에 답하고자 한다.

① 프로젝트 완료에 요구되는 총소요시간은 얼마인가?
② 일정상 여유가 있는 활동은 무엇인가?
③ 각 활동의 시작시간과 완료시간은 어떻게 되는가?

[그림 11−1]은 리모델링 프로젝트의 사전계획부터 최종마감까지의 일련의 활동을 간트차트로 시각화한 것이다. 차트의 왼쪽 수직축은 활동을, 수평축은 주 단위의 시간을 나타낸다. 막대의 길이는 활동의 소요시간을 의미하고, 검은색 막대는 완료된 상태를 보여준다. 이 간트차트는 앞의 세 질문에 대한 답을 한눈에 보여준다.

〈표 11−1〉 리모델링 프로젝트 활동

활동	내용	선행활동	추정소요시간(주)
A	사전계획	−	6
B	기초다지기	A	6
C	내부인테리어	B	9
D	외부인테리어	B	18
E	최종마감	C, D	6

그림 11-1 리모델링 프로젝트의 간트차트

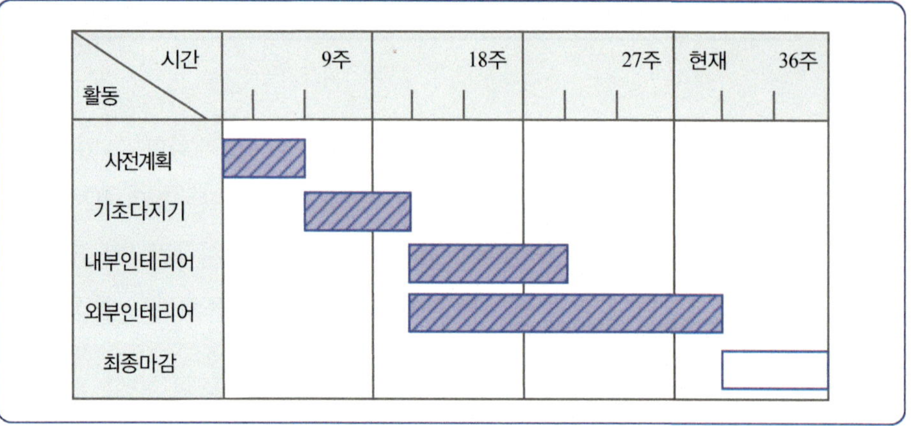

1. 프로젝트 완료 소요시간

5개 활동의 소요시간을 단순 합산하면 45주이지만 일부 활동이 병행 수행 가능하므로 실제 완료 시점은 36주임을 확인할 수 있다.

2. 여유시간 여부

이는 해당 활동의 일정이 지연되면 프로젝트의 전체 완료 일정에 영향을 주는 활동이 무엇인지 판단하는 데 도움이 된다. 각 활동의 여유시간은 다음과 같다.

- 여유시간이 없는 활동: A, B, D, E
- 여유시간이 있는 활동: C

3. 각 활동의 시작 및 완료 시점

이는 계획된 시작 및 완료 시점과 실제 수행 상태를 비교하여 작업 진척률을 파악할 수 있게 한다. 또한 프로젝트의 핵심 요소인 일정관리와 자원배분에 관한 정보를 제공한다.

- A: 시작 0주, 완료 6주
- B: 시작 6주, 완료 12주
- C: 시작 12주, 완료 21주
- D: 시작 12주, 완료 30주
- E: 시작 30주, 완료 36주

이처럼 간트차트가 편리한 도구임에도 복잡한 네트워크를 분석하는 경우에는 네트워크에 포함된 많은 활동의 상호관계를 간트차트에 표시하기란 쉬운 일이 아니다. 따라서 복잡한 구조를 지닌 프로젝트의 일정관리를 위해서는 PERT나 CPM과 같은 네트워크 기반 기법이 보다 적절하다.

PERT/CPM 네트워크

PERT/CPM 네트워크의 개념

네트워크란 프로젝트를 구성하는 모든 활동 간의 논리적 선후 관계와 상호 의존성을 시간의 흐름에 따라 시각적으로 확인할 수 있도록 표현한 도구를 의미한다. 네트워크에서는 활동(Activity)과 단계(Event)를 다음과 같은 특성 기호로 나타낸다.

- **활동** : 프로젝트를 수행하는데 실제 시간과 자원을 요구하는 작업 단위를 의미하며 화살표(→)로 표시된다.
- **단계** : 활동의 시작이나 완료를 표시하는 특정 시점을 의미하며 원(○)으로 표시된다.

따라서 네트워크는 원(단계)과 화살표(활동)로 구성되며 원은 마디(Node)라고 하고 화살표는 가지(Branch)라고 한다. 다음 그림에서 활동 A는 단계 1에서 시작하여 단계 2에서 완료되며 해당 활동의 소요시간은 8단위 시간이다

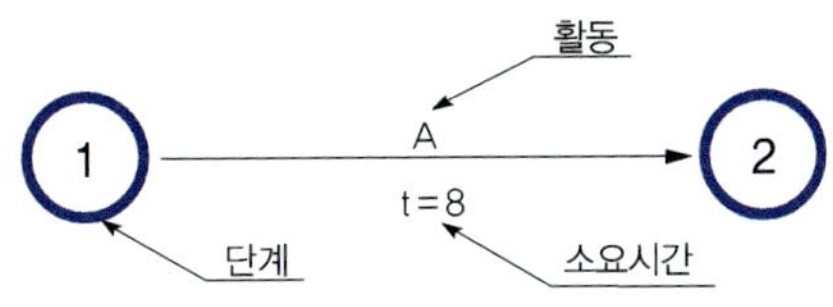

네트워크를 작성하기 위해서는 우선 프로젝트에 포함된 모든 활동을 식별한

후 각 활동의 선후 관계를 파악해야 한다. 이러한 과정을 통해 활동 간의 흐름을 시각적으로 표현한 네트워크 구조를 구성할 수 있다. 다음의 예제를 통해 PERT/CPM 분석방법에 대해 살펴본다.

ABC 회사는 신제품개발 프로젝트를 주어진 기간 내에 완료하기 위한 실행 방안을 수립하고자 다음의 정보를 도출하였다.

- 각 활동의 구체적 내용
- 활동 간의 선후관계
- 각 활동의 소요시간

이 정보는 <표 11-2>에 요약되어 있다. ABC 회사의 신제품개발 프로젝트 책임자는 PERT/CPM 분석을 통해 다음의 세 가지 주요 질문에 대한 해답을 도출하고자 한다.

1. 프로젝트를 완료하는 데 소요되는 총시간은 얼마인가?
2. 예상 소요시간이 지연될 경우 전체 일정에 직접적인 영향을 주는, 즉 여유가 없는 활동은 무엇인가?
3. 각 활동의 시작시점과 완료시점은 어떻게 되는가?

<표 11-2>의 활동 A를 네트워크로 나타내면 다음과 같다.

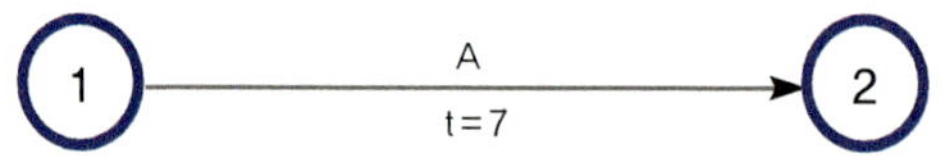

〈표 11-2〉 ABC 회사의 신제품개발 프로젝트 활동

활동	내용	선행활동	추정소요시간(주)
A	팀원선정	-	7
B	계획수립	A	5
C	예비설계	A	3
D	시제품제작	B	4
E	최종설계	C	2
F	생산	D, E	4

위의 네트워크에 따르면 활동 A는 소요 예정시간(t)이 7주이며 단계 1에서 시작되어 단계 2에서 완료된다. <표 11−2>에서 선행활동이란 특정 활동이 시작되기 전에 반드시 완료되어야 하는 활동을 의미한다. 예를 들어 활동 B와 C는 A가 종료된 후에만 시작할 수 있으므로 활동 B와 C의 선행활동은 활동 A이다. 이러한 관계는 다음과 같은 네트워크 형태로 도식화할 수 있다.

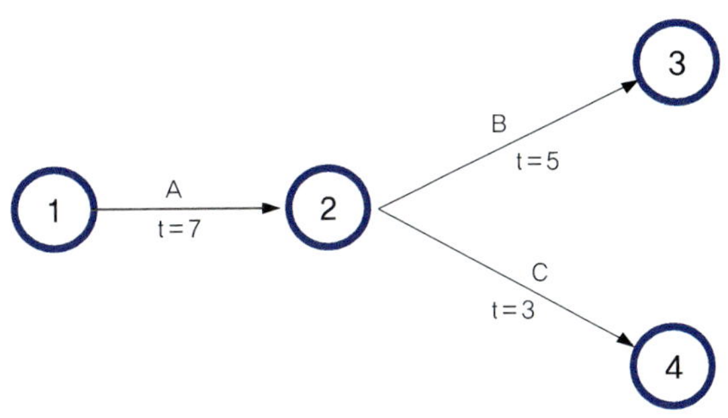

원 안의 숫자는 특별한 의미를 갖지 않으며 단지 활동의 시작시점과 완료시점을 나타내므로 전체 활동의 선후관계를 효과적으로 표시하는 데 사용된다. 이 절차를 반복해 전체 네트워크를 구성한 결과가 [그림 11-2]이다.

열거법에 의한 주경로 계산법

<표 11−2>를 보면 프로젝트는 총 5개 활동으로 구성되어 있고 각 활동의 작업시간을 단순히 합하면 25주이다. 그러나 [그림 11−2]의 네트워크를 보면 일부 활동은

그림 11−2 신제품개발 프로젝트의 네트워크

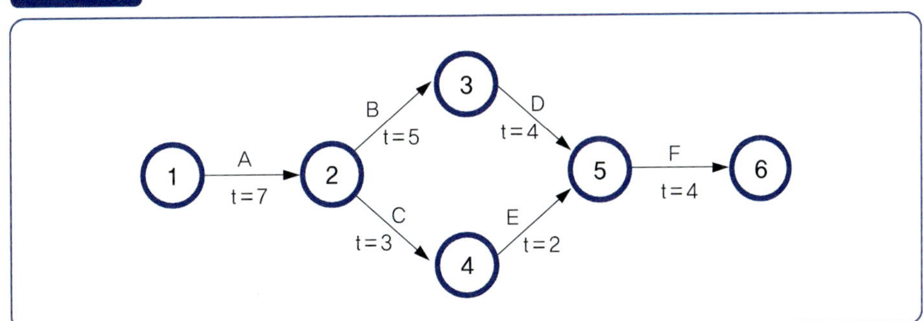

동시에 수행할 수 있어 실제 프로젝트 완료시간은 25주보다 단축될 수 있다. 이런 경우 프로젝트 완료시간을 정확히 산정하려면 주경로(Critical Path) 분석이 필요하다.

주경로는 프로젝트의 네트워크에서 가장 시간이 오래 걸리는 경로를 의미하며, 이 경로에 포함된 활동들을 주활동(Critical Activities)이라 한다. 주활동은 프로젝트의 완료시간을 지배하는 활동들의 연속된 집합이므로 다른 활동보다 우선적으로 관리해야 한다. 주경로 분석 절차는 다음과 같고 그 수행 결과는 <표 11-3>에 요약되어 있다.

1. **모든 경로 식별** : 네트워크에서 시작부터 종료까지의 가능한 모든 경로를 나열한다.
2. **각 경로의 총소요시간 계산** : 각 경로에 포함된 활동들의 소요시간을 합산한다.
3. **가장 긴 경로 식별** : 소요시간이 가장 긴 경로가 주경로가 되며, 이 경로의 소요시간이 곧 프로젝트 완료 예상 시간이 된다.

ABC 회사가 프로젝트의 완료시간을 단축하고자 한다면 주경로에 포함된 활동의 완료시간을 반드시 줄여야 한다. 주경로에 포함된 활동은 프로젝트 완료시간에 직접적인 영향을 미치므로 이러한 활동이 지연되면 전체 프로젝트의 완료도 함께 지연되기 때문이다. 예를 들어 활동 B가 주경로상에 있고 예정 소요시간이 5주이므로, 만약 이 활동이 7주에 완료된다면 프로젝트의 전체 완료 시간은 22주로 늘어나게 된다. 반대로 활동 B가 3주 만에 완료된다면 전체 프로젝트는 18주에 완료될 수 있다.

반면 활동 C와 같이 주경로에 포함되지 않은 활동은 소요시간이 다소 변동되더라도 프로젝트의 전체 일정에는 영향을 미치지 않는다. 예를 들어 활동 C의 예정 소요시간이 3주인데 실제로 5주가 걸리거나 2주 만에 완료되더라도 프로젝트는

〈표 11-3〉 열거법에 의한 주경로

경로	소요시간
A → B → D → F	7 + 5 + 4 + 4 = 20 ← 주경로
A → C → E → F	7 + 3 + 2 + 4 = 16

여전히 20주에 완료된다. 이처럼 주경로상의 활동은 프로젝트의 전체 일정에 영향을 미치지만 여유시간이 있는 비주경로상의 활동은 일정 범위 내에서 조정이 가능하다.

활동시간에 의한 주경로 계산법

주경로를 찾기 위해서는 네트워크의 각 활동에 대해 다음 값을 계산한다.

① ES(Earliest Start Time) : 선행활동의 조건을 충족한 상태에서 해당 활동을 가장 이르게 시작할 수 있는 시점, 즉 조기 시작시간

② EF(Earliest Finish Time) : 선행활동의 조건을 충족한 상태에서 해당 활동을 가장 이르게 완료할 수 있는 시점, 즉 조기 완료시간

③ LS(Latest Start Time) : 프로젝트 일정에 영향을 주지 않고 해당 활동을 가장 늦게 시작할 수 있는 시점, 즉 최대 시작시간

④ LF(Latest Finish Time) : 프로젝트 일정에 영향을 주지 않고 해당 활동을 가장 늦게 완료할 수 있는 시점, 즉 최대 완료시간

네트워크에서 ES, EF, LS, LF의 표시 위치는 다음과 같다.

ES	EF
LS	LE

ES와 EF의 계산

각 활동의 ES와 EF를 계산하려면 먼저 네트워크의 시작점, 즉 원점(origin)인 단계 1에서 출발하여 계산을 진행해야 한다. 네트워크의 출발시간은 항상 0으로 설정되기 때문에 최초로 수행되는 활동 A의 ES는 항상 0으로 정의된다. 특정 활동은 모든 선행활동이 완료된 후에 착수할 수 있으므로, 선행활동이 여러 개일 경우 가장 늦게 종료되는 활동의 조기 완료시간(EF)을 특정 활동의 조기 시작시간(ES)으로 결정한다. 따라서 ES와 EF는 다음 공식을 통해 계산된다.

$$ES = 선행활동들의\ EF\ 중\ 최대값$$

$$EF = ES + 소요시간(t)$$

예를 들어 활동 A는 선행활동이 없으므로 바로 시작할 수 있다. 따라서 활동 A의 조기 시작시간(ES)은 0이며 조기 완료시간(EF)은 0 + 7 = 7이 된다. 그다음 활동인 B는 활동 A가 완료된 후에 시작할 수 있으므로 활동 A의 EF인 7이 활동 B의 ES가 된다. 이에 따라 활동 B의 ES는 7 그리고 EF는 7 + 5 = 12가 된다.

한편 활동 F에 대한 조기 시작시간(ES)을 계산하는 경우는 활동 B의 경우와는 다르다. 활동 B는 단일 선행활동인 A만을 가지므로 A의 완료시간(EF)이 곧 B의 시작시간(ES)이 된다. 하지만 활동 F는 두 개의 선행활동인 D와 E가 모두 완료된 후에 시작할 수 있으므로 이들 중 더 늦게 완료되는 활동의 EF를 F의 ES로 결정한다. 활동 D의 EF는 16이고 활동 E의 EF가 12이므로, 이 중 더 큰 값인 16이 활동 F의 ES가 된다. 즉 네트워크의 각 활동에 대해 선행활동의 EF 값을 비교하여 가장 큰 값을 ES로 결정한다. 따라서 활동 F의 ES는 16이 되고 활동 F의 소요시간이 4주이므로 EF는 16 + 4 = 20이 된다.

이와 같은 방식으로 계산된 각 활동의 조기 시작시간(ES)과 조기 완료시간(EF)은 [그림 11-3]에 시각적으로 표시되어 있다. 이 그림을 통해 네트워크의 흐름과 각

그림 11-3 활동의 ES와 EF가 표시된 네트워크

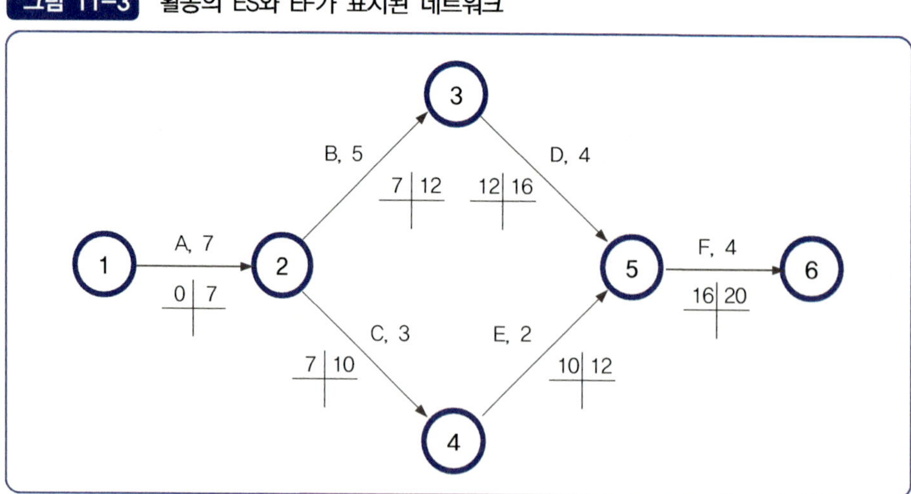

활동의 일정 진행을 한눈에 파악할 수 있다.

LS와 LF의 계산

지금까지 살펴본 것처럼, 각 활동의 조기 시작시간(ES)과 조기 완료시간(EF)은 네트워크의 원점에서 종점으로 이동하면서 계산하는 전진적 연산(Forward-pass)을 통해 구할 수 있다. 이에 반해 각 활동의 최대 시작시간(LS)과 최대 완료시간(LF)은 네트워크의 종점에서 원점으로 되돌아가며 계산하는 후진적 연산(Backward-pass)을 통해 산출한다.

우선 최종 활동의 LF 값은 그 활동의 EF 값과 동일하게 설정한다. 예를 들어 프로젝트의 마지막 활동인 F의 EF가 20주라면 활동 F의 LF도 20으로 설정한다. 이후에는 다음의 공식을 활용하여 각 활동의 LS를 계산할 수 있다.

$$LS = LF - 소요시간(t)$$

먼저 각 활동의 LF를 계산한 후 그 값을 바탕으로 LS를 구하는 방식이다. 예를 들어 활동 F의 LF가 20이므로 소요시간이 4주인 활동 F의 LS는 20 − 4 = 16주가 된다. 이제 활동 F의 LS 값인 16은 그 선행활동인 D와 E의 LF 값이 된다. 왜냐하면 F는 D와 E가 끝난 후에 시작되므로 D와 E는 F가 시작되기 전에 완료되어야 하기 때문이다.

이처럼 후행활동이 하나이면 해당 후행활동의 LS가 곧 선행활동의 LF가 된다. 그러나 후행활동이 두 개 이상이면 해당 활동의 LF는 후행활동들 중 가장 이른 LS 값을 기준으로 한다. 예를 들어 활동 A의 후행활동은 B와 C인데, 이들의 LS는 각각 7주와 11주이다. 이 경우 활동 A는 B와 C가 시작되기 전에 반드시 완료되어야 하므로 그중 더 이른 시점인 7주가 A의 LF가 된다. 그리고 이 값을 바탕으로 A의 LS는 7 − 7 = 0주로 계산한다.

이와 같은 방법으로 모든 활동의 LS와 LF 값을 구하면 프로젝트 전체에 대한 일정과 주경로를 파악할 수 있으며, [그림 11−4]에는 이와 같이 계산된 각 활동의 LS와 LF 값이 정리되어 있다.

그림 11-4 활동별 LS와 LF가 표기된 네트워크

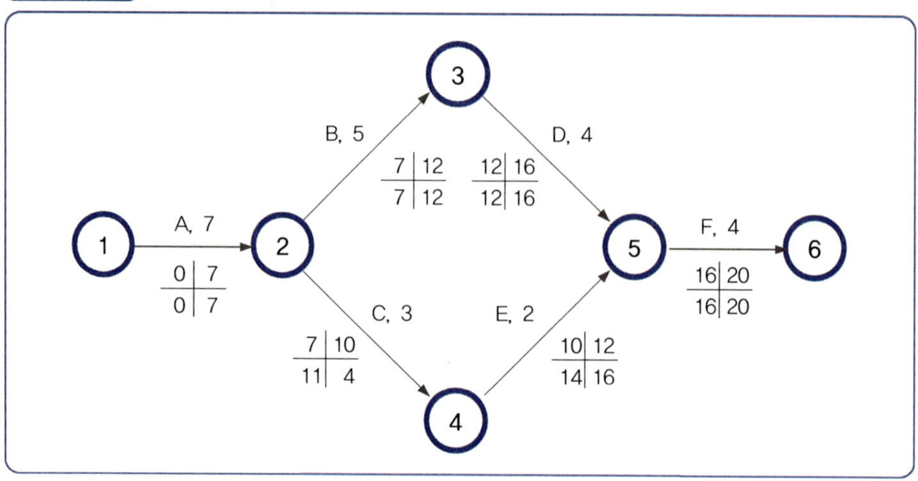

여유시간 및 주경로

여유시간(Slack Time)은 프로젝트 완료에 영향을 주지 않고 개별 활동이 지연될 수 있는 최대 시간이다. 다시 말해 각 활동이 일정 범위 내에서 늦어지더라도 프로젝트 전체 일정에는 영향을 주지 않는 시간의 여유를 말한다. 여유시간은 다음의 두 가지 수식 중 하나를 통해 계산할 수 있다.

- 여유시간 = LS − ES
- 여유시간 = LF − EF

이 두 방식은 동일한 값을 산출하므로 어떤 계산법을 선택해도 무방하다. 예를 들어 활동 C의 경우 조기 시작시간(ES)이 7주이고 최대 시작시간(LS)이 11주인 반면, 조기 완료시간(EF)은 10주이고 최대 완료시간(LF)은 14주이다. 따라서 활동 C의 여유시간은 다음과 같이 계산된다.

- LS − ES = 11 − 7 = 4주
- LF − EF = 14 − 10 = 4주

이로 인해 활동 C는 최대 4주까지 지연될 수 있으나 프로젝트 전체 완료시간인 20주는 변하지 않는다. 한편 활동 A, B, D 그리고 F는 여유시간이 없으므로 이들 중 어느 하나라도 지연되면 전체 프로젝트 일정이 지연된다. 이러한 활동들을 주활동이라고 하며, 이들 활동이 연결되어 있는 경로를 주경로 또는 주공정이라고 한다.

주경로에 포함된 활동들은 LS = ES 그리고 LF = EF가 되어 여유시간이 항상 0이 된다. 따라서 여유시간이 0인 활동들로 연결된 경로를 찾으면 그 경로가 바로 프로젝트의 주경로가 된다. ABC 회사의 프로젝트에서 활동 A→B→D→F가 주경로를 형성하며, 이 경로를 기준으로 프로젝트를 수행할 경우 전체 프로젝트 완료시간은 20주가 된다. 이 값은 <표 11−4> 또는 [그림 11−4]에 나타난 각 활동의 EF(조기 완료시간) 또는 LF(최대 완료시간)의 값과도 일치한다.

〈표 11-4〉 신제품개발 프로젝트의 일정계획

활동	소요시간	ES	EF	LS	LF	여유시간	주경로
A	7	0	7	0	7	0	☜
B	5	7	12	7	12	0	☜
C	3	7	10	11	14	4	
D	4	12	16	12	16	0	☜
E	2	10	12	14	16	4	
F	4	16	20	16	20	0	☜

가상활동

PERT/CPM 네트워크에서는 동일한 시작 마디와 동일한 끝 마디를 갖는 두 개 이상의 활동이 동시에 존재할 수 없다. 이러한 경우 논리적인 선후관계를 명확히 하기 위해 가상활동(Dummy Activity)을 활용할 필요가 있다. 가상활동이란 시간과 비용을 전혀 소요하지 않는 활동으로, 단지 활동 간의 정확한 관계를 유지하기 위한 목적으로만 사용된다.

예를 들어 <표 11−5>와 같은 활동들과 선후관계를 기반으로 네트워크를 작성하게 되면 [그림 11−5]와 같이 가상활동이 포함된 구조가 필요하게 된다. 이 가상활

〈표 11-5〉 가상활동이 요구되는 프로젝트 예 I

활동	선행활동
A	–
B	A
C	A
D	B, C

그림 11-5 가상활동이 요구되는 네트워크 I

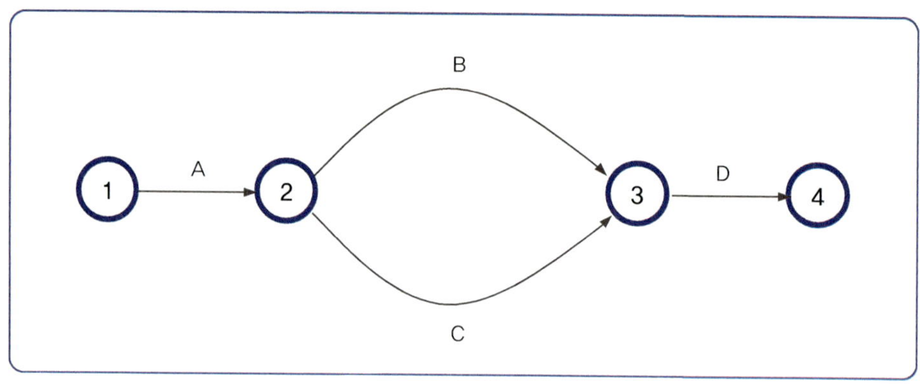

동은 일반적으로 점선 화살표로 표시되며, 실제 수행해야 하는 작업은 아니지만 네트워크의 논리적 완결성을 위해 필요한 가상의 활동이다.

[그림 11-5]는 활동 간의 선후관계는 나타낼 수 있으나, 활동 B와 C가 동일한 시작 마디와 끝 마디를 동시에 가질 수 없다는 규칙에 위배되므로 [그림 11-6]과 같이 수정해야 한다. [그림 11-6]에서 점선은 가상활동을 나타낸다.

가상활동이 요구되는 다른 예를 살펴보기로 하자. <표 11-6>의 활동과 선후관계를 바탕으로 네트워크를 작성하면 [그림 11-7]과 같다.

[그림 11-7]은 활동 간의 선후관계를 나타내지 못하고 있다. <표 11-6>에 따르면 활동 D의 선행활동은 B와 C이지만 활동 E의 선행활동은 B뿐이다. 그러나 [그림 11-7]에서는 B와 C가 모두 활동 E의 선행활동으로 표시하고 있다. 이런 경우에는 활동 B와 C가 동일한 시작 마디 및 끝 마디를 갖지 않도록 하면서 동시에 활동 간의 선후관계를 나타내기 위해 가상활동을 추가하여 [그림 11-8]과 같이 표시할 수 있다.

그림 11-6 가상활동이 추가된 네트워크 I

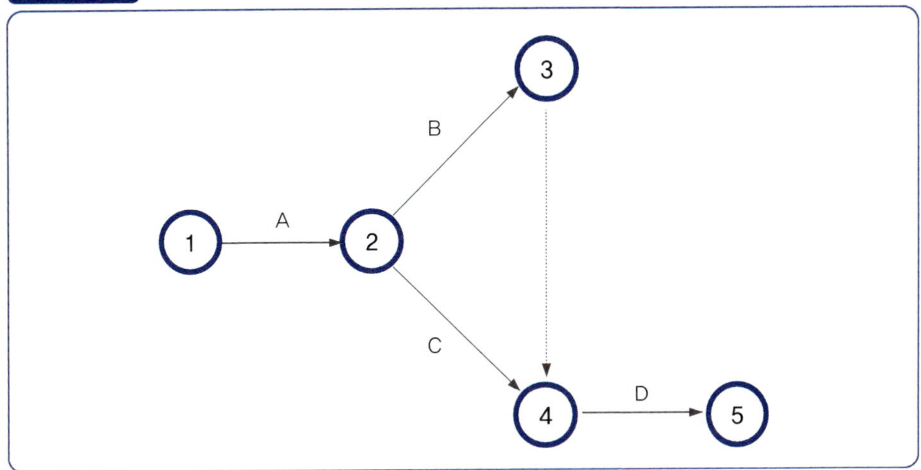

〈표 11-6〉 가상활동이 요구되는 프로젝트 예 II

활동	선행활동
A	–
B	A
C	A
D	B, C
E	B

그림 11-7 가상활동이 필요한 네트워크 II

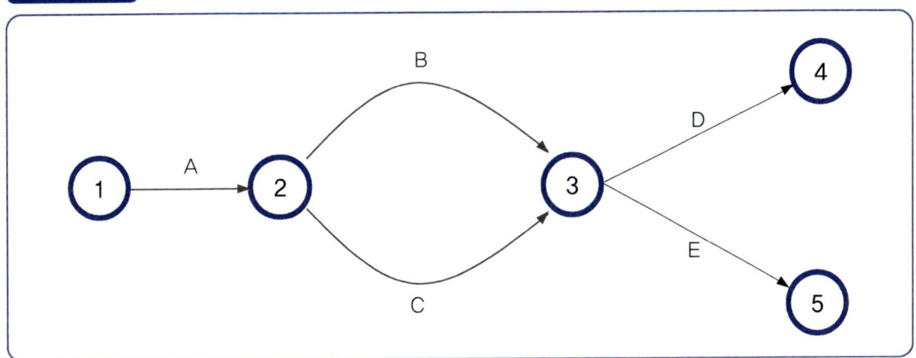

그림 11-8 가상활동이 추가된 네트워크 II

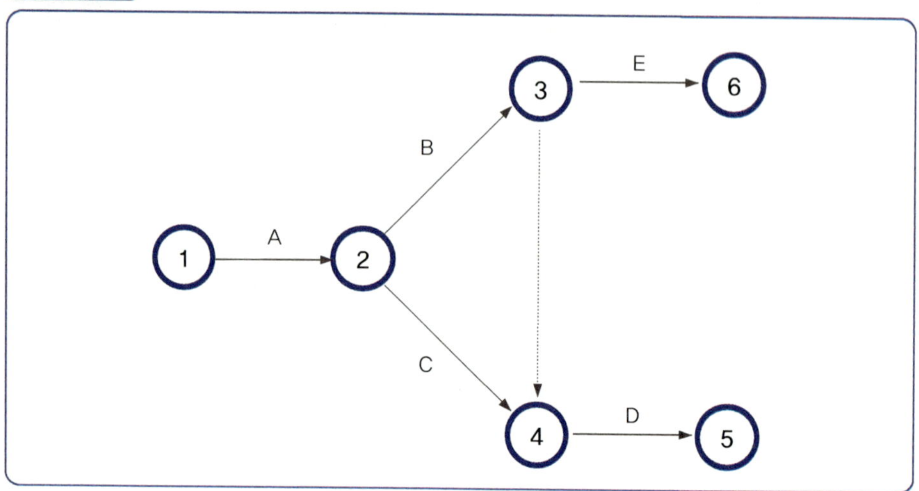

가상활동이 필요한 또 다른 예를 살펴보기로 하자. <표 11-2>의 ABC 회사 신제품개발 프로젝트에서 활동 E의 선행활동은 활동 C이지만, 여기에 더해 활동 B도 함께 완료되어야 한다고 가정하자. 이때 활동 B와 C가 동일한 시작 마디와 끝 마디를 갖지 않도록 하면서 동시에 활동과 단계의 순서를 정확히 하기 위해 가상활동을 추가한다. 이를 네트워크로 표시하면 [그림 11-9]와 같다.

그림 11-9 가상활동이 추가된 ABC 회사의 네트워크

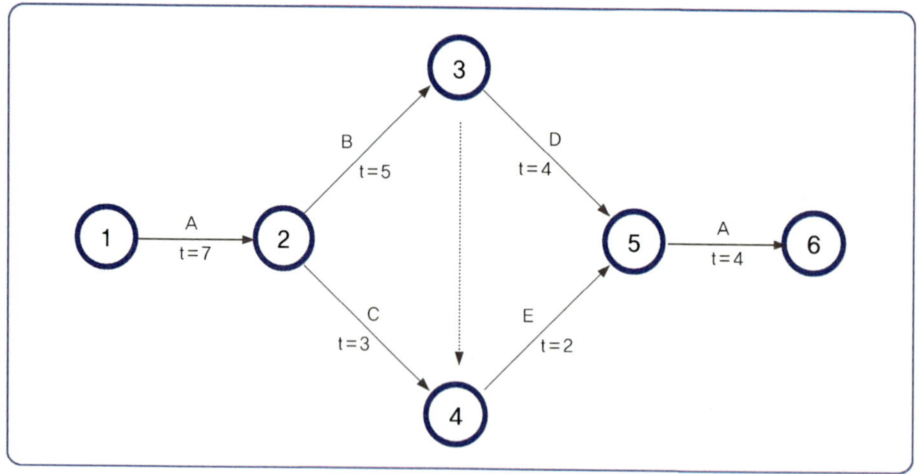

CPM의 시간과 비용 분석

지금까지는 프로젝트 일정계획을 수립할 때 활동의 소요시간을 확정적으로 가정하였다. 그러나 실제 프로젝트에서는 노동, 시간, 시설, 자재 등의 자원을 추가로 투입함으로써 활동의 소요시간을 단축할 수 있다. 이를 통해 프로젝트의 최단 완료시간도 단축할 수 있다. 이는 시간과 비용 간의 상충 관계(Trade-off)를 분석하여 가장 낮은 비용으로 가능한 한 프로젝트를 빨리 완료하는 방법을 구한다는 의미이다. 이를 위해 다음과 같은 활동별 정보를 필요로 한다.

① 정상시간(normal time) : 정상적인 조건에서 소요시간
② 정상비용(normal cost) : 정상적인 조건에서 소요비용
③ 속성시간(crash time) : 추가로 자원을 투입할 때 소요시간
④ 속성비용(crash cost) : 추가로 자원을 투입할 때 소요비용

[그림 11-10]은 각 활동의 시간과 비용 사이의 선형 관계를 보여준다. 이 그림에서 정상점(Normal Point)은 활동이 정상적인 조건에서 수행됐을 때 소요되는 시간과 비용을 나타내며 반면, 속성점(Crash Point)은 자원을 추가 투입하여 가장 빠르게 수행됐을 때 소요되는 시간과 비용을 나타낸다. 이 두 점을 잇는 직선은 활동의 소요시간을 한 단위 줄이는 데 필요한 추가비용, 즉 단위 시간당 단축비용을 나타낸다. 단위 시간당 단축비용은 다음의 식을 이용하여 계산한다.

$$\text{단위 시간당 단축비용} = \frac{\text{속성비용} - \text{정상비용}}{\text{정상시간} - \text{속성시간}}$$

예를 들어 활동 Y의 정상시간이 6주, 정상비용이 500만 원, 속성시간이 4주, 속성비용이 600만 원일 경우, 이 활동은 2주를 단축하기 위해 100만 원의 추가비용이 필요하다. 따라서 1주를 단축하는 데 소요되는 비용은 다음과 같이 50만 원이 되고

그림 11-10 활동의 시간과 비용 간의 관계

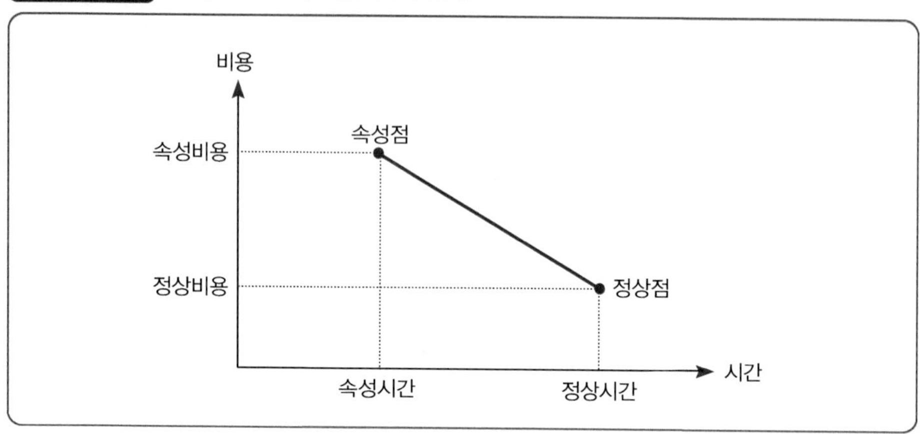

이는 단위 시간당 단축비용이 된다.

$$\text{단위 시간당 단축비용} = \frac{600 - 500}{6 - 4} = \text{50만 원}$$

시간과 비용 분석의 목적은 프로젝트의 총완료시간을 가능한 한 많이 줄이면서 동시에 추가로 발생하는 단축비용은 최소화하는 데 있다. 이를 통해 자원을 효율적으로 활용하면서도 프로젝트 납기일을 최대한 앞당기는 것이 가능해진다. 이러한 목적을 달성하기 위해, <표 11-2>의 신제품개발 프로젝트 문제를 가지고 최소의 단축비용으로 최대로 프로젝트 완료시간을 단축하는 방안에 대해 살펴보기로 한다. <표 11-7>은 신제품개발 프로젝트의 활동별 소요시간, 비용, 단위 시간당 단축비용 등을 추정하고, 선행활동과 함께 이를 정리한 것이다.

[그림 11-11]은 <표 11-7>의 내용을 네트워크로 표시한 것이다. 화살표 위의 괄호 속에 있는 숫자는 활동의 단축된 시간(속성시간)을, 괄호가 없는 숫자는 정상시간을 각각 나타낸다. 화살표 아래에 표시된 숫자는 각 활동의 단위 시간당 단축비용을 의미한다.

그림 11-11 신제품개발 프로젝트의 네트워크

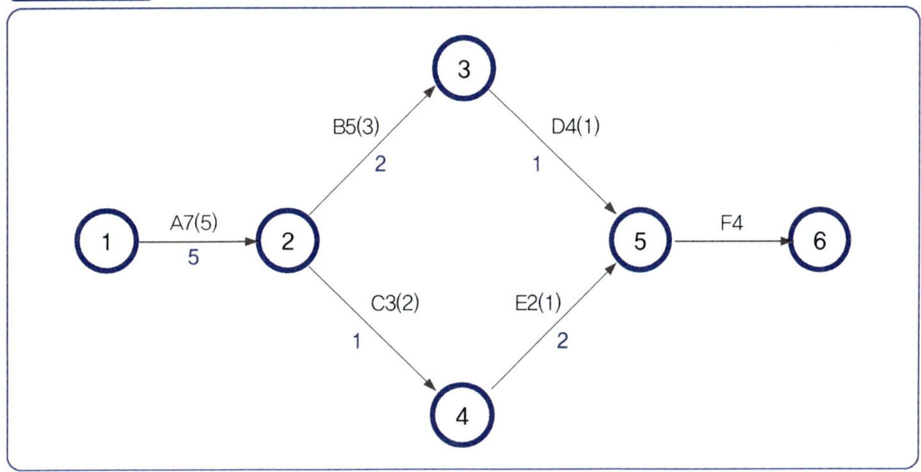

〈표 11-7〉 신제품개발 프로젝트의 활동별 시간과 비용

활동	선행활동	시간(주)		비용(백만)		주당 추가비용(백만)
		정상	속성	정상	속성	
A	—	7	5	20	30	5
B	A	5	3	5	9	2
C	A	3	2	25	26	1
D	B	4	1	30	33	1
E	C	2	1	10	12	2
F	D, E	4	4	10	10	—
				100	120	

• 단계 0 : 정상시간과 속성시간을 적용해 주경로를 각각 산출한다. 정상시간과 속성시간 기준 주경로는 모두 A→B→D→F이다. 따라서 이 프로젝트는 자원 투입량과 무관하게 최소 13주가 소요된다. 프로젝트 비용은 정상시간 기준은 1억 원이고 속성시간 기준은 1억 2천만 원이다.

단계	경로	정상소요시간	속성소요시간	주경로
0	A→B→D→F	20	13	←
	A→C→E→F	16	12	

• 단계 1 : 정상시간에 의한 주경로에서 주당 추가비용이 최소인 활동을 선정해 주경로가 변동되지 않는 한도 내에서 단축한다. [그림 11-11]에 따르면 활동 D의 단축비용이 가장 낮은 100만 원이므로, 해당 활동을 우선적으로 단축한다. 최대 단축 가능 기간은 3주이므로 추가비용 300만 원을 투입해 D를 3주 단축하면 총완료시간은 17주가 된다. 활동 D 단축 후 네트워크는 [그림 11-12]에 제시되어 있다.

단계	경로	단축활동	단축시간(주)	추가비용(백만)	완료시간	주경로
1	A→B→D→F A→C→E→F	D	3	3	17 16	←

• 단계 2 : 단계 1의 주경로는 아직 변화가 없다. 따라서 주경로에 포함된 활동 중 단위 시간당 단축비용이 가장 낮은 활동 B를 선택하여 1주 단축한다. 활동 B는 최대 2주까지 단축할 수 있으나, 2주를 단축하면 주경로가 A→C→E→F로 변경되므로 1주만 단축한다. 활동 B를 1주 단축하기 위해 추가비용 200만 원을 투입하면 주경로는 A→B→D→F와 A→C→E→F가 동시에 된다. 이때 총완료시간은 16주이다. 활동 B 단축 후 네트워크는 [그림 11-13]에 제시되어 있다.

그림 11-12 활동 D 단축 후 네트워크

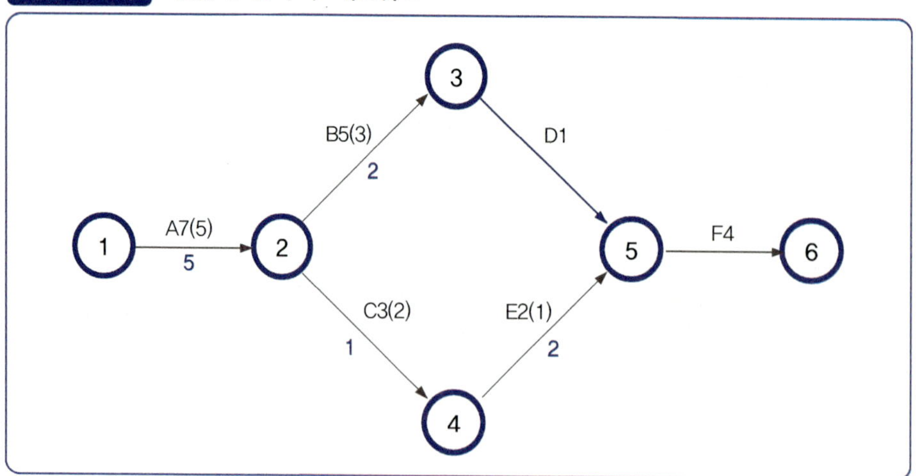

그림 11-13 활동 B 단축 후 네트워크

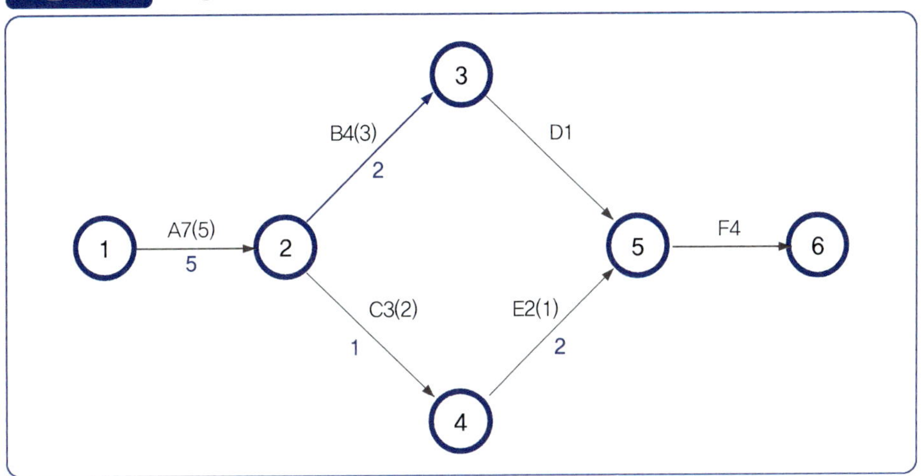

단계	경로	단축활동	단축시간(주)	추가비용(백만)	완료시간	주경로
2	A→B→D→F A→C→E→F	B	1	2	16 16	← ←

- 단계 3 : 주경로가 2개 이상이면 모든 주경로를 동시에 단축하여야 한다. 따라서 활동 B와 활동 C를 각각 1주씩 단축해야 한다. 따라서 프로젝트 완료 기간은 15주로 단축되며, 추가비용은 300만 원이 소요된다. 주경로는 그대로 A→B→D→F와 A→C→E→F이다. 활동 B와 C 단축 후 네트워크는 [그림 11-14]에 제시되어 있다.

단계	경로	단축활동	단축시간(주)	추가비용(백만)	완료시간	주경로
3	A→B→D→F A→C→E→F	B C	1 1	2 1	15 15	← ←

그림 11-14 활동 B와 C 단축 후 네트워크

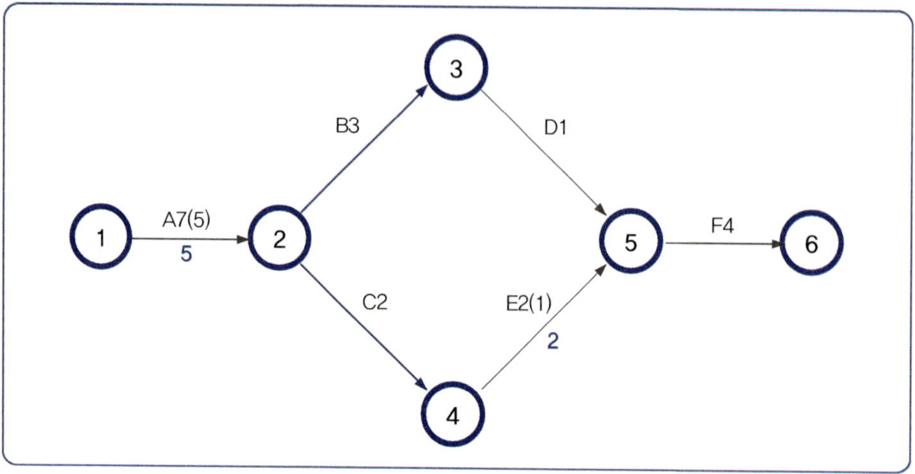

• 단계 4 : 활동 A를 2주 단축할 경우 추가비용 1,000만 원을 투입하면 완료시간은 13주로 단축된다. 활동 A를 단축한 네트워크는 [그림 11-15]에 표시되어 있다. 이때 주경로는 변하지 않는다.

단계	경로	단축활동	단축시간 (주)	추가비용 (백만)	완료시간	주경로
4	A→B→D→F A→C→E→F	A	2	10	13 13	← ←

그림 11-15 활동 A 단축 후 네트워크

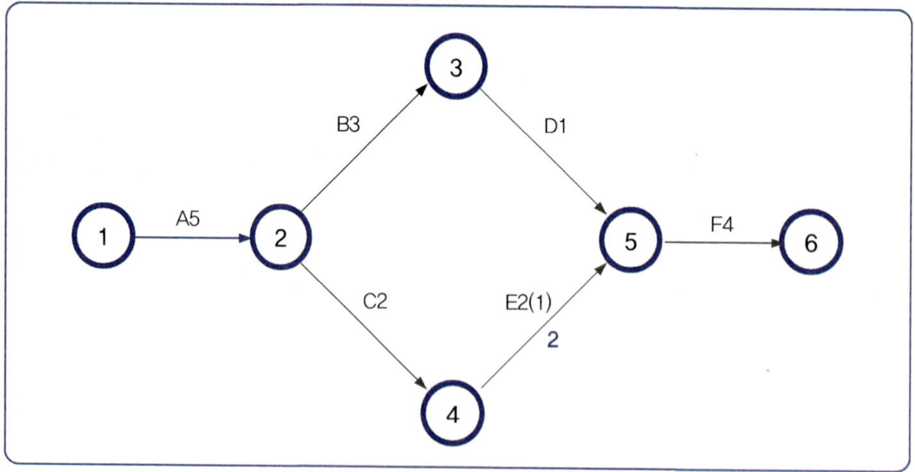

결과적으로 ABC 회사의 신제품개발 프로젝트의 완료 기간은 13주이며 추가비용은 1,800만 원이다. 주경로상의 모든 활동이 가능한 한 단축된 상태이므로 추가적인 단축은 더 이상 실효성이 없다. 예를 들어 현시점의 주경로는 A→B→D→F와 A→C→E→F이므로 활동 E만 1주 단축하면 A→C→E→F의 완료 기간은 12주로 줄어들지만, A→B→D→F는 여전히 13주가 소요되어 전체 완료 기간은 13주로 유지된다. 이처럼 활동 E의 단축은 추가비용만 초래할 뿐 프로젝트 완료시간에는 아무런 영향을 미치지 않는다. 따라서 이 프로젝트는 정상비용 10,000만 원을 투입하면 20주에 완료할 수 있으나 1,800만 원의 추가비용을 투입하면 13주 내 완료가 가능하다. 이에 대한 결과는 <표 11-8>에 요약되어 있다.

〈표 11-8〉 완료시간의 단축과정

단계	단축활동	단축시간(주)	추가비용(백만)	경로	소요시간
0	–	–	–	A→B→D→F A→C→E→F	20 16
1	D	3	3	A→B→D→F A→C→E→F	17 16
2	B	1	2	A→B→D→F A→C→E→F	16 16
3	B C	1 1	2 1	A→B→D→F A→C→E→F	15 15
4	A	2	10	A→B→D→F A→C→E→F	13 13
합계		7	18		13

선형계획법의 시간과 비용 분석

CPM의 시간 및 비용 분석 절차를 통해 프로젝트 일정 단축에 대한 해를 도출할 수 있지만, 복잡한 프로젝트를 보다 합리적으로 수행하기 위한 대안적 접근법으로 선형계획법이 활용될 수 있다. <표 11-7>과 같은 신제품개발 프로젝트의 시간과 비용에 관한 자료와 [그림 11-11]과 같은 네트워크 자료를 가지고 선형계획법으로 프로젝트의 일정을 단축하는 방법에 대해 살펴보기로 한다.

선형계획모형

<표 11-7>에 제시된 신제품개발 프로젝트의 일정 단축을 위한 선형계획 모형은 다음과 같은 절차에 따라 작성된다.

1) 의사결정변수

x_i = 활동 i가 시작되는 시점(i= 1, 2, 3, 4, 5, 6)

y_i = 활동 i의 단축 가능한 시간(i= A, B, C, D, E, F)

x_i는 마디 i에서 시작되는 활동의 가장 이른 시작 시점인 조기 시작시간(ES)을 의미한다. 예를 들어 x_1은 마디 1의 조기 시작시간(ES)을, x_5는 마디 5의 조기 시작시간(ES)을 뜻한다. 또한 y_i는 활동별로 단축되는 시간으로 정의된다. 예를 들어 y_A는 활동 A로 인해 단축되는 시간을, y_D는 활동 D로 인해 단축되는 시간을 나타낸다.

2) 목적함수

단축비용의 최소화를 목표로 하여 다음과 같은 목적함수를 설정한다.

$$\text{최소화 } z = 5y_A + 2y_B + 1y_C + 1y_D + 2y_E + 99y_F$$

이때 목적함수의 계수는 각 활동의 단위 시간당 단축비용을 나타낸다. 예를 들어 활동 A의 단축비용은 단축시간 y_A를 시간당 단축비용 5로 곱한 값으로, 총 $5y_A$가 된다. 한편 활동 F는 단축이 불가능하므로 매우 큰 단위당 단축비용(M)을 설정하면 최소화 문제의 특성상 해당 활동에서는 단축이 발생하지 않는다. 그러나 제약식에서 이 활동의 단축 가능 시간을 0으로 설정하므로 목적함수의 계수는 어떤 값을 사용해도 무방하다.

3) 제약식

네트워크 구조, 프로젝트 완료일, 그리고 단축시간에 관한 조건으로 제약식이 구성된다. 먼저 네트워크의 논리적 흐름을 반영하기 위해 각 마디의 시작시간에 대해 하나 이상의 제약조건이 필요하다. 이때 마디 1의 시작시간은 기준점으로 삼아 다음과 같이 0으로 정의한다.

$x_1 = 0$ (마디 1)

마디 2의 시작시간은 마디 1의 시작시간에 7을 더한 후 활동 A의 단축시간(y_A)을 뺀 시간 이후가 되어야 한다. 따라서 마디 2에 대한 제약식은 다음과 같다.

$x_2 \geq x_1 + 7 - y_A$ 또는 $-x_1 + x_2 + y_A \geq 7$ (마디 2)

같은 방법으로 마디 3과 마디 4의 시작시간도 각 선행 마디의 시작시간에 해당 활동의 정상 소요시간을 더하고 단축시간을 차감하는 방식으로 표현한다. 한편 마디 5의 시작시간(x_5)은 두 개의 선행활동인 D와 E를 모두 고려해야 한다. 먼저 마디 5의 시작시간(x_5)은 x_3에다 활동 D의 정상 소요시간인 4를 더한 후 활동 D의 단축시간(y_D)을 차감한 시간 이후여야 한다. 또한 마디 5의 시작시간(x_5)은 x_4에다 활동 E의 정상 소요시간인 2를 더하고 활동 E의 단축시간(y_E)을 차감한 시간 이후여야 한다. 따라서 마디 5의 시작시간은 이 두 조건을 모두 충족해야 한다.

$x_5 \geq x_3 + 4 - y_D$ 또는 $-x_3 + x_5 + y_D \geq 4$ (마디 5)

$x_5 \geq x_4 + 2 - y_E$ 또는 $-x_4 + x_5 + y_E \geq 2$ (마디 5)

마지막으로 마디 6의 시작시간은 선행 마디의 시작시간과 해당 활동의 소요시간 및 단축시간을 반영하여 다음과 같은 조건으로 표현된다.

$x_6 \geq x_5 + 4 - y_F$ 또는 $-x_5 + x_6 + y_F \geq 4$ (마디 6)

프로젝트 완료일에 관한 제약 조건은 원하는 완료 시점을 설정하는 것이다. 예를 들어 프로젝트를 18주에 완료하고자 한다면, 마지막 마디의 조기 시작시간(ES)은 18 이하가 되어야 하므로 이에 대한 제약조건은 다음과 같다.

$$x_6 \leq 18$$

프로젝트의 원하는 완료시간을 모르는 경우에는 다음과 같이 임의로 충분히 큰 값을 부여하여 제약조건을 설정하면 된다.

$$x_6 \leq 99$$

단축시간에 관한 제약조건은 각 활동이 단축할 수 있는 최대 시간을 의미한다. 이 값은 해당 활동의 정상시간과 속성시간의 차이로 결정되는데 이를 초과하는 단축은 불가능하다. 따라서 단축시간에 관한 제약조건은 다음과 같다.

$$y_A \leq 2$$
$$y_B \leq 2$$
$$y_C \leq 1$$
$$y_D \leq 3$$
$$y_E \leq 1$$
$$y_F \leq 0$$

마지막으로 비음조건은 각 변수는 음수가 될 수 없음을 의미하며, 다음과 같이 표현된다.

$$x_i \geq 0(i=1, 2, 3, 4, 5, 6)$$
$$y_i \geq 0(i=A, B, C, D, E, F)$$

5) 완성된 선형계획모형

앞서의 내용을 토대로 작성된 신제품개발 프로젝트의 일정 단축을 위한 선형계획모형은 다음과 같다.

최소화 $z = 5y_A + 2y_B + 1y_C + 1y_D + 2y_E + 99y_F$

제약조건 $x_1 = 0$

$-x_1 + x_2 + y_A \geq 7$

$-x_2 + x_3 + y_B \geq 5$

$-x_2 + x_4 + y_C \geq 3$

$-x_3 + x_5 + y_D \geq 4$

$-x_4 + x_5 + y_E \geq 2$

$-x_5 + x_6 + y_F \geq 4$

$x_6 \leq 99$

$y_A \leq 2$

$y_B \leq 2$

$y_C \leq 1$

$y_D \leq 3$

$y_E \leq 1$

$y_F \leq 0$

$x_i \leq 0 \ (i = 1, 2, 3, 4, 5, 6)$

$y_i \leq 0 \ (i = A, B, C, D, E, F)$

엑셀 해법

프로젝트 일정 단축을 위한 선형계획문제를 엑셀을 이용해 해결하는 절차는 다음과 같다.

1) 입력

선형계획모형의 최적해를 구하기 위해 다음과 같은 형식으로 엑셀에 입력한다.

	A	B	C	D	E	F	G	H	I	J	K	L	M	N	O	P	Q
1																	
2		x1	x2	x3	x4	x5	x6	yA	yB	yC	yD	yE	yF	z			
3	해값													0			
4																	
5	최소화							5	2	1	1	2	99	좌변합계		우변상수	
6	마디1	1												0	=	0	
7	마디2	-1	1					1						0	>=	7	
8	마디3		-1	1					1					0	>=	5	
9	마디4		-1		1					1				0	>=	3	
10	마디5			-1		1					1			0	>=	4	
11	마디5				-1	1						1		0	>=	2	
12	마디6					-1	1						1	0	>=	4	
13	완료						1							0	<=	99	
14	단축A							1						0	<=	2	
15	단축B								1					0	<=	2	
16	단축C									1				0	<=	1	
17	단축D										1			0	<=	3	
18	단축E											1		0	<=	1	
19	단축F												1	0	<=	0	
20																	

해(B3:N3)와 좌변 합계(N6:N19)를 입력하기 위해, 셀 N3에는 '=SUMPRODUCT(B3:M3, B5:M5)'를 입력하고, 셀 N6에는 '=SUMPRODUCT($B$3:$M$3, B6:M6)'를 입력한다. 셀 N7:N19에는 N6의 수식을 복사하여 붙여 넣는다. 나머지 셀은 화면에 표시된 내용을 따라 작성한다.

2) 해 찾기 매개 변수

[데이터]와 [해 찾기] 메뉴를 차례로 실행한 후 [해 찾기 매개 변수] 창에서 다음 절차를 수행한다.

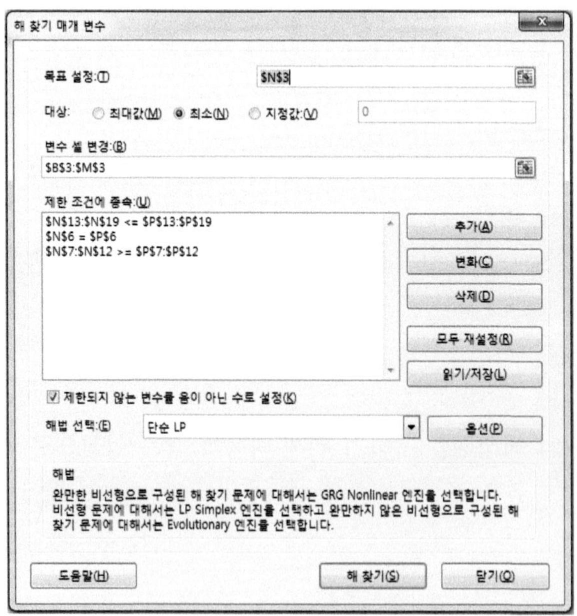

① [목표 설정:(T)]

최적화할 목적함수의 셀 주소 N3을 지정한다.

② [대상:]

최대값(M) 또는 최소(N) 중 최소(N)를 설정한다.

③ [변수 셀 변경:(B)]

의사결정변수들이 입력된 셀 범위 B3:M3를 지정한다.

④ [제한 조건에 종속:(U)]

좌변합계와 우변상수 사이의 관계를 지정한다. [추가]를 클릭한 후 [제한 조건 추가] 창에서 마디 1의 조건인 N6 = P6을 입력한다. [추가]를 눌러 마디별 제약조건인 N7:N12 >= P7:P12를 설정한다. [추가]를 다시 클릭한 후 완료일 및 단축 가능 시간 조건인 N13:N19 <= P13:P19를 설정한 후 [확인]을 클릭하면 [해 찾기 매개 변수] 창으로 복귀한다.

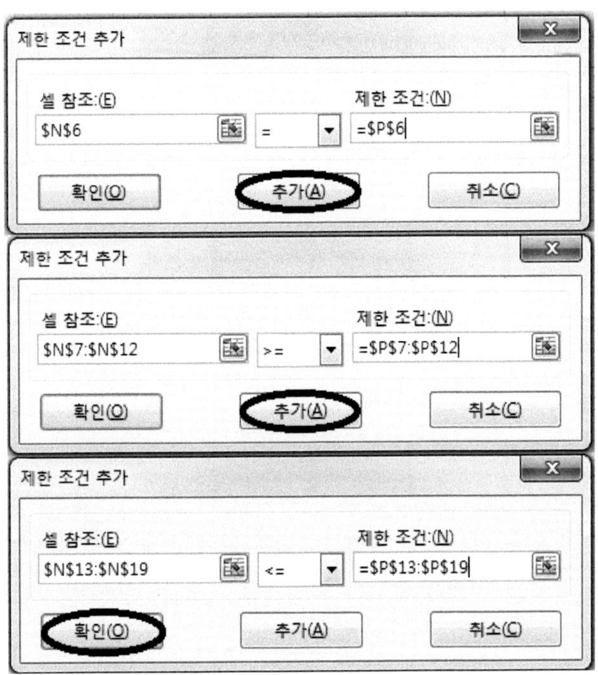

⑤ [제한되지 않는 변수를 음이 아닌 수로 설정(K)]

비음 조건을 의미하므로 별도 설정 없이 기본값을 그대로 둔다.

⑥ [해법 선택:(E)]

선형계획법을 적용하기 위해 [단순 LP]를 선택한다.

⑦ [해 찾기]

모든 설정이 완료되면 [해 찾기]를 클릭하여 최적해를 구한다.

3) 결과

이상의 과정을 실행하면 다음과 같이 신제품개발 프로젝트의 일정 단축에 대한 최적해를 도출할 수 있다.

	A	B	C	D	E	F	G	H	I	J	K	L	M	N	O	P
1																
2		x1	x2	x3	x4	x5	x6	yA	yB	yC	yD	yE	yF	z		
3	해값	0	7	12	14	16	20	0	0	0	0	0	0	0		
4																
5	최소화							5	2	1	1	2	99	좌변합계		우변상수
6	마디1	1												0	=	0
7	마디2	-1	1					1						7	>=	7
8	마디3		-1	1					1					5	>=	5
9	마디4		-1		1					1				7	>=	3
10	마디5			-1		1					1			4	>=	4
11	마디5				-1	1						1		2	>=	2
12	마디6					-1	1						1	4	>=	4
13	완료						1							20	<=	99
14	단축A							1						0	<=	2
15	단축B								1					0	<=	2
16	단축C									1				0	<=	1
17	단축D										1			0	<=	3
18	단축E											1		0	<=	1
19	단축F												1	0	<=	0
20																

4) 결과 해석

정상시간 기준으로 완료일을 산출하려면 완료일에 임의의 큰 값을 입력하여 해를 구한다. 여기서는 완료일에 999를 입력하여 해를 구하면 완료시간이 20으로 계산된다. 따라서 정상시간 기준으로 프로젝트의 완료일은 20주이다.

한편 단축시간 기준으로 완료일을 산출하려면 완료일에 원하는 값을 입력하여 해를 구한다. 예를 들어 2주를 단축하려면 완료일 값을 18로 입력한 뒤 [해 찾기]를 실행한다. 완료일을 18주로 설정하여 최적해를 구하면 활동 D를 2주(y_D) 단축함으로써 프로젝트 완료일이 18주가 되고, 이에 따른 단축비용은 2(백만 원)가 되는 것을 확인할 수 있다.

	A	B	C	D	E	F	G	H	I	J	K	L	M	N	O	P	Q
1																	
2		x1	x2	x3	x4	x5	x6	yA	yB	yC	yD	yE	yF	z			
3	해값	0	7	12	12	14	18	0	0	0	2	0	0	2			
4																	
5	최소화							5	2	1	1	2	99	좌변합계		우변상수	
6	마디1	1												0	=	0	
7	마디2	-1	1					1						7	>=	7	
8	마디3		-1	1					1					5	>=	5	
9	마디4		-1		1					1				5	>=	3	
10	마디5			-1		1					1			4	>=	4	
11	마디5				-1	1						1		2	>=	2	
12	마디6					-1	1						1	4	>=	4	
13	완료						1							18	<=	18	
14	단축A							1						0	<=	2	
15	단축B								1					0	<=	2	
16	단축C									1				0	<=	1	
17	단축D										1			2	<=	3	
18	단축E											1		0	<=	1	
19	단축F												1	0	<=	0	
20																	

만약 완료일을 13주, 즉 정상시간 기준보다 7주 단축하기 위해서는 활동 A를 2주, B를 2주, C를 1주, D를 3주 단축해야 하며, 이때 단축비용은 1,800만 원임을 알 수 있다. 한편 완료일을 12주로 설정하여 해를 계산하면 '최적 해를 찾지 못했습니다'라는 경고 메시지가 출력된다. 이는 12주 이내로는 프로젝트를 완료하는 것이 불가능하다는 뜻이며, 따라서 최단 완료시간은 13주임을 알 수 있다. 이상의 단축 과정을 정리하면 <표 11-9>와 같다.

PERT에 의한 프로젝트 관리

활동시간의 추정

CPM은 활동의 소요시간이 확정적이라고 전제한다. 그러나 신제품개발 프로젝트처럼 과거 사례가 부족하거나 불확실성이 큰 경우에는 이러한 확정적 추정이 현실적

〈표 11-9〉 선형계획법에 의한 일정 단축 방안

완료일	y_A	y_B	y_C	y_D	y_F	z
20	0	0	0	0	0	0
19	0	0	0	1	0	1
18	0	0	0	2	0	2
17	0	0	0	3	0	3
16	0	1	0	3	0	5
15	0	2	1	3	0	8
14	1	2	1	3	0	13
13	2	2	1	3	0	18
12	최적 해를 찾지 못했습니다.					

으로 어렵다. 이럴 때 사용하는 것이 PERT이다. PERT 기법은 불확실성을 고려하여 활동의 소요시간을 추정하기 위해 다음 세 가지 시간 추정치를 사용한다.

1. 낙관 시간(a: Optimistic Time)

   모든 조건이 이상적으로 작용할 때의 최소 소요시간

2. 최빈 시간(m: Most likely Time)

   일반적이고 정상적인 조건에서 흔히 관찰되는 소요시간

3. 비관 시간(b: Pessimistic Time)

   모든 조건이 최악으로 작용할 경우의 최대 소요시간

베타분포(Beta Distribution)를 토대로 한 세 가지 추정치의 평균과 분산을 다음과 같이 계산한다.

$$t = \frac{a + 4m + b}{6}$$

$$\sigma^2 = \left(\frac{b - a}{6}\right)^2$$

<표 11－2>의 신제품개발 프로젝트를 위한 각 활동의 낙관 시간, 최빈 시간, 비관 시간 그리고 평균과 분산이 <표 11－10>에 계산되어 있다. <표 11－10>에 제시된 평균 시간을 활용한 활동 소요시간 분석을 통해 주경로 및 각 활동의 ES, EF, LS, LF를 산출할 수 있다.

〈표 11-10〉 프로젝트 활동의 시간 추정

활동	낙관시간(a)	최빈시간(m)	비관시간(b)	평균(t)	분산(σ^2)
A	4	7	9	6.83	0.69
B	3	5	8	5.17	0.69
C	2	3	5	3.17	0.25
D	2	4	6	4.00	0.44
E	1	2	4	2.17	0.25
F	2	4	5	3.83	0.25

프로젝트의 완료확률

일부 활동의 소요시간, 특히 주경로상의 활동 소요시간이 변동되면 프로젝트 완료 기간에 영향을 줄 수 있으므로 특정 기간 내 완료확률에 대한 분석이 중요해진다. PERT 기법에서는 프로젝트 완료시간의 분산을 주경로에 포함된 각 활동의 분산을 단순 합산하여 구한다. <표 11－11>은 <표 11－2>의 신제품개발 프로젝트에서 완료시간의 분산이 주경로상 활동들의 분산 합과 동일함을 나타낸다.

프로젝트의 분산은 75/36이고 표준편차는 1.443(주)이다. PERT는 프로젝트 완료 시간과 관련하여 다음 두 가지 사항을 기본 가정으로 설정한다.

- 프로젝트의 완료시간은 정규분포를 따른다고 가정한다.
- 각 활동의 소요시간은 통계적으로 독립적인 것으로 본다.

프로젝트를 22주 이내에 완료할 확률을 구하려면 22에 해당하는 [그림 11－16]의 정규분포 곡선 아래 면적을 계산해야 한다. 이를 위해 먼저 다음과 같이 표준정규방정식(Standard Normal Equation)을 이용하여 z값을 구한다.

〈표 11-11〉 신제품개발 프로젝트의 분산

활동	분산
A	25/36
B	25/36
C	9/36
D	16/36
E	9/36
F	9/36
합	75/36

z=(예상 완료시간 - 평균 완료시간)/표준편차

$$z = \frac{22-20}{1.443} = 1.386$$

표준정규분포 표에 따르면 $z \leq$ 1.39일 때, 평균 기준으로 누적 확률은 약 0.417이다. 따라서 평균 기준 좌우 대칭성을 고려할 때 22주 이내에 완료될 확률은 약 0.917(즉 91.7%)이다. [그림 11-16]에 따르면 해당 프로젝트를 예상 완료일인 20주 이내에 완료할 확률과 이후에 완료할 확률은 각각 50%로 동일하다. 이러한 완료확률은

그림 11-16 프로젝트의 완료확률

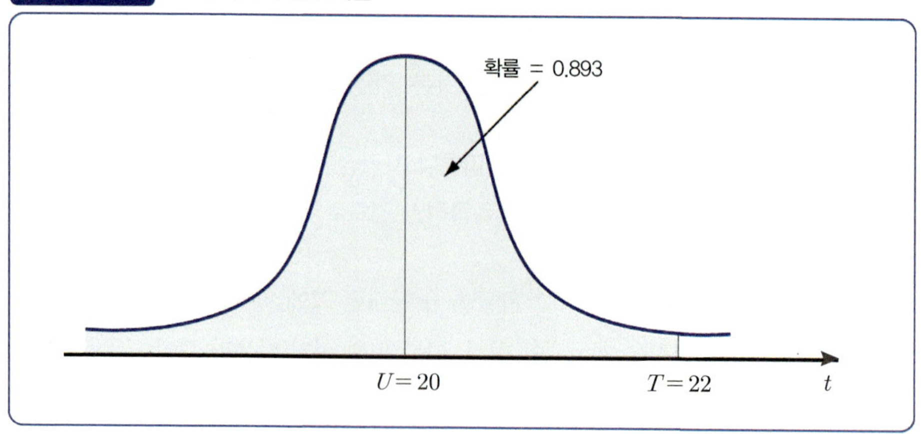

다음의 엑셀함수를 활용하여 계산할 수 있다.

NORM.DIST(x, mean, standard_dev, cumulative)

이 함수는 해당 z값에 대한 정규분포의 누적 확률, 즉 프로젝트 완료확률을 계산한다. 예를 들어 평균이 20이고 표준편차가 1.443일 때 22일 이내에 끝낼 확률을 구하기 위해 NORM.DIST(22, 20, 1.443, 1)를 입력하면 확률이 0.893으로 계산된다.

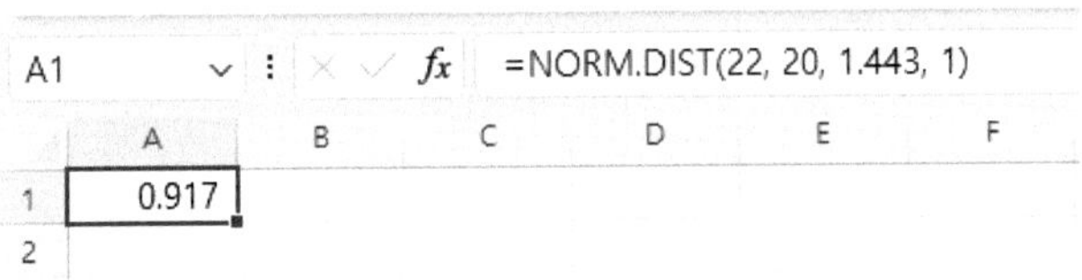

A1 =NORM.DIST(22, 20, 1.443, 1)

	A	B	C	D	E	F
1	0.917					
2						

요약

- 프로젝트란 선박제작, 신제품개발, 해저 탐사 등과 같이 특정 목적을 지닌 일련의 활동으로 대규모 투자가 요구되는 일회적 성격을 가진다.
- 프로젝트관리는 비용과 시간의 제약을 충족시키면서 정해진 완성 시한을 달성하기 위해 설비, 자재, 인력 등 다양한 자원을 계획하고 통제하는 활동이다.
- 간트차트는 프로젝트의 활동별로 시작과 종료 시점을 막대그래프로 표시함으로써 전체 일정을 쉽게 파악할 수 있다는 장점이 있다.
- PERT와 CPM은 각 활동 및 전체 프로젝트의 시작시점과 완료시점을 분석할 뿐 아니라 특정 기간 내 프로젝트가 완료될 확률과 최소 비용으로 프로젝트 기간을 최대로 단축하는 방법을 제시할 수 있다.
- PERT는 각 활동의 소요시간이 불확실한 경우의 프로젝트 일정계획을 관리하기 위한 확률적 기법인 반면, CPM은 각 활동의 소요시간을 확정적으로 알고 있는 경우의 프로젝트 일정계획을 관리하기 위한 확정적 기법이다.
- PERT/CPM 네트워크는 프로젝트를 구성하는 각 활동 간의 선후 관계를 고려하여 마디와 가지로 연결한 네트워크를 말한다.
- 주경로란 프로젝트 완료에 소요되는 시간이 가장 긴 경로를 의미하며, 이 경로에 포함된 활동을 주활동이라 한다. 주경로를 도출하는 방법에는 열거법과 활동시간에 의한 계산법이 있다.
- 여유시간이란 프로젝트의 전체 완료시점에 영향을 주지 않고 특정 활동이 지체될 수 있는 시간을 의미하며, 주경로에 위치한 활동의 여유시간은 0이다.
- PERT 기법은 프로젝트의 불확실성을 반영하기 위해 낙관 시간, 비관 시간, 그리고 최빈 시간의 세 가지 추정치를 활용하여 각 활동의 소요시간을 산정하여,

프로젝트가 주어진 목표 기간 내에 완료될 확률을 통계적으로 추정할 수 있다.

- CPM 기법으로 시간과 비용 사이의 상충 관계를 분석하여 최소한의 추가 비용으로 프로젝트 기간을 최대한 단축하는 방안을 모색할 수 있다. 하지만 추가 비용을 정확히 추정하기 어렵기 때문에 CPM에 의해 얻어진 결과가 정확하지 않을 수도 있다.
- PERT/CPM은 단일 프로젝트 관리에만 사용된다. 두 개 이상의 프로젝트가 동일한 자원을 공유하는 경우에는 적용될 수 없다.

학습문제

01. 프로젝트관리란 무엇이며 그 목적은 무엇인가?

02. PERT/CPM 기법의 적용 절차를 단계별로 서술하라.

03. PERT/CPM 네트워크는 어떻게 작성되는가? 그 과정과 유의 사항을 설명하라.

04. 프로젝트 네트워크에서 주경로란 무엇이며 이를 식별하는 이유는 무엇인가?

05. 열거법이란 무엇인지 설명하라.

06. 활동의 조기 시작시간(ES)과 조기 완료시간(EF)의 계산 절차를 설명하라.

07. 활동의 최대 시작시간(LS)과 최대 완료시간(LF)의 계산 절차를 설명하라.

08. 활동의 여유시간이 0이라는 것은 프로젝트 일정 측면에서 무엇을 의미하는가?

09. PERT와 CPM의 차이점은?

10. PERT에서 사용되는 세 가지 시간 추정치의 의미를 설명하고, 이를 활용한 기대시간 계산공식을 제시하라.

11. PERT에서 활동 소요시간의 분산은 어떻게 계산되는가?

12. CPM에서 시간과 비용 간의 관계 분석은 어떻게 이루어지는가?

13. 선형계획법을 활용한 프로젝트 일정 단축의 기본 원리를 서술하라.

Chapter

12

재고관리

학습목표

적정수준 이상의 재고는 자금이 묶여 투자기회를 잃게 되고, 적정수준 이하의 재고는 판매기회의 상실과 고객 불만을 초래한다. 따라서 기업은 재고관리를 통해 보유 재고를 효율적으로 통제함으로써 적정수준의 재고를 유지함과 동시에 비용 절감과 고객 만족을 달성하여야 할 것이다. 이때 재고관리의 궁극적인 목표는 생산시스템이 원만하게 운영될 수 있도록 합리적인 재고를 확보하는 동시에 재고비용을 최소화하는 데 있다. 따라서 재고관리는 상충되는 두 가지 목표 사이에서 균형점을 모색하여야 한다. 본 장에서는 재고의 적정수준과 보충시기에 관한 이론적 개념을 검토하고 주요 재고모형에 대해 살펴본다.

재고의 개념

재고(Inventory)란 미래의 생산이나 수요에 대비하기 위하여 보유하고 있는 물품을 말하며, 재고의 보유자는 공급자, 생산자, 창고, 유통센터, 소매상 등이다. 재고의 유형은 생산 프로세스 내 위치에 따라 원자재 재고(Raw Materials Inventory), 재공품 재고(Work in Process Inventory), 완제품 재고(Finished Goods Inventory)로 구분되며, 각각 투입, 변환과정, 산출 단계에 해당한다.

- 원자재 재고: 생산을 위해 외부로부터 구매해 입고된 상태의 자재
- 재공품 재고: 생산공정 도중에 있어 아직 완성되지 않은 제품
- 완제품 재고: 모든 공정을 완료하고 출하 대기 중인 제품

수요 발생에 따라 두 가지 유형의 재고는 독립수요(Independent Demand)품목 재고와 종속수요(Dependent Demand)품목 재고로 구분되며, 이는 다음 장에서 설명할 자재소요계획(Material Requirements Planning: MRP)의 기초 개념이다.

- 독립수요품목 재고 : 완제품과 같이 외부 시장의 수요에 따라 결정되는 품목
- 종속수요품목 재고 : 부품처럼 완제품의 생산계획에 따라 수요가 결정되는 품목

독립수요품목 재고는 수요예측이나 시장조사에 의해 결정되며 반면 종속수요품목 재고는 모품목의 수요에 의해 결정된다. 예를 들어 자동차는 예측에 기반한 독립수요품목인 반면 엔진, 타이어, 볼트 등은 자동차의 생산계획에 따라 수요가 결정되는 종속수요품목이다.

또한 보유 목적으로 재고를 구분하면 주기 재고(Cycle Stock), 안전 재고(Safety Stock), 기타 재고로 분류된다.

1. 주기 재고

생산 또는 판매 활동을 지속하기 위해 주기적으로 일정한 로트 단위를 외부에 주문하거나 자체 생산함으로써 보유하게 되는 재고를 의미한다. 이는 경제적 주문이

나 생산을 실현하기 위해 실제 필요량보다 많은 양을 한 번에 구매하거나 생산하는 과정에서 발생한다. 예를 들어 구매의 경우 공급업체의 대량 구매 할인이나 향후 가격 인상에 대비하기 위해 필요량 이상으로 주문하여 발생한 재고, 생산의 경우 규모의 경제를 위해 한 번에 필요량 이상을 생산하여 발생하는 재고가 주기 재고이다.

2. 안전 재고

불확실성에 대처하기 위한 재고로 완충재고(Buffer Stock)라고도 한다. 수요의 불확실성으로 판매기회상실에 대비한 재고, 조달기간의 불확실성으로 공급 차질에 대비한 재고, 연속공정에서 선행공정에 문제가 발생하여 후속공정의 작업 차질을 방지하기 위한 재고 등이 안전 재고의 예이다.

3. 기타 재고

수송 재고(이동재고, 파이프라인 재고)는 현재 이동 중인 품목이고, 계절 재고는 계절적인 수요 변동에 대비하여 보유하는 품목이고, 투기 재고는 가격 변동이나 부족 상황에 대비하여 보유하는 품목이고, 불용 재고는 판매나 사용이 불가능한 품목을 말한다.

이상의 재고유형을 요약하면 <표 12−1>과 같다.

〈표 12−1〉 재고 유형

구분	세부 유형	정의 / 특징	예시
생산 프로세스 단계별	원자재 재고	외부에서 구매하여 입고된 자재	철광석, 원유
	재공품 재고	생산공정 중간 단계에 있는 미완성품	반조립 엔진
	완제품 재고	모든 공정을 마치고 출하 대기 상태	자동차, 가전제품
수요 성격별	독립수요품목 재고	시장의 외부 수요에 의해 결정	완제품(자동차)
	종속수요품목 재고	상위 품목의 생산계획에 따라 결정	부품(엔진, 타이어)
보유 목적별	주기 재고	경제적 주문·생산 단위로 인해 발생	대량 구매분, 대규모 생산분
	안전 재고	수요·공급 불확실성에 대비한 완충재고	공급 지연 대비, 수요 급증 대비
	기타 재고	수송 재고: 이동 중 재고	물류 이동 중 제품, 겨울 의류, 원자재 비축분, 불량품
		투기 재고: 가격·공급 변동 대비	
		불용 재고: 사용·판매 불가능	

재고비용

재고관리란 재고를 보충하기 위한 주문시기와 주문량을 결정하는 활동을 의미한다. 이때 총재고비용이 최소화되도록 주문시기와 주문량은 결정되어야 한다. 재고비용에는 <표 12-2>와 같이 주문비용(Ordering Cost), 재고유지비용(Holding 혹은 Carrying Cost), 재고부족비용(Shortage Cost) 등이 포함된다.

〈표 12-2〉 재고 관련 비용

구분	정의	주요 예시
주문비용	외부로부터 원자재나 부품을 조달하는 과정에서 발생하는 비용	주문서 발송비, 검사비, 하역비, 통관료, 수송비 등
준비비용	자체 생산 시 동일한 설비로 제품을 전환할 때 발생하는 비용	설비 중단, 작업조건 설정, 부품·공구 준비 등
재고유지비용	재고를 보관하고 관리하는 과정에서 발생하는 비용	창고임대료, 보관료, 보험, 세금, 도난, 감가상각비, 진부화, 자본의 기회비용
재고부족비용	재고 부족으로 인한 판매 손실에서 발생하는 기회비용	판매 기회상실, 고객이탈, 이미지·신뢰 하락, 긴급 조달비용
구입비용	단가와 수량에 따른 비용, 총비용 분석시 고려됨	대량 구매 할인, 단가×수량

• 주문비용

기업이 외부에서 원자재나 부품 등을 구입할 때 발생하는 비용을 말한다. 예로는 주문서 발송 비용, 검사 비용, 하역비, 통관료, 수송비 등과 같은 각종 부대 비용이 포함된다. 반면 기업이 자체적으로 생산하는 경우 주문비용 대신 준비비용(Setup Cost)이 요구된다. 준비비용이란 동일한 기계설비를 이용해 여러 종류의 제품을 생산할 때, 제품 전환 시 발생하는 비용을 의미한다. 이에는 기계설비의 일시적인 중단, 작업조건 설정, 필요한 부품이나 공구의 준비 등과 관련된 비용이 포함된다.

• 재고유지비용

재고를 관리하는 데 수반되는 비용으로 창고임대료, 보관료, 보험, 세금, 도난,

감가상각비, 진부화로 인한 가치 하락, 재고에 묶인 자본의 기회비용 등이 포함된다.

- 재고부족비용

판매기회가 있음에도 재고가 없어 판매를 상실한 경우에 발생하는 기회비용으로 판매기회상실, 고객이탈, 기업의 이미지 및 신뢰 하락, 긴급 조달비용 등과 관련된 기회비용을 포함한다.

- 구입비용

일반적인 재고관리비용에는 구입비용이 포함되지 않지만, 총비용(Total Cost) 분석 시에는 비용 최적화를 위해 단가는 고려된다. 특히 대량 구매에 따른 단가 할인과 같은 요인이 존재할 경우, 구입비용(단가×수량)은 중요한 의사결정 요소로 작용한다.

재고관리모형

재고관리에서 주문량과 주문시기는 두 가지 핵심 결정 요소로, 이 두 가지를 최적화하면 재고비용, 서비스수준, 납기준수 등을 크게 향상할 수 있다. 따라서 재고관리란 재고를 보충하기 위한 주문시기와 주문량을 결정하는 활동이다. 재고관리모형은 이러한 주문시기와 주문량의 결정 방식에 따라 보통 다음과 같이 두 가지 유형으로 분류된다.

- 고정 주문량 모형(Fixed-order Quantity Model)
- 고정 주문주기 모형(Fixed-order Interval Model)

한편 수요와 조달기간의 불확실성에 따라 재고관리모형은 다음과 같이 두 가지로 구분된다.

- 확정적 모형(Deterministic Model)
- 확률적 모형(Probabilistic Model)

따라서 재고관리 모형은 주문 시기와 주문량의 불확실성을 기준으로 [그림 12-1]과 같이 네 가지 유형으로 구분된다.

그림 12-1 재고관리모형의 유형

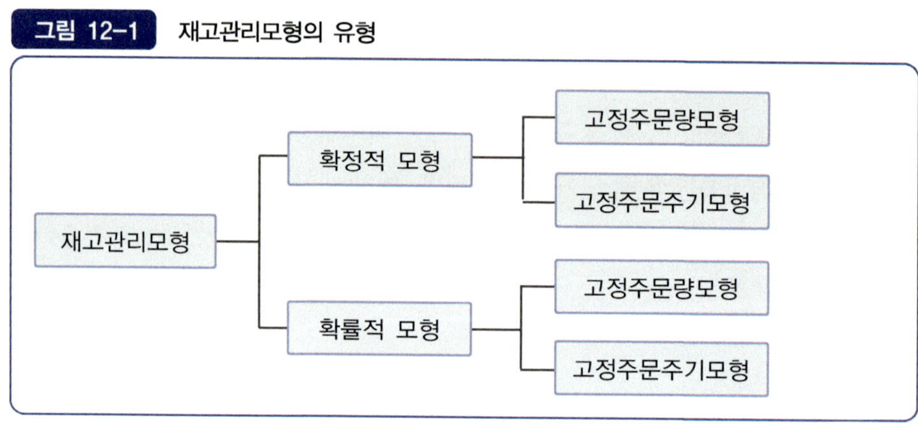

경제적 주문량 모형

EOQ 모형의 개념

경제적 주문량(Economic Order Quantity: EOQ) 모형은 가장 오래되고 기본적인 재고관리 모형으로, 주문비용과 재고유지비용의 합을 최소화하는 최적의 주문량을 결정하는 방법이다. [그림 12-2]는 이러한 EOQ 모형의 구조를 나타낸 것이다. EOQ 모형은 다음의 가정을 바탕으로 한다.

1. 단위 기간당 수요는 알려져 있고 수요율은 일정하다.
   예를 들어 연간 수요량이 7,200단위이고 연간 영업일 수가 360일인 경우, 일일 수요는 20단위로 일정하다고 가정한다.

그림 12-2 경제적 주문량 모형

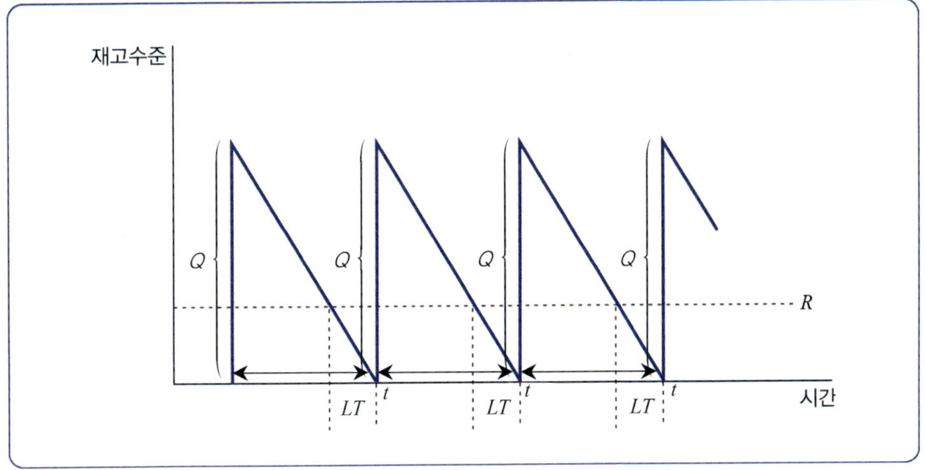

2. 조달기간(Lead Time: LT)은 알려져 있고 일정하다.

   즉 주문 후 재고가 입고되기까지 걸리는 시간은 항상 같다고 가정한다.

3. 주문한 물량은 한 번에 전량 입고된다.

   부분 입고나 나눠서 공급되는 경우는 고려하지 않는다.

4. 주문비용은 주문량과 관계없이 일정하다.

   주문 1회당 동일한 비용이 발생한다고 가정한다.

5. 단가는 주문량에 따라 변하지 않는다.

   대량 주문에 따른 단가 할인은 고려하지 않으므로 구입 단가는 항상 일정하다.

6. 재고 부족은 발생하지 않는다.

   모든 수요는 적시에 재고를 통해 충족되므로 재고 부족은 발생하지 않는다고 가정한다.

이상의 EOQ 모형의 기본 가정을 요약하면 <표 12-3>과 같다.

〈표 12-3〉 EOQ 모형의 기본 가정 요약

	가정 내용	세부 설명
1	일정한 수요	단위 기간당 수요가 알려져 있고 일정함(예: 연간 7,200단위 → 일일 20단위)
2	일정한 조달기간	주문 후 입고까지 걸리는 시간은 항상 동일
3	전량 일괄 입고	주문한 물량은 한 번에 모두 입고
4	일정한 주문비용	주문량과 관계없이 1회 주문비용은 동일
5	일정한 단가	주문량과 무관하게 단가 할인 없음
6	재고 부족 없음	모든 수요는 재고로 충족, 부족은 발생하지 않음

[그림 12-2]와 같이 재고수준이 재주문점(Reorder Point: R)에 도달하면 1회 주문량 Q를 주문하고, 주문된 Q는 조달기간이 경과한 후 일시에 전량이 공급된다. 단위 기간당 수요가 일정하므로 [그림 12-2]에서 재고수준은 시간에 따라 직선적으로 감소한다. 이때 재고가 0에 도달하는 시점인 t가 발생하는데, LT를 고려하여 Q가 일시에 도착할 수 있도록 주문한다. 이로써 재고 부족 없이 새로운 주문주기가 시작된다.

EOQ 모형에서는 주문량을 결정하는 것 외에도 재주문점을 설정해야 한다. 수요와 조달기간이 일정한 경우 현재 보유한 재고량이 조달기간 동안 사용될 수요량과 일치할 때, 즉 재주문점에 도달했을 때 주문이 이루어져야 재고부족이 발생하지 않는다. 따라서 재주문점 R은 다음과 같이 계산된다.

$$R = d \times LT$$

여기서 d는 단위 기간당 수요량, LT는 조달기간이다.

예제 12-1

조달기간이 5일이고 1일 사용량이 20개일 때, 재주문점 R을 계산하라.

해답

$R = d \times LT = 20 \times 5 = 100$

따라서 재고가 100개에 도달하는 시점에 주문하면 조달기간 5일 후 새로운 재고를 수령한다.

재고수준이 조달기간 동안의 예상 수요량, 즉 재주문점에 도달하면 새로운 주문량 Q를 발주한다. 이후 조달기간이 끝날 무렵 재고가 0에 도달하고 동시에 주문한 Q가 전량 입고되어 새로운 주기가 시작된다.

예제 12-2

다음과 같을 때 주문횟수, 주문주기, 재주문점을 계산하라.

- 연간 수요: 7,200단위
- 연간 영업일수: 360일
- 1회 주문량: Q=150
- 조달기간: LT=5일
- 일일 수요: d=(7,200개/ 360일) = 20단위/일

해답

주문횟수, 주문주기, 재주문점은 다음과 같다.

- 주문횟수 $= \frac{D}{Q} = \frac{7,200}{150} = 48$회 또는 $\frac{360\text{일}}{7.5\text{일}} = 48$회
- 주문주기 $= \frac{360\text{일}}{48\text{회}} = 7.5$일
- 재주문점 $= 5\text{일} \times \frac{7,200\text{개}}{360\text{일}} = 100$단위

따라서 다음 그림과 같이 재고수준이 100에 도달하든지 아니면, 조달기간이 5일이고 주문주기가 7.5일이므로 신규 물품을 인수한 후 2.5(7.5 − 5)일 후에 주문량인 150개를 재주문하면 된다. 따라서 ABC 회사는 150개를 연간 48번의 주문을 통해 재고비용을 최소화하여 운영을 효율화할 수 있다.

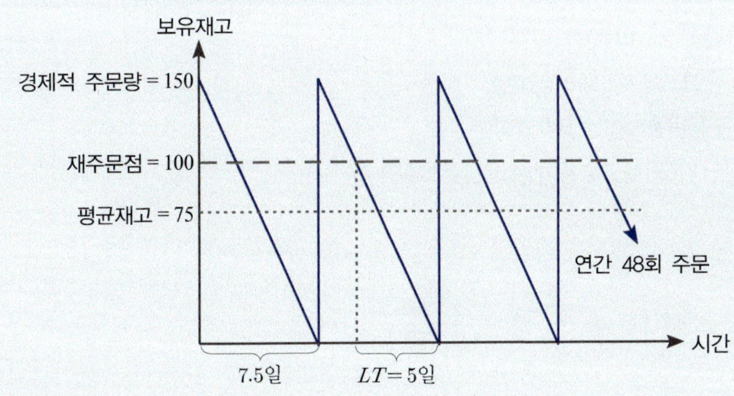

공식에 의한 EOQ

경제적 주문량(EOQ)을 산출하는 계산식은 다음과 같은 과정을 통해 도출된다.

D: 연간 수요량

TC: 연간 총재고비용

Q: 1회 경제적 주문량

C_H: 연간 단위당 재고유지비용

C_O: 1회 주문비용

$$TC = \frac{D}{Q} \cdot C_O + \frac{Q}{2} \cdot C_H$$

위의 총비용 함수를 주문량 Q에 관하여 미분한 후, 이를 0으로 놓아 최소값 조건을 만족시키는 주문량을 구한다.

$$\frac{-D \cdot C_O}{Q^2} + \frac{C_H}{2} = 0$$

따라서 경제적 주문량 $Q = \sqrt{\dfrac{2 \cdot D \cdot C_O}{C_H}}$

예제 12-3

다음과 같을 때 EOQ를 구하라.

- 연간 수요: $D = 7,200$단위/년
- 1회 주문비용: $C_0 = 500$원/회
- 연간 단위당 재고유지비용: $C_H = 320$원/년

해답

경제적 주문량 $Q = \sqrt{\dfrac{2 \cdot D \cdot C_O}{C_H}} = \sqrt{\dfrac{2 \cdot 7200 \cdot 500}{320}} = 150$

비용에 의한 EOQ

1. 주문비용

연간 주문비용은 연간 주문횟수(연간 수요량 ÷ 1회 주문량)에 1회 주문비용을 곱하여 계산하며 다음과 같이 표현할 수 있다.

$$\begin{aligned} \text{연간 주문비용} &= \text{연간 주문횟수} \times \text{1회 주문비용} \\ &= \frac{D}{Q} \times C_O \\ &= \frac{7,200}{Q} \times 500 \end{aligned}$$

위의 식에서 연간 주문비용은 <표 12-4>에서 확인할 수 있듯이, 주문량 Q에 반비례한다는 것을 알 수 있다. 1회 주문량 Q가 커지면 주문횟수가 감소하므로 주문비용은 적어지고 반대로 1회 주문량이 Q가 작아지면 주문횟수가 많아지므로 주문비용은 증가한다.

〈표 12-4〉 주문량(Q)과 주문비용 간의 관계

Q	주문횟수	주문비용
50	144	72000
75	96	48000
100	72	36000
150	48	24000
200	36	18000
300	24	12000
400	18	9000

2. 재고유지비용

재고유지비용은 연간 평균재고($\frac{1}{2}Q$)에다 연간 단위당 재고유지비용(C_H)을 곱한 다음과 같이 표시된다.

$$\text{연간 재고유지비용} = (\text{연간 평균재고})(\text{연간 단위당 재고유지비용})$$
$$= \frac{Q}{2} \times C_H$$
$$= \frac{Q}{2} \times 320$$

연간 재고유지비용은 <표 12-5>에서 확인할 수 있듯이, 주문량 Q에 비례한다는 것을 알 수 있다. 1회 주문량 Q가 커지면 평균 재고수준이 높아지므로 재고유지비용은 증가한다. 반대로 1회 주문량 Q가 작아지면 평균 재고수준은 낮아지므로 재고유지비용은 감소한다.

〈표 12-5〉 주문량(Q)과 재고유지비용 간의 관계

Q	평균재고	재고유지비용
50	25	8000
75	37.5	12000
100	50	16000
150	75	24000
200	100	32000
300	150	48000
600	300	96000

3. 연간 총재고비용

연간 총재고비용은 다음과 같이 연간 재고유지비용과 연간 주문비용의 합으로 표시된다.

$$TC = \frac{Q}{2} C_H + \frac{D}{Q} C_O$$

<표 12-6>과 같이 1회 주문량(Q)이 증가하면 주문횟수가 감소하여 주문비용은 줄어들지만 평균 재고수준이 높아져 재고유지비용은 증가한다. 반대로 1회 주문량(Q)이 감소하면 주문횟수가 증가하여 주문비용은 증가하지만 평균 재고수준이 낮아

〈표 12-6〉 주문량(Q)과 총재고비용 간의 관계

Q	주문비용	재고유지비용	총재고비용
50	72,000	8,000	80,000
75	48,000	12,000	60,000
100	36,000	16,000	52,000
150	24,000	24,000	48,000
200	18,000	32,000	50,000
300	12,000	48,000	60,000
600	6,000	96,000	102,000

짐에 따라 재고유지비용은 감소한다. 이러한 두 가지 비용을 합한 총재고비용은 주문비용과 재고유지비용이 같아지는 Q가 150일 때 최소화가 되는 것을 알 수 있다. [예제 12-4]를 통해 이상의 결과를 확인할 수 있다.

예제 12-4

다음과 같을 때 경제적 주문량, 총재고비용, 주문횟수, 주문주기, 그리고 재주문점을 계산하라.

- 연간 수요: 7,200단위
- 연간 영업일수: 360일
- 1회 주문비용: $C_0 = 500$원/회
- 연간 단위당 재고유지비용: C_H=320원/년
- 조달기간: LT=5일
- 일일 수요: d=(7,200개/ 360일) = 20단위/일

해답

– 경제적 주문량(EOQ)

$$EOQ = \sqrt{\frac{2 \cdot 7,200 \cdot 500}{320}} = 150\text{단위}$$

– 총재고비용

$$TC = \frac{Q}{2}C_H + \frac{D}{Q}C_O = \frac{150}{2}320 + \frac{7,200}{150}500 = 48,000$$

$$= 75 \times 320 + 48 \times 500 = 24,000 + 24,000 = 48,000\text{원}$$

– 주문횟수, 주문주기, 그리고 재주문점

• 주문횟수 $= \frac{D}{Q} = \frac{7,200}{150} = 48$회 또는 $\frac{360\text{일}}{7.5\text{일}} = 48$회

• 주문주기 $= \frac{360\text{일}}{48\text{회}} = 7.5$일

• 재주문점 $= 5\text{일} \cdot \frac{7,200}{360} = 100$단위

따라서 재고수준이 100에 도달하든지 아니면 조달기간이 5일이고 주문주기가 7.5일이므로 신규 물품을 인수한 후 7.5−5=2.5일 후에 경제적 주문량인 $Q^* = 150$개를 재주문하면 된다. 따라서 150개를 연간 48번 주문하면 총재고비용은 48,000원으로 최소화되어 운영의 효율성을 높일 수 있다.

도표에 의한 EOQ

주문량에 따른 연간 주문비용, 연간 재고유지비용, 연간 총재고비용 간의 관계는 [그림 12−3]과 같이 나타낼 수 있다. 연간 수요가 일정하다고 가정할 때, 1회 주문량이 많으면 주문 횟수(연간 수요 ÷ 1회 주문량)는 작아지므로 주문비용이 감소하지만,

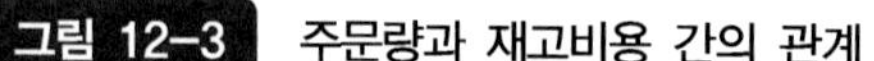
그림 12−3 주문량과 재고비용 간의 관계

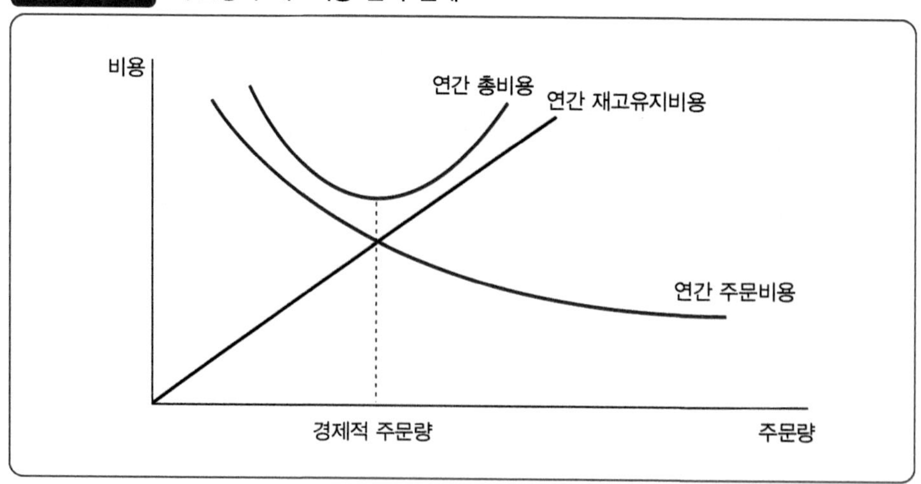

평균 재고수준(1회 주문량 ÷ 2)은 높아져 재고유지비용이 증가한다. 반대로 1회 주문량이 적으면 주문횟수가 많아지므로 주문비용은 증가하나 평균 재고수준은 낮아져 결과적으로 재고유지비용은 감소한다.

[그림 12-3]의 주문량과 재고비용 간의 관계에서 나타나는 보상관계(Trade-off)를 고려하여 총재고비용(주문비용 + 재고유지비용)을 최소화하는 주문량을 결정한다. 경제적 주문량 모형에서는 주문비용과 재고유지비용이 같아지는 지점인 주문량 $Q^* = 150$ 개에서 총재고비용이 최소화되며 이는 경제적 주문량에 해당한다.

재고통제 시스템

주문량과 주문시기의 결정 방식에 따라 재고통제 시스템(Inventory Control System)은 다음과 같이 구분한다.

- 고정주문량 시스템(Fixed Order Quantity System)
- 고정주문주기 시스템(Fixed Order Interval System)
- 혼합형 시스템(Hybrid System)

고정주문량 시스템

고정주문량 시스템(Q 시스템)은 재고수준이 사전에 설정된 재주문점(R)에 도달할 때 마다 일정한 주문량(Q)을 발주하는 방식이다. 이 시스템에서 1회 주문량(Q)은 일정하지만 주문주기(t)는 수요율에 따라 변동한다. 즉 재고수준이 재주문점에 도달하면 미리 정해진 양(Q)만큼 주문하고 주문주기(t)는 수요변화에 따라 달라지는 특징을 가진다.

[그림 12-4]는 조달기간(LT)이 일정한 상황에서 수요가 변동할 때, 고정주문량(Q) 시스템의 운용 방식을 시각적으로 보여준다. 이 시스템에서는 재고수준이 불규칙하게 감소하므로 재주문점과 비교하여 재고가 R에 도달할 때마다 미리 설정된

그림 12-4 고정주문량모형

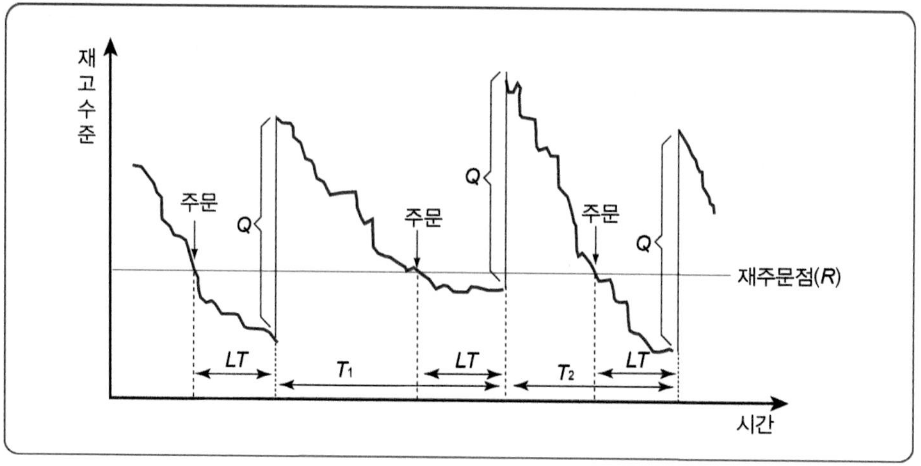

주문량(Q)을 발주한다. 이로 인해 주문량(Q)은 일정하되 주문주기(t)는 수요에 따라 변동한다. 예를 들어 수요가 많이 발생하면 주문주기가 짧아지고 반대로 수요가 적으면 주문주기가 길어진다.

따라서 고정주문량 시스템에서는 주문량(Q)과 재주문점(R)의 결정이 중요하다. Q와 R의 값은 경험적 지식, EOQ 모형, 또는 수요와 조달기간의 특성을 고려하여 총비용이 최소화되는 방향으로 결정하여야 한다. 그러나 이 시스템은 재고수준에 대한 지속적인 실사(Review)가 필요하므로 재고수준 파악을 위한 기록유지에 비용과 시간이 많이 소요된다는 단점이 있다.

고정주문량 시스템 중 가장 널리 활용되는 방식 중 하나로는 투빈 시스템(Two-bin System)이 있다. 투빈 시스템은 필요 물품을 두 개의 상자(Bin)에 나누어 보관한 다음, 한 상자의 재고가 소진되면 즉시 주문하고 조달기간(LT) 동안 다른 상자의 재고로 수요를 충당하는 시스템이다. 즉 첫 번째 상자는 소비용으로 두 번째 상자는 조달기간 동안 사용할 안전 재고의 성격을 가지므로 한 상자의 재고는 재주문점의 역할을 한다. 따라서 재고에 관한 기록을 계속할 필요가 없어 단순하고 직관적이라는 장점이 있다. 한편 보석과 같이 고가품목이라 재고부담이 큰 경우에는 재고의 인출이 발생할 때마다 인출한 수량만큼 재고를 보충한다.

고정주문주기 시스템

고정주문주기 시스템(P 시스템)은 주문주기(t)는 매주 또는 매월과 같이 일정하지만 주문량(Q)은 매번 달라진다. 고정주문량 시스템과 달리 고정주문주기 시스템은 주문 시점에 얼마나 주문할 것인지를 결정하기 위해서는 다음과 같이 목표 재고수준(M)과 현재 재고수준 간의 차이를 계산한다.

$$\text{주문량} = \text{목표 재고수준}(M) - \text{현재 재고수준}$$

만약 수요와 조달기간(LT)이 일정하다면 주문량은 주기마다 동일하지만 수요가 변동하면 주문량은 달라진다. [그림 12-5]는 수요가 변동하는 고정주문주기 시스템의 운용 형태를 보여준다. 시간의 경과에 따라 재고수준은 불규칙적으로 감소하므로 미리 정해진 주문시점에 도달하면 주문이 이루어진다. 이때 주문량은 목표 재고수준과 현재 보유재고량의 차이만큼으로 주문량은 주기마다 다르게 결정된다.

주문량이 도착하면 재고수준이 증가하지만 조달기간 동안의 수요 발생으로 인해 실제 재고는 목표 재고수준(M) 이하로 유지된다. 따라서 목표 재고수준까지 재고가 도달하는 경우는 조달기간이 0이거나 조달기간의 수요가 0일 때에만 가능하다.

그림 12-5 고정주문주기모형

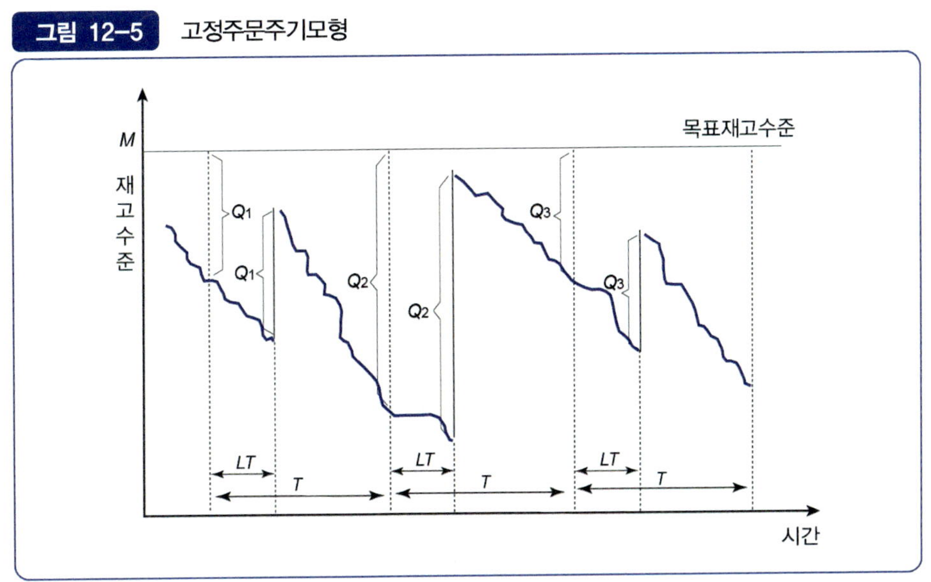

고정주문량 시스템과 고정주문주기 시스템의 주요 차이점 중 하나는 안전 재고수준이다. 고정주문량 시스템은 조달기간(LT) 동안의 수요 변동에 대비하여 안전 재고를 보유하지만, 고정주문주기 시스템은 전체 주문주기(T) 동안의 수요 변동에 대비하여 안전 재고를 보유해야 하므로 상대적으로 더 많은 안전 재고가 필요하다. 이러한 P 시스템이 선호되는 경우는 저가품(예: 볼트나 너트)이나 정기적으로 배달되는 물품, 또는 여러 물품을 하나의 공급자로부터 조달하는 경우이다.

<표 12-7>은 Q 시스템과 P 시스템의 비교를 정리한 내용이다.

〈표 12-7〉 Q 시스템과 P 시스템의 비교

항목	Q	P
주문량	정량(EOQ)	부정량(목표재고량-현재 재고)
주문주기	부정기	정기
재고실사	계속 실사	정기 실사
재고부족가능성	낮음(조달기간)	높음(주기기간)
안전 재고	적음	높음
수요패턴	불안정	안정
재고가치	높음	낮음

혼합형 시스템

Q 시스템과 P 시스템의 특성을 결합한 방식이 혼합형 시스템이다. 이 시스템은 정기적으로 재고를 조사하여 미리 정해진 재주문점(R)에 재고수준이 도달하면 주문을 발주하는 방식이다. 조사일에 재고수준이 재주문점 이상이면 주문하지 않고 재주문점 이하이면 주문한다. 이때 P 시스템과 마찬가지로 주문량(Q)은 목표재고수준(M)과 현재의 재고량과의 차이이다.

재주문점의 이용으로 인해 P 시스템에 비해 안전 재고를 적게 유지하여도 된다는 이점이 있다. 또한 정기적으로 재고를 점검하므로 수요와 재고수준의 변동에 빠르게 대응할 수도 있다. 그러나 이 시스템을 실제로 사용할 경우 주문량이나 재주문점의 산정을 위해 복잡한 분석이 요구된다는 단점이 있다.

단일기간 재고모형

수요가 일회적이며 제품수명이 짧은 상품들의 최적 주문량을 결정하기 위한 재고관리 모형을 단일기간 재고모형(Single Period Inventory Model)이라 한다. 이 모형은 주로 신문, 크리스마스 장식품, 한정판 제품과 같이 판매 기간이 한정적이고 판매되지 않은 재고는 폐기하거나 저가로 처분해야 하는 제품에 적용된다. 최적 주문량은 성과표(Payoff Matrix)나 한계분석법(Marginal Analysis)을 활용해 구할 수 있으며, 이는 각 주문량 수준에 따른 비용을 분석하여 최적의 재고수준을 도출하는 데 사용된다.

성과표

다음 예를 통해 성과표를 활용하여 주문량을 결정하는 방법을 살펴보고자 한다.

예제 12-5

벚꽃 축제 기간에 특별 꽃을 판매하고자 한다. 이 제품은 10만 원에 구매해 14만 원에 판매할 예정이며, 축제 기간에 팔리지 않은 특별 꽃은 6만 원에 시장 상인에게 넘길 수 있다. 과거 상인들의 경험을 토대로 특별 꽃에 대한 수요의 확률분포는 다음과 같이 정리되었다. 최적 구매량을 결정하라.

수요	15	16	17	18	19	20
확률	0.1	0.25	0.25	0.15	0.15	0.1

해답

최적 구매량 결정은 여러 대안 중 기대수익(Expected Profit)이 최대가 되는 대안을 선택하는 방식으로 이루어진다. 여기서 대안이란 구매량을 15, 16, 17, 18, 19, 20으로 설정하는 것이며, 각 구매량에 대한 기대수익은 성과표를 작성하여 계산한다.

성과표 (단위: 만원)

구매＼수요	15	16	17	18	19	20	예상수익
15	60	60	60	60	60	60	60.0
16	56	64	64	64	64	64	63.2
17	52	60	68	68	68	68	64.4
18	48	56	64	72	72	72	63.6
19	44	52	60	68	76	76	61.6
20	40	48	56	64	72	80	58.4

* 구매량은 16인데 수요는 18일 경우의 수익:

  16·(14만 원－10만 원)＝64만 원

* 구매량은 18인데 수요는 16일 경우의 수익:

  16·(14만 원－10만 원)－(18－16)·(10만 원－6만 원)＝56만 원

* 구매량이 17일 경우의 기대수익:

  52(0.10)＋60(0.25)＋68(0.25)＋68(0.15)＋68(0.15)+68(0.10)＝64.4만 원

기대수익을 최대화하는 최적 구매량은 17단위이다.

한계분석법

한계이익과 한계손실은 다음과 같다.

- 한계이익(Marginal Profit: MP)

  한 단위를 추가로 구매해 판매할 때 얻는 이익으로 한계수입에서 한계비용을 뺀 값으로 정의된다.

- 한계손실(Marginal Loss: ML)

  구매한 단위가 판매되지 않아 발생하는 손실로 한계비용에서 잔존가치를 뺀 값으로 나타낸다.

추가된 한 단위가 판매될 확률을 P, 판매되지 않을 확률을 $1-P$라고 하면, 기대 한계이익과 기대 한계손실은 다음과 같이 나타낼 수 있다.

$$기대\ 한계이익 = MP \times P$$
$$기대\ 한계손실 = ML \times (1-P)$$

한 단위를 추가로 주문하여 얻는 한계이익이 그로 인해 발생하는 한계손실보다 크다면 추가 주문이 유리하다. 따라서 이때의 임계확률 P는 다음과 같이 계산된다.

$$MP \cdot P \geq ML \cdot (1-P)$$
$$MP \cdot P \geq ML - ML \cdot P$$
$$P(MP + ML) \geq ML$$
$$P \geq \frac{ML}{MP + ML}$$

이는 주문량을 결정할 때 임계확률 $\frac{ML}{MP+ML}$보다 크거나 같아질 때까지 주문량을 증가시키는 것이 경제적임을 의미한다. [예제 12-5]의 한계이익과 한계손실은 다음과 같다.

$$한계이익(MP) = 140{,}000 - 100{,}000 = 40{,}000$$
$$한계손실(ML) = 100{,}000 - 60{,}000 = 40{,}000$$

따라서 기대 한계이익과 기대 한계손실이 같아지는 임계확률 P는 다음과 같이 표현된다.

$$P = \frac{ML}{MP + ML} = \frac{40{,}000}{40{,}000 + 40{,}000} = 0.5$$

각 수요 수준이 발생할 확률은 다음과 같다.

수요	15	16	17	18	19	20
확률	0.10	0.25	0.25	0.15	0.15	0.10
누적확률	1.00	0.90	0.65	0.40	0.25	0.10

누적확률은 특정 수요량 이상이 발생할 확률을 의미한다. 예를 들어 15개 이상의 수요가 발생할 확률은 전체 확률의 합인 1.0이 된다. 그리고 17개 이상 수요가 발생할 확률은 17개부터 20개까지의 수요가 발생할 확률을 합한 값이다. 즉 각각의 확률인 0.25, 0.15, 0.15, 0.10을 더한 0.65가 된다. [예제 12−5]의 경우는 $p \geq 0.5$이므로, 마지막 단위가 판매될 확률이 0.5 이상인 수요량을 찾으면 최적 구매량은 17단위가 된다. 따라서 17단위가 최적 주문량이 된다.

ABC 재고관리

상위 20%가 전체 부의 대부분(80%)을 차지하는 현상, 즉 소수가 전체의 대부분을 차지하고 대다수는 전체의 미미한 부분만을 차지하는 특성을 파레토의 법칙(Pareto Principle)이라 한다. 이러한 파레토의 법칙을 재고관리에 적용한 것이 ABC 재고관리법이다.

기업은 가치나 중요도에 있어서 큰 차이를 보이는 다양한 품목을 재고로 보유하고 있는데, 이들 품목 모두를 동일한 방식으로 관리하는 것은 비효율적이다. 따라서 재고 품목을 가치와 중요도를 기준으로 A, B, C 등급으로 구분하고, 각 등급에 따라 차별화된 관리 방식을 적용할 필요가 있다.

재고 품목을 A, B, C 등급으로 분류하는 기준은 기업의 특성에 따라 달리 적용할 수 있는데, 일반적으로 품목의 금액과 수량을 기준으로 [그림 12−6]과 <표 12−8>과 같이 분류한다. 그러나 가격은 낮지만 구입이 어렵거나 긴요한 품목은 중요도에 따라 A등급이나 B등급에 포함시킬 수 있다.

[그림 12−6]에서와 같이 A등급 품목은 전체 품목 수의 10~20%를 차지하고 전체 사용 금액의 70~80%를 차지하여 높은 가치를 지닌 품목으로 엄격하고 세밀한 재고관리를 요구한다. B등급 품목은 전체 품목 수의 20~40%를 차지하고 전체 사용 금액의 15~20%를 담당하여 중간 수준의 가치를 지닌 품목으로 보통 수준의 관리와 점검이

그림 12-6 ABC 재고

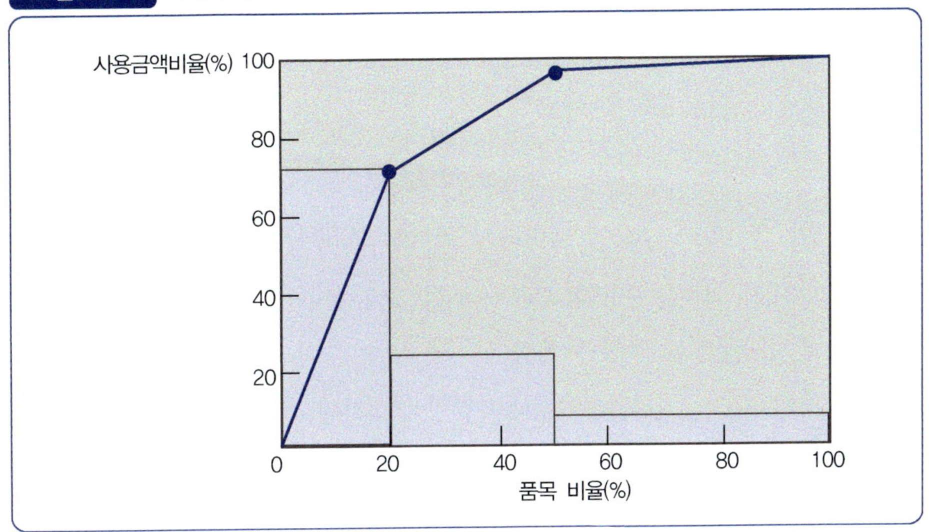

필요하다. C등급 품목은 전체 품목 수의 40~60%를 차지하지만 전체 사용 금액에서는 5~10%에 해당하여 낮은 가치를 지닌 품목으로 단순 기록 및 느슨한 관리가 요구된다.

따라서 ABC 재고관리법은 재고 품목의 중요도와 가치를 고려하여 각 품목에 적합한 관리 방식을 적용함으로써 재고관리의 효율성을 극대화하도록 한다.

〈표 12-8〉 ABC 재고분류

등급	품목 비율	사용액 비율	특징	재고관리 방식
A등급	10~20%	70~80%	높은 가치를 지닌 품목으로 매출에 큰 영향	엄격하고 세밀한 관리
B등급	20~40%	15~20%	중간 수준의 가치를 지닌 품목으로 매출에 일정 부분 기여	보통 수준의 관리와 점검
C등급	40~60%	5~10%	낮은 가치를 지닌 품목으로 매출에 작은 영향	단순 기록 및 느슨한 관리

요약

- 재고란 생산이나 수요에 대비하기 위하여 보유하는 물품을 말한다.
- 재고 보유의 목적은 수요와 조달의 불확실성에 대비한 안전 재고 확보와 대량생산 및 대량구매를 통한 효율성 향상을 위한 주기 재고 유지에 있다.
- 독립수요품목은 기업 외부의 시장 환경에 의하여 수요가 결정되는 품목이고, 종속수요품목은 부분품이나 원자재와 같이 상위(모) 품목의 수요에 의해 결정되는 품목이다.
- 적정수준 이상의 재고는 많은 자금이 재고에 묶여 다른 투자 기회를 잃게 되고, 반대로 적정수준 이하의 재고는 생산 차질과 고객 불만을 유발할 수 있다.
- 재고관리란 재고 보충에 필요한 주문량과 주문시기를 결정하는 것이다.
- 주문비용, 재고유지비용, 재고부족비용 등이 재고비용에 포함된다.
- 경제적 주문량은 주문비용과 재고유지비용의 합을 최소화하도록 1회 주문량을 결정하는 모형이다.
- 재고통제 시스템은 고정주문량(Q) 시스템, 고정주문주기(P) 시스템, 혼합형(S) 시스템 등으로 구분할 수 있다.
- Q 모형은 재고가 재주문점(R)에 도달할 때 고정 주문량(Q)를 주문하는 모형이며, P모형은 주문시점(T)이 되면 재고수준이 목표재고수준(M)이 되도록 주문량을 결정하는 모형이다.
- 재주문점은 조달기간, 평균수요, 수요 변동성, 서비스 수준에 따라 결정되며, 조달기간 동안의 평균수요에 안전 재고를 더해 산출된다.
- 안전 재고란 수요나 조달기간의 불확실성에 대비해 추가로 보유하는 재고를 말하며, 불확실성이 증가할수록 요구되는 안전 재고의 수준도 높아진다.

- 단일기간 재고모형은 한정된 판매 기간 이후 잔여 재고를 폐기 또는 할인 판매해야 하는 상황에서 주문량을 결정하는 데 사용된다. 주문량의 결정은 성과표나 한계분석법을 이용하여 결정한다.
- ABC 재고관리는 품목의 중요도나 가치에 따라 A, B, C 등급으로 구분하고, 등급별로 재고관리 방법을 달리하는 방식이다.
- ABC 재고관리에서 A등급 품목은 엄격히, B등급 품목은 보통 수준으로, C등급 품목은 대략적으로 관리한다.

학습문제

01. 재고를 다양한 관점에서 구분하라.

02. 생산의 원활화를 위한 재고보유의 예를 들고 그 필요성을 설명하라.

03. 재고비용의 세 가지 요소를 쓰고 각 비용의 의미를 간단히 설명하라.

04. 재고관리모형의 유형에 대해 살펴보라.

05. 경제적 주문량(EOQ)의 개념을 설명하고, 왜 이를 계산하는 것이 중요한지 서술하라.

06. 재주문점은 어떻게 계산되는지 알아보라.

07. 고정주문량 모형을 설명하라.

08. 고정주문주기 모형을 설명하라.

09. Q모형과 P모형의 차이점과 각각의 장단점을 비교하라.

10. 안전 재고측면에서 고정주문량 모형과 고정주문주기 모형을 비교하라.

11. 단일기간재고 모형은 어느 경우에 이용되나?

12. ABC 재고관리 기법에서 A, B, C 품목은 각각 어떤 기준으로 관리되어야 하는지 설명하라.

13. 독립수요품목과 종속수요품목의 차이를 예를 들어 설명하라.

14. 재고관리에서 주문시기와 주문량을 결정하는 것이 왜 중요한지 설명하라.

15. 재고가 적정수준 이상일 경우와 적정수준 이하일 경우 각각 발생할 수 있는 문제점을 서술하라.

16. 수요의 불확실성 증가가 안전 재고에 미치는 영향에 대해 설명하라.

17. 투빈 시스템을 설명하라.

18. 조달기간(리드타임)이 길어질 때 재주문점 및 안전 재고 수준에 어떤 변화가 필요한지 설명하라.

19. EOQ 모형이 현실적이지 않은 상황에서 수정 혹은 보완이 필요한 이유는 무엇인가? 그 예시를 들어 설명하라.

Chapter 13

자재소요계획

학습목표

종속수요품목의 수요는 완성품의 수요에 따라 짧은 기간에도 불규칙적으로 변하게 된다. 이러한 경우 전체 생산기간 동안 필요한 모든 품목을 재고로 보유한다는 것은 비현실적이다. 따라서 단기간 내에도 수요의 변화가 심한 종속수요품목의 실질적인 재고관리기법이 필요하다. 자재소요계획(MRP)은 컴퓨터를 이용하여 종속수요품목을 필요한 시기에 필요한 양을 적시에 공급하여 재고비용을 대폭 감소시켜줄 수 있는 재고관리 시스템이다. 본 장에서는 자재소요계획의 원리, 구성요소, 운영방식을 살펴보고, 이를 기반으로 수립되는 능력소요계획과 함께 MRP II 및 ERP에 대해서도 살펴본다.

MRP 시스템의 개념

자재소요계획(Material Requirements Planning: MRP)은 종속수요품목의 생산에 필요한 소요량과 소요시점을 계획하는 시스템이다. 이는 독립수요품목인 최종 완제품을 생산하기 위해 어떤 종속수요품목이 언제까지 얼마나 필요한지를 계산하는 방식으로 운영된다. 이러한 독립수요품목은 시장 수요에 직접 영향을 받기 때문에 수요예측을 통해 변동성을 반영해야 한다. 반면 원자재, 부품, 중간조립품 등의 종속수요품목은 이를 구성품으로 사용하는 모품목(Parent Item)의 수요에 종속되므로 독립수요품목과는 성격이 다르다.

예를 들어 자동차 한 대를 생산하는 데 4개의 바퀴와 1개의 핸들이 필요하다면, 바퀴와 핸들의 수요는 자동차 수요가 결정됨과 동시에 자동으로 산정된다. 이 경우 자동차는 독립수요품목이고 바퀴와 핸들은 종속수요품목에 해당한다. 이처럼 종속수요품목의 소요량과 소요시점은 최종제품의 수요에 따라 자동으로 결정되는 특징이 있으며, 이에 대한 일정을 계획하는 과정이 바로 MRP 시스템이다. 즉 MRP 시스템은 독립수요품목의 생산을 위해 필요한 종속수요품목에 대한 자재소요계획을 수립하는 체계이다. 이러한 MRP 시스템의 운영을 위해서는 [그림 13－1]과 같이 주생산일정, 자재명세서 그리고 재고기록 파일이 요구된다.

주생산일정

총괄생산계획을 세분화하여 제품별 생산량과 생산 완료 시점을 구체적으로 명시한 것이 주생산일정(Master Production Schedule: MPS)이다. <표 13－1>은 주생산일정의 예를 보여준다. 계획 기간 동안 최종제품 A에 대한 생산계획은 1주에 100단위, 3주에 300단위, 6주에 200단위가 요구됨을 나타낸다. 주생산일정은 전체 계획 기간을 일정한 시간 단위로 구분하여 수립되는데, 일반적으로 주 단위를 기준으로 작성되나 필요에 따라 월 또는 분기 단위로도 설정될 수 있다.

그림 13-1 MRP의 기본구조

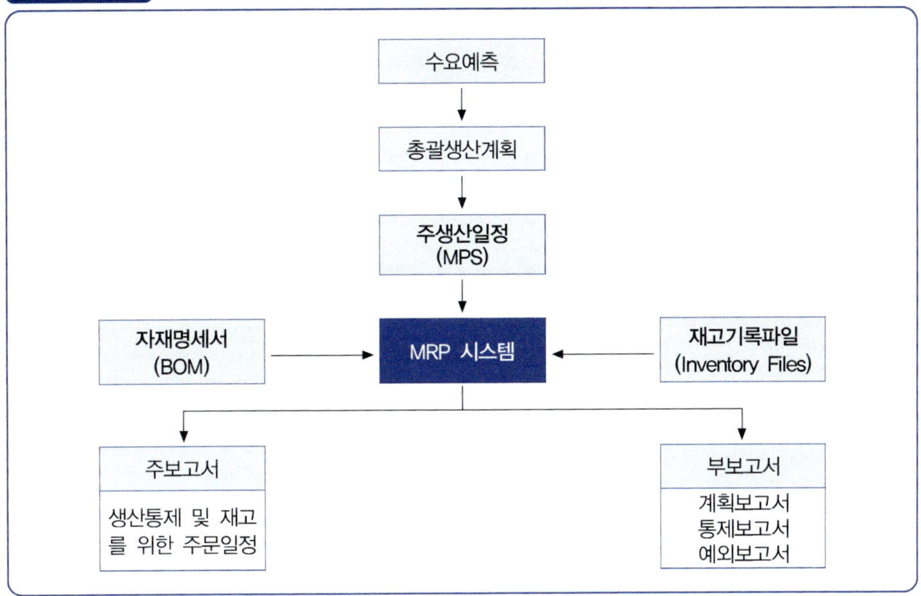

<표 13-1> 제품 A의 주생산일정

주	1	2	3	4	5	6	7	8
수 량	100		300			200		

자재명세서

최종제품을 생산하는 데 필요한 품목의 소요량, 품목 간 결합 방식, 조립 순서 등의 정보를 포함한 문서를 자재명세서(Bill of Materials: BOM)라 한다. 이를 시각적으로 표현하기 위해 [그림 13-2]와 같은 제품구조도(Product Structure Tree)가 사용된다.

제품구조도는 상위 품목 1단위를 조립하는 데 필요한 하위 품목의 수량을 괄호 ( ) 안에 표시하며, 이를 통해 각 품목의 소요량을 산정할 수 있다. 예를 들어 [그림 13-2]에 따르면 최종제품 A는 2단위의 U와 3단위의 V로 구성되며, U의 1단위를 생산하려면 W 1단위와 X 2단위가 필요하다. 또한 V 1단위는 X 2단위와 Y 2단위로 이루어진다. 제품구조도는 최종제품이 위치한 계층을 단계 0으로 표시하고, 바로 아래의 하위 품목들을 단계 1로 구분한다. 이처럼 각 품목은 상위 품목의 구성요소이

그림 13-2 제품구조도

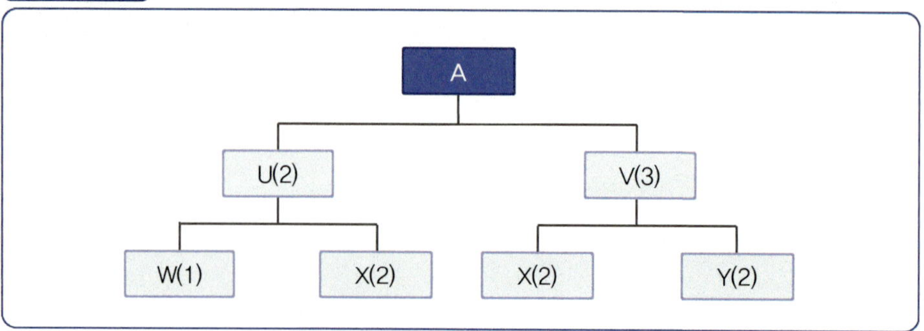

면서 동시에 하위 품목의 모품목이 된다. 이러한 관계를 계층적으로 나타낸 것이 제품구조도이다.

재고기록파일

MRP에서 각 품목의 재고상태와 관련된 모든 정보를 체계적으로 기록한 자료가 재고기록파일(Inventory Record File)이다. 이 파일에는 총소요량, 수령예정량, 현재 재고량, 공급자 정보, 조달기간, 로트 크기 등의 핵심 정보뿐만 아니라 품목별로 필요한 부수적인 기록들도 포함된다.

결과보고서

MRP 시스템에서 주생산일정(MPS), 자재명세서(BOM), 재고기록파일로부터 입력된 정보를 바탕으로 생성되는 MRP의 산출자료는 다음 세 가지 주요 항목으로 구성된다.

1. **주문계획(Planned Order)** : 미래에 필요한 자재의 주문시기와 주문량
2. **발주(Order Release)** : 계획된 주문을 실행하기 위한 지시
3. **주문변경(Change to Orders)** : 기존 주문의 취소나 연기, 주문량 조정, 납기일 변경 등을 반영한 수정 정보

MRP 시스템 내용

MRP 시스템은 주생산일정, 자재명세서, 재고기록파일의 정보를 이용하여 각 부품의 발주량과 발주시기를 결정하는 시스템이다. MRP 보고서는 총소요량, 재고보유량, 순소요량, 발주계획량의 네 가지 요소로 구성된다.

- 총소요량(Gross Requirement)
  상위 품목의 소요량을 충족하기 위해 하위 품목에서 조달해야 하는 필요 수량을 말한다. 즉 모품목의 주문에 따라 종속적으로 결정되는 하위 품목의 필요량을 말한다.

- 재고보유량(Stock on Hand)
  특정 품목에 대해 실제 보유 중이거나 입고가 예정된 재고량을 말한다.

- 순소요량(Net Requirement)
  총소요량에서 재고보유량을 차감한 실제 필요한 품목의 수량이다.

- 발주계획량(Planned Order Release)
  순소요량을 충족하기 위해 계획되는 발주량으로 보통 순소요량과 동일하며 실제 필요시점보다 조달기간만큼 앞당겨 발주 시기가 설정된다.

예제 13-1

장난감 자동차를 생산하는 ABC 기업의 MPS, BOM 그리고 재고자료가 다음과 같다고 가정하고 MRP 계획을 수립하라.

MPS : 장난감 자동차

주	1	2	3	4	5	6	7	8
총소요량								80

재고보유량과 조달기간

품 목	조달기간(주)	재고보유량
A	1	20
B	3	70
C	2	20
D	3	80
E	2	40

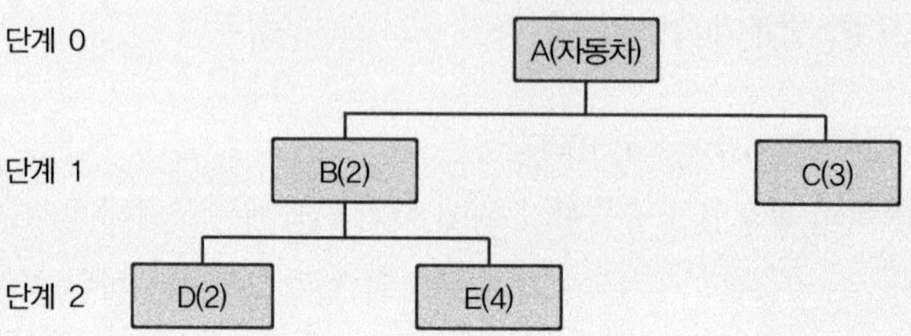

해답

다음 표는 MRP를 통해 수립된 계획을 나타낸 것이다.

품 목 \ 주		1	2	3	4	5	6	7	8
A (LT=1)	총소요량								80
	재고보유량								20
	순소요량								60
	발주계획량							60	
B (LT=3)	총소요량							120	
	재고보유량							70	
	순소요량							50	
	발주계획량				50				
C (LT=2)	총소요량							180	
	재고보유량							20	
	순소요량							160	
	발주계획량					160			
D (LT=3)	총소요량				100				
	재고보유량				80				
	순소요량				20				
	발주계획량	20							
E (LT=2)	총소요량				200				
	재고보유량				40				
	순소요량				160				
	발주계획량		160						

① A(자동차)

자동차의 총소요량은 8주에 80단위이다. 재고자료에 의하여 20단위의 재고가 있음이 확인되므로 순소요량은 60단위(80－20)이다. 자동차의 조달기간이 1주이므로 7주에 60단위를 발주해야 한다.

② B

자동차 한 단위를 생산하는 데 부분품 B가 2단위 소요되므로 부분품 B의 총소요량은 자동차의 순소요량(60단위)을 고려하여 120단위(60×2)이다. B의 순소요량은 보유재고 70단위를 제외한 50단위가 되며, 조립이 시작되는 7주째에 필요하므로 B의 조달기간 3주를 고려하여 4주에 발주한다.

③ C

자동차 한 단위를 생산하는 데 부분품 C가 3단위 소요되므로 총소요량은 180단위(60×3)이다. C의 순소요량은 보유 재고 20 단위를 차감한 160단위이며, B와 마찬가지로 7주에 필요하므로 조달기간 2주를 고려하여 5주에 발주한다.

④ D

D의 상위 품목은 B이며, 한 단위의 B를 생산하는 데 2단위의 D가 소요된다. 따라서 B를 위한 D의 총소요량은 100단위(50×2)이다. D의 보유재고는 80단위이며 B를 위한 D의 순소요량은 20단위(100－80)이고, B의 시작을 위해 D가 필요한 시기는 4주째이므로 조달기간 3주를 고려하여 1주에 발주한다.

⑤ E

E의 상위 품목은 B이며, 한 단위의 B를 생산하는 데 4단위의 E가 소요되므로 E의 총소요량은 200단위(50×4)이다. E의 보유 재고가 40단위이므로 순소요량은 160단위(200－40)이며, B의 시작을 위해 E가 필요한 시기는 4주째이므로 조달기간 2주를 고려하여 2주에 발주한다.

MRP 시스템의 효과

MRP 시스템의 계획과 실행을 위해 많은 준비기간이 필요하지만 올바르게 활용할 경우 다음과 같은 장점을 제공한다.

① 최종제품에 대한 주생산일정(MPS)이 확정되면 종속수요품목의 수요와 공급이 정확히 계산되므로 안전 재고와 완충재고에 대한 필요가 최소화되므로 모든 종류의 재고를 감소시킬 수 있다.
② 주문 지연이나 재고 부족 발생이 줄어들어 고객에게 향상된 서비스를 제공할 수 있다.
③ 주생산일정을 유연하게 수정함으로써 시장변화에 기민하게 대처할 수 있다.
④ 안정적인 계획 생산을 통해 잔업을 최소화하고 유휴 시간을 축소할 수 있다.
⑤ 재고 및 생산비용의 절감으로 제품 가격 인하와 매출 증대로 이어질 수 있다.

MRP는 다음과 같은 조건에서 특히 유용하다.

① 제품 생산과정이 복잡하고 여러 조립 단계를 거치는 경우
② 제조 및 구매에 소요되는 리드타임이 상대적으로 긴 경우
③ 최종제품의 생산에 장기간이 소요되는 경우
④ 제품원가가 높을 경우
⑤ 다품종생신의 경우 소요사재를 통합적으로 계획하여 경제적 주문량을 결정하는 경우

MRP 자료의 갱신

MRP 시스템의 입력자료에 변동 사항이 생기면 MRP 시스템도 갱신되어야 한다. MRP 시스템을 갱신하는 방법에는 변동 사항이 있을 때마다 변동 부분에 대해서만 갱신하는 방법이 있으나, 주기적으로 예를 들어 새로운 MPS, 자재명세서, 재고기록파일 등을 매주 입력하여 완전히 새롭게 MRP 시스템을 갱신하는 방법이 더 효과적이다.

로트 크기 결정

MRP 시스템은 순소요량을 기반으로 1회 발주량 즉 로트 크기(Lot Size)를 결정한다. 로트 크기는 생산 효율성, 비용 절감, 납기 준수 등 다양한 요소를 포괄적으로 고려하여 결정해야 한다. 대표적인 로트 크기 결정 방법은 다음과 같다.

- **대응 발주량(Lot for Lot: LFL)** : MRP에서 발주계획량이 순소요량과 정확히 일치하는 경우를 대응발주량(LFL) 방식이라고 하며, 앞에서 본 예가 Lot for Lot에 해당한다.
- **경제적 주문 수량(Economic Order Quantity: EOQ)** : 주문비용과 재고유지비용의 합인 총재고비용을 최소화하도록 발주량을 결정하는 방식이다.
- **주기 주문량(Period Order Quantity: POQ)** : 정해진 주문 주기 동안 발생하는 순소요량의 총합을 기준으로 발주량을 결정하는 방식이다.
- **고정 주문량(Fixed Lot Size: FLS)** : 미리 정해진 주문량을 필요할 때마다 발주하는 방식이다. 따라서 주문이 필요한 시점에서의 주문량은 항상 같다.

안전 재고

최종제품에 대한 주생산일정(MPS)이 확정되면 종속수요품목의 사용량이 정확히 계산되므로 이론적으로는 하위 단계의 품목은 안전 재고를 필요로 하지 않는다. 그러나 MRP 프로그램에 사용되는 소요시간은 예를 들어 주문 자재의 납기 지연, 제조나 조립의 시간 지연, 작업자의 결근, 기계의 고장, 불량품 발생과 같이 미래에 발생할 사건을 거의 예측할 수 없으므로 부정확하다. 특히 다단계 품목의 구조에서는 하나의 부품에 문제가 발생하면 전체 생산시간이 지연될 수 있다.

이에 대비하는 한 가지 방법은 안전 재고를 보유하는 것이다. 그러나 이러한 문제를 방지하기 위해 모든 하위 단계의 품목에 대해 안전 재고를 보유하게 되면 재고 최소화라는 MRP 시스템의 주요 이점이 사라지게 된다. 따라서 다음과 같은 방식으로 불확실성에 대응하는 것이 바람직하다.

- **최종 품목의 불확실성이 존재할 경우** : 고객 수요의 불확실성에 대비하여 원칙적으로 최종 품목에 대해서만 안전 재고를 유지한다. 최종 품목에 대한 안전 재고는 보통 MPS 수준에 가산한다.
- **조달기간의 불확실성이 존재할 경우** : 해당 품목의 예상 조달기간보다 여유를 두어 계획하는 안전 리드타임(Safety Lead Time)을 설정한다.

• 사용 수량의 변동성이 존재할 경우 : 해당 품목에 대해 제한적인 안전 재고를 설정하여 대응한다.

이와 같은 접근은 MRP 시스템의 정밀한 자재계획 기능을 유지하면서도 현실적 위험 요소에 효과적으로 대처할 수 있도록 한다.

능력소요계획

능력소요계획의 개념

일반적으로 주생산계획은 생산시스템의 능력을 고려하지 않고 수요를 기초로 수립되므로 생산능력에 제약이 있는 경우 최초의 일정계획이 실행 불가능할 수 있다. MRP 결과를 가용 생산능력과 비교하여 만일 현재의 주생산계획이 실행 불가능한 것으로 판명되면 필요한 생산능력을 확충하거나 계획을 수정해야 한다. 따라서 MRP 프로그램을 이용하여 현재의 주생산계획을 잠정적으로 검토해 볼 필요가 있다.

중기생산능력계획은 주생산일정(MPS)을 기반으로 수립되는 개략적 생산능력계획과 MRP를 기반으로 세워지는 능력소요계획(Capacity Requirements Planning: CRP)으로 구분된다. [그림 13-3]은 MRP를 기반으로 하는 능력소요계획의 과정을 보여준다.

CRP의 기능과 적용 예시

CRP는 MRP에서 산출된 계획과 실제 생산능력 간의 균형을 유지하기 위한 계획이다. 이를 위해 CRP 시스템은 MRP 시스템에서 산출된 자재소요량을 바탕으로 작업장별로 해당 품목들을 생산하는 데 필요한 작업부하와 생산능력을 산정한다. 만약 이 과정에서 불균형상태가 발견되면 가용 생산능력을 확충하거나 자재 소요량을 조정하여야 한다.

그림 13-3 능력소요계획의 과정

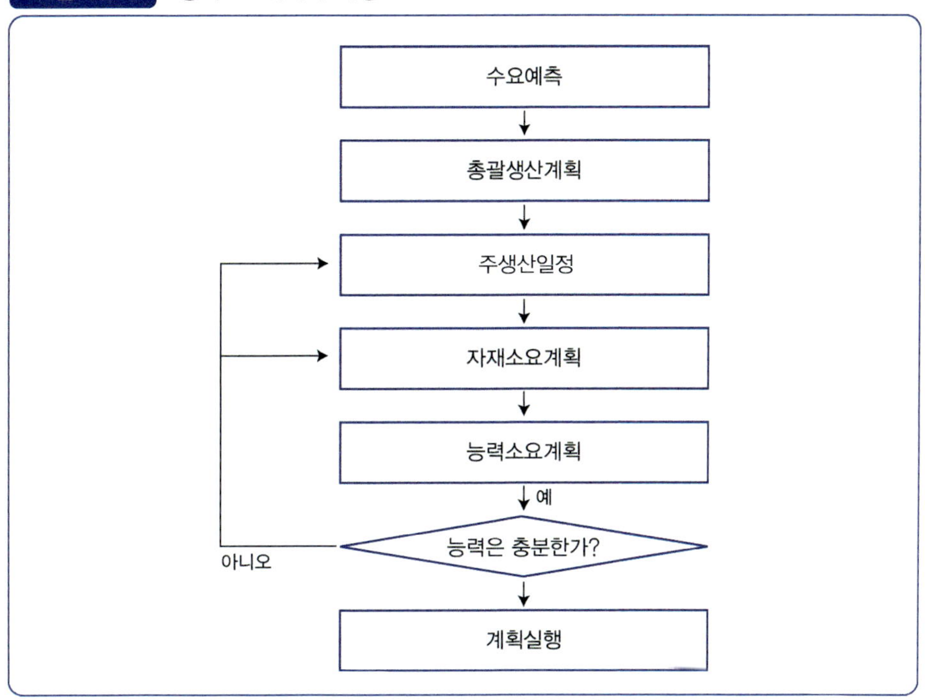

총괄생산계획과 주생산계획에 따라 확장된 최종제품의 생산량은 MRP 시스템을 통해 구성품들에 대한 임시 발주계획량으로 변환된다. CRP 시스템은 이러한 계획된 주문량을 작업장 단위의 기계와 노동의 작업부하로 전환한다. 이때 작업장별 생산능력이 충분하다면 MRP 시스템의 발주계획량이 확정되고 작업장에 생산을 지시한다. 반대로 생산능력이 부족하다면 잔업, 채용, 외주 등을 통해 생산능력을 확장하거나 주생산계획을 수정해야 한다.

다음은 MRP 데이터를 기반으로 CRP를 수행하는 예시이다. MRP에 의해 산출된 부품 B의 주문량과 주문시점의 정보를 바탕으로, 작업장 1에서의 기간별 요구 생산능력을 계산한다. 부품 B는 작업장 1에서 생산되며, 1개당 생산소요시간은 0.2시간으로 가정한다.

품 목 \ 주		5	6	7	8	9
B (LT=2)	총소요량			30	50	40
	재고보유량					
	순소요량			30	50	40
	발주계획량	30	50	40		

작업장 1의 CRP는 다음과 같이 작성된다.

	5	6	7	8	9
소요생산능력(시간)	6*	10	8		

* 30×0.2=6

여러 작업장에서 해당 부품을 생산하는 경우에는 작업장별로 할당된 분담 비율에 따라 소요량을 배분하여 작성한다.

	소요생산능력					
작업장	5주	6주	7주	8주	9주	작업장 분담
1	3.0	5.0	4.0	0	0	50%
2	1.8	3.0	2.4	0	0	30%
3	1.2	2.0	1.6	0	0	20%
	6.0	10.0	8.0	0	0	100%

위의 표에서 작업장 분담은 작업장별로 할당된 작업량의 비율(%)을 의미하며, 주별 소요 작업시간을 각 작업장에 배분할 때 활용된다. 예를 들어 5주에 요구되는 6시간은 작업장 1, 2, 3에 50%, 30%, 20%로 각각 할당된다.

개략적 생산능력계획

개략적 생산능력계획(Rough Cut Capacity Planning: RCCP)는 MRP 시스템을 도입하지 않은 기업에서도 활용할 수 있는데, 대표적인 기법으로는 포괄적 요소를 이용한 생산능력계획(CPOF), 자원개요(Resource Profiles), 생산능력계산서(Capacity Bills) 등이 있다.

- CPOF(Capacity Planning Using Overall Factors) 기법은 가장 단순한 형태로, 주별 주생산일정(MPS)을 기준으로 요구 생산량을 노동시간이나 기계시간으로 환산한 후, 과거 회계 자료를 기반으로 산정된 작업장별 할당률을 적용하여 작업장별 소요 생산능력을 추정한다.
- 생산능력계산서(Capacity Bills) 기법은 제품별 제품구조를 반영하여 각 작업장에서 특정 제품 생산에 필요한 노동시간 또는 기계시간을 산정한 다음 주별 MPS에 따라 작업장별로 소요 생산능력을 계산한다.
- 자원개요(Resource Profiles) 기법은 CPOF나 생산능력계산서 기법과 달리, 생산 리드타임까지 고려하여 보다 정밀하게 자원의 시간적 배분을 반영한다.

MRP II

모든 부품이 정확한 시간에 정확한 위치에 존재한다는 가정을 기반으로 하는 MRP는 자재의 필요 소요량과 필요 시점만을 계산하는 자재소요계획이므로 인력, 설비, 자금 등 다른 자원은 고려하지 못한다. 따라서 실제 생산능력을 반영하지 않아 자재소요계획이 수립되더라도 실행이 불가능한 경우가 많았으며 또한 생산계획이 재무계획이나 예산과 연계되지 않아 실행에 어려움을 초래하는 한계가 있었다.

이처럼 MRP는 주로 자재소요량을 계산하고 관리하는 시스템인 반면, 제조자원계획(Manufacturing Resource Planning)이라 불리는 MRP II는 MRP 기능을 확장하여 자재 외에도 설비, 자금, 인력 등 생산에 소요되는 모든 자원을 종합적으로 계획·관리하는 시스템을 의미한다. 즉 MRP II는 MRP를 포함하는 더 넓은 범위의 생산 관련 자원관리 시스템이라 할 수 있다.

MRP II의 궁극적인 목적은 조직 전체 차원에서 정보를 신속히 통합하고 공유하는 데 있다. 신속하고 다양한 정보에 접근할 수 있다면 보다 합리적인 의사결정을 내리고 외부환경변화에 더 신속하게 대응할 수 있다.

ERP의 개념 및 특징

전사적 자원관리(Enterprise Resource Planning: ERP)는 1970년도에 등장한 자재소요계획(MRP)에서 출발되었다. 1980년대에 등장한 MRP II는 기존 MRP를 확장한 개념이다. MRP II에서 발전한 ERP 시스템은 생산뿐만 아니라 마케팅, 인사, 회계, 정보 등 기업의 모든 자원을 효율적으로 관리하는 것을 주목적으로 한다. ERP는 기업의 인적·물적 자원을 통합적으로 관리함으로써 경쟁력을 강화하는 통합 정보 시스템이다. 이러한 ERP 시스템의 주요 특징은 다음과 같다.

- 통합성(Integration)

기업 내의 생산, 구매, 회계, 판매 등 모든 업무가 하나의 시스템에서 긴밀히 연결되어 실시간으로 상호 연동되는 업무처리를 가능하게 한다. 기존의 경영정보시스템(MIS)은 업무 단위로 개발되었기 때문에 개별 업무의 최적화에는 초점을 두었지만 기업 전체 차원의 통합적 최적화는 반영하지 못했다. 하지만 각 부문의 개별 최적화보다 부문 간 통합을 통한 전체 최적화가 중요하다. 기업의 실질적 경쟁력은 각 부문이 개별적으로 성과를 내는 데 있지 않다. 중요한 것은 각 부문이 유기적으로 연계되어 전체가 한 방향으로 움직이며 고객에게 최대의 가치를 제공하는 데 있다. 즉 각 부문의 개별 최적화보다 부문 간 통합을 통한 전체 최적화가 중요하다. 이러한 관점에서 ERP 시스템은 정보기술을 활용해 기업 내 모든 업무를 하나로 통합하고 실시간으로 처리함으로써 기업 전체의 최적화를 가능하게 한다.

- 모듈성(Modularity)

생산관리, 자재관리, 인사관리, 재무관리, 영업관리 등 다양한 모듈로 구성되어 있어 기업 상황에 맞게 모듈 단위로 선택적으로 도입하고 확장할 수 있다.

• 실시간 정보처리(Real-time Processing)

실시간으로 데이터를 처리하여 최신의 경영 정보를 제공하여 신속한 의사결정을 지원한다.

• 선진 프로세스(Best Practice)

ERP 패키지는 첨단 경영 기법과 세계 일류 기업의 모범 사례를 반영한 표준 업무 프로세스를 내장하고 있으므로, 이를 도입한 기업은 별도의 투자 없이도 비즈니스 프로세스 리엔지니어링(Business Process Reengineering: BPR) 효과를 얻을 수 있다.

• 신속대응(Quick Response)

ERP 시스템 도입 이전에는 생산, 구매, 자재 등 관련 부서들이 통합되지 않고 분리되어 있어 모든 부서의 결정을 기다려야 했기 때문에 고객의 주문 요청의 수용 여부를 결정하는 데 상당한 시간이 소요되었다. 그 결과 고객의 요구에 신속히 대응하지 못하여 고객은 다른 기업을 선택하는 판매기회 상실이라는 문제가 발생하였다. 그러나 ERP 시스템을 활용하면 고객으로부터 수문 요청을 받았을 때 해당 제품의 재고 및 생산 정보를 즉시 확인할 수 있으므로 주문과 동시에 수용 여부를 결정할 수 있어 신속한 대응이 가능해졌다.

• 유연성(Flexibility)

환경 변화에 따라 커스터마이징 및 외부 시스템과의 연계가 용이하다.

ERP 구축

ERP 시스템 구축 방법으로는 다음의 세 가지 접근 방식을 고려할 수 있다.

첫째, 컨설팅 전문 기관에 의뢰하여 업무 프로세스 재설계(BPR)를 먼저 수행한 후 그 결과를 바탕으로 전산시스템을 개발하는 방식이다.

둘째, 업무 프로세스 재설계(BPR) 결과에 부합하는 ERP 패키지를 선정하여 도입한다.

셋째, 별도의 BPR 없이 ERP 패키지를 직접 도입한다.

ERP 패키지는 산업별 특성에 맞는 선진 프로세스를 내장하고 있으므로 현재는 별도의 BPR 없이 자사에 적합한 ERP 패키지를 선정하는 방식이 일반적으로 사용된다. 기업들은 규모, 업종, 업무처리 방식 등에서 서로 다르지만 ERP 패키지 회사는 다양한 기업의 요구를 반영하기 위해 예상 가능한 대부분의 프로세스를 ERP 패키지에 포함시켜 두었기 때문에, 파라미터 설정(Parameter Setting)을 활용하여 기업의 경영환경에 적합하도록 필요한 기능을 선택하고 조정하는 과정인 커스터마이징이 필요하다. 이러한 커스터마이징을 기반으로 한 ERP 구축 방법에는 다음과 같은 유형이 있다.

첫째, 기존 업무처리 관행에 맞추어 ERP 패키지를 커스터마이징하는 방법으로, 도입 시 교육과 훈련 부담은 줄일 수 있으나 BPR 효과는 약화된다.
둘째, BPR을 실시한 후 이에 맞게 ERP 패키지를 커스터마이징하는 방법으로, 기업의 요구사항을 명확히 반영하여 ERP 도입 효과를 높일 수 있지만 ERP 패키지가 BPR을 지원하지 못할 경우 추가 모듈을 개발해야 하는 문제가 발생한다.
셋째, ERP 패키지의 표준 프로세스에 맞추어 BPR을 수행하는 방식으로, 단기적 효과는 얻을 수 있으나 조직 구성원의 저항 등의 위험에 직면할 수 있다.
넷째, BPR과 ERP 커스터마이징을 동시에 수행하는 방식으로, 시너지 효과를 극대화할 수 있으나 많은 비용이 소요된다는 단점이 있다.

<표 13-2>는 MRP, MRP II, ERP 간의 핵심적인 차이점을 비교하여 보여준다.

<표 13-2> MRP, MRP II, ERP의 비교

항목	MRP	MRP II	ERP
도입 시기	1960~70년대	1980년대	1990년대 이후
기반 시스템	자재소요계획	생산계획 및 자원관리 통합	전사적 자원관리 통합 시스템
적용 범위	생산 및 자재관리	생산, 자재, 인력, 설비 관리	생산, 재무, 인사, 영업, 공급망 등 전사적 업무
정보 흐름	주로 생산관련 내부 흐름	생산과 관련된 내부 흐름 확대	부서 간, 외부 공급망과의 통합 흐름
통합성	기능별 개별 시스템	생산 관련 기능 통합	데이터베이스 기반 전사적 통합
확장성	제한적	제한적이나 모듈화 시작	모듈 기반 확장성 뛰어남
중심 철학	자재관리 중심	자원관리 및 계획 중심	경영전략과 의사결정지원 중심
데이터 처리	일괄 처리	배치 처리	실시간 처리
기술 반영	초기 컴퓨터 시스템	컴퓨터 통합생산 시스템	최신 IT 기술(클라우드, 모바일, AI 등)

요약

- MRP 시스템은 주생산일정(MPS), 자재명세서(BOM), 그리고 재고기록파일을 기반으로 부품 및 부분품의 적절한 발주량과 발주시기를 결정한다.
- MRP 시스템의 보고서는 총소요량, 재고보유량, 순소요량, 발주계획량으로 구성된다.
- 총소요량은 완제품 생산에 필요한 전체 자재의 수량을, 순소요량은 총소요량에서 재고보유량을 차감한 실제 필요 수량을, 발주계획량은 순소요량을 충족시키기 위한 발주의 시기와 양을 의미한다.
- 대응발주량(LFL)은 발주계획량이 순소요량과 일치하는 방식, 경제적 주문량(EOQ)은 총재고비용(주문비용 + 재고유지비용)을 최소화하도록 발주하는 방식, 주기 주문량(POQ)은 일정한 주기 동안의 순소요량의 합을 발주하는 방식이고, 고정주문량(FLS)은 직관적으로 일정한 수량을 반복적으로 발주하는 방식이다.
- 안전 재고란 자재의 도착 지연, 제조나 조립 시간의 지연, 불량품 발생 등의 불확실성에 대비하기 위해 보유하는 물품이다.
- 조달기간이 불확실한 경우에는 안전 시간을, 소요량이 불확실한 경우에는 안전 재고를 고려하는 것이 효과적이다.
- 중기 생산능력계획은 MPS에 기반한 개략적 생산능력계획과 MRP에 기반한 능력소요계획으로 구분된다.
- 개략적 생산능력계획(RCCP)은 MPS를 기반으로 개략적인 자원의 요구량을 파악하는 활동인 반면, 능력소요계획(CRP)은 MRP에 의해 생성된 자재소요계획을 기반으로 구체적으로 자원에 대한 요구량을 계산하는 활동이다.

- MRP는 자재소요계획에 중점을 둔 시스템이었으나 이후 생산능력, 인사, 재무 등 기업 자원의 전반을 통합적으로 관리할 수 있도록 확장되어 MRP II로 발전하였다.
- MRP II는 자재소요량계획(MRP)을 확장하여 생산, 재고, 구매, 재무 등 기업의 다양한 자원을 통합 관리하는 시스템이다.
- ERP는 제조, 구매, 판매, 회계, 재무, 인사 등 기업의 다양한 부서 및 기능별 업무를 하나의 통합된 데이터베이스와 소프트웨어 플랫폼상에서 통합 관리함으로써 정보의 실시간 공유와 업무 프로세스의 최적화를 가능하게 한다.

학습문제

01. MRP 시스템으로 기대할 수 있는 효과는 무엇인가?

02. MRP 시스템을 효과적으로 운영하기 위해 요구되는 자료에는 무엇이 있는가?

03. MRP의 주 보고서에 포함되는 항목들은 어떠한 것들이 있는가?

04. 순소요량은 어떻게 결정되나?

05. 발주시기는 어떻게 계산되나?

06. 로트 크기 결정 방식에는 어떠한 방법들이 있는가?

07. Lot for Lot 방법은 로트의 크기를 어떻게 결정하나?

08. POQ 방법은 로트의 크기를 어떻게 결정하나?

09. MRP는 수요 및 조달기간 등 불확실성에 대해 어떤 방식으로 대응하는가?

10. MRP 시스템의 장점과 단점에는 어떠한 것들이 있는가?

11. 능력소요계획이란 무엇인가?

12. 개략적 생산능력계획(RCCP)와 능력소요계획(CRP)의 차이점을 설명하라.

13. MRP II를 설명하라.

14. ERP를 설명하라.

15. MRP, MRP II, ERP를 비교하라.

Chapter 14

품질경영

학습목표

1970년대의 일본과 1990년대 미국의 경제부흥은 모두 품질 우선주의 전략에서 비롯되었다. 오늘날 글로벌시장의 중요한 변화 중의 하나는 소비자와 시장의 개념이 국가와 기업을 차별화하지 않는다는 것이다. 이와 같이 국경 없는 경쟁체제에서 기업이 생존하기 위한 기본 조건 중의 하나가 바로 품질이다. 따라서 기업은 급변하는 경영환경에서 품질을 기업의 지속 가능한 생존을 위한 핵심 경쟁력으로 인식하여야 한다. 본 장에서는 초일류 생산시스템을 구현하기 위해 요구되는 지속적 품질개선 방안을 살펴본다.

품질의 개념

품질의 사전적 의미는 “제품이나 서비스가 사용 목적 혹은 사용자의 요구를 만족시키고 있는지를 판단할 때 평가의 대상이 되는 고유 성질의 전체”를 의미한다. 이처럼 품질은 매우 복잡한 개념이므로 제품이나 서비스와 관련된 이해당사자에 따라 서로 다른 정의가 사용될 수 있다. 따라서 품질은 다음과 같이 네 가지 개념으로 구분하여 살펴볼 수 있다.

- 생산 관점의 품질(Manufacturing–Based Quality)

설계명세서나 요건에 대한 일치성(Compliance with Specifications/Requirements)으로 품질을 정의하는 관점이다. 설계명세서나 요건에 일치하는 정도에 따라 고객에게 제공된 제품이나 서비스의 품질이 결정되어야 한다고 판단하는 관점이다. 즉 제품이나 서비스는 설계자에 의해 규정된 요건에 일치할수록 품질이 높다고 정의하는 견해이다.

- 고객 관점의 품질(User–Based Quality)

사용 적합성(Fitness to Use) 또는 묵시적 요구에 대한 적합성(Fitness to Latent Requirements)으로 품질을 정의하는 관점이다. 즉 고객 만족도를 품질의 주요 척도로 삼는다. 고객의 명시적 요구뿐 아니라 암묵적 기대까지 충족할수록 품질수준은 높다고 보는 견해이다.

- 가치 관점의 품질(Value–Based Quality)

가치 관점은 가격 대비 성능을 기준으로 품질을 정의하는 관점이다. 즉 제품이나 서비스가 지불한 가격에 부합하는 성능이나 특성이 많을수록 품질이 높다고 본다. 다시 말해 가격에 비해 유용성이 클수록 해당 제품이나 서비스의 품질 또한 높게 평가된다.

• 사회적 관점의 품질(Society-Based Quality)

사회적 관점은 다구치(Taguchi)가 주창한 바와 같이 품질을 사회에 끼치는 손실의 크기로 품질을 정의하는 관점이다. 품질이 낮을수록 사회적 손실이 커지므로 제품이 사회적 책임을 다하는 정도에 따라 품질이 평가되어야 한다는 견해이다. 따라서 사회적 비용의 최소화가 기업의 품질목표로 설정되어야 함을 강조한다. 이러한 다구치의 정의는 품질에 대한 관점의 범위를 넓히는 계기가 되었다.

품질비용

품질비용의 개념

쥬란(Juran)은 품질비용의 개념을 불량으로 인한 재작업, 폐기된 원자재, 고객 불만으로부터 초래되는 손실 등을 회피 가능한 비용(Avoidable Cost)으로 보고, 이를 금광에 묻힌 황금(Gold in the Mine)으로 비유하였다. 이는 처음부터 올바른 작업을 수행하면 품질비용이 발생하지 않으므로 품질비용 자체가 이익의 원천이 되어 기업 이익은 증가할 수 있다는 점을 강조한다. 이러한 관점에서 그는 품질비용을 화폐 단위로 표현할 때 품질 문제의 심각성을 가장 명확히 인식시킬 수 있으므로, 품질관리를 위한 가장 효과적인 수단이 품질비용이라고 주장하였다.

품질비용은 크게 적합 품질비용(Conformance Cost)과 비적합 품질비용(Nonconformance Cost)의 두 가지 범주로 구분되며, 이들은 다시 [그림 14-1]과 <표 14-1>과 같이 네 가지 세부 항목으로 구분된다.

그림 14-1 품질비용

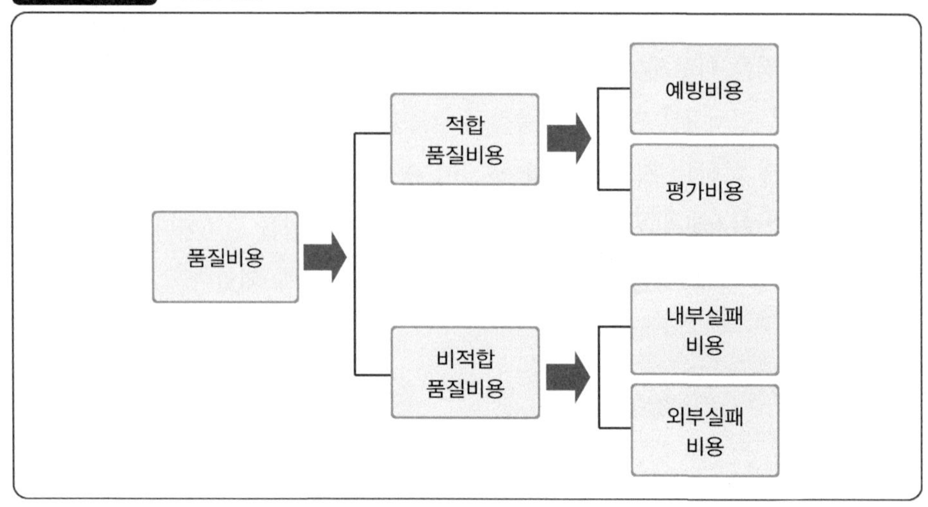

1. 예방비용(Prevention Cost)

불량이 발생하지 않도록 하는 비용이다. 즉 계획, 교육, 훈련, 설계 등과 같은 예방 활동에 수반되는 비용을 의미한다. 예로는 자격 있는 종업원의 선발, 품질시스템의 운영, 품질계획, 품질 교육 및 훈련 프로그램의 운영, 외부 품질 자문, 품질 인증 획득 등에 관련된 비용 등이 포함된다.

2. 평가비용(Appraisal Cost)

품질목표 달성 여부를 판단하기 위해 현재의 품질 상태를 확인하는 데 소요되는 비용이다. 즉 검사, 감사, 점검 등 품질을 확인하기 위한 활동에 수반되는 비용이다. 예로는 정기 및 수시 검사, 품질 평가에 필요한 자료 수집 및 분석, 공급자들의 공장 및 자재의 검사 등에 관련된 비용을 포함한다.

3. 내부 실패비용(Internal Failure Cost)

제품이나 서비스가 고객에게 전달되기 전에 부적합 품질을 시정하는 데 소요되는 비용이다. 예로는 폐기된 양식 및 보고서, 불량품의 재작업, 불량품 대책 수립, 불량품에 투입된 노동이나 재료 등에 관련된 비용을 포함한다.

4. 외부 실패비용(External Failure Cost)

제품이나 서비스가 고객에게 불량으로 전달된 후에 부적합 품질을 시정하는 데 드는 비용, 즉 고객 불만을 해소하거나 보상하는 활동과 관련된 비용이다. 예로는 수리나 교환, 고객 이탈, 부정적 소문, 고객과의 소송, 미래 고객 상실, 미래 사업 상실, 잉여 재고 및 유휴설비 등과 관련된 비용을 포함한다.

<표 14-1> 품질비용의 비교

구분	정의 및 목적	주요 항목 예시
예방비용	결함을 사전에 방지하기 위한 비용	- 품질계획 수립 및 시스템 운영 - 품질 교육 및 훈련 - ISO 인증 등
평가비용	품질수준을 측정하고 확인하는 데 드는 비용	- 수입검사 및 공정 검사 - 품질시스템 점검 - 계측 장비 유지 등
내부실패비용	고객에게 전달되기 전 품질 문제로 인한 비용	- 재작업 및 불량 분석 - 결함 제품 폐기 - 반품 제품 재수리 및 교환 등
외부실패비용	고객에게 전달된 후 품질 문제로 인한 비용	- 고객 불만 및 보상 - 반품, 수리, 교환 - 이미지 회복 비용, 고객 이탈 등

보이지 않는 품질비용

제품의 경우 반품, 환불, 수리, 교환 등의 절차를 통해 고객 불만을 일정 부분 해소할 수 있다. 그러나 서비스는 제품과는 다른 고유의 특성상 제품과 같은 방식으로 고객 불만을 처리하기 어렵기 때문에 품질관리에 더 큰 어려움이 따른다. 그럼에도 많은 기업은 품질의 중요성과 그로 인한 위험의 심각성을 충분히 인식하지 못해, 품질수준 향상을 위한 노력을 소홀히 하는 경향이 있다.

이는 대부분의 기업이 품질 관련 비용 중 환불, 반품, 수리 등과 같은 눈에 보이는 실패비용, 즉 직접적이고 측정 가능한 비용에만 주목하기 때문이다. 그러나 실제로는 다음과 같은 보이지 않는 실패비용이 전체의 약 90%를 차지하는 것으로 추정되므로 드러나는 실패비용은 빙산의 일각에 불과하다.

- 부정적 구전
- 법적 분쟁 및 배상
- 시장점유율 하락
- 신뢰 상실
- 판매기회 상실

[그림 14-2]에서 수면 아래에 존재하는 보이지 않는 비용은 기업의 품질 문제해결 시 반드시 고려하여야 할 핵심 비용이다. 품질 문제해결에 있어 보이는 품질비용 절감에만 집중해서는 안 되고 진정한 품질경영은 눈에 보이지 않는 비용을 관리하는 것에서 출발해야 한다.

1: 10: 100의 법칙

페덱스(FedEx)는 '1:10:100 법칙'이라는 품질관리 원칙을 운영하고 있다. 품질비용에는 예방비용, 평가비용, 실패비용이 있는데, 다음과 같이 예방비용이 1이라면 평가비용은 10, 실패비용은 100에 달한다는 의미이다.

그림 14-2 실패비용의 빙산

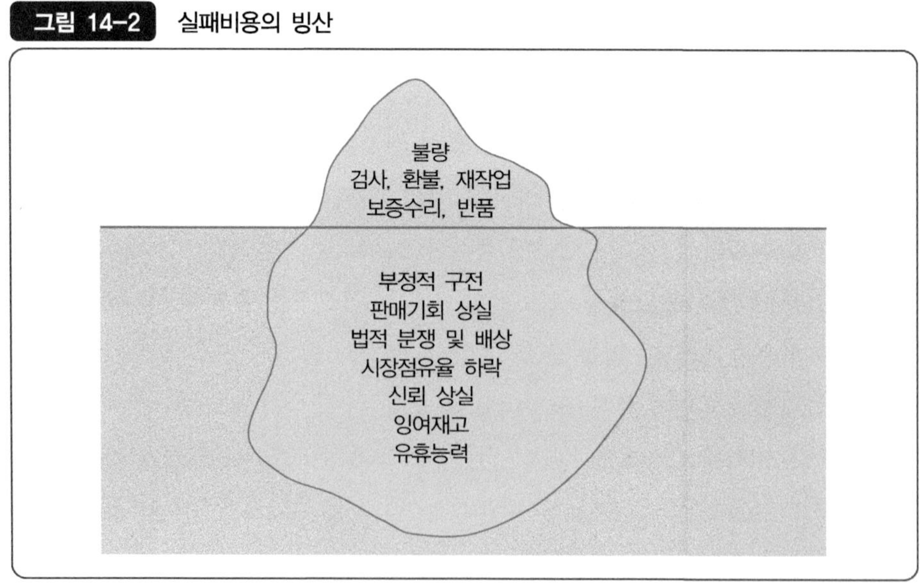

- 1: 불량이 발생했을 때 이를 즉시 수정하는 데 소요되는 비용
- 10: 불량을 숨기거나 무시한 채 시장에 출시될 때 소요되는 비용
- 100: 불량이 고객 손에 들어갈 때 소요되는 비용

이는 작은 실수라도 방치하면 문제가 점차 확대되어 비용이 기하급수적으로 증가하므로, 경미한 문제라도 발생 즉시 간과하지 않고 반드시 조치해야 한다는 점을 강조한다. 따라서 품질비용을 최소화하려면 다음 활동들을 단계적으로 수행해야 한다.

- 예방 : 고객 불만을 유발할 수 있는 품질 불량은 철저한 품질관리 활동과 교육을 통해 처음부터 발생하지 않도록 해야 한다.
- 평가 : 예방이 미흡해 불량이 발생한 경우 철저한 검사와 결함 발견으로 불량품이 고객에게 전달되지 않도록 해야 한다.
- 실패 : 평가활동이 실패하여 불량이 고객에게 전달된 경우 신속한 서비스 회복에 집중해야 한다.

이는 작은 결함을 방치하면 이후 최대 100배의 비용이 발생하지만, 즉시 조치하면 비용을 1/100 수준으로 절감할 수 있음을 강조한다. 따라서 품질비용을 최소화하기 위해서는 예방에 더욱 주력해야 한다.

품질비용곡선

품질수준이 높아질수록 예방비용이나 평가비용과 같은 적합품질비용은 증가하고 동시에 내부실패비용이나 외부실패비용과 같은 비적합품질비용은 감소하게 된다. [그림 14-3]의 왼쪽에 나타난 전통적 품질비용모형에서는 적합품질비용과 비적합품질비용이 교차하는 지점이 총 품질비용을 최소화하는 최적 품질수준이다.

그림 14-3 품질비용과 최적수준

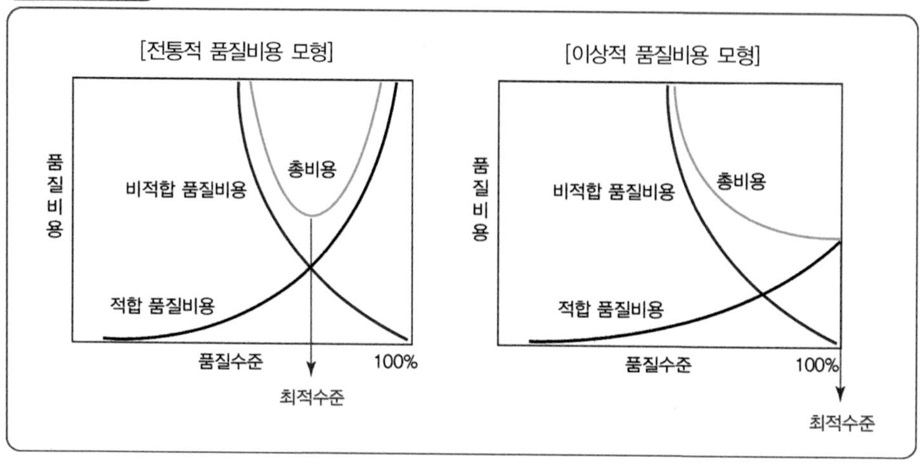

쥬란(Juran)은 이 지점을 지나서 무결점(Zero Defects)을 추구하는 것은 현실적으로 비경제적이라 보았다. 그 이유는 무결점 달성을 위해 소요되는 추가적인 적합품질비용이 비적합품질비용의 감소로 인해 얻을 수 있는 이익보다 더 크기 때문이다.

[그림 14-3]의 오른쪽에 제시된 이상적 품질비용모형은 무결점이 오히려 총품질비용을 최소화할 수 있는 수준으로 본다. 이 관점은 단순히 검사를 통해 오류를 찾아내어 수정하는 방식에서 벗어나, 처음부터 결함이 발생하지 않도록 예방함으로써 총비용을 줄일 수 있다는 접근이다. 대표적인 주창자인 크로스비(Crosby)는 전통적인 평가 중심의 접근이 오히려 높은 비용을 유발한다고 보았으며, 무결점을 실현하기 위한 핵심 전략은 예방 기술의 개선에 있다고 강조하였다.

[그림 14-4]는 적합품질비용과 품질수준 사이의 관계를 시각적으로 설명하고 있다. 전통적 품질관리에서는 품질수준의 향상을 위해 평가비용에 중점을 두었지만, 크로스비는 이와는 달리 예방 중심의 품질관리를 통해 총품질비용을 절감할 수 있다고 보았다. 그에 따르면 예방활동의 강화는 평가비용은 물론 전체 품질비용도 감소시킬 수 있으므로 무결점의 실현도 충분히 가능하다는 것이다.

[그림 14-5]는 평가비용과 실패비용 간의 관계를 보여준다. 첫 번째 그림은 평가비용에 아무리 많이 투자하더라도 이미 발생한 불량품 자체를 줄일 수는 없다는 점을 나타낸다. 즉 평가비용을 많이 들이면 불량품을 더 많이 발견할 수는 있지만, 이는

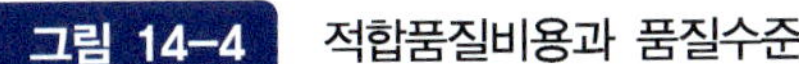

그림 14-4 적합품질비용과 품질수준

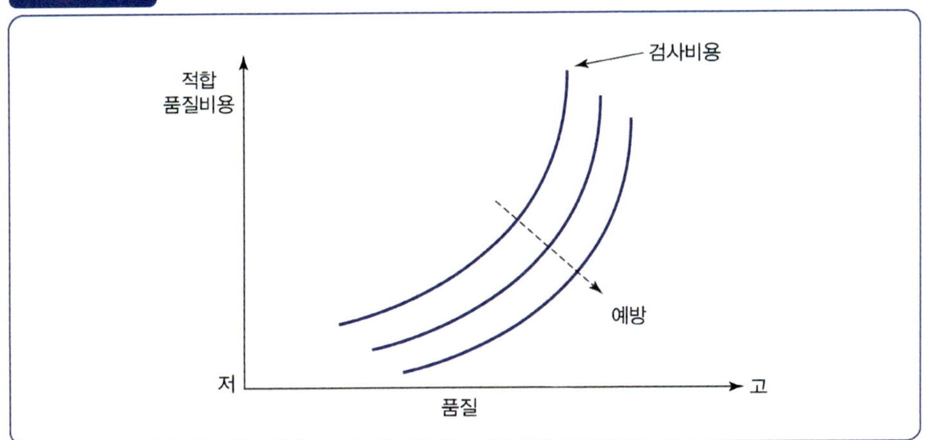

어디까지나 사후적인 조치일 뿐 불량품 발생을 근본적으로 줄이는 데는 한계가 있다.

따라서 평가비용이 증가하면 검사를 통해 불량품을 많이 찾아내어 고객에게 전달되지 않도록 사전에 차단하므로 외부실패비용은 감소하게 된다. 그러나 이 과정에서 불량품을 폐기하거나 새로이 생산해야 하므로 내부실패비용은 증가하게 된다.

그림 14-5 평가비용과 실패비용

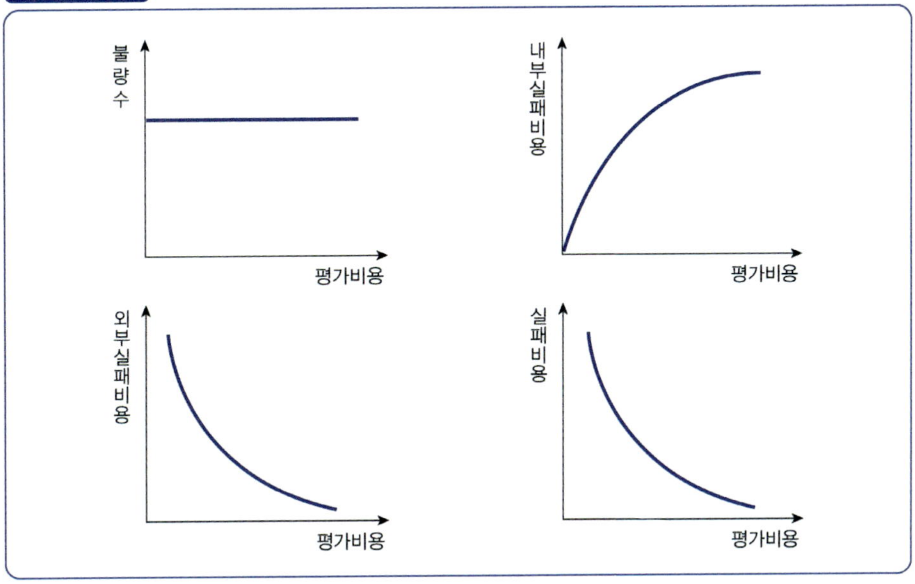

[그림 14－6]은 예방비용과 실패비용 간의 관계를 보여준다. 예방비용에 많이 투자할수록 불량품의 발생 빈도가 감소하고, 그에 따라 실패비용 역시 감소한다. [그림 14－5]의 평가비용과는 달리 예방비용은 문제 발생 이전 단계에서 품질 문제를 차단하는 데 초점이 맞춰져 있으므로 불량품 발생 자체를 줄이는 효과가 있다. 이로 인해 내부실패비용은 물론 외부실패비용까지 함께 줄어드는 결과를 가져온다.

따라서 최소의 품질비용으로 최대의 품질수준을 달성하기 위해서는 사후적 평가 중심의 접근보다는 사전적 예방 중심의 접근이 효과적이다. 다시 말해 품질관리를 위한 투자는 평가 활동보다는 예방 활동에 집중하는 것이 타당하다.

하지만 품질비용의 효과적 활용에는 여러 제약이 따른다. 첫째, 품질을 비용으로 환산하여 정밀하게 측정하는 것은 어렵다. 둘째, 불량 발생 시점과 실패비용 파악 시점이 달라 불량의 원인을 규명하기 어렵다. 셋째, 예방비용과 평가비용이 실패비용에 미치는 영향을 명확히 구분하기 어렵다. 넷째, 예방비용의 개념은 무형적이며 다소 모호하다. 다섯째, 예방비용의 효과를 객관적으로 규명하기는 어렵다. 마지막으로 비용별로 품질개선에 미치는 구체적 영향은 명확히 규명되기 어렵다.

그림 14-6 예방비용과 실패비용

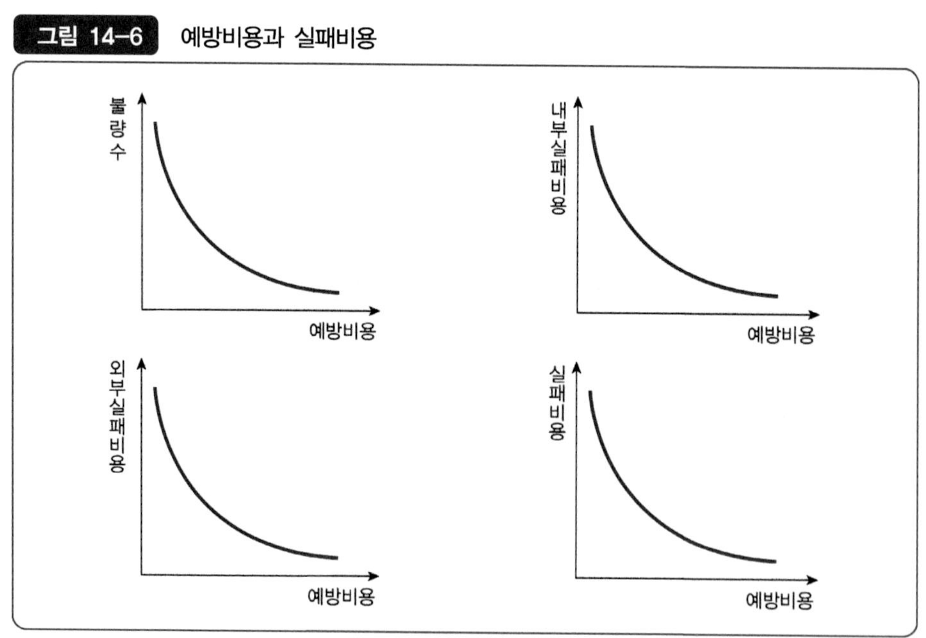

관리도

품질 변동의 원인

같은 작업자가 동일한 기계, 절차, 원료를 사용하더라도 생산된 제품이나 서비스의 품질은 항상 일정하게 유지되지는 않는다. 이러한 품질 변동은 제조 및 서비스 공정에서 불가피하게 발생하는데, 그 원인은 [그림 14-7]과 같이 우연 원인과 이상 원인이라는 두 범주로 나누어 설명할 수 있다.

첫째, 우연 원인(Chance Causes)은 철저한 관리하에서도 자연스럽게 발생하는 통계적 변동의 원인으로, 대개 허용오차 범위 내에 존재하며 일정 수준의 예측 가능성을 지닌다. 주된 예로는 작업 환경의 차이, 작업자 숙련도의 편차, 재료 간 미세한 품질 차이, 동일 설비 간의 차이, 장비의 미세한 진동, 기후·온도·습도 등의 미세한 변화 등이 있다. 우연 원인에 의한 공정은 통계적으로 안정된 상태(State of Statistical Control)에 있다고 판단한다.

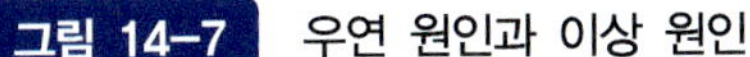
그림 14-7 우연 원인과 이상 원인

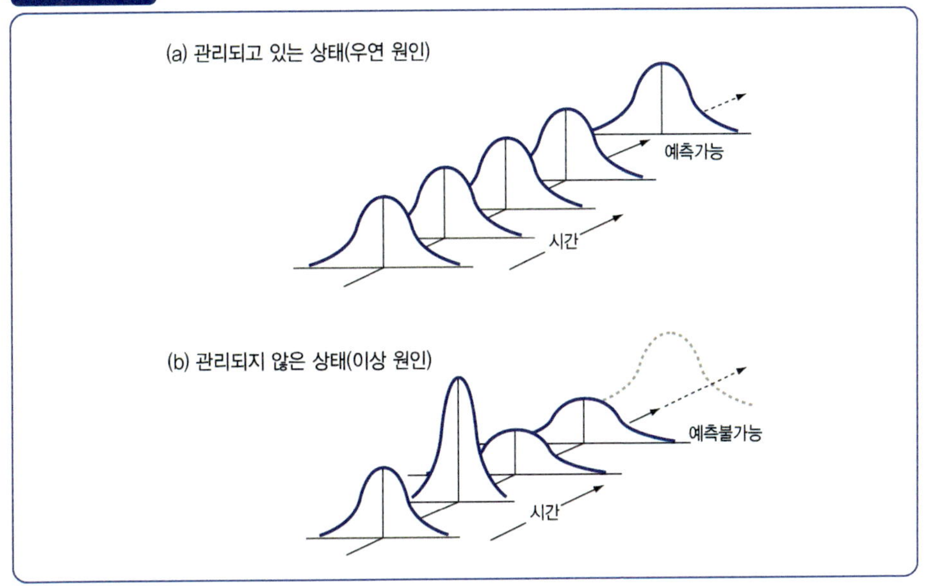

둘째, 이상 원인(Assignable Causes)은 만성적이 아닌 산발적으로 발생하며 품질 변동에 큰 영향을 주는 요인이므로 우선적으로 제거해야 할 원인이다. 주된 예로는 작업자의 부주의, 생산 설비의 이상, 불량 자재 사용, 작업조건 미준수 등으로 발생하며 우연 원인보다 비교적 발견과 해결이 용이하다. 이는 공정의 정상 변동 범위를 벗어나게 하여 통계적으로 통제 불능 상태(Out of Statistical Control)를 만든다.

관리도의 목적

관리도(Control Chart)는 품질 산포가 목표 품질수준의 허용 범위 내에서 발생한 우연 원인에 의한 것인지 아니면 그 범위를 벗어난 이상 원인에 의한 것인지를 구별해 주는 도구로 활용된다. 이를 통해 공정 상태를 파악하여 필요하다면 합당한 조치를 할 수 있다. 만약 변동이 우연 원인에 의한 것이라면 공정을 유지해도 되지만 이상 원인이 개입된 경우라면 즉각적인 시정 조치가 필요하다.

관리도는 [그림 14-8]과 같이 중심선(Center Line), 관리상한선(Upper Control Limit, UCL), 관리하한선(Lower Control Limit, LCL)으로 구성된 그래프로, 일정 시간 간격으로 측정된 품질 특성치를 시계열적으로 표시한다. 제품이나 서비스의 품질 특성치를 측정하여 관리도에 타점한 후, 이 값들이 특이한 패턴 없이 관리한계선 내에 존재한다면 해당 공정은 안정된 상태로 간주된다. 그러나 측정값이 관리상한선이나 관리하한선을 벗어나거나 다음에 설명할 특이 패턴을 보인다면 이상 상태로 판단되어 원인을 조사하고 즉시 공정 개선 활동이 이루어져야 한다.

그림 14-8 품질관리도의 예

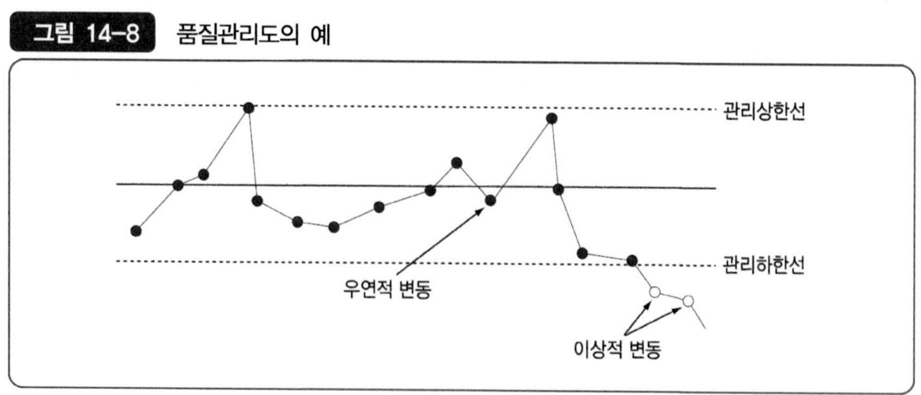

관리도의 판단기준

관리도를 작성한 후에는 이를 활용하여 해당 공정이 관리 상태에 있는지를 판단해야 한다. 공정이 안정된 상태라면 그대로 유지할 수 있으나 만약 이상 상태로 확인된다면 반드시 그 원인을 찾아 제거해야 한다. 공정이 관리상태에 있는지를 판정하기 위한 기준은 다음과 같다.

첫째, 측정된 값들이 관리한계선을 벗어나지 않아야 한다.
둘째, 측정된 값들의 배열에 특이 패턴이 없어야 한다.

반대로 [그림 14-9]와 같은 특이 패턴이 관찰되면 공정에 이상 원인이 존재할 가능성이 있으므로 조사가 필요하다.

- 추세(Trend) : 점들이 일정 방향(상향 또는 하향)으로 연속 이동
- 주기(Cycle) : 점들이 일정 간격으로 반복되는 형태를 형성
- 런(Run) : 점들이 중심선의 한쪽에만 연속적으로 나타남
- 군집(Clustering) : 점들이 한계선 근처나 중심선 근처에 집중되거나 퍼져 있음

공정이 계획대로 수행되고 있는지를 판단하기 위한 기법으로 사용되는 관리도의 주요 목적은 이상 변동으로 인해 불량품이 대량으로 생산되기 전에 이를 조기에

그림 14-9 불안정 상태에 있는 공정

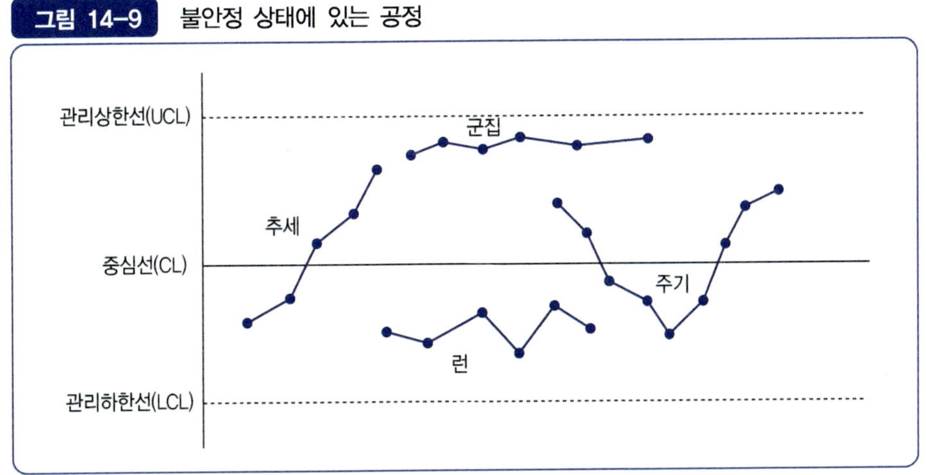

발견하고 필요한 조처를 함으로써 최상의 적합품질을 유지하는 데 있다.

공정이 계획대로 수행되지 않고 있는 경우에는 문제를 파악하기 위한 조사 활동과, 이를 수정하기 위한 보정 활동이 필요하다. 반면 공정이 계획대로 잘 수행되고 있다면 불필요한 변화나 개입은 삼가야 한다. 따라서 공정에 어떤 조치가 필요한지를 판단하기 위해서는 우선 공정의 현재 상태를 관리도를 통해 정확히 파악하여 그 공정이 계획대로 진행되고 있는지를 확인하여야 한다.

관리도의 유형

품질관리에 사용되는 자료는 그 특성에 따라 [그림 14−10]과 같이 두 유형으로 구분된다.

첫째, 계량치는 길이, 무게, 온도 등과 같이 연속적으로 측정 가능한 수치로, 측정기를 통해 정량적으로 측정된다. 이러한 계량치는 연속분포를 따른다.

둘째, 계수치는 불량의 개수처럼 이산적으로 측정되는 값으로, 측정이 아닌 개수의 형태로 셀 수 있는 정보이다. 계수치는 이산분포를 따른다.

그림 14−10 관리도의 종류

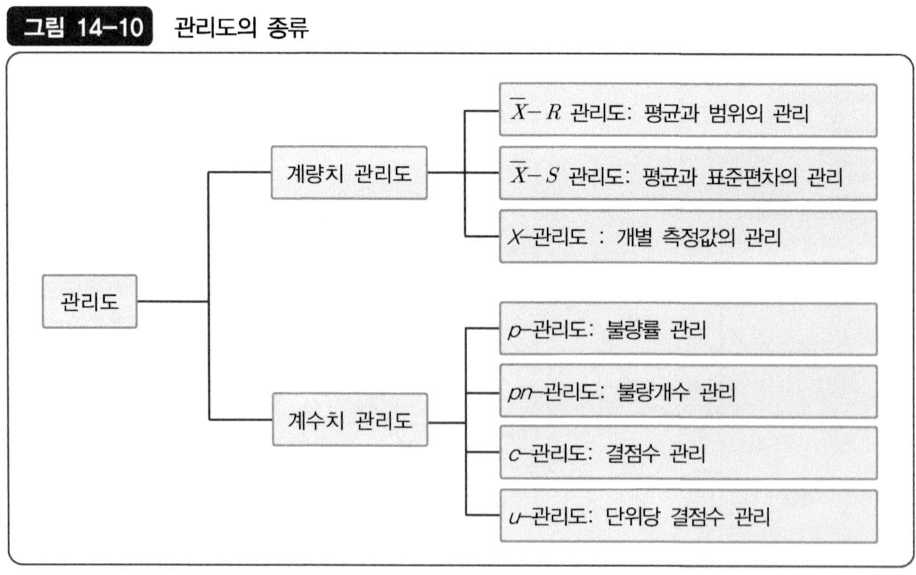

자료의 성격이 다르므로 관리도 또한 사용되는 자료의 유형에 따라 구분되어야 한다. 계량치와 계수치의 특성에 따라 알맞은 관리도를 선택하여 공정을 관리함으로써 더 정밀하고 효과적인 품질관리가 가능하다.

관리한계선 설정

품질관리에서는 자료의 유형에 따라 적절한 확률분포를 적용하여야 한다. 계량치(예: 길이, 무게, 강도 등) 관리도는 일반적으로 정규분포를 기반으로 하며, 계수치(예: 결점 수, 불량 수 등) 관리도는 이항분포 또는 포아송분포를 사용한다.

정규분포를 사용하여 계량치 관리도를 작성하는 과정은 다음과 같다.

① **중심선 설정** : 자료의 평균값으로 설정한다.

② **표준편차 계산** : 자료의 표준편차를 계산한다.

③ **관리한계 계산** : 중심선 ±3 표준편차로 관리의 상한선과 하한선을 계산한다.

- 관리상한선(UCL) = 평균 + 3σ
- 관리하한선(LCL) = 평균 − 3σ

예를 들어 평균이 100이고 표준편차가 5일 때 상한선과 하한선은 다음과 같다.

- UCL = 100 + (3 × 5) = 115
- LCL = 100 − (3 × 5) = 85

④ **관리도 작성** : 계산된 관리한계를 이용하여 관리도를 작성하고 자료를 타점한다.

관리한계선은 품질변동의 원인이 우연한 것인지 이상에 의한 것인지를 판단하는 역할을 하는데, 측정값이 평균에서 표준편차의 3배 이상 벗어나면 이상 원인이 있다고 판단한다. 이는 정규분포를 기준으로 할 때, 공정에 우연 원인만 존재한다면 관리한계선 밖으로 측정값이 허용한계를 벗어날 확률은 단 0.27%이다. 즉 관리한계선 밖으로 벗어나면 99.73%의 확률로 이상 원인이 존재한다고 볼 수 있다. 평균으로부터 $\pm1\sigma$, $\pm2\sigma$, $\pm3\sigma$ 구간에 포함될 확률은 각각 68.26%, 95.46%, 99.73%이다. 이러한 정규분포와 관리도의 관계는 [그림 14-11]과 같다.

그림 14-11 정규분포와 관리도

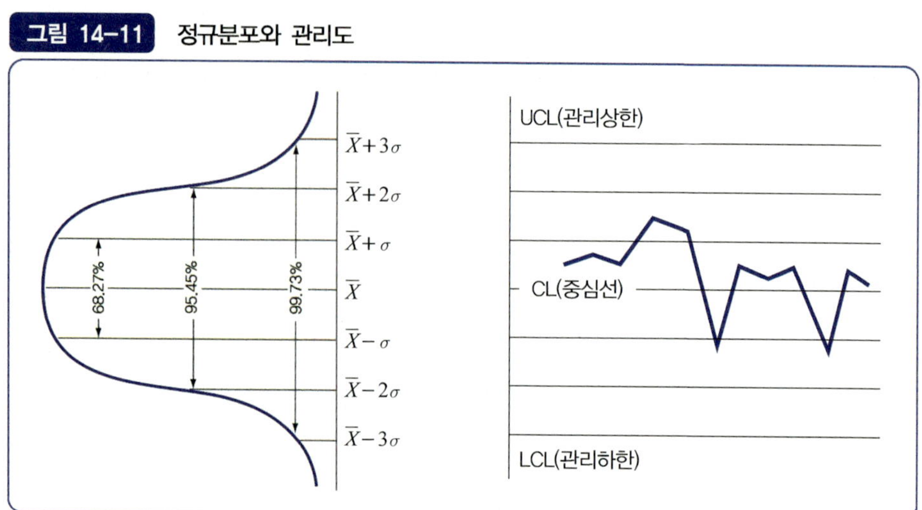

[그림 14-12]는 처리시간 자료로 작성된 관리도의 예이다. 공정이 안정된 상태에서는 계량치 자료를 히스토그램으로 나타내면 좌우대칭의 정규분포 형태를 갖는다.

그림 14-12 처리시간에 대한 관리도

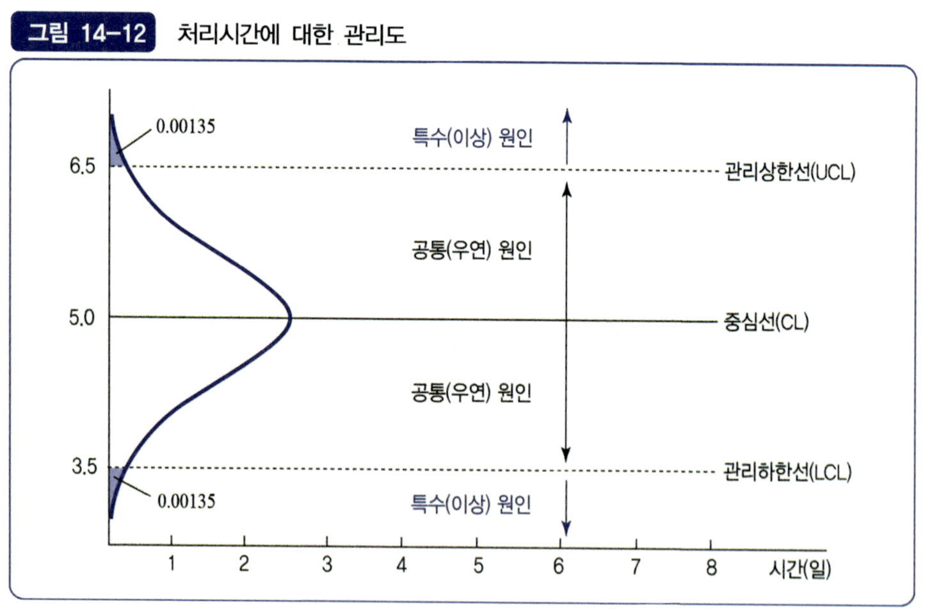

관리도 작성법

통계적 품질관리를 위해 관리도를 작성하는 절차는 다음과 같다.

① 품질 특성치의 결정

제품 및 서비스의 성과는 품질 특성치를 통해 측정 및 평가된다. 따라서 공정을 정확하게 분석하고 평가하기 위해서는 해당 공정에 적합한 품질 특성치를 선정하는 것이 필수적이다. 예를 들어 길이, 무게, 강도와 같은 물리적 특성뿐만 아니라 정시배송률, 고객 불평 건수, 반품률, 고객 대기시간, 고객 만족도, 불만 처리시간 등도 서비스품질을 평가하는 품질 특성치로 활용될 수 있다.

② 과거 자료의 수집

품질관리에 필요한 자료는 특성에 따라 크게 두 가지로 분류할 수 있다. 첫째, 계량치는 길이, 무게 시간 등과 같이 측정기를 통해 연속적으로 측정할 수 있는 값으로 연속분포를 따른다. 둘째, 계수치는 불량품의 개수, 결점수 등과 같이 헤아릴 수 있어 이산적으로 측정되는 값으로 이산분포를 따른다. 과거 자료를 수집하는 목적은 품질 특성치의 평균과 분산을 추정하는 데 있다.

③ 관리한계선의 설정

일반적으로 $\pm 3\sigma$ 범위가 사용되며, 이는 공정이 통제 상태에 있을 때 약 99.73%의 자료가 이 범위 내에 존재함을 의미한다. 예를 들어 평균이 10.0, 표준편차가 0.5일 경우 관리한계의 범위는 다음과 같다.

관리상한선(UCL): 10.0 + (3 × 0.5) = 11.5

관리하한선(LCL): 10.0 − (3 × 0.5) = 8.5

④ 자료의 타점

새로 측정된 품질 특성치를 시간 순서대로 관리도에 타점한다. 예를 들어 지난

7일간의 작업소요시간이 다음과 같다고 가정한다.

10.3, 9.4, 9.0, 9.2, 9.8, 10.2, 10.9

이를 순차적으로 표시한 관리도는 [그림 14－13]에 제시되어 있다.

⑤ 공정 상태의 판단

관리도에 타점한 결과, 타점이 관리한계선 바깥에 위치하거나 [그림 14－9]와 같이 특이한 패턴이 나타난다면 해당 공정은 통제되지 않은 상태로 간주된다. 이 경우 이상 원인을 규명하고 적절한 시정 조치를 통해 공정이 다시 통제 상태에 도달하도록 해야 한다. 반면 타점 결과가 관리한계 내에 특이 패턴 없이 고르게 분포되어 있다면 현재의 공정은 통제 상태에 있는 것으로 판단할 수 있다. 예제는 모든 타점이 관리한계선 안에서 특이 패턴을 보이지 않으므로 공정은 안정상태에 있다고 할 수 있다.

⑥ 관리도의 갱신

공정 환경은 시간의 흐름에 따라 변동 가능성이 있으며, 이에 따라 공정의 평균값과 표준편차 역시 영향을 받아 변화할 수 있다. 따라서 주기적으로 최신 자료를 수집하여 평균과 표준편차를 재산정하고, 이를 기반으로 관리도를 갱신하여 공정을 관찰해야 한다.

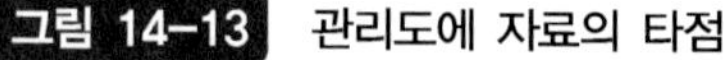
그림 14-13 관리도에 자료의 타점

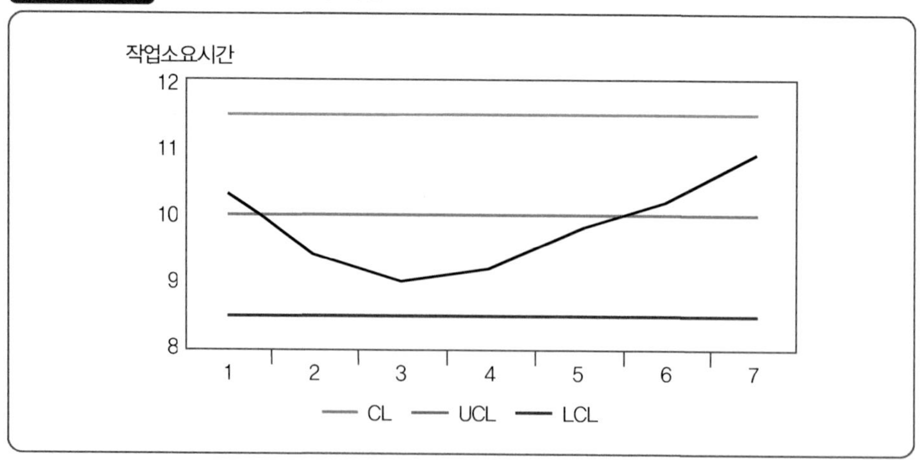

엑셀 관리도 작성

앞의 작업소요시간의 예제를 가지고 엑셀로 관리도를 작성하는 방법에 관해 살펴보기로 한다. 엑셀에 관리도(X-bar), 평균(CL), 관리상한선(UCL), 관리하한선(LCL)을 입력해 준다. 그리고 A1:D8까지를 마우스로 영역 지정을 한다.

	A	B	C	D	E
1	X-bar	CL	UCL	LCL	
2	10.3	10	11.5	8.5	
3	9.4	10	11.5	8.5	
4	9	10	11.5	8.5	
5	9.2	10	11.5	8.5	
6	9.8	10	11.5	8.5	
7	10.2	10	11.5	8.5	
8	10.9	10	11.5	8.5	
9					

A1:D8을 블록으로 지정한 후 [삽입] → [추천 차트] → [모든 차트] → [꺾은선형]을 선택한다.

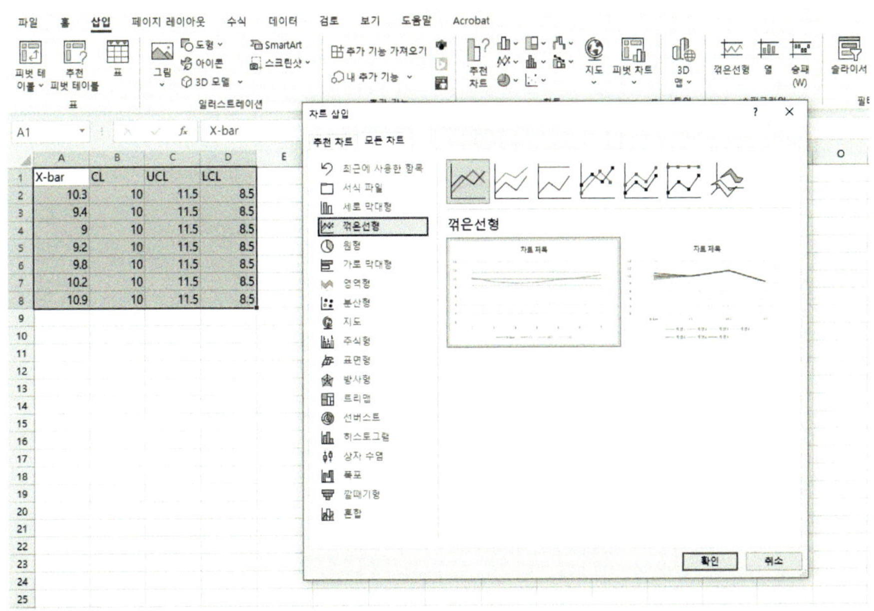

[확인]을 클릭하면 다음의 차트가 출력된다.

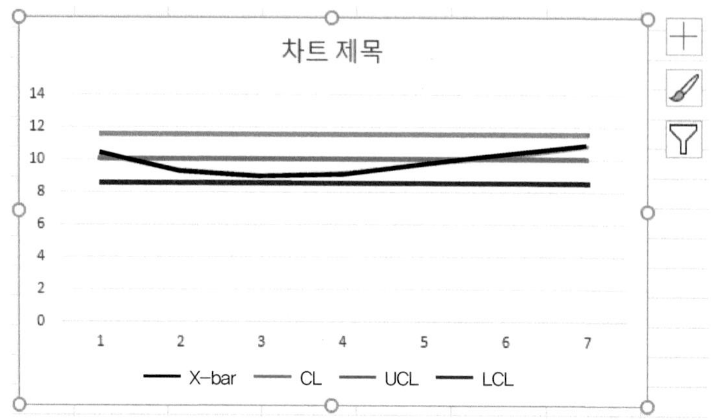

[차트요소 ＋]를 클릭하여 [축제목] → [차트제목] → [범례]를 사용하여 다음과 같은 화면이 출력되도록 한다.

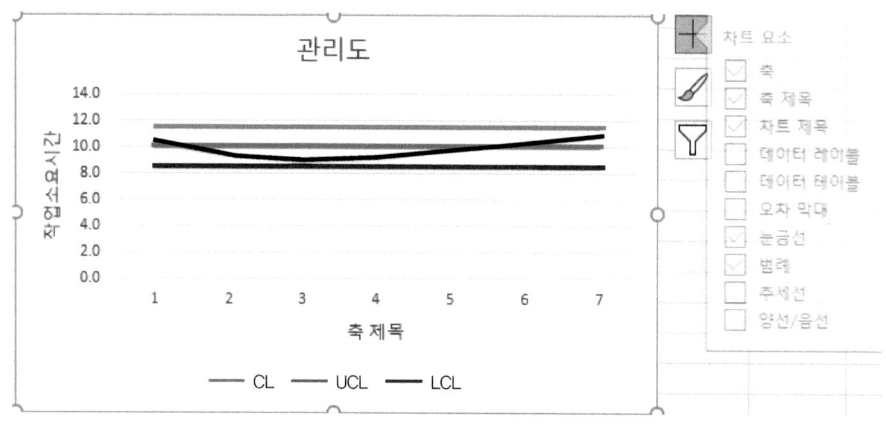

다음으로 세로 값(작업소요시간)을 클릭하여 축 서식에 들어간다.

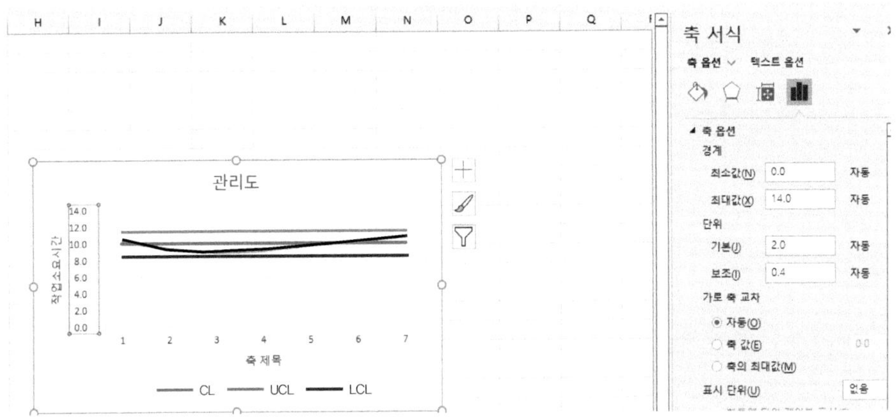

[ ]→[축 옵션]→[경계]에서 최소값과 최대값을, [단위]에서 기본값과 보조값을 자료에 맞게 변경해 준다. 그리고 하단의 [표시형식]에서 소수 자릿수를 [0]으로 지정하면 다음의 결과를 얻는다.

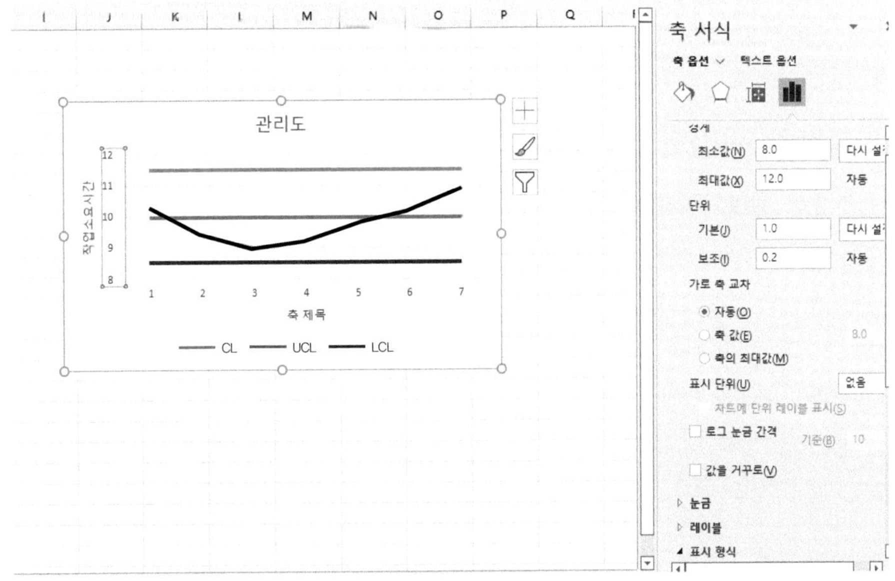

이 과정을 마치면 다음과 같은 관리도를 얻는다.

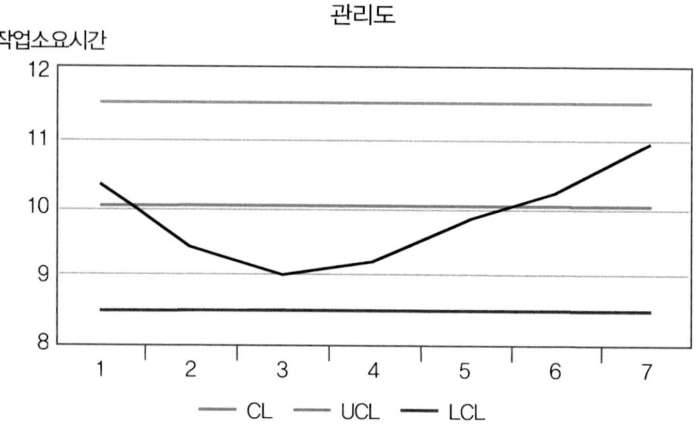

계량치 관리도

계량치 관리도의 개념

주요한 계량치 관리도로는 $\overline{X}$-관리도와 R-관리도가 사용된다. $\overline{X}$-관리도는 평균의 변화를 관리하기 위한 도구이고, R-관리도는 공정의 변동을 관리하기 위한 도구이다. $\overline{X}$-관리도와 R-관리도의 작성법은 다음과 같다.

- 단계 1: 각 표본에 대해 평균($\overline{X}$)과 범위(R)를 다음 수식을 통해 구한다.

$$\overline{X} = \frac{\Sigma X}{n}$$

$$R = X\text{의 최대값} - X\text{의 최소값}$$

- 단계 2: 단계 1에서 구한 평균($\overline{X}$)들의 평균($\overline{\overline{X}}$)과 범위(R)들의 평균($\overline{R}$)을 구한다.
- 단계 3: 관리한계선을 다음과 같이 결정한다. 여기서 A_2, D_3, D_4는 표본 크기에 따라 결정되는 관리계수로 부록에 수록되어 있다.

- $\overline{X}$-관리도의 관리한계선

  중심선 $= \overline{\overline{X}}$

  관리상한선 $= \overline{\overline{X}} + A_2 \cdot \overline{R}$

  관리하한선 $= \overline{\overline{X}} - A_2 \cdot \overline{R}$

- R-관리도의 관리한계선

  중심선 $= \overline{R}$

  관리상한선 $= D_4 \cdot \overline{R}$

  관리하한선 $= D_3 \cdot \overline{R}$

• 단계 4: 관리도에 중심선, 관리상한선, 관리하한선을 표시한 후, 표본별 평균($\overline{X}$)값과 범위(R)값을 시간 순서대로 타점하여 공정 상태를 판단한다.

예제 14-1

ABC사는 제품 무게 관리를 위해 표본 크기를 3개로 하여 15회 측정하였다. <표 14-2>는 측정 결과와 함께 각 표본의 평균 및 범위를 제시하고 있다. <표 14-2>의 자료를 바탕으로 $\overline{X}$-관리도와 R-관리도를 작성하라.

〈표 14-2〉 ABC사의 제품 무게 측정결과

표본	X_1	X_2	X_3	평균	범위
1	65	68	60	64.33	8
2	60	62	64	62.00	4
3	61	62	69	64.00	8
4	58	62	62	60.67	4
5	58	60	60	59.33	2
6	66	58	58	60.67	8
7	60	66	62	62.67	6
8	64	66	60	63.33	6
9	60	64	60	61.33	4
10	64	58	62	61.33	6

11	50	68	62	60.00	18
12	58	62	60	60.00	4
13	72	66	74	70.67	8
14	64	60	62	62.00	4
15	58	62	64	61.33	6
				62.24	6.40

해답

표본평균의 평균($\overline{\overline{X}}$)과 표본범위의 평균($\overline{R}$)은 다음과 같다.

$$\overline{\overline{X}} = \frac{933.67}{15} = 62.24$$

$$\overline{R} = \frac{96}{15} = 6.40$$

따라서 $\overline{X}$–관리도의 CL, LCL, UCL은 다음과 같다.

$$CL = \overline{\overline{X}} = 62.24$$

$$UCL = \overline{\overline{X}} + A_2 \cdot \overline{R} = 62.24 + (1.023)(6.40) = 68.79$$

$$LCL = \overline{\overline{X}} - A_2 \cdot \overline{R} = 62.24 - (1.023)(6.40) = 55.70$$

R–관리도의 CL, LCL, UCL은 다음과 같다.

$$CL = \overline{R} = 6.40$$

$$UCL = D_4 \cdot \overline{R} = (2.575)(6.40) = 16.48$$

$$LCL = D_3 \cdot \overline{R} = (0.00)(6.40) = 0$$

15개의 표본평균과 표본범위를 $\overline{X}$-관리도와 R-관리도에 표시하면 그 결과는 [그림 14－14]와 같다.

그림 14–14 ABC사의 $\overline{X}$–관리도와 R–관리도

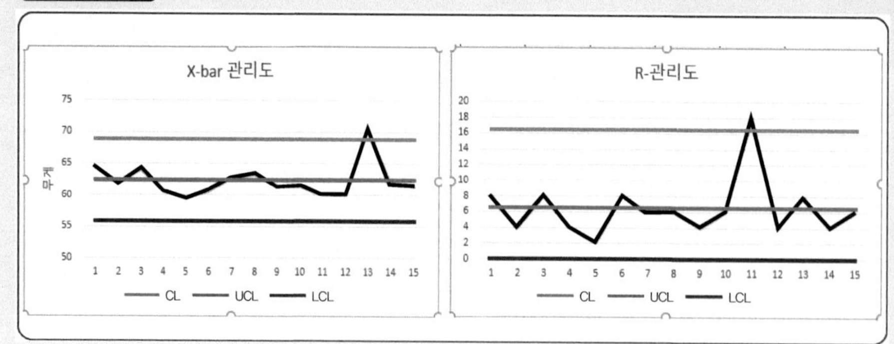

$\overline{X}$-관리도에서 13번째, R-관리도에서 11번째 표본이 관리한계선을 벗어났으므로, 이상 원인을 조사하고 원인이 밝혀지면 해당 표본을 제거한 뒤, 수정된 데이터를 바탕으로 관리도를 다시 작성하여 공정이 통계적 관리 상태에 있는지를 재검토해야 한다.

엑셀 관리도 작성

엑셀로 $\overline{X}$-관리도와 R-관리도를 작성하는 방법에 대해 살펴보기로 한다. 먼저 다음과 같이 자료를 입력한다.

- 셀 A2:A17에 자료를 입력한다.
- 셀 E3에 표본 1의 X_1, X_2, X_3 에 대한 평균을 구해준다(=AVERAGE(B3:D3)).
- 셀 F3에 표본 1의 X_1, X_2, X_3 에 대한 범위를 구해준다(=MAX(B3:D3)-MIN(B3:D3)).
- 셀 E3의 값을 E4에서 E17까지 복사해 준다.
- 셀 F3의 값을 F4에서 F17까지 복사해 준다.

	A	B	C	D	E	F
1						
2	표본	X_1	X_2	X_3	평균	범위
3	1	65	68	60	64.33	8
4	2	60	62	64	62.00	4
5	3	61	62	69	64.00	8
6	4	58	62	62	60.67	4
7	5	58	60	60	59.33	2
8	6	66	58	58	60.67	8
9	7	60	66	62	62.67	6
10	8	64	66	60	63.33	6
11	9	60	64	60	61.33	4
12	10	64	58	62	61.33	6
13	11	50	68	62	60.00	18
14	12	58	62	60	60.00	4
15	13	72	66	74	70.67	8
16	14	64	60	62	62.00	4
17	15	58	62	64	61.33	6
18					62.24	6.40

먼저 평균과 범위의 평균을 계산한다.

- 셀 E18에 $\overline{\overline{X}}$값을 구한다(=AVERAGE(E3:E17)).
- 셀 F18에 $\overline{R}$값을 구한다(=AVERAGE(F3:F17)).

$\overline{X}$-관리도와 R-관리도의 중심선을 계산한다.

- $\overline{X}$-관리도의 CL에 $\overline{\overline{X}}$을 G3에 복사한다(=$E$18).
- R-관리도의 CL에 ($\overline{R}$)을 셀 J3에 복사한다(=$F$18).

다음은 부록의 관리도 계수 표를 이용하여 $\overline{X}$-관리도와 R-관리도의 상한선과 하한선을 계산한다.

$\overline{X}$-관리도

- 관리상한 : UCL = $\overline{\overline{X}} + A_2\overline{R}$ (=$E$18+1.023*$F$18)
- 관리하한 : LCL = $\overline{\overline{X}} - A_2\overline{R}$ (=$E$18-1.023*$F$18)

R-관리도

- 관리상한 : UCL = $D_4 \times \overline{R}$ (=2.575*$F$18)
- 관리하한 : LCL = $D_3 \times \overline{R}$ (=0*$F$18)

- 셀 H3에 $\overline{X}$-관리도의 UCL에 $\overline{\overline{X}}$을 G3에 복사한다(=$E$18+1.023*$F$18).
- 셀 I3에 $\overline{X}$-관리도의 LCL에 $\overline{\overline{X}}$을 G3에 복사한다(=$E$18-1.023*$F$18).
- 셀 K3에 R-관리도의 UCL에 ($\overline{R}$)을 셀 J3에 복사한다(=2.575*$F$18).
- 셀 L3에 R-관리도의 LCL에 ($\overline{R}$)을 셀 J3에 복사한다(=0*$F$18).

G	H	I	J	K	L
X-bar 관리도			R 관리도		
CL	UCL	LCL	CL	UCL	LCL
62.24	68.79	55.70	6.4	16.48	0.00

G3:L3을 G4:L4에서 G17:L17까지 복사하여 다음의 화면을 구한다.

G	H	I	J	K	L
X-bar 관리도			R 관리도		
CL	UCL	LCL	CL	UCL	LCL
62.24	68.79	55.70	6.40	16.48	0.00
62.24	68.79	55.70	6.40	16.48	0.00
62.24	68.79	55.70	6.40	16.48	0.00
62.24	68.79	55.70	6.40	16.48	0.00
62.24	68.79	55.70	6.40	16.48	0.00
62.24	68.79	55.70	6.40	16.48	0.00
62.24	68.79	55.70	6.40	16.48	0.00
62.24	68.79	55.70	6.40	16.48	0.00
62.24	68.79	55.70	6.40	16.48	0.00
62.24	68.79	55.70	6.40	16.48	0.00
62.24	68.79	55.70	6.40	16.48	0.00
62.24	68.79	55.70	6.40	16.48	0.00
62.24	68.79	55.70	6.40	16.48	0.00
62.24	68.79	55.70	6.40	16.48	0.00
62.24	68.79	55.70	6.40	16.48	0.00

먼저 $\overline{X}$-관리도를 만들기로 한다. E2:E17과 G2:I17을 블록을 지정한 후 [삽입] →[추천 차트]→[모든 차트]→[꺾은선형]을 선택한다.

D	E	F	G	H	I
				X-bar 관리도	
X_3	평균	범위	CL	*UCL*	*LCL*
60	64.33	8	62.24	68.79	55.70
64	62.00	4	62.24	68.79	55.70
69	64.00	8	62.24	68.79	55.70
62	60.67	4	62.24	68.79	55.70
60	59.33	2	62.24	68.79	55.70
58	60.67	8	62.24	68.79	55.70
62	62.67	6	62.24	68.79	55.70
60	63.33	6	62.24	68.79	55.70
60	61.33	4	62.24	68.79	55.70
62	61.33	6	62.24	68.79	55.70
62	60.00	18	62.24	68.79	55.70
60	60.00	4	62.24	68.79	55.70
74	70.67	8	62.24	68.79	55.70
62	62.00	4	62.24	68.79	55.70
64	61.33	6	62.24	68.79	55.70

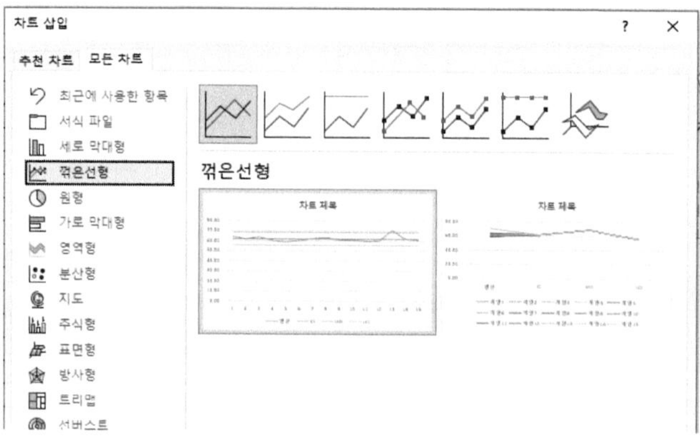

[확인]을 선택하면 다음의 차트가 출력된다.

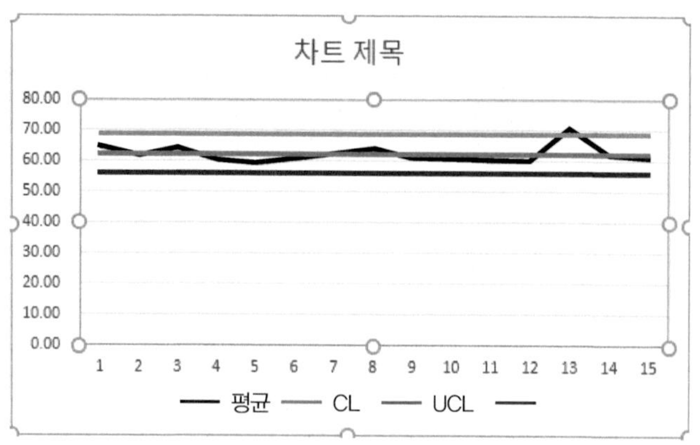

[차트요소]를 클릭하여 [축제목] → [차트제목] → [범례]를 사용하여 다음과 같은 화면이 출력되도록 한다.

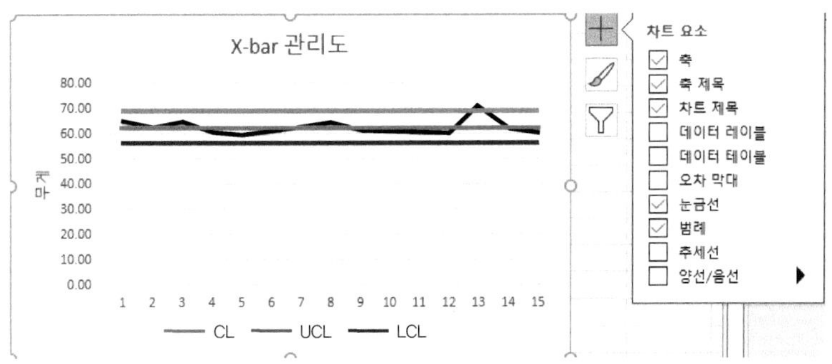

다음으로 세로 값(무게)을 클릭하여 축 서식에 들어간다. [ ] → [축 옵션] → [경계]에서 최솟값과 최댓값을, [단위]에서 기본값과 보조값, [표시형식] → [소수 자릿수]에서 0으로 자료에 맞게 변경해 준다.

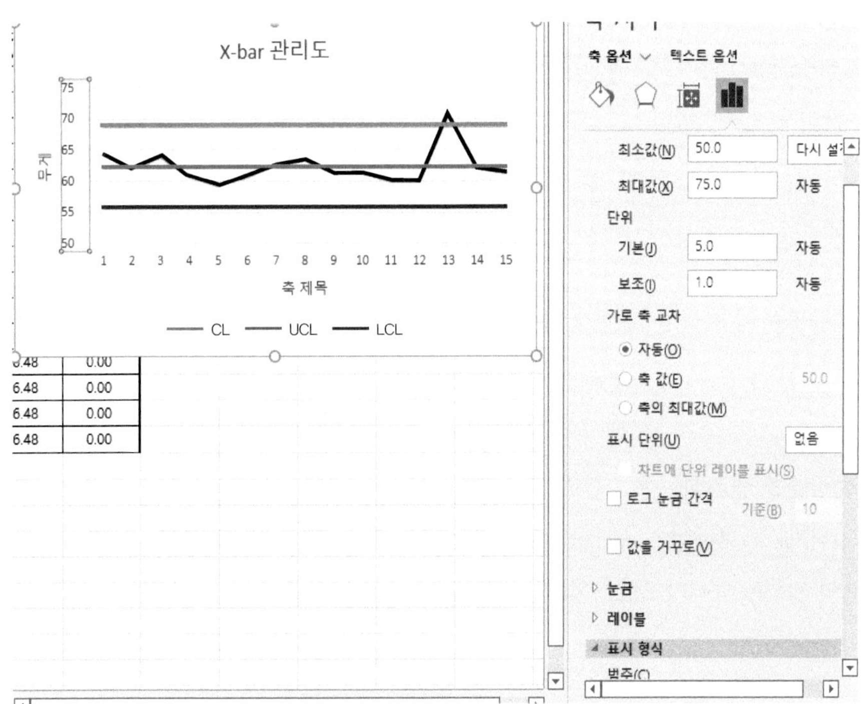

이 과정을 완료하면 다음과 같은 결과를 도출할 수 있다.

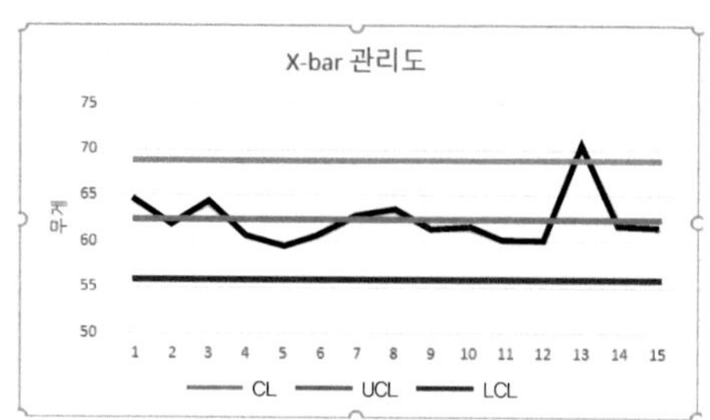

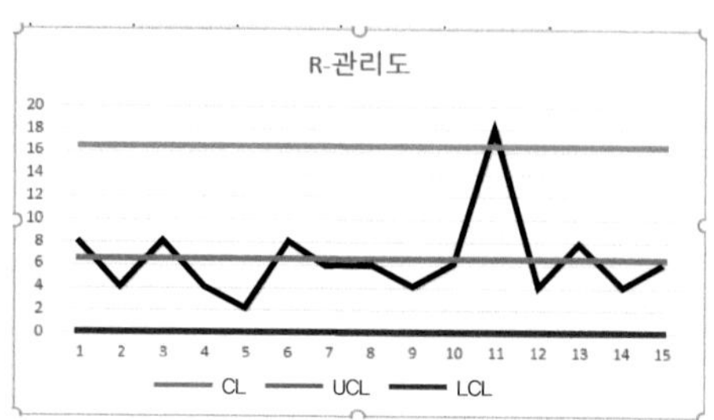

계수치 관리도

계수치 관리도 계수치 관리도에는 불량률을 관리하는 $p-$관리도, 불량개수를 관리하는 $np-$관리도, 결점수를 관리하는 $c-$관리도, 단위당 결점수를 관리하는 $u-$관리도 등이 있다.

$p-$관리도

불량률(p)이란 불량 개수가 검사 개수에서 차지하는 비율로, 다음과 같이 정의된다.

$$p = \frac{\text{불량개수}}{\text{검사개수}}$$

불량률을 관리하는 $p-$관리도는 매 표본의 불량률을 표시하여, 이 값들이 관리한계선 내에 존재하는지 또는 특정한 패턴이 나타나는지를 분석하는 데 사용된다. 표본의 크기를 n이라 하고, 이를 k회 추출한 경우 $p-$관리도의 관리한계선은 다음과 같이 산출된다.

$$CL = \bar{p} = \frac{\sum_{i=1}^{k} p_i}{nk}$$

$$UCL = \bar{p} + 3\sqrt{\frac{\bar{p}(1-\bar{p})}{n}}$$

$$LCL = \bar{p} - 3\sqrt{\frac{\bar{p}(1-\bar{p})}{n}}$$

표본의 크기가 일정하지 않은 경우 관리상한선과 관리하한선은 다음과 같이 계산되며 일정한 직선이 아니라 변동된다.

$$CL = \bar{p} = \frac{\sum_{i=1}^{k} p_i}{\sum_{i=1}^{k} n_i}$$

$$UCL = \bar{p} + 3\sqrt{\frac{\bar{p}(1-\bar{p})}{n_i}}$$

$$LCL = \bar{p} - 3\sqrt{\frac{\bar{p}(1-\bar{p})}{n_i}}$$

예제 14-2

ABC사는 공정으로부터 표본의 크기를 10,000개로 하여 15회 측정하였다. <표 14-3>은 측정결과와 함께 표본수, 불량수, 불량률을 나타내고 있다. 이를 p-관리도를 작성하라.

〈표 14-3〉 ABC사의 측정결과

표본번호	표본수	불량수	불량비율
1	10000	12	0.0012
2	10000	8	0.0008
3	10000	14	0.0014
4	10000	7	0.0007
5	10000	12	0.0012
6	10000	16	0.0016
7	10000	5	0.0005
8	10000	6	0.0006
9	10000	8	0.0008
10	10000	8	0.0008

11	10000	7	0.0007
12	10000	14	0.0014
13	10000	9	0.0009
14	10000	8	0.0008
15	10000	12	0.0012
합	150,000	146	

해답

표본불량률의 평균 $\bar{p}$와 표본불량률의 표준편차 σ_p는 아래와 같다.

$$\bar{p} = \frac{\Sigma p}{\Sigma n} = \frac{146}{150,000} = 0.000973$$

$$\sigma_p = \sqrt{\frac{\bar{p}(1-\bar{p})}{n}} = \sqrt{\frac{(0.000973)(1-0.000973)}{10000}} = 0.000312$$

p-관리도의 중심선(CL), 관리하한선(LCL), 관리상한선(UCL)은 다음과 같이 계산된다.

$$\text{CL} = \bar{p} = 0.07$$

$$\text{UCL} = \bar{p} + 3\sigma_p = 0.000973 + (3)(0.000312) = 0.0019$$

$$\text{LCL} = \bar{p} - 3\sigma_p = 0.000973 - (3)(0.000312) = 0.0000$$

15개의 표본불량률을 p-관리도로 나타내면 다음과 같다.

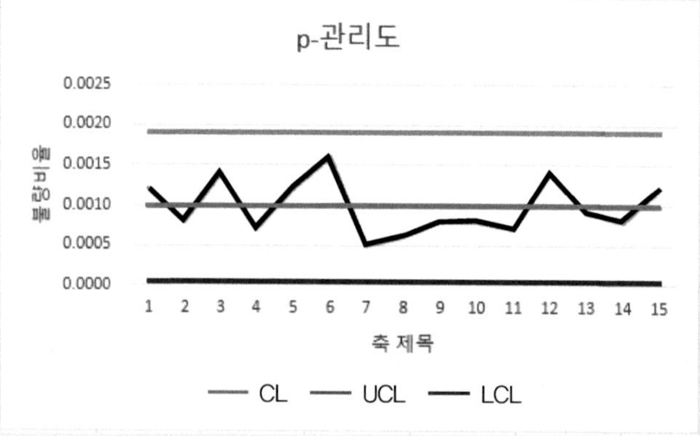

모든 표본이 관리한계선 안에 있으므로 공정이 안정된 상태에 있다고 볼 수 있다.

np – 관리도

불량개수를 관리하는 np – 관리도는 불량률이 아니라 불량개수를 표시하여 공정의 상태를 관리하는 데 사용된다. 표본의 크기를 n이라 하고 이를 k회 추출한 경우, np – 관리도에서 관리한계선은 다음과 같은 방식으로 계산된다.

$$\text{CL} = n\bar{p}$$

$$\text{UCL} = n\bar{p} + 3\sqrt{n\bar{p}(1-\bar{p})}$$

$$\text{LCL} = n\bar{p} - 3\sqrt{n\bar{p}(1-\bar{p})}$$

여기서 $\bar{p} = \dfrac{\sum_{i=1}^{k} p_i}{nk}$

앞의 p – 관리도의 CL, UCL, LCL의 값에도 10,000을 곱하면 다음과 같다.

$$\text{CL} = 10{,}000 \times 0.000973 = 9.7333$$

$$\text{UCL} = 10{,}000 \times 0.00190883 = 19.0883$$

$$\text{LCL} = 10{,}000 \times 0.00003784 = 0.3784$$

np – 관리도를 작성하면 다음과 같다.

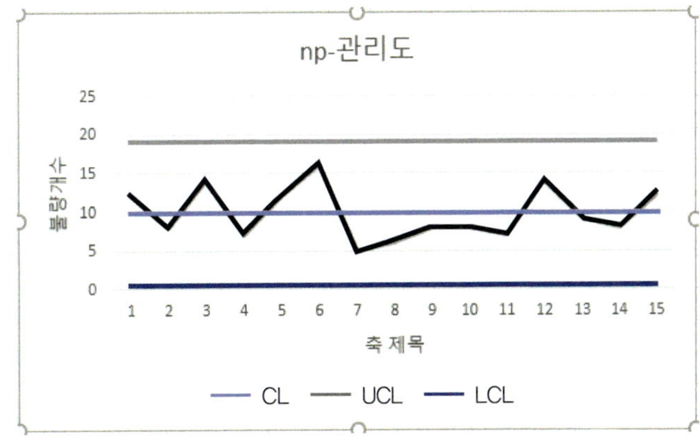

p – 관리도와 같이 모든 표본이 관리한계선 안에 있으므로 공정이 안정된 상태에 있다고 볼 수 있다. 다음은 np – 관리도를 엑셀로 그리기 위한 화면이다.

	A	B	C	D	E	F	G	H	I	J
1						p-관리도			np-관리도	
2	표본번호	표본수	불량수	불량비율	CL	UCL	LCL	CL	UCL	LCL
3	1	10000	12	0.0012	0.0010	0.0019	0.0000	9.7333	19.0883	0.3784
4	2	10000	8	0.0008	0.0010	0.0019	0.0000	9.7333	19.0883	0.3784
5	3	10000	14	0.0014	0.0010	0.0019	0.0000	9.7333	19.0883	0.3784
6	4	10000	7	0.0007	0.0010	0.0019	0.0000	9.7333	19.0883	0.3784
7	5	10000	12	0.0012	0.0010	0.0019	0.0000	9.7333	19.0883	0.3784
8	6	10000	16	0.0016	0.0010	0.0019	0.0000	9.7333	19.0883	0.3784
9	7	10000	5	0.0005	0.0010	0.0019	0.0000	9.7333	19.0883	0.3784
10	8	10000	6	0.0006	0.0010	0.0019	0.0000	9.7333	19.0883	0.3784
11	9	10000	8	0.0008	0.0010	0.0019	0.0000	9.7333	19.0883	0.3784
12	10	10000	8	0.0008	0.0010	0.0019	0.0000	9.7333	19.0883	0.3784
13	11	10000	7	0.0007	0.0010	0.0019	0.0000	9.7333	19.0883	0.3784
14	12	10000	14	0.0014	0.0010	0.0019	0.0000	9.7333	19.0883	0.3784
15	13	10000	9	0.0009	0.0010	0.0019	0.0000	9.7333	19.0883	0.3784
16	14	10000	8	0.0008	0.0010	0.0019	0.0000	9.7333	19.0883	0.3784
17	15	10000	12	0.0012	0.0010	0.0019	0.0000	9.7333	19.0883	0.3784
18		150000	146							

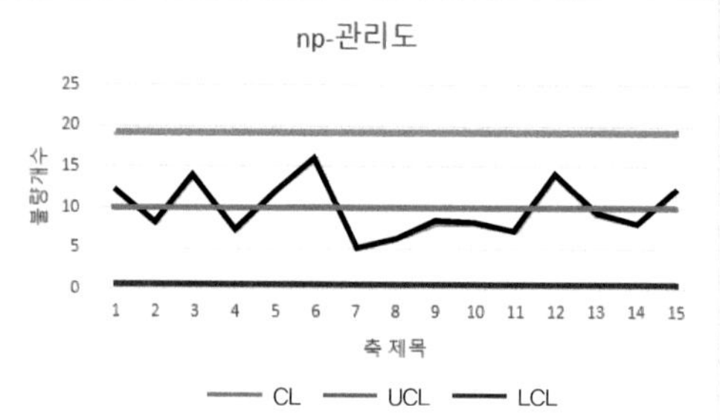

결점 수 관리도

결점 수 관리도는 일정한 길이의 직물에 발생한 결점 수, 일정한 유리 면적에 발생한 결점 수 등과 같이 일정 면적이나 길이에서 발생하는 결점 수를 관리하는 관리도이다. 결점 수 관리도는 표본 크기에 따라 두 가지로 분류된다. 표본 크기가 하나이거나 일정한 경우에는 $c-$관리도를, 표본 크기가 여러 개이거나 불규칙한 경우에는 $u-$관리도를 사용한다. 즉 표본당 검사 단위가 일정한 경우에는 $c-$관리도를, 검사 단위가 여러 개이거나 변동이 있는 경우에는 $u-$관리도를 활용한다.

예를 들어 직물 제품에서 발생하는 결점 수를 관리하기 위해 표본검사를 시행할 때 표본 단위가 매번 동일하게 100야드인 경우에는 $c-$관리도를 사용하고, 표본의 검사 단위가 검사할 때마다 100야드, 200야드, 300야드 등으로 달라지는 경우에는 $u-$관리도를 적용한다. 먼저 $c-$관리도의 관리한계선은 다음 식에 따라 산출된다.

$$\text{UCL} = \bar{c} + 3\sqrt{\bar{c}}$$

$$\text{LCL} = \bar{c} - 3\sqrt{\bar{c}}$$

u – 관리도의 관리한계선은 다음 수식을 이용하여 계산된다.

$$\text{CL} = \bar{u} = \frac{\sum_{i=1}^{k} u_i}{k}$$

$$(k = \text{표본횟수}, u_i = \frac{c_i}{n_i}, c_i = i\text{번째 표본의 결점수}, n_i = i\text{번째 표본의 크기})$$

$$\text{UCL} = \bar{u} + \sqrt{\frac{\bar{u}}{n_i}}$$

$$\text{LCL} = \bar{u} - \sqrt{\frac{\bar{u}}{n_i}}$$

예제 14-3

ABC 공장에서는 원단 10,000야드당 결점 수를 조사하기 위해 15개의 표본을 추출하여 조사한 결점 수의 결과는 <표 14 – 4>에 제시되어 있다. 이 자료를 바탕으로 c-관리도를 작성하여 결점 수를 관리하라.

〈표 14-4〉 ABC사의 10,000야드당 결점 수

표본번호	결점수
1	12
2	6
3	3
4	4
5	9
6	4
7	13
8	15
9	21
10	11
11	14
12	9
13	8
14	15
15	6
합	100

해답

$$\bar{c} = \frac{\sum_{i=1}^{n} c_i}{n} = \frac{150}{15} = 10$$

따라서 c-관리도의 CL, LCL, UCL은 다음과 같다.

$$\text{CL} = \bar{c} = 10$$

$$\text{UCL} = 9 + (3)(\sqrt{10}) = 19.49$$

$$\text{LCL} = 9 - (3)(\sqrt{10}) = 0.51$$

이에 따라 c-관리도를 그리면 다음과 같다.

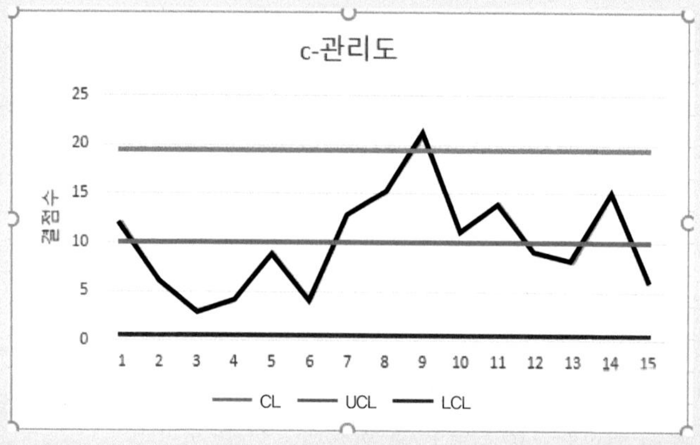

9번째의 표본이 관리한계선 밖에 있으므로 이상 원인이 확인되면 해당 표본을 제거하고, 이를 반영한 새로운 관리도를 통해 공정이 안정적인지를 검토해야 한다. 다음은 관리도를 작성하기 위한 엑셀 화면이다.

	A	B	C	D	E
1	표본번호	결점수	CL	UCL	LCL
2	1	12	10	19.49	0.51
3	2	6	10	19.49	0.51
4	3	3	10	19.49	0.51
5	4	4	10	19.49	0.51
6	5	9	10	19.49	0.51
7	6	4	10	19.49	0.51
8	7	13	10	19.49	0.51
9	8	15	10	19.49	0.51
10	9	21	10	19.49	0.51
11	10	11	10	19.49	0.51
12	11	14	10	19.49	0.51
13	12	9	10	19.49	0.51
14	13	8	10	19.49	0.51
15	14	15	10	19.49	0.51
16	15	6	10	19.49	0.51

제품 품질평가

품질 차원

품질 차원(Quality Dimensions)이란 제품이나 서비스를 평가할 때 고려하는 다양한 속성 또는 관점을 의미한다. 가빈(Garvin)은 1980년대에 품질을 측정하고 관리하기 위해 제품 품질을 구성하는 품질 차원을 [그림 14-15]와 같이 8가지로 분류하여 설명하였다. 각 차원은 다음과 같이 정의된다.

- 성능(Performance) : 제품의 기본 기능과 작동 특성
- 특징(Features) : 제품의 부가적인 기능이나 특성
- 신뢰성(Reliability) : 제품이 고장 없이 제 기능을 수행하는 정도
- 일치성(Conformance) : 제품이 정해진 규격이나 표준을 준수하는 정도
- 내구성(Durability) : 제품이 오랫동안 사용할 수 있는 정도
- 서비스성(Serviceability) : 제품 고장 시 수리 또는 유지보수가 용이한 정도
- 심미성(Aesthetics) : 제품의 외관, 디자인, 촉감 등이 고객의 미적 감각과 조화를 이루는 정도
- 평판(Perceived Quality) : 제품에 대한 소비자의 전반적인 품질 지각의 정도

그림 14-15 가빈의 제품 품질 차원

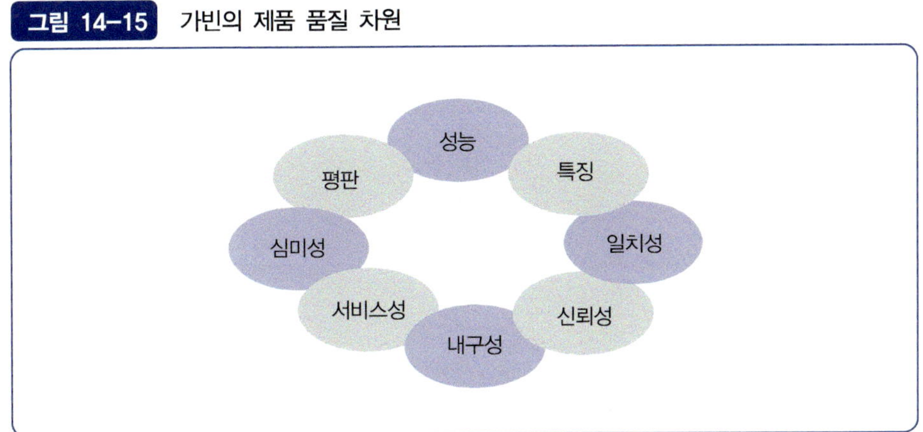

이러한 품질 차원은 제품의 품질을 평가하는 기준으로 고객의 만족을 충족시키는지 판단하는 데 중요한 역할을 한다.

품질 결정 과정

제품의 품질은 일반적으로 [그림 14－16]에서 제시된 바와 같이 구매 전 고객의 기대(Expectation)와 구매 후 고객의 지각(Perception) 간의 차이에 따라 결정된다. 고객은 제품을 구매하기 전 기업이 제공해야 할 가치나 성능에 대해 일정 수준의 기대를 형성한다. 구매 후 실제 제품을 사용한 경험을 바탕으로 제품에 대한 지각을 형성하게 되며, 이 두 요소의 차이가 품질에 대한 평가를 결정한다.

동일 제품이라도 고객마다 품질에 대한 최종 평가는 다를 수 있다. 이는 각 고객의 경험, 욕구, 지식, 구전 등 개인적 요인에 따라 기대와 지각이 달라지기 때문이다. 즉 품질에 대한 기대와 지각은 고객의 주관적 판단에 의해 형성된다.

그림 14-16 품질 결정 과정

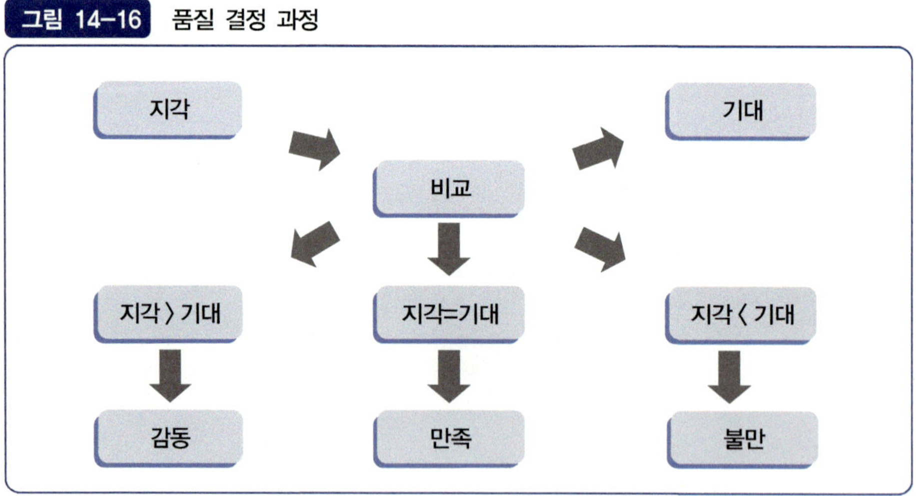

서비스 품질평가

카노 모형

카노(Kano) 모형은 제품이나 서비스의 다양한 특성이 고객 만족에 미치는 영향을 분석함으로써, 품질개선 활동의 우선순위를 효과적으로 설정할 수 있도록 도와주는 유용한 이론적 도구이다. 본 모형은 [그림 14-17]에서 보듯 이차원적 구조를 가지는데, 가로축은 실행 수준(Fulfillment)을 세로축은 만족 수준(Satisfaction)을 나타낸다. 이를 바탕으로 고객 요구는 일반적으로 다음의 세 가지 품질 유형으로 분류된다.

1. 당연 품질(Basic Quality)

이는 명시적으로 요구하지 않더라도 반드시 충족되기를 기대하는 묵시적 속성이다. 이러한 품질은 만족되더라도 고객은 별다른 만족을 느끼지 않지만 만약 만족되지 않는다면 매우 강한 불만족을 유발하게 된다. 카노는 이를 필수 조건(Must-be Quality)이라고 지칭하였다. 예를 들어 호텔 객실의 청결은 기본적인 기대 요소로, 이를

그림 14-17 고객만족모형

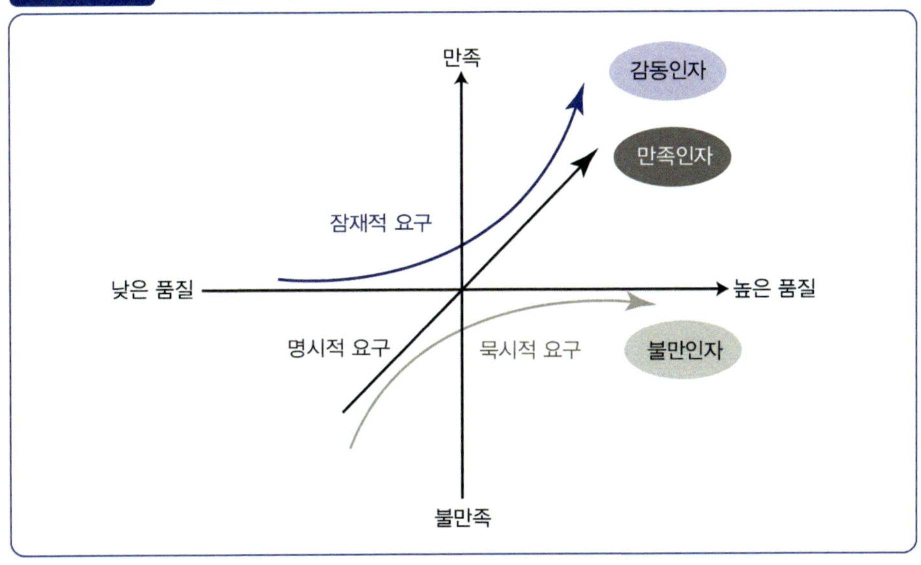

충족하더라도 고객 만족이 증가하지 않지만 만약 청결하지 않으면 강한 불만이 발생한다. 즉 당연 품질은 충족되지 않을 경우 고객 불만의 주요 원인이 되지만, 이를 충족한다고 해서 고객 만족도가 증가하는 것은 아니다.

2. 만족 품질(Performance Quality)

이는 충족되면 만족하고 충족되지 않으면 불만을 갖게 된다. 명시적 품질, 요구적 품질, 일원적 품질(One-dimensional Quality)이라고도 불린다. 이는 광고 또는 구전을 통해 알고 있는 특성 또는 고객이 원하고 요구하는 특성이므로 만족 품질을 많이 제공할수록 고객 만족도는 높아진다. 예를 들어 승용차의 연비나 디자인, 고급 레스토랑의 맛과 분위기는 마음에 들수록 만족도가 높아지지만 그렇지 않을 경우에는 불만을 가지게 된다.

3. 감동 품질(Excitement Quality)

이는 충족되면 매우 크게 만족하지만 충족되지 않는다고 불만을 느끼지는 않는다. 왜냐하면 이러한 품질이 충족되지 않았다는 사실조차 고객은 인식하지 못하기 때문이다. 잠재적 품질, 환상적 품질, 매력적 품질이라고도 불린다. 감동 품질은 고객이 인식하지 못하기 때문에 기업이 창조하여 제공해야 하는 품질 요소이다. 레스토랑의 예상치 못한 깜짝 생일 축하 쇼는 감동 품질의 예가 될 수 있을 것이다.

SERVQUAL 모형

SERVQUAL 모형은 1998년 파라수라만, 자이다믈, 베리(Parasuraman, Zeithaml, Berry)에 의해 개발된 서비스품질 평가 모형으로, 고객의 기대 서비스품질과 지각 서비스품질 간의 차이를 측정하여 평가한다. 이들은 서비스품질은 개인마다 인식이 달라 객관적인 측정이 어려우므로 서비스품질은 고객이 기대한 수준(Expectation)과 실제로 지각한 수준(Perception) 간의 차이로 평가해야 한다고 주장하였다.

여기서 고객이 기대하고 지각하는 것은 품질 차원이다. 품질 차원이란 제품이나 서비스품질의 구성요소를 의미한다. 이러한 품질 차원들은 고객의 기대와 지각,

즉 품질을 평가하는 데 사용된다. SERVQUAL의 품질 차원은 초기에는 10개 차원과 97개 항목으로 구성되었으나, 이후 연구를 통해 5개 차원과 22개 항목으로 축약되었다. 이들 다섯 가지 차원은 [그림 14-18]과 같다.

1. 신뢰성(Reliability)

기업이 약속한 서비스를 정확하고 일관되게 제공하는 능력을 의미한다. 정시 출발, 정시배송, 예약 시간에 맞춘 고객 응대 등이 이에 해당한다. 신뢰성은 SERVQUAL 차원 중에서도 가장 기본적이며 중요한 속성이다.

2. 확신성(Assurance)

서비스제공자의 정중함, 전문 지식, 신뢰감 있는 태도를 통해 서비스제공자가 고객에게 주는 신뢰와 자신감을 의미한다. 특히 금융, 의료, 법률처럼 결과에 대한 불확실성이 큰 서비스에서 매우 중요하다.

3. 공감성(Empathy)

고객의 개별적인 요구와 상황을 이해하여 맞춤형 서비스를 제공하는 능력을 말한다. 즉 고객에게 개별적인 관심과 배려를 제공하여 고객 만족도를 높이는 능력이다.

그림 14-18 서비스품질 차원

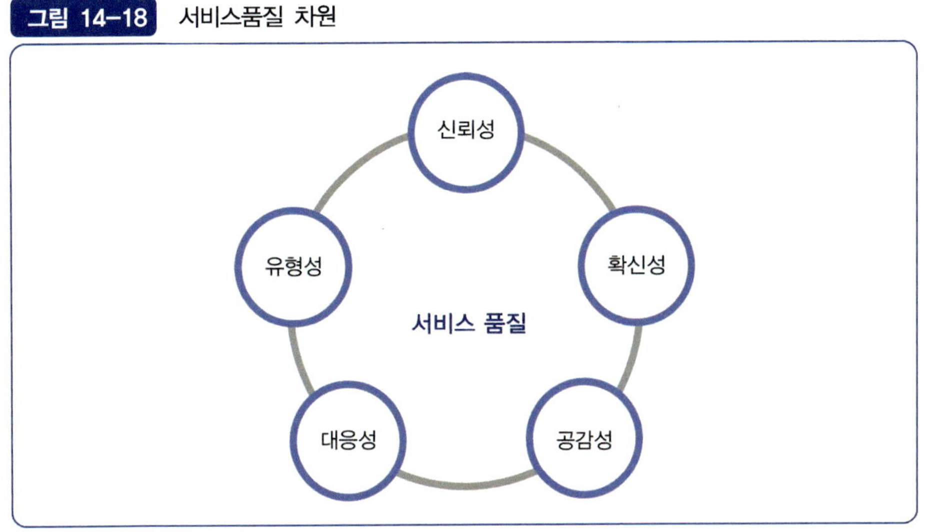

예를 들어 의사가 환자의 불안을 이해하고 다정하게 설명하여 주거나, 종업원이 음식 알레르기가 있는 고객에게 사전에 안내하고 친절히 응대하는 것이 이에 해당한다.

4. 대응성(Responsiveness)

고객 요구에 대해 서비스제공자가 신속하고 친절하게 응대하는 능력을 의미한다. 고객 문의나 불만 처리, 긴급 요청에 관한 관심과 신속한 반응 여부는 이 차원의 품질을 판단하는 기준이 된다. 예를 들어 서비스 지연에 관한 고객 문의에 신속하게 상황을 파악하여 해결 방안을 제시하는 것이 대응성의 좋은 예시이다.

5. 유형성(Tangibles)

물리적 환경, 장비, 직원의 외양 등 가시적 요소가 서비스 이미지와 얼마나 일치하는지를 나타내는 속성이다. 즉 고객이 눈으로 보고 경험할 수 있는 서비스의 외적인 부분을 평가하는 요소이다. 호텔, 병원, 레스토랑 등 고객이 현장을 직접 경험하는 서비스일수록 유형성은 중요한 평가 기준이 된다.

SERVQUAL 측정 방식을 살펴보면 두 부분으로 구성된다.

- 1부 : 서비스 이용 전, 고객이 해당 서비스에 대해 기대하는 품질수준을 측정
- 2부 : 서비스 이용 후, 고객이 해당 서비스에 대해 실제 지각한 품질수준을 측정

서비스품질 수준은 이 두 결과의 차이(지각-기대)로 정의되며, 이는 [그림 14-19]에서 설명하듯 품질 판단의 기준을 제공한다.

SERVQUAL은 품질 평가를 위해 측정을 두 번 하는데, 이는 복잡성과 응답자의 피로도를 초래할 수 있다. 이에 따라 고객의 기대 수준을 생략하고 지각 수준만을 측정하는 방식이나 지각을 기대에 비교해 평가하는 방법이 사용되고 있다. 고객은 자신의 기대를 기준으로 지각을 해석하기 때문에 지각만 측정해도 충분한 정보를 제공할 수 있다는 이유에서이다. 또한 기대는 시간, 환경, 사회적 요인에 따라 쉽게 변하는 반면, 지각은 당면한 실제 경험을 바탕으로 형성되므로 더 안정적인 평가 기준이 될 수 있다.

그림 14-19 SERVQUAL에 의한 품질평가

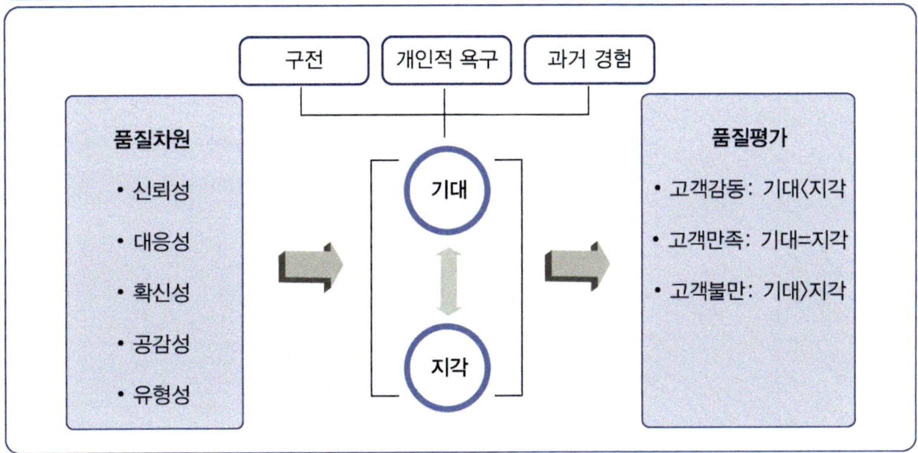

품질 갭 모형

품질은 고객이 기대한 수준과 제공된 품질에 대한 인식 간의 차이로 판단된다. 만약 고객의 지각이 기대에 미치지 못할 경우 고객은 품질에 대해 불만을 느끼게 된다. 품질 갭 모형(Quality Gap Model)은 이러한 품질 불만의 원인을 설명한다.

품질 갭 모형을 나타내는 [그림 14-20]의 점선 윗부분은 고객 영역을 나타내며, 품질에 대한 구매 전 고객 기대와 구매 후 고객 지각 간의 차이로 결정되는 갭 5를 표시한다. 반면 점선 아랫부분은 기업 측의 현상을 나타내며, 고객 기대와 지각 간의 차이가 발생하는 원인을 갭 1부터 갭 4까지로 구분하여 제시한다. 이처럼 품질 갭 모형은 크게 두 부분으로 구분된다.

- **고객 관점** : 기대와 지각 간의 차이를 의미하는 갭 5
- **기업 요인** : 갭 1에서 갭 4까지의 내부 운영상의 차이로 갭 5의 원인을 설명

서비스품질에 대한 고객의 불만족은 기대와 지각 간의 차이(갭 5)에서 발생하며, 이는 기업 내부의 네 가지 구조적 원인(갭 1~4)에 의해 발생된다.

먼저 갭 1은 고객이 생각하는 품질에 대한 기대와 이러한 고객 기대에 대한 경영진의 지각 간의 차이다. 즉 고객이 무엇을 원하는지, 이를 충족하기 위해 품질이

그림 14-20 품질 갭 모형

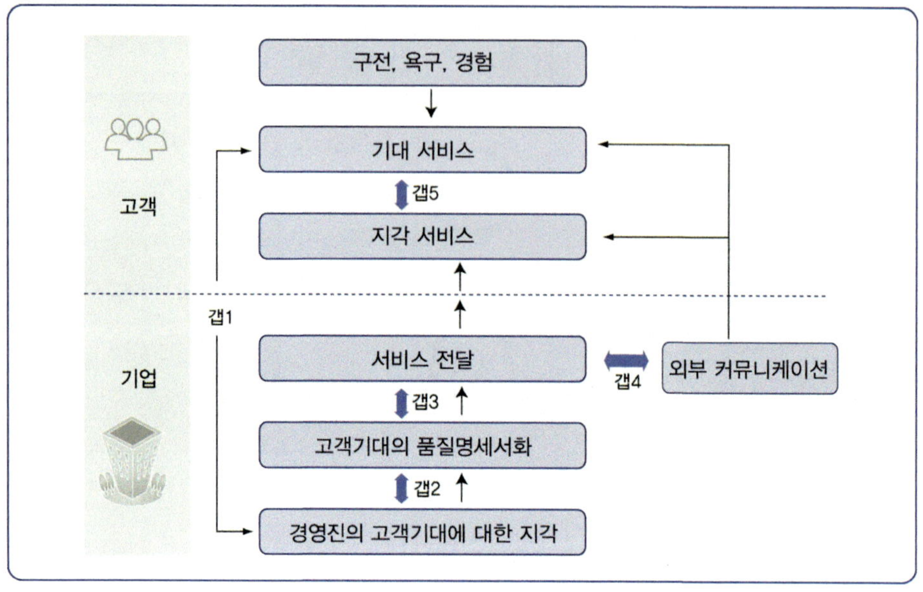

어떠한 특성을 가져야 하는지, 그리고 그 특성이 어느 수준으로 제공되어야 하는지에 대한 경영진의 인식 부족이 갭 1의 주요 발생 원인이 된다. 이러한 갭 1의 원인으로는 고객 기대 파악(고객 불만 소리, 고객과의 직접 소통, 시장조사, 접점 종업원들과의 상향식 커뮤니케이션) 능력 부족, 고객의 기대를 경영진에게 전달하는 의사결정 단계의 복잡성 등이 있다.

갭 2는 경영진이 인식한 고객 기대와 이를 반영한 서비스 설계 간의 차이를 말한다. 즉 경영진이 고객 기대를 올바르게 인식하더라도 이를 실현할 수 있는 구체적인 서비스 설계나 시스템이 적절히 마련되지 않았을 때 발생한다. 이러한 갭 2의 원인으로는 고객 기대를 반영한 서비스 설계 능력 부족, 최고경영진의 품질에 대한 의지 부족, 명확한 품질목표의 결여, 업무 표준화의 미비 등이 있다.

갭 3은 설계된 서비스와 실제로 제공된 품질 간의 차이를 의미한다. 품질 제공이 종업원에 의해 이루어지므로 종업원이 갭 3의 주요 원인이 된다. 이러한 갭 3의 원인으로는 역할갈등, 역할모호성, 직무 적합성 부족, 부적절한 보상 시스템, 협력 부족, 장비 적합성 부족, 고객 비협조 등이 있다.

갭 4는 고객에게 약속한 품질과 실제로 제공된 품질 간의 차이를 의미한다. 광고,

판촉, 판매원을 통한 약속은 고객의 기대뿐 아니라 지각에도 영향을 미친다. 따라서 기업은 실제 제공 가능한 품질 수준을 초과하는 과도한 약속은 지양되어야 한다. 이러한 갭 4의 원인으로는 과대 약속과 수평적 커뮤니케이션 부족 등이 있다.

갭 5는 고객의 기대와 실제로 지각한 서비스 간의 차이로 고객 만족 수준을 말한다. 이 갭은 1~4번 갭이 누적되어 발생하므로, 갭 1~4를 체계적으로 개선함으로써 고객이 기대한 서비스와 실제 경험한 서비스 간의 차이를 줄일 수 있다.

<표 14-5>는 품질 갭 모형에 따라 각 갭의 원인과 해결책을 정리한 내용이다.

<표 14-5> 품질 갭의 원인과 해결책

갭	정의	주요 원인	해결책
갭 1	고객 기대와 경영진 인식 간의 차이	고객 요구에 대한 정보 부족, 시장 조사 미비, 잘못된 의사소통	정기적 시장조사, 고객 의견 수렴 시스템 구축, 고객 중심 경영 인식 강화
갭 2	경영진 인식과 서비스 품질 규격 간의 차이	자원 부족, 표준화 미흡, 불명확한 목표 설정	서비스 표준 및 지침 명확화, 직원 교육, 자원 적절 배분
갭 3	서비스 품질 규격과 실제 서비스 제공 간의 차이	직원 역량 부족, 동기부여 결여, 내부 커뮤니케이션 부족	교육 및 훈련 강화, 인센티브 제도, 내부 협력 체계 개선
갭 4	서비스 제공과 외부 커뮤니케이션 간의 차이	과장 광고, 불일치하는 홍보, 고객과의 기대 불일치	정직하고 일관된 마케팅, 고객 기대 관리, 내부-외부 커뮤니케이션 조율
갭 5	고객이 지각한 서비스와 기대 서비스 간의 차이	갭 1~4의 누적 효과	앞선 네 가지 갭을 해소하여 고객 기대와 지각의 차이를 최소화

품질개선도구

벤치마킹

자사의 경영성과를 동종 산업이나 다른 산업의 초일류 기업의 성과와 비교하여 기업의 현재 상태와 바람직한 상태 간의 격차를 줄이는 데 유용하게 활용되는 경영 기법이 벤치마킹(Benchmarking)이다. 즉 벤치마킹이란 최우량 기업의 제품, 서비스, 업무수행방식 등을 배워 경쟁력을 향상하려는 지속적이고도 체계적인 절차이다.

벤치마킹의 첫 단계는 자신을 알라 즉 자신에 대한 이해를 시작으로 경쟁자에게 배운다를 실행하는 기법이 벤치마킹이다.

벤치마킹의 효과는 첫째, 외부에 초점을 맞춤으로써 내부 경쟁을 피할 수 있게 해주고 둘째, 최소의 비용으로 최대의 효과를 달성할 수 있게 해주고 셋째, 산업의 동향을 예측하는 시야를 넓혀주고 넷째, 구성원에게 자기계발의 기회를 주고 다섯째, 조직이 나아가야 할 방향을 제시해 주고, 여섯째, 최우량 기업과 자사의 차이를 구성원들에게 드러내어 자극을 주고, 마지막으로 최우량 기업의 역량과 관행을 이해하게 해준다.

벤치마킹은 비교 대상과 목적에 따라 다음과 같은 네 가지 유형으로 분류된다.

• 경쟁적 벤치마킹(Competitive Benchmarking)

동일산업 내 경쟁사의 프로세스나 기능 분야를 벤치마킹하는 것이다. 제록스는 자사 제품의 제조원가가 경쟁사인 캐논의 판매원가와 비슷하다는 사실에 자극을 받아, 경쟁사의 프로세스를 분석하고 이해하기 위해 벤치마킹을 수행한 사례로 잘 알려져 있다.

• 비경쟁적 벤치마킹(Non-competitive Benchmarking)

특정 기능이나 프로세스에서 탁월한 성과를 보이는 기업을 경쟁사에 국한하지 않고 모든 다른 산업 분야에서 최우수기업을 대상으로 벤치마킹하는 것이다. 경쟁사에는 제공하기 어려운 정보가 이종 산업의 기업에는 비교적 쉽게 제공될 수 있으므로, 유사한 프로세스를 수행하는 이종 산업의 우수 기업을 대상으로 벤치마킹을 수행한다. 제록스가 80년대 이종 산업인 의류소매업체 엘엘빈(L.L. Bean)의 물류 프로세스를 벤치마킹한 사례 또는 항공사의 수하물 처리 시스템을 병원의 환자 관리 프로세스에 적용하는 것이 이 범주에 속한다.

• 전략적 벤치마킹(Strategic Benchmarking)

단순히 프로세스나 기능의 변화와 개선에 그치지 않고 기업의 비즈니스 전반을 변화시킬 수 있는 근본적인 방향과 전략을 업계의 최우량 기업과 비교하여 벤치마킹하는 것을 의미한다.

• 내부 벤치마킹(Internal Benchmarking)

동일 기업 내에서 우수한 부서나 지점을 나머지 부서나 지점이 벤치마킹하는 것이다. 비교적 비용이 적고 신속한 실행이 가능하다.

효과적인 벤치마킹을 위해서는 다음과 같은 5단계 프로세스를 체계적으로 수행해야 한다.

1. 벤치마킹 대상 선정
   개선이 필요한 핵심 프로세스, 제품, 서비스 등을 명확히 정의
2. 벤치마킹 기업 선정
   동일 업종의 경쟁사 또는 다른 업종에서 최고 우수 기업을 선택
3. 자료 수집 및 분석
   비교 대상 기업의 운영 방식, 성과 지표, 시스템 등을 다양한 경로를 통해 조사하고 분석
4. 격차 분석
   자사와 비교 대상 기업 간의 성과 차이를 정량적·정성적으로 비교하고, 그 원인을 규명
5. 개선안 도출 및 실행
   분석 결과를 토대로 실질적인 개선 목표설정, 실행 계획수립 및 이행

지속적 품질개선

지속적 품질개선(Continuous Quality Improvement: CQI)이란 제품, 서비스, 프로세스의 품질을 지속적으로 향상하기 위한 반복적 노력을 의미한다. 단기적인 개선에 그치지 않고 문제 발견→해결→재평가→개선의 선순환 구조를 통해 지속 가능한 품질 혁신을 추구하는 접근 방식이다. 이러한 CQI의 핵심 실행 도구가 바로 PDCA 사이클이다. PDCA는 [그림 14-21]과 같이 계획(Plan), 실행(Do), 평가(Check), 개선(Act)의 네 단계로 구성된다.

1. **계획** : 문제를 진단하고 목표를 수립한 후에 이를 달성하기 위한 구체적이고 현실성 있는 계획을 수립한다.
2. **실행** : 수립된 계획에 따라 문제를 해결하는 작업을 수행한다.
3. **평가** : 계획과 실행 과정을 객관적으로 평가한다.
4. **개선** : 평가 단계를 바탕으로 실패요인을 어떻게 개선할지 성공요인을 어떻게 활용하지를 작성하고 다음 사이클의 계획 단계로 돌아가 품질개선 과정을 반복한다.

PDCA 사이클은 슈하트(Shewhart)의 'Plan-Do-See' 개념을 기반으로 데밍(Deming)에 의해 개발되었으며, 그의 이름을 따서 '데밍 사이클'이라고도 부른다. 처음에는 계획, 실행, 평가, 개선을 반복함으로써 지속적으로 문제를 개선하기 위한 방법으로, 기업에서 생산 및 품질 관리를 지속적으로 개선하고자 고안된 기법이다.

그림 14-21 PDCA 사이클

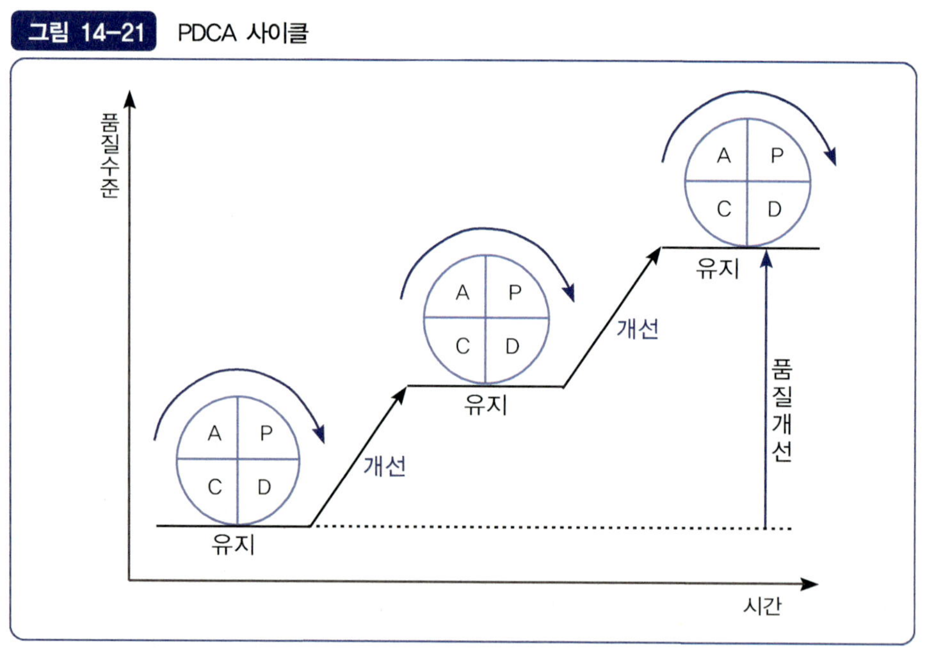

품질분임조

품질분임조는 문제해결 방법을 모색하고 새로운 생산활동을 계획하는데 기여하도록 조직된 소규모 작업 집단이다. 품질분임조는 품질과 관련된 것뿐 아니라 모든 종류의 생산 관련 문제를 해결하는데 사용할 수 있다. 품질분임조 운영은 단순히 제품의 품질을 향상하는 것 이상으로 업무수행방식, 직원의 사기나 동기부여 등을 강화하는 효과를 가져오기도 한다. 따라서 더 높은 직무참여로 인해 더 높게 동기가 부여된 직원을 확보한다는 점이 품질분임조의 운영으로부터 얻는 중요한 효과 중 하나이다.

품질분임조의 구성은 조직마다 다르지만 일반적으로 제조업무를 수행하는 직원으로 구성되어 있다. 분임조에서 마련한 해결책이 경영진에게 승인되면 해당 분임조에게 구체적인 시행전략을 수립하도록 요구된다. 작업자는 직접 계획에 참여했기 때문에 작업방법의 변화나 물리적 공정배치의 변화를 더 쉽게 받아들이게 되고 이는 곧바로 작업효율성과 직결된다.

포카요케

작업 과정에서 발생하는 오류는 일반적으로 부주의 오류(Inadvertent Errors), 기술상 오류(Technique Errors), 고의성 오류(Willful Errors)로 구분된다. 이에 대한 대응 방안은 다음과 같다.

1. 부주의 오류
   포카요케(Poka-Yoke), 동기부여(Motivation)

2. 기술상 오류
   교육 및 훈련(Education & Training)

3. 고의성 오류
   동기부여(Motivation) 또는 제재(Punishment)

이 중에서 부주의 오류에 대한 효과적인 개선 방안으로 포카요케(Poka-Yoke)가 활용된다. 실제로 품질 수준 저하의 상당 부분은 작업자의 능력 부족보다는 작업 중 발생하는 부주의나 실수에 기인한다. 이러한 관점에서 시게오 신고(Shigeo Shingo)는 실수나 부주의를 사전에 차단(Foolproof)하는 기법으로 포카요케를 제안하였다. 이러한 포카요케는 다음과 같은 다양한 분야에서 활용된다.

- 자동차 : 주차(P) 상태가 아니면 시동이 걸리지 않음
- 자동차 안전장치 : 안전벨트를 매지 않으면 경고음 발생
- 세탁기 : 문이 닫히지 않으면 세탁이 시작되지 않음
- 조립공정 : 부품이 잘못 방향으로 들어가지 않도록 설계된 홈 구조
- 작업장 : 작업 전후 체크리스트, 조립 순서 표기 스티커
- 병원 응급실 : 환자 확인을 위한 점검표, 스티커
- 음식점 : 쟁반 회수대를 출구 쪽에 배치, 동선 유도
- 예약 서비스 : 방문 전날 자동 문자 발송
- USB 포트 : 뒤집어서 꽂을 수 없도록 디자인
- 마트 계산대 : 무게 감지 시스템으로 바코드 미스 탐지 방지

제품이나 서비스의 전달과정에서 부주의나 실수가 발생하기 쉬운 부분에 포카요케를 도입하면 이를 예방할 수 있어 저비용으로 고품질을 달성할 수 있다. 실패비용이 예방비용보다 훨씬 크기 때문에 실수 발생 가능점에 실수방지장치, 점검표, 특별 훈련, 추가 검사, 지침서 등은 사전에 실수를 차단할 수 있어 매우 중요하다.

6시그마

6시그마 개념

시그마(σ)는 정규분포에서 표준편차를 나타내며, 6σ는 100만 개 중 3.4개의 불량(Defects per Million Opportunities: DPMO)만을 허용한다는 의미로, 실제로 6시그마 수준은 제품의 불량 제로를 추구한다. 6시그마(6σ)는 조직이 완벽에 가까운 제품과 서비스를 제공하기 위해 정립된 품질경영 기법이자 철학이다. 이는 조직 내의 제반 문제를 구체적으로 정의하고 현 수준을 계량화하여 평가한 후 이를 개선하고 그 성과를 유지하고 관리하는 경영 기법이다.

6시그마는 본래 1980년대 모토로라(Motorola)에서 창안된 품질개선 기법으로 품질 불량의 원인을 규명하고 해결하기 위한 체계적 방법론이었다. 이후 GE(General Electric), 다우 케미컬(Dow Chemical), LG, 삼성(Samsung) 등 유수의 기업들이 이를 도입하였다. GE는 6시그마 도입을 통해 1998년 한 해 동안 약 6억 달러의 수익 증가를 보고하였다.

다른 품질경영기법인 종합품질관리(Total Quality Management: TQM)가 생산품질 자체에 집중하는 데 비해, 6시그마는 조직의 모든 부서 업무에 적용할 수 있으며 각 부서의 상황에 적합한 고유한 방법론을 적용하여 계량적 기법과 통계학적 기법을 통해 성과를 향상시킬 수 있다. 본래 생산 부문에서 시작된 기법이지만 6시그마는 현재 영업, 인적자원관리, 고객 서비스 등 다양한 경영 분야로 확장되어 적용되고 있다. 이러한 6시그마 운동의 핵심 성공 요소는 다음과 같다.

• 최고경영자의 리더십

6시그마 활동이 성공하려면 우선 최고경영자의 강력한 신념과 통솔력이 필요하다. GE는 잭 웰치(Jack Welch) 라는 카리스마 있는 경영자의 존재 덕분에 6시그마 활동으로 괄목할 만한 성과를 거둘 수 있었다. 그의 6시그마에 대한 믿음은 거의 신념에 가까웠다. 6시그마 활동에서는 정확한 자료를 수집하고 이를 객관적으로 활용하는 자료 중심 관리가 중요하다. 현상을 객관적이고 정확하게 파악해야 이해집단과의 충돌 없이 올바른 진단을 내릴 수 있기 때문이다. 이를 위해 6시그마 활동을 시작하기 전에 각종 자료를 철저히 수집하고 체계적으로 관리할 수 있도록 조직을 재편할 필요가 있다.

• 구성원들에 대한 교육/훈련

6시그마는 일종의 의식개혁 운동이므로 전 구성원을 대상으로 전문 기관에 의한 위탁 교육이 필요하다. GE는 6시그마 활동을 추진하면서 교육을 승진과 연계해 전 구성원의 참여를 유도하였고, 그 결과 수천 명의 블랙벨트를 양성하였다. 또한 조직의 현재 품질 수준을 사내에 공개해 구성원들에게 도전 의식을 고취시켰다. 또한 6시그마 활동이 구성원들의 일상적인 경영활동으로 정착될 수 있도록 체계적인 시스템을 구축하는 것도 중요하다. 또한 부품을 조달하는 공급자들도 이 운동에 함께 참여하여야 한다.

6시그마는 백만 개당 3.4개의 불량만 허용하므로 거의 완벽한 품질로 간주될 수 있다. 그러나 반도체와 같은 대량생산 공정이나 비행기 사고 예방과 같은 분야에서는 6시그마 수준만으로는 충분하지 않다. 6시그마는 지난 20여 년간 성과가 입증되었으나 만병통치약인지에 대해서는 여전히 논란이 있다. 또한 6시그마는 다음과 같은 한계를 지닌다.

① 6시그마는 경영진에 의한 하향식 추진 방식을 요구한다.
② 6시그마의 그린벨트, 블랙벨트, 마스터 블랙벨트를 교육하고 훈련하기 위해서는 막대한 투자와 노력이 필요하다.
③ 팀 접근 방식과 전문적으로 훈련된 프로젝트팀이 있어야 6시그마가 효과적이다.
④ 프로세스를 변화시키는 과정에서 6시그마는 인간적 요소를 간과하는 경향이 있다.

6시그마 운동과 전통적 품질관리의 차이점을 살펴보면, 기존 품질관리(Quality Control: QC)는 생산성을 높이고 불량률을 낮추기 위한 기법이다. 일본에서 시작된 QC는 초기에는 생산 현장의 개선을 목표로 하였으나, 이후 전사적 품질관리(Total Quality Control: TQC)와 종합적 품질경영(Total Quality Management: TQM)으로 발전하면서 생산 현장 외의 부문에도 적용되었다.

그러나 기존의 품질관리 기법은 불량이 발생한 지점에 국한된 부분 최적화에 초점을 맞추거나 생산자 중심의 제조 관리에 치중되어 있었다. 반면 6시그마는 기업 전체 프로세스의 최적화를 목표로 하는 전사적 품질 혁신 운동이다. 즉 6시그마는 제조뿐만 아니라 제품 개발과 판매 등 모든 기업 활동을 계량화하고, 품질에 영향을 미치는 핵심 요소의 오차 범위를 6시그마 이내로 관리하는 것을 목표로 한다.

6시그마 방법론

6시그마 프로젝트 수행 방법론에는 DMAIC와 DMADOV 두 가지가 있다. DMAIC는 기존 프로세스나 제품의 결함을 개선하기 위한 방법론이다. 반면 DMADOV는 신제품 설계 또는 신규 프로세스를 처음부터 6시그마 수준으로 구축하기 위한 방법론이다. 이 중 DMAIC는 6시그마 프로젝트에서 가장 일반적으로 활용된다.

DMAIC는 6시그마의 대표적 프로젝트 방법론으로, DMADV가 새로운 제품이나 공정의 개발이나 재설계에 초점을 두는 것과 달리 기존 공정의 개선에 중점을 둔다. 이 방법론은 문제를 규정하는 정의(Define), 현 공정을 측정하고 데이터를 수집하는 측정(Measure), 데이터를 분석하여 결함의 근본 원인을 규명하는 분석(Analyze), 분석 결과를 토대로 공정을 개선하는 개선(Improve), 그리고 개선된 공정을 안정적으로 유지·관리하는 제어(Control)의 다섯 단계로 구성된다. DMAIC 방법론은 다음의 다섯 단계를 통해 체계를 구축할 수 있다.

1. 정의(Define)

프로젝트를 명확히 정의하는 단계이다. 세부 단계별 추진 내용은 다음과 같다.

- 현황 파악 및 문제 정의
- 주요 고객 정의
- 고객 만족을 위한 핵심 품질 특성(Critical to Quality: CTQ) 파악

2. 측정(Measure)

두 번째 단계에서는 고객이 중요하다고 생각하는 CTQ를 선정하고 CTQ의 현재 수준을 측정하여 이에 대한 개선 목표 및 추진 방향을 설정하는 단계이다. 세부 단계별 추진 내용은 다음과 같다.

- CTQ의 측정 방법 결정 및 측정 실시
- CTQ의 현재 수준을 파악
- CTQ의 목표 수준을 결정

3. 분석(Analyze)

분석 단계에서는 측정 단계에서 도출된 CTQ의 현재 수준에 관한 원인을 분석하기 위해 CTQ와 그에 영향을 미치는 요인 간의 인과관계를 파악한다. 세부 단계별 추진 내용은 다음과 같다.

- 자료 수집 및 분석
- 원인과 결과 분석
- 핵심 인자 결정

4. 개선(Improve)

이 단계에서는 앞의 분석 단계에서 선정한 CTQ의 충족 정도를 높이기 위해 개선 방안을 도출하고 실행하는 단계이다. 세부 단계별 추진 내용은 다음과 같다.

- 잠재인자별 개선 대책 수립 및 개선
- CTQ의 목표 도달 여부 검토

5. 통제(Control)

마지막 단계에서는 개선된 프로세스가 지속적으로 유지되도록 개선 결과에 대한 사후 관리 계획을 수립하고 그 내용을 공식 문서로 정리하는 단계이다. 세부 단계별 추진 내용은 다음과 같다.

- 관리 계획 수립 및 시행
- 프로젝트의 문서화
- 성공한 개선을 표준화하고 공유

6시그마 조직 및 역할

GE가 잭 웰치 회장의 강력한 리더십으로 6시그마를 성공적으로 실천한 사례에서 알 수 있듯이, 6시그마가 성공하려면 최고경영층의 적극적 참여가 필수적이다. 또한 성공적인 6시그마 도입과 실행을 위해서는 다음과 같은 5가지 자격증과 역할을 명확히 이해하도록 교육과 훈련을 실시해야 한다.

1. 챔피언(Champion) : 6시그마를 총괄적으로 지휘한다.
2. 마스터 블랙벨트(Master Black Belts) : 새로운 방법을 개발·활용하고 종업원 교육을 담당하며 조직 전반에 6시그마를 전파한다.
3. 블랙벨트(Black Belts) : 프로젝트를 전담하여 이끄는 리더로 DMAIC 방법론을 활용해 프로젝트 수행을 담당한다.
4. 그린벨트(Green Belts) : 자신의 부서 업무를 수행하면서 소규모 6시그마 프로젝트를 이끌거나 블랙벨트 프로젝트의 팀원으로 참여하며 프로젝트 실행에 필요한 데이터의 수집과 분석을 담당한다.
5. 화이트벨트(White Belts) : 6시그마 개념에 대한 기본 인식을 가진 구성원으로서 프로세스 개선을 지원하는 로컬 문제해결 팀에 참여한다.

6시그마 효과

6시그마는 품질관리 및 과정 개선을 위한 통계적 데이터 분석을 기반으로 하는 경영 기법으로, 제품과 서비스의 하자를 최소화하고 운영 효율성을 극대화 하는데 주안점을 둔다. 이러한 6시그마의 장점은 다음과 같다.

1. 비용 절감

   과정을 최적화하여 품질개선을 함으로써 낭비를 줄여 운영 비용을 절감할 수 있어 효율성을 제고한다.

2. 프로세스 개선

   기존 프로세스를 진단하고 개선하여 전반적인 작업 효율성을 향상시키고 이를 통해 기업의 경쟁력을 강화한다.

3. 데이터 기반 의사결정

   통계적 데이터 분석을 기반하여 의사결정을 하므로 직관이나 추측이 아닌 객관적이고 합리적인 의사결정을 내릴 수 있다.

4. 근본적 문제해결

   결과를 개선하려면 결과에 영향을 미치는 원인을 찾아 반드시 개선해야 한다는 원칙을 따른다.

5. 경영진 참여

   챔피언 프로젝트를 통해 경영진이 직접 혁신 운동을 추진함으로써 만성적 문제를 해결하고 비즈니스 기회를 창출할 수 있다.

6. 품질 향상

   결함을 최소화하고 품질을 높이는 경영혁신 기법이므로 고객 만족도를 높이고 기업의 신뢰성을 강화한다.

7. 고객 만족도 향상

   문제해결을 통해 품질을 향상함으로써 고객의 요구와 기대를 충족시켜 고객 만족도를 높여 준다.

요약

- 품질은 접근법에 따라 다양한 정의가 존재하므로 어느 하나에 집중하는 것보다 여러 관점에서 품질을 바라보는 것이 바람직하다.
- 제품의 품질 차원으로는 성능, 특징, 일치성, 신뢰성, 내구성, 서비스성, 심미성, 평판 등이 있다.
- 품질비용은 예방비용, 평가비용, 내부실패비용, 외부실패비용의 네 가지로 분류된다.
- 관리도란 공정이 제대로 관리되고 있는지를 파악하기 위하여 생산되는 제품의 표본을 추출하여 측정한 값을 타점한 후 그 값들이 관리한계 범위를 벗어나는지 또는 특이 패턴을 보이는지를 조사하여 이상이 있으면 그 원인을 규명하고 해결하고자 하는 기법이다.
- 관리도에서 특이한 패턴에는 런, 추세, 주기, 군집 등이 있다.
- 관리도에는 계량치 관리도와 계수치 관리도 두 가지가 있다.
- 계량치 관리도는 무게, 길이 등과 같이 양적으로 측정 가능한 특성에 사용되며, 대표적으로 $\overline{X}-R$ 관리도, $\overline{X}-S$ 관리도가 있다.
- 계수치 관리도는 불량률이나 불량개수 등과 같은 이산적인 특성을 관리하는 데 활용되며, 대표적으로 $p-$관리도, $np-$관리도, $c-$관리도, $u-$관리도 등이 있다.
- 카노 모형은 만족과 불만족이라는 주관적 요소와 충족과 미충족이라는 객관적 요소를 동시에 고려하는 이원적 품질 인식 방법으로 당연 품질, 만족 품질, 감동 품질로 구분하여 설명한다.
- SERVQUAL 모형은 고객이 기대한 서비스와 실제로 인식한 서비스 간의 차이를

다섯 가지 차원(신뢰성, 반응성, 확신성, 공감성, 유형성)으로 측정하여 서비스품질을 평가하는 도구이다.

- 품질 갭 모형은 고객이 기대하는 서비스와 실제로 지각한 서비스 간의 차이를 5가지로 설명하기 위한 모형이다.
- 벤치마킹이란 자사의 운영 상태를 우수 기업과 비교·분석하여, 그로부터 얻은 정보를 바탕으로 자사의 목표와 전략을 수립하고 실행에 반영함으로써 경쟁력을 강화하려는 경영 기법을 말한다.
- 품질분임조란 동일한 작업장에서 근무하는 작업자들이 자율적으로 모여 품질관리 활동을 수행하는 소규모 그룹을 의미한다.
- PDCA 사이클은 계획, 실행, 점검, 개선의 4단계로 구성된 지속적인 개선 프로세스를 의미한다.
- 6시그마는 1980년대 모토로라에서 창안되었으며, 백만 개당 3.4개의 불량이 허용되는 수준을 의미한다.
- 6시그마의 성공적인 실행을 위해서는 최고경영층의 참여가 필수적이고 기존의 절차나 방법을 버리고 완전히 새로운 것으로 대체하여야 한다.
- 6시그마는 전통적으로 생산분야의 품질개선 프로그램이었으나 현재는 R&D, 마케팅, 법률, 인사관리, 재무 등에도 적용된다.
- 6시그마의 성공을 위해서는 객관적인 자료에 기반한 의사결정이 중요하므로 통계적인 분석 기법이 광범위하게 활용된다.

학습문제

01. 품질이란 무엇으로 정의할 수 있는가?

02. 품질의 특성에는 어떤 요소들이 포함되는가?

03. 기업이 품질의 심각성을 충분히 인식하지 못하는 원인은 무엇인가?

04. 최적 품질수준은 어떻게 결정되는가?

05. 무결점 운동은 바람직한가?

06. 무결점을 달성하려면 어떤 노력이 필요한가?

07. 품질비용이란 무엇이며 품질수준과의 관계는?

08. 품질관리를 위한 주요 도구와 기법에는 무엇이 있는가?

09. 관리도는 무엇을 의미하며, 어떤 방식으로 사용되는가?

10. 관리도는 어떤 종류로 구분되는지 살펴보라

11. 관리도에서 생산 공정이 불안정하다고 결론 내릴 수 있는 조건은 무엇인가?

12. 카노 모형을 설명하라.

13. SERVQUAL 모형을 설명하라.

14. 품질 갭 모형을 설명하라.

15. 벤치마킹을 해야 하는 이유는?

16. 품질분임조란 무엇이며 품질분임조 활동의 특성은?

17. 6시그마가 전통적인 품질관리 방식과의 차이는 무엇인가?

18. DMAIC 사이클 각 단계의 주요 활동과 목적을 설명하라.

19. 6시그마 조직 내에서의 챔피언, 마스터 블랙벨트, 블랙벨트, 그린벨트의 역할을 각각 기술하고, 이들 간의 상호작용이 프로젝트 성공에 미치는 영향을 논하라.

Appendix

부록

1. 표준정규분포표
2. 관리도계수
3. 난수표
4. 샘플링검사표

1. 표준정규분포표

아래 표의 값들은 표준정규분포의 확률을 의미하며 다음 그림에서 평균값과 z 사이의 면적으로 표시된다.

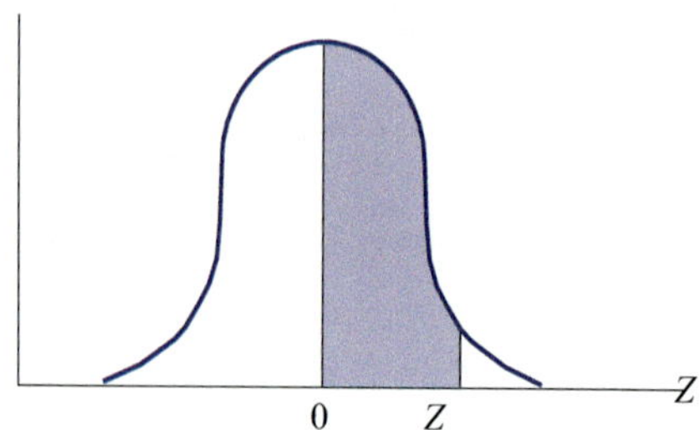

Z	.00	.01	.02	.03	.04	.05	.06	.07	.08	.09
.00	.0000	.0040	.0080	.0120	.0160	.0199	.0239	.0279	.0319	.0359
.10	.0398	.0438	.0478	.0517	.0557	.0596	.0636	.0675	.0714	.0753
.20	.0793	.0832	.0871	.0910	.0948	.0987	.1026	.1064	.1103	.1141
.30	.1179	.1217	.1255	.1293	.1331	.1368	.1406	.1443	.1480	.1517
.40	.1554	.1591	.1628	.1664	.1700	.1736	.1772	.1808	.1844	.1879
.50	.1915	.1950	.1985	.2019	.2054	.2088	.2133	.2157	.2190	.2224
.60	.2257	.2291	.2324	.2357	.2389	.2422	.2454	.2486	.2517	.2549
.70	.2580	.2611	.2642	.2673	.2703	.2734	.2764	.2793	.2823	.2852
.80	.2881	.2910	.2939	.2967	.2995	.3023	.3051	.3078	.3106	.3133
.90	.3159	.3186	.3212	.3238	.3264	.3289	.3315	.3340	.3365	.3389
1.00	.3413	.3438	.3461	.3485	.3508	.3531	.3554	.3577	.3599	.3621
1.10	.3643	.3665	.3686	.3708	.3729	.3749	.3770	.3790	.3810	.3830
1.20	.3849	.3869	.3888	.3907	.3925	.3944	.3962	.3980	.3997	.4015
1.30	.4032	.4049	.4066	.4082	.4099	.4115	.4132	.4147	.4162	.4177
1.40	.4192	.4207	.4222	.4236	.4251	.4265	.4279	.4292	.4306	.4319
1.50	.4332	.4345	.4357	.4370	.4382	.4394	.4406	.4418	.4429	.4441
1.60	.4452	.4463	.4474	.4474	.4495	.4505	.4515	.4525	.4535	.4545
1.70	.4554	.4564	.4573	.4582	.4591	.4599	.4608	.4616	.4625	.4633
1.80	.4641	.4649	.4656	.4664	.4671	.4678	.4686	.4693	.4699	.4706
1.90	.4713	.4719	.4726	.4732	.4738	.4744	.4750	.4756	.4761	.4767
2.00	.4772	.4778	.4783	.4788	.4793	.4798	.4803	.4808	.4812	.4817

Z	.00	.01	.02	.03	.04	.05	.06	.07	.08	.09
2.10	.4821	.4826	.4830	.4834	.4838	.4842	.4846	.4850	.4854	.4857
2.20	.4861	.4864	.4868	.4871	.4875	.4878	.4881	.4884	.4887	.4890
2.30	.4893	.4896	.4898	.4901	.4904	.4906	.4909	.4911	.4913	.4916
2.40	.4918	.4920	.4922	.4925	.4927	.4929	.4931	.4932	.4934	.4936
2.50	.4938	.4940	.4941	.4943	.4945	.4946	.4948	.4949	.4951	.4952
2.60	.4953	.4955	.4956	.4957	.4959	.4960	.4961	.4962	.4963	.4964
2.70	.4965	.4966	.4967	.4968	.4969	.4970	.4971	.4972	.4973	.4974
2.80	.4974	.4975	.4976	.4977	.4977	.4978	.4979	.4979	.4980	.4981
2.90	.4981	.4982	.4982	.4983	.4984	.4984	.4985	.4985	.4986	.4986
3.00	.4987	.4987	.4987	.4988	.4988	.4989	.4989	.4989	.4990	.4990
3.10	.4990	.4991	.4991	.4991	.4992	.4992	.4992	.4992	.4993	.4993
3.20	.4993	.4993	.4994	.4994	.4994	.4994	.4994	.4995	.4995	.4995
3.30	.4995	.4995	.4995	.4996	.4996	.4996	.4996	.4996	.4996	.4997
3.40	.4997	.4997	.4997	.4997	.4997	.4997	.4997	.4997	.4997	.4998
3.50	.4998	.4998	.4998	.4998	.4998	.4998	.4998	.4998	.4998	.4998
3.60	.4998	.4998	.4999	.4999	.4999	.4999	.4999	.4999	.4999	.4999
3.70	.4999	.4999	.4999	.4999	.4999	.4999	.4999	.4999	.4999	.4999
3.80	.4999	.4999	.4999	.4999	.4999	.4999	.4999	.4999	.4999	.4999

예 $0 \leq Z \leq 1.96$ 사이의 확률을 알려면 표의 첫 번째 열에서 Z=1.90을 찾은 다음 다시 첫 번째 행에서 0.06을 찾아(Z=1.90+0.06=1.96) 두 숫자가 교차하는 지점에 위치한 0.4750을 읽으면 된다.

2. 관리도계수

n	A_2	A_3	c_4	B_3	B_4	d_2	d_3	D_3	D_4	m_3
2	1.880	2.659	0.798	0.000	3.267	1.128	0.853	0.000	3.267	1.000
3	1.023	1.954	0.886	0.000	2.568	1.693	0.888	0.000	2.575	1.160
4	0.729	1.628	0.921	0.000	2.266	2.059	0.880	0.000	2.282	1.092
5	0.577	1.427	0.940	0.000	2.089	2.326	0.864	0.000	2.114	1.198
6	0.483	1.287	0.952	0.030	1.970	2.534	0.848	0.000	2.004	1.135
7	0.419	1.182	0.959	0.118	1.882	2.704	0.833	0.076	1.924	1.214
8	0.373	1.099	0.965	0.185	1.815	2.847	0.820	0.136	1.864	1.160
9	0.337	1.032	0.969	0.239	1.761	2.970	0.808	0.184	1.816	1.223
10	0.308	0.975	0.973	0.284	1.716	3.078	0.797	0.223	1.777	1.176
11	0.285	0.927	0.975	0.321	1.679	3.173	0.787	0.256	1.744	1.228
12	0.266	0.886	0.978	0.354	1.646	3.258	0.778	0.283	1.717	1.188
13	0.249	0.850	0.979	0.382	1.618	3.336	0.770	0.307	1.693	1.232
14	0.235	0.817	0.981	0.406	1.594	3.407	0.763	0.328	1.672	1.196
15	0.223	0.789	0.982	0.428	1.572	3.472	0.756	0.347	1.653	1.235
16	0.212	0.763	0.983	0.448	1.552	3.532	0.750	0.363	1.637	1.203
17	0.203	0.739	0.985	0.466	1.534	3.588	0.744	0.378	1.622	1.237
18	0.194	0.718	0.985	0.482	1.518	3.640	0.739	0.391	1.609	1.208
19	0.187	0.698	0.986	0.497	1.503	3.689	0.733	0.404	1.596	1.239
20	0.180	0.680	0.987	0.510	1.490	3.735	0.729	0.415	1.585	1.212
21	0.173	0.663	0.988	0.523	1.477	3.778	0.724	0.425	1.575	1.240
22	0.167	0.647	0.988	0.534	1.466	3.819	0.720	0.435	1.565	1.215
23	0.162	0.633	0.989	0.545	1.455	3.858	0.716	0.443	1.557	1.241
24	0.157	0.619	0.989	0.555	1.445	3.895	0.712	0.452	1.548	1.218
25	0.153	0.606	0.990	0.565	1.435	3.931	0.708	0.459	1.541	1.242

3. 난 수 표

10480	15011	01536	02011	81647	91646	69179	14194	62590
22368	74657	25595	85393	30995	89198	27982	53402	93965
24130	48360	22527	97265	76393	64809	15179	24830	49340
42167	93093	06243	61680	07856	16376	39440	53537	71341
37570	39975	81837	16656	06121	91782	60468	81305	49684
77921	06907	11008	42751	27756	53498	18602	70659	90655
99562	72905	56420	69994	98872	31016	71194	18738	44013
96301	91977	05463	07972	18876	20922	94595	56869	69014
89579	14342	63661	10281	17453	18103	57740	84378	25331
85475	36857	53342	53988	53060	59533	38867	62300	08158
28918	69578	88231	33276	70997	79936	56865	05859	90106
63553	40961	48235	03427	49626	69445	18663	72695	52180
09429	93969	52636	92737	88974	33488	36320	17617	30015
10365	61129	87529	85689	48237	52267	67689	93394	01511
07119	97336	71048	08178	77233	13916	47564	81056	20773
51085	12765	51821	51259	77452	16308	60756	92144	54944
02368	21382	52404	60268	89368	19885	55322	44819	01188
01011	54092	33362	94904	31273	04146	18594	29852	57158
52162	53916	46369	58586	23216	14513	83149	98736	23495
07056	97628	33787	09998	42698	06691	76988	13602	51854
48663	91245	85828	14346	09172	30168	90229	04734	59193
54164	58492	22421	74103	47070	25306	76468	26384	58151
32639	32363	05597	24200	13363	38005	94342	28728	35806
29334	27001	87637	87308	58731	00256	45834	15398	46557
02488	33062	28834	07351	19731	92420	60952	61280	50001
81525	72295	04839	96423	24878	82654	66566	14778	76797
29676	20591	68086	26432	46901	20849	89768	81536	86645
00742	57392	39064	66432	84673	40027	32832	61362	98947
05366	04213	25669	26422	44407	44048	37937	63904	45766
91921	26418	64117	94305	26766	25940	39972	22209	71500
00582	04711	87917	77341	42206	35126	74087	99547	81817
00725	69884	62797	56170	86324	88072	76222	36086	84637
69011	65795	95876	55293	18988	27354	26575	08625	40801
25976	57948	29888	88604	67917	48708	18912	82271	65424
09763	83473	73577	12908	30883	18317	28290	35797	05998

91567	42595	27958	30134	04024	86385	29980	99730	55536
17955	56349	90999	49127	20044	59931	06115	20542	18059
46503	18584	18845	49618	02304	51038	20655	58727	28168
92157	89634	94824	78171	84610	82834	09922	25417	44137
14577	62765	35605	81263	39667	47358	56873	56307	06160
98427	07523	33362	64270	01638	92477	66969	98420	70488
34914	63976	88720	82765	34476	17032	87589	40836	32427
70060	28277	39475	46473	23219	53416	94970	25832	69975
53976	54914	06990	67245	68350	82948	11398	42878	80287
76072	29515	40980	07391	58745	25774	22987	80059	39911
90725	52210	83974	29992	36583	38857	50490	83765	55657
64364	67412	33339	31926	01488	24413	59744	92351	97473
08962	00358	31662	25388	61642	34072	81249	35648	56891
95012	68379	93526	70765	10592	04542	76463	54328	02349
15664	10493	20492	38391	91132	21999	59516	81652	27195

4. 샘플링검사표

p_1(%) / p_0(%)	0.71 ~ 0.90	0.91 ~ 1.12	1.13 ~ 1.40	1.41 ~ 1.80	1.81 ~ 2.24	2.25 ~ 2.80	2.81 ~ 3.55	3.56 ~ 4.50	4.51 ~ 5.60	5.61 ~ 7.10	7.11 ~ 9.00	9.01 ~ 11.2	11.3 ~ 14.0	14.1 ~ 18.0	18.1 ~ 22.4	22.5 ~ 28.0	28.1 ~ 35.5	p_1(%) / p_0(%)
0.090~0.112	*	400 1	↓	←	↓	→	60 0	50 0	←	↓	↓							0.090~0.112
0.113~0.140	*	↓	300 ↑	↓	←	↓	→	↑	40 0	←	↓							0.113~0.140
0.141~0.180	*	500 2	↓	250 ↑	↓	←	↓	→	↑	30 0								0.141~0.180
0.181~0.224	*	*	400 2	↓	200 ↑	↓	←	↓	→	↑	25 0							0.181~0.224
0.225~0.280	*	*	500 3	300 2	↓	150 ↑	↓	←	↓	→	↑	20 0						0.225~0.280
0.281~0.355	*	*	*	400 3	250 2	↓	120 1	↓	←	↓	→	↑	15 0					0.281~0.355
0.356~0.450	*	*	*	500 4	300 3	200 2	↓	100 1	↓	←	↓	→	↑	15 0				0.356~0.450
0.451~0.560	*	*	*	*	400 4	250 3	150 2	↓	80 1	↓	←	↓	→	↑	10 0			0.451~0.560
0.561~0.710	*	*	*	*	500 6	300 4	200 3	120 3	↓	60 1	↓	←	↓	→	↑	7 0		0.561~0.710
0.711~0.900	*	*	*	*	*	400 6	250 4	150 4	100 2	↓	50 1	↓	←	↓	→	↑	5 0	0.711~0.900
0.901~1.12		*	*	*	*	*	300 6	200 6	120 3	80 2	↓	40 1	↓	←	↓	↓	↑	0.901~1.12
1.13~1.40			*	*	*	*	500 10	250 6	150 4	100 3	60 2	↓	30 1	↓	←	↓	↑	1.13~1.40
1.41~1.80				*	*	*	*	400 10	200 6	120 4	80 3	50 2	↓	25 1	↓	←	↓	1.41~1.80
1.81~2.24					*	*	*	*	300 10	150 6	100 4	60 3	40 2	↓	20 1	↓	←	1.81~2.24
2.25~2.80						*	*	*	*	250 10	120 6	70 4	50 3	30 2	↓	15 1	↓	2.25~2.80
2.81~3.55							*	*	*	*	200 10	100 6	60 4	40 3	25 2	↓	10 1	2.81~3.55
3.56~4.50								*	*	*	*	150 10	80 6	50 4	30 3	20 2	↓	3.56~4.50
4.51~5.60								*	*	*	*	120 10	60 6	40 4	25 3	15 2		4.51~5.60
5.61~7.10									*	*	*	*	100 10	50 6	30 4	20 3		5.61~7.10
7.11~9.00										*	*	*	*	70 10	40 6	25 4		7.11~9.00
9.01~11.2											*	*	*	*	60 10	30 6		9.01~11.2
p_0(%) / p_1(%)	0.71 ~ 0.90	0.91 ~ 1.12	1.13 ~ 1.40	1.41 ~ 1.80	1.81 ~ 2.24	2.25 ~ 2.80	2.81 ~ 3.55	3.56 ~ 4.50	4.51 ~ 5.60	5.61 ~ 7.10	7.11 ~ 9.00	9.01 ~ 11.2	11.3 ~ 14.0	14.1 ~ 18.0	18.1 ~ 22.4	22.5 ~ 28.0	28.1 ~ 35.5	p_1(%) / p_0(%)

(비고) → 표는 그 방향의 최초한의 n, c를 사용한다. 공란에 대한 샘플링검사방식은 없음.
단, $p_0 = AQL$, $p_1 = LTPD$.

참고문헌

Abell, D., & Hammond, J. (1979). Strategic market planning: Problems and analytical. Prentice Hall College Division.

Buzzell, R. (1983). Is vertical integration profitable? Harvard Business Review, 61(1), 92-102.

Carman, J. M., & Langeard, E. (1980). Growth strategies for service firms. Strategic Management Journal, 1(1), 7-22.

Chase, R. B., & Apte, U. M. (2007). A history of research in service operations: What's the big idea? Journal of Operations Management, 25(2), 375-386.

Chase, R., Jacobs, F., & Aquilano, N. (2010). Operations and supply chain management(13th ed.). McGraw-Hill.

Chin, L., & Rafuse, B. (1993). A small manufacturer adds JIT techniques to MRP. Production and Inventory Management Journal, 34(4), 18-21.

Chopra, S., & Sodhi, M. S. (2004). Managing risk to avoid supply-chain breakdown. MIT Sloan Management Review, 46(1), 53-61.

Christopher, M., & Peck, H. (2004). Building the resilient supply chain. The International Journal of Logistics Management, 15(2), 1-14. https://doi.org/10.1108/09574090410700275

Crosby, P. B. (1979). Quality is free: The art of making quality certain. McGraw-Hill.

Duncan, A. J. (1974). Quality control and industrial statistics(4th ed.). Irwin.

Ebert, R. (1976). A comparison of human and statistical forecasting. AIIE Transactions, 8(1), 20-27.

Evans, J. R., & Lindsay, W. M. (2020). Managing for quality and performance excellence(11th ed.). Cengage Learning.

Feigenbaum, A. V. (1991). Total quality control(3rd ed.). McGraw-Hill Education.

Fitzsimmons, J. (1973). A methodology for emergency ambulance deployment. Management Science, 19(6), 627-636.

Fitzsimmons, J. A., & Fitzsimmons, M. J. (2006). Service management: Operations, strategy, and information technology(7th ed.). McGraw-Hill.

Fitzsimmons, J. A., & Fitzsimmons, M. J. (2013). Service management: Operations, strategy, and information technology(8th ed.). McGraw-Hill Education.

Frei, F. X. (2008). The four things a service business must get right. Harvard Business Review, 86(4), 70-80.

Gaimon, C., Özkan, G., & Napoleon, K. (2017). The role of workers in service firms facing automation technologies. Production and Operations Management, 26(10), 1896-1915. https://doi.org/

10.1111/poms.12753

Garvin, D. A. (1988). Managing quality: The strategic and competitive edge. Simon & Schuster.

Hall, R. (1983). Zero inventories. Dow Jones-Irwin.

Hayes, E. (1987). Breakthrough manufacturing. Harvard Business Review, 68(4), 75–81.

Hayes, R. (1985). Strategic planning—Foreword in reverse? Harvard Business Review, 63(6), 111–119.

Hayes, R., & Abernathy, W. (1980). Managing our way to economic decline. Harvard Business Review, 58(4), 67–77.

Hayes, R., & Wheelwright, S. (1979). Link manufacturing process and product life cycles. Harvard Business Review, 57(1), 133–140.

Hayes, R., & Wheelwright, S. (1984). Restoring our competitive edge: Competing through manufacturing. Wiley.

Heskett, J. L., & Schlesinger, L. A. (1994). Putting the service-profit chain to work. Harvard Business Review, 72(2), 164–174.

Holweg, M. (2007). The genealogy of lean production. Journal of Operations Management, 25(2), 420–437. https://doi.org/10.1016/j.jom.2006.04.001

Hopp, W. J., & Spearman, M. L. (2004). To pull or not to pull: What is the question? Manufacturing & Service Operations Management, 6(2), 133–148. https://doi.org/10.1287/msom.1030.0035

Hopp, W. J., & Spearman, M. L. (2011). Factory physics(3rd ed.). Waveland Press.

Ittner, C. D., & Larcker, D. F. (2003). Coming up short on nonfinancial performance measurement. Harvard Business Review, 81(11), 88–95.

Juran, J. M., Godfrey, A. B., & Defeo, J. A. (2010). Juran's quality handbook: The complete guide to performance excellence(6th ed.). McGraw-Hill Education.

Juran, J., Gryna, F. Jr., & Bingham, R. Jr. (Eds.). (1988). Quality control handbook(4th ed.). McGraw-Hill.

Kaplan, R. S., & Norton, D. P. (2004). Measuring the strategic readiness of intangible assets. Harvard Business Review, 82(2), 52–63.

Kaplan, R. S., & Norton, D. P. (2005). The office of strategy management. Harvard Business Review, 83(10), 72–80.

Lawson, R., Stratton, W., & Hatch, T. (2004). Automating the balanced scorecard. CMA Management, 77(9), 39–43.

Lovelock, C. H., Wirtz, J., & Chew, P. (2009). Essentials of services marketing. Prentice Hall.

Lovelock, C., & Wirtz, J. (2022). Services marketing: People, technology, strategy(9th ed.). Pearson.

Metters, R., King-Metters, K., Pullman, M., & Walton, S. (2012). Successful service operations management(2nd ed.). South-Western Cengage Learning.

Montgomery, D. C. (2019). Introduction to statistical quality control(8th ed.). Wiley.

Nahmias, S. (2019). Production and operations analysis(7th ed.). Waveland Press.

Narasimhan, R., Swink, M., & Viswanathan, S. (2010). On decisions for integration implementation: An examination of complementarities between product and process innovation. Decision Sciences, 41(1), 5-28.

Netland, T. H., & Ferdows, K. (2016). The S-curve effect in lean implementation. Production and Operations Management, 25(6), 1106-1120.

Pagell, M., & Wu, Z. (2009). Building a more complete theory of sustainable supply chain management using case studies of 10 exemplars. Journal of Supply Chain Management, 45(2), 37-56.

Pande, P., Neuman, R., & Cavanagh, R. (2000). The Six Sigma way: How GE, Motorola, and other top companies are honing their performance. McGraw-Hill.

Pearson, T. (2001). Measure for Six Sigma success. Quality Progress, 34(2), 35-40.

Pinedo, M. (2016). Scheduling: Theory, algorithms, and systems(5th ed.). Springer.

Porter, M. (1980). Competitive strategy: Techniques for analyzing industries and competitors. Free Press.

Ritzman, L., King, B., & Krajewski, L. (1982). Manufacturing performance—Pulling the right levers. Harvard Business Review, 60(3), 143-152.

Ritzman, L., King, B., Lee, J., & Krajewski, L. (1984). Manufacturing performance—Pulling the right levers. Harvard Business Review, 62(3), 143-152.

Rust, R. T., Moorman, C., & Dickson, P. R. (2002). Getting return on quality: Revenue expansion, cost reduction, or both? Journal of Marketing, 66(4), 7-24.

Schonberger, R. (1986). World class manufacturing: The lessons of simplicity applied. Free Press.

Schroeder, R., Anderson, J., & Cleveland, G. (1986). The content of manufacturing strategy: An empirical study. Journal of Operations Management, 6(4), 423-435.

Shahin, A., Pourhamidi, M., Antony, J., & Hyun Park, S. (2013). Typology of Kano models: A critical review of literature and proposition of a revised model. International Journal of Quality & Reliability Management, 30(3), 341-358.

Skinner, W. (1969). Manufacturing—Missing link in corporate strategy. Harvard Business Review, 47(3), 136-145.

Skinner, W. (1974). The focused factory. Harvard Business Review, 52(3), 113-121.

Skinner, W. (1984). Operations technology: Blind spot in strategy management. Interfaces, 14(1), 116-125.

Slack, N., & Lewis, M. (2020). Operations strategy(5th ed.). Pearson.

Slack, N., Lewis, M., & Bates, H. (2004). The two worlds of operations management research and practice: Can they meet, should they meet? International Journal of Operations & Production Management, 24(4), 372-387.

Sousa, R., & Voss, C. A. (2002). Quality management re-visited: A reflective review and agenda for future research. Journal of Operations Management, 20(1), 91-109. https://doi.org/10.1016

/S0272-6963(01)00088-2

Stevenson, W. J. (2020). Operations management(14th ed.). McGraw-Hill Education.

Taguchi, G., & Wu, Y. (1985). Introduction to off-line quality control. Central Japan Quality Control Association.

Taguchi, G., Chowdhury, S., & Taguchi, S. (2000). Robust engineering: Learn how to boost quality while reducing costs & time to market. McGraw-Hill.

Wheelwright, S. (1981). Japan—Where operations really are strategic. Harvard Business Review, 59(4), 67–74.

Wheelwright, S., & Charlee, D. (1976). Corporate forecasting: Promise and reality. Harvard Business Review, 54(1), 40–60.

Zeithaml, V. A., Bitner, M. J., & Gremler, D. D. (2006). Services marketing: Integrating customer focus across the firm(4th ed.). McGraw-Hill.

강상욱. (2020). 품질경영과 품질관리. 한올출판사.

김상훈, 이학수, & 김기홍. (2019). 서비스 경영의 이해. 박영사.

김성기, & 김태은. (2022). 생산 및 운영관리. 무역경영사.

안영진. (2000). 6-시그마 혁신전략. 김영사.

안영진. (2002). 경영품질론: 6-시그마와 TQM. 박영사.

이상문. (2011). 글로벌 시대의 조일류 기업을 위한 생산관리. 형설출판사.

이재관. (1995). 생산관리. 법문사.

이학수, 김상수, 김기홍, 김상훈, 박상범, & 장기두. (2021). 생산운영관리(6판). 박영사.

전영일, 홍관수, & 김남영. (2003). 전략적 운영관리. 경문사.

정진우. (2021). 서비스운영관리(2판). 청람.

정진우. (2023). 생산운영관리(5판). 청람.

한국능률협회 6-시그마 추진센터. (1998). 6-시그마 도입전략. 21세기북스.

홍관수. (2016). 품질경영. 경문사.

홍관수. (2017). 서비스경영. 경문사.

홍관수. (2019). 경영과학. 경문사.

홍성도. (2021). 생산 및 운영관리. 형설출판사.

국문 찾아보기

ㄴ

ㄷ

ㄹ

ㅁ

ㅂ

ㅅ

ㅇ

ㅈ

ㅊ

ㅋ

ㅌ

ㅍ

ㅎ

1

영문 찾아보기

A

B

C

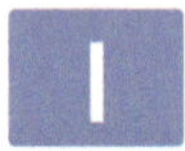

M

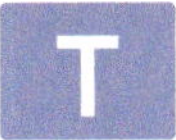

■ 저자소개 ■

• 정현석

계명대학교 컴퓨터공학과를 졸업하고 계명대학교 경영학과의 석·박사학위를 취득하였다. 2010년부터 대학에서 생산운영관리, 통계자료분석, 공급사슬관리, 품질경영, 서비스경영, 경영과학 등의 수업을 담당하고 있고 현재 계명대학교에서 조교수로 근무 중이다.

생산경영

저 자 정현석
발행자 한헌주
발행처 도서출판 **경문사**
서울특별시 서대문구 독립문로 21-9
전화 738-7035 FAX. 722-4678
E-mail : kmsp@korea.com
홈페이지 : http://www.kmsp.co.kr
등 록 1995년 11월 9일 제300-1995-138호

2025년 12월 12일 초 판 1쇄 인쇄
2025년 12월 17일 초 판 1쇄 발행

정가 28,000원 ISBN 978-89-420-0085-2 93320